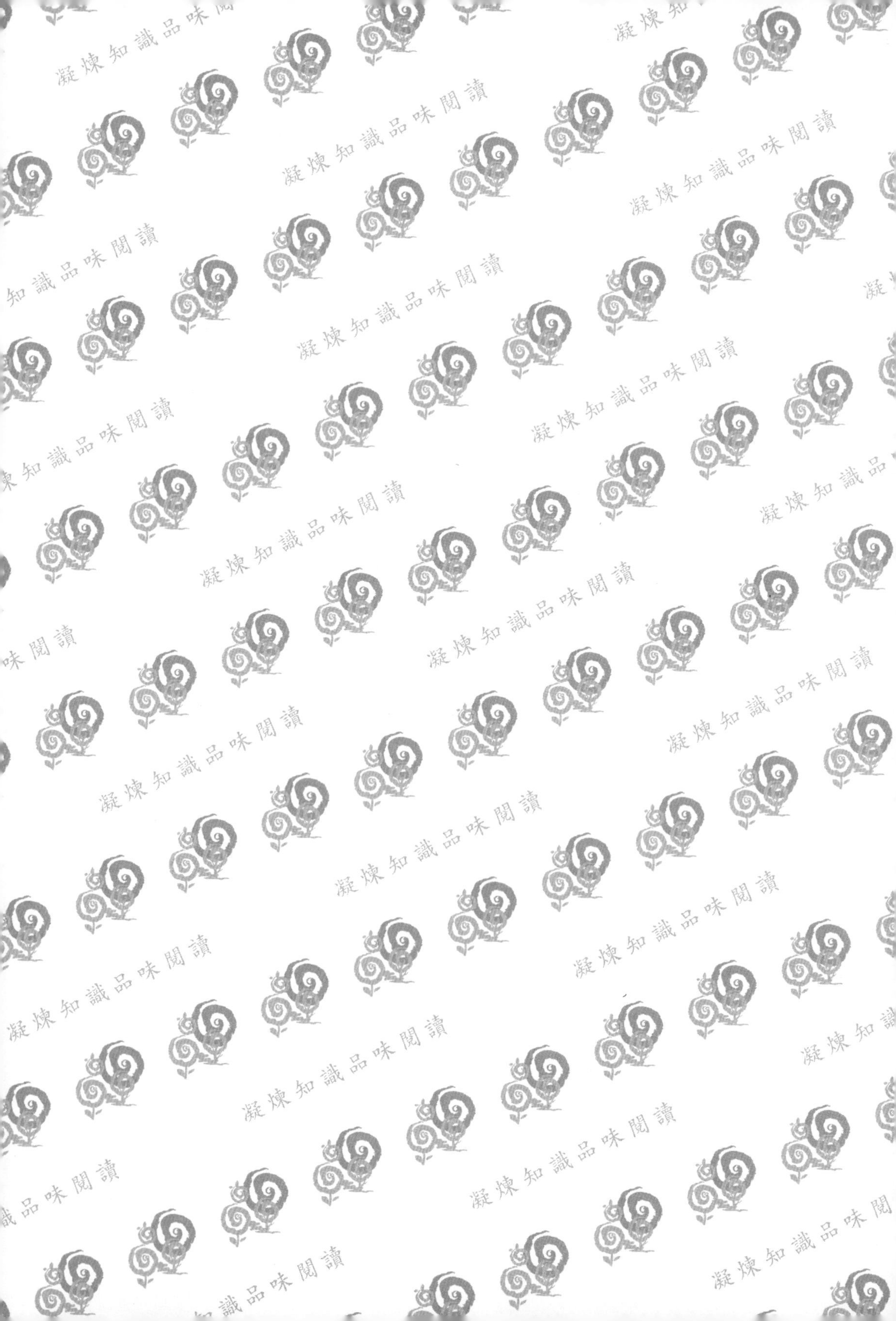

超圖解

- 人氣最高的日本圖解書【図解 日本史】
- 精選大小歷史事件報給你聽！
- 讀了這本書，你一定會欲罷不能地更想了解日本史！

日本史

西東社編輯部 編

羅小如 譯

前言

「事實往往比小說更離奇。」

雖然這句話是老生常談，但說到「歷史」，的確找不到比這句話更貼切的描述了。正因爲歷史小說是以「事實」爲骨，以小說形式爲皮寫成，所以不論在哪一個年代，歷史小說總有它忠實的書迷存在。

我們能在歷史小說所描繪的世界中，看見一個人生存在世的模樣，看見人世間的悲歡喜樂、愛恨情仇。同時，也能看見英雄們如何用一生走過弱肉強食的世間，看見默默不爲人知的職人們窮盡生命，投入一件工作的模樣。

一件歷史事件背後總是牽扯著許許多多的人生，當我們將鎂光燈焦點投向這些人物，「歷史」便成爲一齣最引人入勝的戲劇。

然而，一聽到「歷史」兩個字就打從心底厭煩的人們並不在少數。

這些人大概都曾在課堂上一個勁地死記年代，或是費盡工夫背誦各種用語吧！

的確，記住「哪件事」發生在「什麼時候」可能眞的很重要（特別是對升學考試而言），但這樣一來，那些描繪人與人相互擦出火花，令我們深受吸引的故事，卻沒辦法見容於這樣的做法裡。

爲什麼在源平合戰立下最大功勞，功勳耀眼的源義經，會被兄長源賴朝趕盡殺絕呢？眼看著即將一統天下的織田信長，又是爲了何種理由，淪爲臣子明智光秀的手下敗將呢？在幕府末期時，究竟是什麼樣的力量，推動著那些年輕人成爲變革的舵手……？

本書的目的，就是要讓讀者重新體會歷史的趣味。

爲了讓讀者掌握日本走過的歷史長河概要，本書嚴選數則主題，透過淺顯易懂的文字與視覺圖像，協助讀者認識各項大小事件。

當然，我們無法把數之不盡的歷史故事悉數網羅於本書之中，況且，我們也不可能在有限的頁數裡道盡一切。但仍願本書能成爲帶領你踏入歷史世界的起點，這便是我們寄予本書的期許。

「我想了解日本歷史。」當這個想法浮現在你心中時，全新的日本史世界便由此展開。

超圖解日本史　目次

日本文化的開端

古代~繩文~彌生~古墳

第2章 律令國家的形成
飛鳥～奈良～平安

第
3
章

第4章

德川幕府的建立與封建社會

江戶初期～後期

朝現代化國家邁進

第6章 世界大戰與日本
大正～昭和（至戰敗為止）

第
7
章

第 1 章

日本文化的開端

古代～繩文～彌生～古墳

第1章

不斷變動的日本古代史

歷史變遷過程

古代→繩文→彌生→古墳

人類從亞洲大陸來到日本

打製石器（舊石器）的時代

全球暖化，日本成爲島嶼

古代史的新說法不斷推陳出新

西元2003年5月20日時，《朝日新聞》的報紙頭版刊出一則消息，說「稻作傳來日本的時期將往前挪500年」。到了6月，又有另一說法指出，古墳時代也將提早100年。日本古代史的模樣就像這樣，正一點一滴掀起巨大的改變。同時，有鑒於西元2000年爆出的古物造假事件仍記憶猶新，或許我們對於各種新說法，都需要用比以往更嚴格的態度加以檢驗。

歷史總有各種說法，尤其在尚有許多謎團懸而未解的古代史領域更是如此。但即便如此，古代史的全貌如今已漸撥雲見日，或許徹底釐清一切謎團之日，就在不遠的將來也說不定。

從採集生活到農業社會

根據最近的調查結果顯示，在行採集生活的繩文時代裡，人們的日子其實過得意外豐盛。

動植物生態改變，邁入繩文時代

開始種稻，進入彌生時代

聚落與貧富差距的出現

從聚落到小型國家

邪馬臺國登場

大和政權誕生，勢力往各地擴大

他們吃的食物相當多元，也有證據顯示繩文人會渡海與其他地區交流。而這段漫長和平的日子，在水稻耕作技術傳來日本後，開始逐漸有所改變。

到了吸納大陸文化的彌生時代，種植水稻的集體勞動文化穩定發展，孕育出領導者與階級制度，而這樣的結果，更催生了「社會」這個前所未有的產物。

隨著聚落的規模愈變愈大，小國零星散布各地，戰爭於是爆發。更為有力的領導者在戰爭中脫穎而出，將更廣大的地域納入治下，並形塑「國家」的雛形。這之中最為廣為人知的，莫過於至今仍話題不斷的邪馬臺國了。

與現代脈絡相續的國際情勢

大和政權發跡於近畿一帶，後將勢力範圍逐漸往其他地區推進，是日本史上第一個「國家」，然而，其與邪馬臺國的關聯究竟如何，則還未有定論。與東亞諸國的外交關係，是這段時期重要的背景因素。倭國五王與卑彌呼同樣，皆可在中國史書中看見相關記載，這一點濃烈反映出大和政權與中國、朝鮮半島的相互關係。特別是與朝鮮半島南部的關係，更是在觀察往後的日本史時不可或缺的視角。這樣看來，其實日本與韓國的雙邊關係，早在古代日本便已經現出端倪。

日本人的祖先爲了長毛象追來日本？

至今仍爭論不休，從亞洲大陸遷來的日本人到底源自何方？

Point

- 日本與亞洲大陸在冰河時期曾有陸路相連
- 繩文人的祖先為古蒙古人種
- 彌生人的祖先為新蒙古人種

日本人起源於新人？

人類的起源據說始自東非，後一路演變從猿人（400萬到80萬年前）、原人（80萬到15萬年前）、舊人（15萬到3萬年前）、新人（3萬年前起）一直到今日的人類。

在地質學的分類上，200萬年前至1萬年以前屬於更新世（洪積世），之後則稱爲完新世（沖積世）。更新世時由於正值冰河時期，海平面因此降低，日本與亞洲大陸之間出現陸路相連。雖然目前衆說紛紜、未有定論，但一般看法認爲，當時人類是爲了長毛象與菱齒象而循路來到日本的。

亞洲人種又叫做蒙古人種（Mongoloid）。相傳古蒙古人種在2、3萬年前來到日本，成爲繩文人的祖先。到了西元前300年左右，新蒙古人種遷徙而入，這一群人便成爲彌生人。彌生人與繩文人經過數次混血後，逐步擴散至日本全境。

雖然現代日本人身上新蒙古人種的特徵較強烈，但在愛奴或沖繩人身上，至今仍看得到屬於古蒙古人種的特徵。

明石原人真的存在嗎？

西元1931年於兵庫縣明石出土的人骨，本被認爲是原人階段的遺骨，後來在戰事中不幸燒毀。戰後，有學者出面指稱，在調查過依遺骨製成的複製模型後，可以斷言這副骨骼屬於原人階段。但與此同時，也有說法認爲該遺骨是繩文時期之後的產物，爭論至今仍未有定論。現階段的有力

古蒙古人種

新蒙古人種

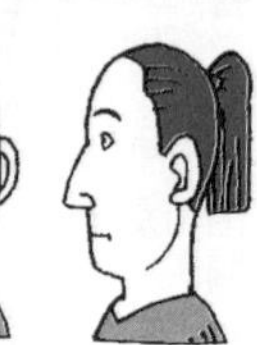

蒙古人種大不同

古蒙古人種	特徵	新蒙古人種
狩獵採集	生活型態	農耕
輪廓較深	臉部特色	輪廓扁平
雙眼皮	眼皮	單眼皮
手腳較長	體型	身軀較長
濃密	體毛	稀疏
潮濕	耳屎	乾燥

2萬年前的日本列島與化石、人骨出土分布圖

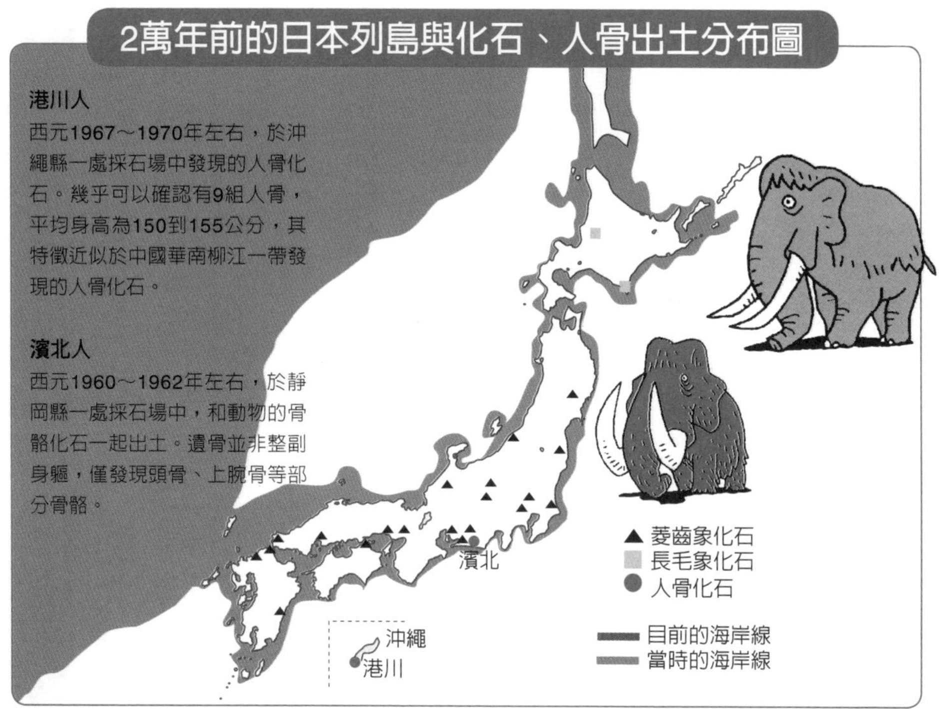

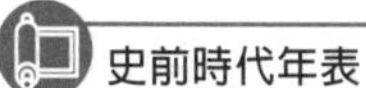

日語的起源

語言學的研究成果，對於探究日本人起源十分重要。主流說法認為日語和韓國（朝鮮）、蒙古、土耳其的語言相同，屬於阿爾泰語系。不過除此之外也有其他不同見解，有的說法從音律上著手研究，認為日語的起源應在「大洋洲」，有的則從文法、共通詞彙等出發，認為南印的「塔米爾語」才是日語的源頭。

說法認爲，港川人以及濱北人，這兩種出土於日本的舊石器時代人骨化石，全都屬於新人階段。

史前時代年表

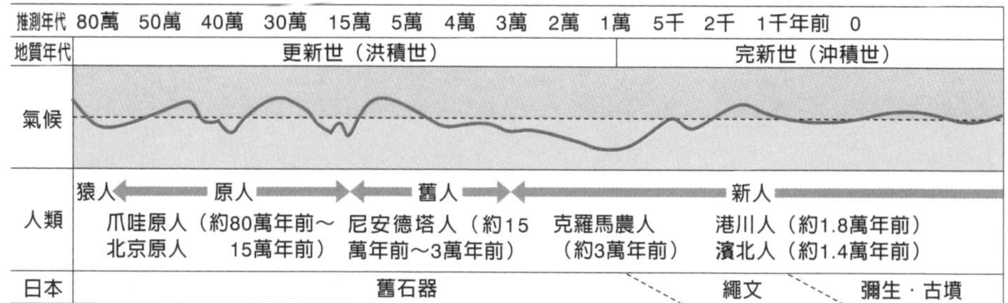

推測年代	80萬　50萬　40萬　30萬　15萬　5萬　4萬　3萬　2萬　1萬　5千　2千　1千年前　0
地質年代	更新世（洪積世）／完新世（沖積世）
氣候	
人類	猿人 ← 原人 → ← 舊人 → ← 新人 爪哇原人（約80萬年前～15萬年前）北京原人 尼安德塔人（約15萬年前～3萬年前） 克羅馬農人（約3萬年前） 港川人（約1.8萬年前）濱北人（約1.4萬年前）
日本	舊石器／繩文／彌生・古墳

推翻考古學者提出的通說

年輕行商在「岩宿」的大發現證明日本有過舊石器時代

發現「岩宿」的青年

在很長一段時間裡，考古學界都認爲要一直到繩文時代以後，日本才有人類居住。然而在西元1949年時，一批打製石器在群馬縣岩宿出土，證明了日本也曾經有過舊石器時代存在。

這個大發現出自一位23歲的年輕行商，名叫相澤忠洋，他在艱苦地討生活之餘，獨立學習考古知識。於是就這樣，一位業餘人士的發現，大大改變了日本的考古學。

原本人們慣以先土器時代稱呼這個年代，但由於後來接連挖掘出數個屬於此時代的遺跡，因而改稱之爲舊石器時代。但需要留意的是，接在舊石器時代後的年代並不是新石器時代，而是繩文時代，因此也有一說認爲該把舊石器時代稱爲岩宿時代較爲妥當。

Point

- 在岩宿找到2萬4000年前的石器
- 那時人們四處移動，小規模群聚生活

舊石器時代的生活

舊石器時代以刀型石器爲主流，後來，槍尖上的尖器逐漸取代石刀的地位。一般認爲，這樣的變化是由於氣候暖化改變了動物生態，使行動迅速的山豬等成爲主流所導致的現象。

一般研判，當時的人們群聚爲少人數的團體營生，並不居住於定所。他們一邊覓食，一邊移動，因此幾乎沒留下多少生活的痕跡。我們能透過製作石器的原料分布得知，這些人後來結成類似部落的團體，繼續創造出規模更大的文化圈。

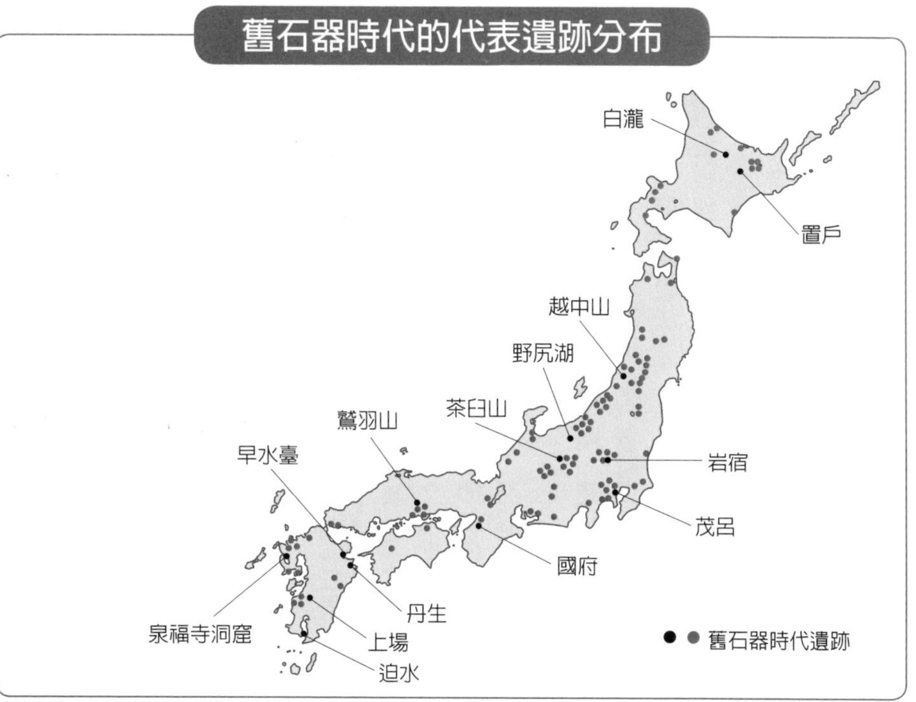

歷史Close Up

業餘考古學的極限？

岩宿於西元1946年被發現，卻一直等到3年後的西元1949年，由明治大學的研究小組受相澤之請出面進行調查後，它的存在才受到正式承認。考古學界裡有許多業餘學者，他們學歷不高卻留下了傑出的研究成果，但是，業餘研究終究還是有其極限。

捏造歷史的「神之手」

西元2000年11月5日，日本《每日新聞》刊載了一則震驚世間的獨家新聞。報上斗大的照片裡，刊載著東北舊石器文化研究所的副理事長藤村新一，親手把石器埋到土裡偽造古物的模樣。這位人物原本是位業餘考古學者，曾在宮城縣岩出山町座散亂木遺跡中，挖掘出當時日本國內年代最古老，也就是4萬數千年以前的石器。這項歷史性發現將平息考古學界多年來爭議不休的論戰，即早於岩宿的「前期舊石器時代」究竟是否存在，因此而讓他聲名大噪。後來，他又找到幾十萬年前的石器等等，接連幾番奇蹟似的發現令他獲得「神之手」稱號。

連岡本太郎都讚不絕口的藝術美感

繩文人發明的器皿洋溢著粗獷魄力，是全世界最古老的陶器

日本列島的誕生

在約莫1萬年前，氣候日漸暖化帶動海平面上升，日本列島於焉誕生。此時，動植物生態等種種自然環境出現變化，繩文文化也就此展開。一般認為繩文時代始自1萬2千年前，前後延續約1萬年，但若新說法（參見第13頁）獲得證實，將很可能改寫既往觀念。不過，繩文時代前後歷時甚為漫長，這一點是毋庸置疑的。

陶器、弓箭躍上舞臺

伴隨著繩文陶器的出現，繩文文化也隨之展開。繩文陶器即便從全世界的角度來看，都能算是歷史最悠久的陶器之一，而依據其形式不同，繩文陶器又被區分成六個時期（參見左圖）。

日本藝術家岡本太郎對繩文陶器曾甚為讚許，其中又以中期陶器最受他激賞。中期的繩文陶器是花紋最具裝飾性的一段時期，而那些紋路裡或許還帶有咒術性的意味。

陶器的出現讓人類能夠烹調食材，也得以除去果實生食時的澀味，能取用作為食品的範圍大幅增加。同時，陶器亦使人類得以保存食材，生活環境至此有了巨大改變。

Point

- 氣候變遷造成動植物生態改變
- 陶器的出現讓人們能烹煮並保存食材
- 飲食生活改善，固定住所的生活模式展開

繩文時代的工具

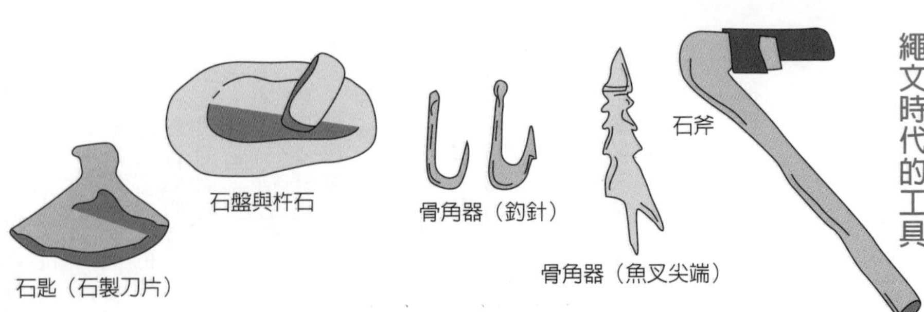

各個年代的繩文陶器

西元前12000年左右～（草創期）　形式：圓底深口

特徵：此時期的陶器會選擇某一部位施加簡單圖紋，好比說豆粒紋，或以貝殼拓成爪形紋，把陶土捏成繩子，沿著邊緣黏上胚體做成隆起線紋等。出土於長崎縣泉福寺洞窟的豆粒紋陶器是世界上最古老的陶器。

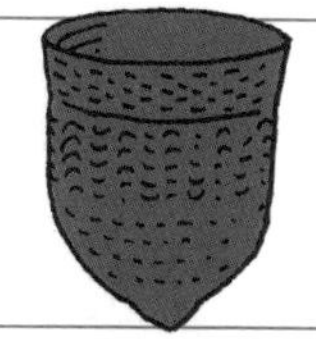

西元前7000年左右～（早期）　形式：尖底深口

特徵：拿畫有刻痕或纏上絲線的棍棒在陶器上滾動，使圖紋遍布整副胚體。製作時會把尖銳的底端插入地面，保持穩定。

西元前4000年左右～（前期）　形式：平底深口

特徵：能穩定平放的平底陶器廣泛普及，外觀的圖紋也更形複雜。除了圓錐形陶器之外，此時還出現了圓筒形的深口碗與淺口碗，以及附臺座的陶器。

西元前3000年左右～（中期）　形式：深口平底

特徵：這段期間陶器形狀更加多變，圖紋裡揉入了更多藝術成分，有的陶器結合圓筒形與圓錐形，同時也出現雕飾著火焰花紋的火炎陶器，還有渦卷紋等，帶有注水口的陶器亦於此時出現。

西元前2000年左右～（後期）　形式：各式各樣

特徵：此時製作的陶器，形式五花八門，有的附帶注水口或者提把、蓋子，碗口也有深有淺，變化多端。同時，裝飾陶器的技巧亦相當進步，好比說磨消繩紋，製作時要先把一度做好的圖紋打磨撫平，然後再次加工。

西元前1000年左右～（晚期）　形式：各式各樣

特徵：此時期的陶器不只限於烹調或貯藏之用，更會依據不同用途製作出各種大小、形式的器皿，如香爐等等。此時，許多具高度藝術性的小型陶器陸續於東日本一帶出土，除了磨消繩紋外，也出現其他更細膩、精緻的圖紋。

三內丸山遺跡扭轉了舊有印象

繩文人吃得講究、穿得好，而且還是超級行動派？

繩文人的生活方式

近年研究指出，以前人們認爲「繩文人尚未開化」的印象事實上並不正確。好比說，光拿他們的飲食生活來看，我們就能得知繩文人吃得其實相當豐富多樣（參見左圖）。

如今，人們已經知道繩文人會把果實磨成粉用來烘烤麵包、餅乾，也會種植栗子等植物。同時，他們還盛行在海灣處進行漁撈，據說也會沿河而上捕捉鮭魚等漁獲，飲食生活比我們想像得更豐富。

當然，即便飲食生活再怎麼豐富，當時仍是遠古時代。一般認爲繩文人的幼兒死亡率很高，平均壽命推測只有不到40歲。由於他們必須常時面對大自然的威脅，因此原始社會特有的泛靈信仰甚爲普及。此外，繩文人還有拔牙齒的習俗，作爲成年時的通過儀式（Rite of passage）。死去時，會將死者手腳疊起，以屈身葬的方式埋葬，陪葬品則有耳飾、手環等等。

三內丸山遺跡

青森市郊外的三內丸山遺跡，是自繩文時代中期開始，持續約莫1500年左右的大聚落留下的遺跡。這座遺跡裡顯示出計畫性的整地行爲，懂得設置道路，擁有數百規模的人口，徹底革新世人對繩文時代抱有的既定印象。同時，此處也出土了相當大量的古文物，其中還包括施以漆液加工的器皿，而漆器的製造過程需要極高度、繁複的技術才辦得到。除此之外，還找到使用

Point

- 當時的飲食生活比我們想像得更豐富
- 會渡海進行交流貿易
- 已漸漸證實繩文人擁有高度技術

泛靈信仰與陶偶

泛靈信仰，指的是一種相信周遭所有事物與現象之中，都有精靈或靈魂存在的信仰。是故，泛靈信仰常會對這些精靈、靈魂施行咒法，以求確保食物來源穩定、迴避災厄，或應對受傷、疾病等各種可能威脅生命的事物，其中，陶偶就是泛靈信仰中深具代表性的古文物。陶偶，是一種形狀似人的陶土製品，它的製作始自繩文時代早期，沒落於繩文晚期至彌生初期。大多數出土的陶偶，在頭、手、腳或軀幹等身體各部位都有損傷，一般認為這是由於當時的人以陶土人偶當作替身施咒所導致的。

繩文人的生活行事曆

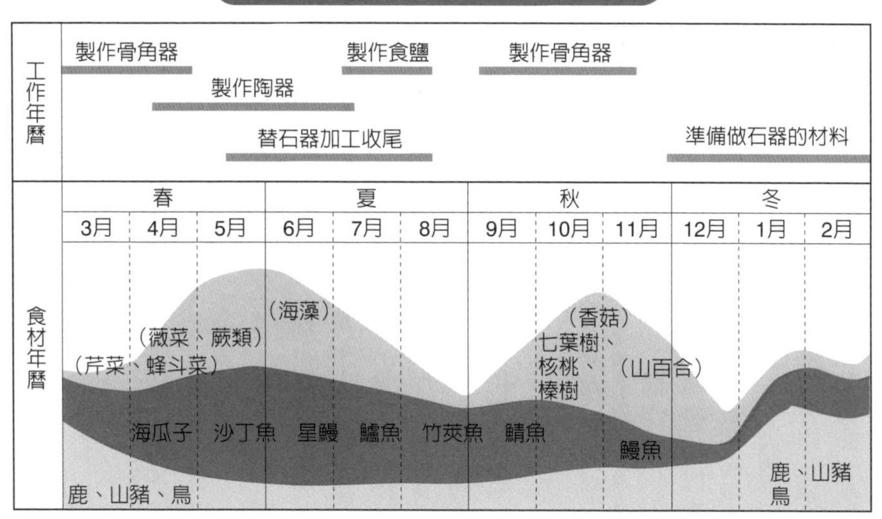

圖表解說：上圖把繩文人平時的工作，以及可在各個季節取得的食材整理成一年分的行事曆。依據所在地點不同，動植物所占比率也會有變化，但從上圖可以看出繩文人在春秋兩季有豐沛的食物，夏冬兩季則較少。一般認為，除了採集、漁獵外，他們也取食野菜與果實，會把魚貝類用鹽醃漬或曬乾做成存糧，用以在食材缺乏時果腹。（　）內的食物僅為推論。

北海道產的黑曜石製作的裝飾品，這顯示他們會以小船前往遙遠的地方進行貿易。

另外，不光是三內丸山遺跡這樣的大聚落，舉凡繩文時代的聚落，當中都很可能曾經有領袖角色存在。不過目前看法也認爲，當時的聚落並不存在身分與貧富之別，是個人人平等的社會。

歷史 Close Up

據傳三內丸山遺跡當時曾用6根直徑1公尺的柱子，蓋成一座類似瞭望臺的建築。目前，園區裡設有一座15公尺高的複製模型。

開放參觀的代表性繩文遺跡

■上野原遺跡（鹿兒島縣國分市）：此處最古老的聚落遺跡約有9500年歷史。出土許多文物，如壺型陶器、陶偶、耳飾等，有大規模居住的痕跡。（http://www.jomon-no-mori.jp/）

■三內丸山遺跡（青森縣青森市）：存在於繩文時代前期到中期間左右，為日本規模最大的聚落遺跡。（http://sannaimaruyama.pref.aomori.jp/）

■大船遺跡（北海道南茅部町）：繩文時代中期的聚落群。這一帶找到了80座以上的遺跡，包括大船遺跡在內。（http://www.town.minamikayabe.hokkaido.jp/i_main.shtml）

■加曾利貝塚（千葉縣千葉市）：日本最大規模的貝塚，時代主要為繩文中期到後期。（http://www.city.chiba.jp/education/edu/kasori/kasori）

■真脇遺跡（石川縣能都町）：繩文時代前期到後期的聚落遺跡，因曾出土大量海豚骨頭而聞名。

■栫之原遺跡（鹿兒島縣加世田市）：存在於約1萬2千年前的繩文草創期，是日本最古老的遺跡之一。

古代版「文明開化」——稻作、鐵器、青銅器渡海而來

稻作傳來

過去，人們一直認爲稻作是在西元前4世紀～前5世紀左右，從朝鮮半島傳入日本的。這樣的看法認爲，當時中國處於戰國時代，影響波及朝鮮半島，促使人口往日本移動。而現在對這項議題則有一個新的看法，認爲稻作傳至日本的時間，應該要再提早500年才對。

稻作栽種的時間點，的確是始自繩文末期沒有錯。因爲當時的環境已足以接納稻作文化。於是，從朝鮮半島渡海來到九州的少數渡來人，就這樣和繩文人一起，慢慢讓稻作文化普及開來。而農耕社會的轉變並非一蹴可幾，是故繩文文化於此後仍繼續傳承了好一段時間。

鐵器與青銅器

稻作文化，再加上製作灌溉設施的農業土木技術，兩者相輔相成，雙雙傳入日本。人們曾在朝鮮半島南部與九州北部，分別找到甚爲類似的石製農具。

鐵器也一併被帶到了日本。人們在彌生中期左右，從朝鮮半島南部伽耶地區獲得了鐵，孕育出日本境內鐵器生產的歷史。鐵製農具在彌生後期成爲主流，於是，石器至此開始，幾乎於日本全境絕跡。

縱使鐵器的出現提高了稻作栽種的生產量，但在彌生初期以及部分地區，稻米的收成並沒有因爲進入鐵器時代而變得足夠。於是，聚落裡會舉行祈求豐收的祝禱儀式，此時派上用場的便是青銅器了。有一種說法認爲，負責祈禱的薩滿師

Point

- 稻作可能在更早的時期傳播至日本
- 慢慢從狩獵採集轉變為農耕社會
- 鐵器的出現使生產量提高，青銅器則成為宗教祭器

稻作傳播的新見解

西元2003年5月19日，國立歷史民俗博物館發表了一項研究結果，指出水稻栽種傳入日本，亦即彌生時代開始的時間點，應比原本的通說更早500年，也就是應落在西元前1000年左右。雖然學界普遍認為這個說法還有待驗證，但在這項學說發表後，人們對於整個東亞古代史的看法，恐怕都需再次檢討。

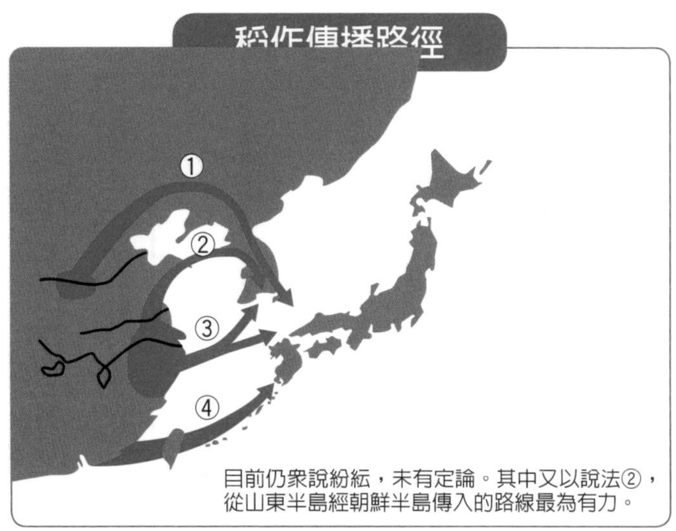

目前仍衆說紛紜，未有定論。其中又以說法②，從山東半島經朝鮮半島傳入的路線最為有力。

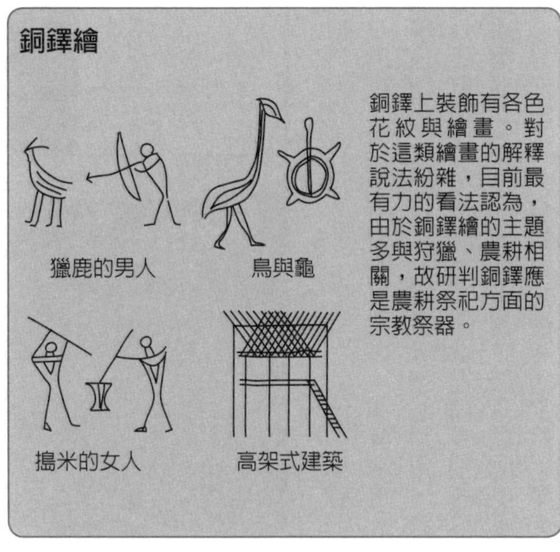

銅鐸上裝飾有各色花紋與繪畫。對於這類繪畫的解釋說法紛雜，目前最有力的看法認為，由於銅鐸繪的主題多與狩獵、農耕相關，故研判銅鐸應是農耕祭祀方面的宗教祭器。

（shaman）會敲打、舞動銅鐸，而原屬於武器類的銅劍與銅茅，也於日後逐漸轉化爲宗教祭器。據悉，青銅器會被視爲宗教祭器，除了因色澤與音色具神祕感外，更重要的是由於青銅器相當貴重所致。

舊有見解與新學說的比較圖

（本表格參考《朝日新聞》報導製成）

	西元前				西元
年	1000		500	200	
時代	繩文時代	彌生時代			
舊見解	晚期	早期	前期	中期	後期
新學說	晚期	早期	前期	中期	後期

豐衣足食是元凶？繩文時代沒有的事物——「戰爭」的起始

環濠聚落

彌生時代的住居形式，其實和繩文時期相比並沒有太大改變，然而環濠聚落這項繩文時期還很稀有的東西，卻於此時登上了歷史舞臺。環濠聚落是指一種會在外圍挖壕溝、圍柵欄，以保護內部居住區域的聚落型態，起源可以追溯至朝鮮半島一帶。

佐賀縣吉野里遺跡是最具代表性的環濠聚落，一般認爲它是存在於彌生中、後期左右的小國之一。據了解，在彌生後期時，人們會在壕溝內側再挖一道壕溝，並把新壕溝內側稱作內郭，而吉野里中還另外設有瞭望臺建築。由於農耕需要仰賴集體勞動，因此具管理能力的強大領袖也隨之出現，聚落裡於是產生了階級，而方才提及的內郭正是統治階層居住的地方。

小國林立與戰爭

像吉野里遺跡這樣的聚落，以九州北部以及近畿爲中心零星散布於各處。爲何這些聚落要建置防禦設施，不用說，當然是爲了防備敵對勢力。在各地遺跡找到的彌生人遺骨之中，看得到許多因武器而受損的痕跡，顯示當時聚落之間曾上演激烈的衝突。當然，繩文時代並不是沒有紛爭，然而，這種試圖互相致對方於死地的戰爭，始自彌生時代。

農業進一步發展後，帶動人口成長，擁有更多農耕地的需求也隨之產生。想要拿下肥沃的土地，當然就免不了與其他聚落相爭。除此之外，彌生人會把多餘的

Point

- ●農耕（團體勞動）製造出階級
- ●財產成為紛爭的原因
- ●聚落間的衝突孕育出小規模國家

吉野里遺跡

吉野里遺跡位於佐賀縣神埼郡，在彌生時代留下的遺跡中，是全日本規模最大的。在這裡出土的古物年代涵蓋整段彌生時期，橫跨前期、中期、後期約莫600年的時間，可以從中認識當時的社會變化，是項極為貴重的文化遺產。而吉野里遺跡和中國〈魏志・倭人傳〉裡記載的「邪馬臺國」有何種關聯，也備受各界關注。現在，吉野里遺跡化身為吉野里歷史公園，園內展示著當時建築物的復原模型等等，供民眾感受各種歷史體驗。詳情參見以下網址：http://www.yoshinogari.jp/index.html

吉野里遺跡

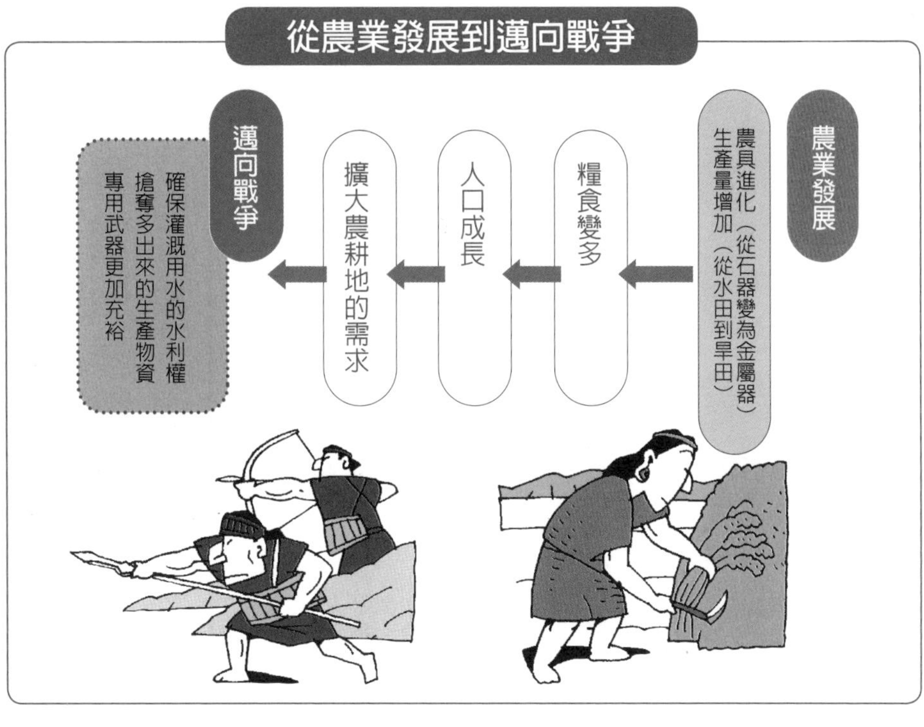

農作物儲藏在高架倉庫裡，這點也被認爲是導致聚落互相衝突的導火線。於是，各個武力強大的聚落紛紛吞併鄰近聚落，取得政治上的統一，陸續在各地催生出許多小國。

《漢書．地理志》是第一部提及日本的中國史書，書中言及倭人「分爲百餘國」，而在《後漢書．東夷傳》中則敘述當時「倭國大亂」。

值得一提的是，〈東夷傳〉裡還寫到曾賜與「倭奴國」印璽，而這塊印璽就是於博多灣志賀島找到的金印。

從年表掌握歷史變遷

■西元前200年左右
彌生文化流入各地

■西元前50年左右
近畿地方開始製作銅鐸，西日本一帶開始以青銅器製作宗教祭器
倭人之間百餘國林立，其中一部分與前漢樂浪郡互有往來

■西元57年
倭奴國王向漢朝進貢，獲得漢光武帝所賜印璽
此時，以瀨戶內海沿岸為中心，各地開始出現帶軍事性質的聚落

■西元100年左右
鐵器開始普及，石器迅速式微
從此時起，朝鮮半島南部開始向倭國輸入大量的鐵

■西元147年
倭國於此時出現大亂，亂世持續約莫30年

■西元230年左右
倭的各個小國將邪馬臺國卑彌呼立為共同盟主

■西元239年
卑彌呼派遣使者至魏國

爭論不休的立國地點與女王之死

邪馬臺國的卑彌呼死亡之謎。是自然死？還是暗殺？

Point

- 倭人之國處於亂世
- 卑彌呼女王有弟弟協助執政
- 邪馬臺國的所在地至今尚未釐清

卑彌呼的「鬼道」

約莫30個小國協議以邪馬臺國爲中心結盟，倭國的紛爭才得以塵埃落定，而站上頂點的人就是卑彌呼女王。

西元２２０年，中國歷史走到後漢滅亡，進入魏、蜀、吳三國鼎立的時代。西元２３９年，卑彌呼派遣使節赴魏國，獲賜「親魏倭王」的稱號，當時的情況也被寫入〈魏志・倭人傳〉，書裡描述卑彌呼「事鬼道，能惑衆」。「鬼道」意味著聽取神意的薩滿信仰，政務方面則有卑彌呼的弟弟輔政。

邪馬臺國跟南方的狗奴國素有紛爭。西元２４７年時卑彌呼曾派出使者，前往當時屬於魏國殖民地的朝鮮半島帶方郡，稟報這件事。相傳在隔年卑彌呼死後，邪馬臺國另立了男性共主，結果卻讓國家陷入動亂，因而改讓一名叫壹與的少女當王，國家才得以平定下來。

一般多認爲卑彌呼的死因爲自然死亡，不過也有說法指出，卑彌呼是因爲輸給狗奴國而引咎遇害，也就是說，一旦失去「鬼道」之力，卑彌呼也就沒有存在意義了。事實證明，西元２４８年9月5日當天的確出現過日全蝕的現象，這件事相當值得玩味。由此看來，即便古代人覺得，就是卑彌呼法力衰弱才會導致天地出現異象，倒也不難理解。

邪馬臺國論爭

邪馬臺國的地點究竟在哪裡呢？目前最有力的答案，分別是九州說與近畿說。若答案是近畿說，就表示早在西元3世紀前後，便已出現橫跨近畿到九州一帶的政治聯邦；如果採用九州說，則意味著勢力強大的聯盟國在那時尚未出現。《日本書紀》的描述符合近畿說，視卑彌呼與神功皇后爲同一人物；九州說則推測邪馬臺（國）日後漸往東遷移，演變成「大和政權」。諸如此類，至今爭論不休。

西元3世紀時的東亞（三國時代）

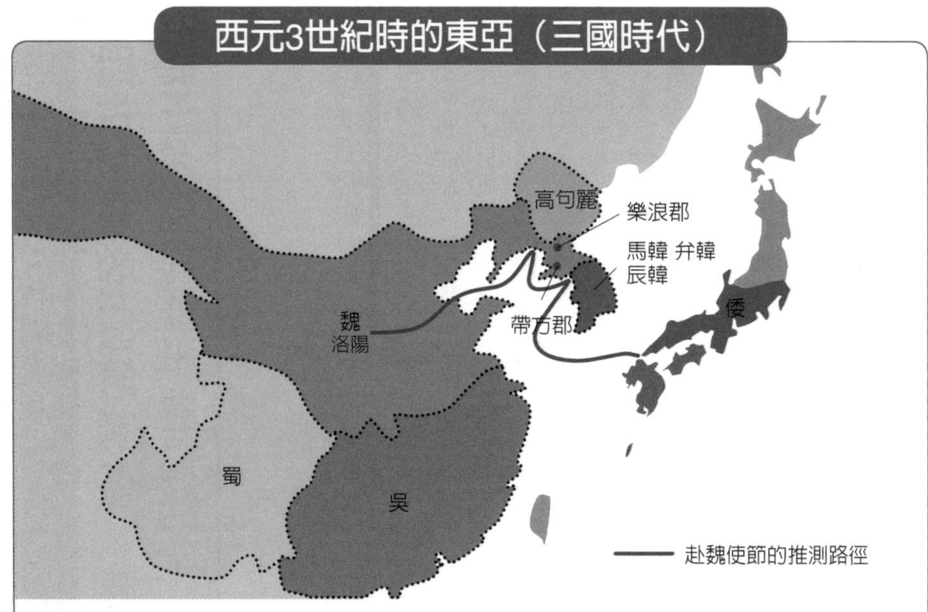

漢朝整治國內體制，勵精對外政策，對納入政權內的外地「郡」施行直接統治，位於朝鮮半島的樂浪郡便是其中一例。當時，倭國就是透過樂浪郡與漢朝接觸。後漢末期，又在樂浪郡南方另設帶方郡，後漢滅亡後，轉由魏國繼續在三國時代派遣使者至倭。樂浪郡於西元313年，被高句麗殲滅。

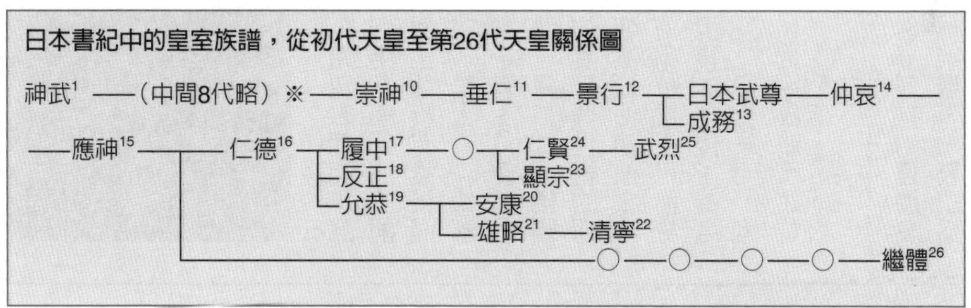

※第2到9代天皇僅留下名諱、皇居、婚配、皇子女、在位期間、享年、陵墓等紀錄，找不到任何其餘歷史描述，因而被稱為「欠史8代」。附帶一提，這8代分別如下：
2代綏靖天皇　3代安寧天皇　4代懿德天皇　5代孝昭天皇　6代孝安天皇　7代孝靈天皇　8代孝元天皇　9代開化天皇

自古糾葛的日韓關係，歷任倭王渴望何種半島情勢？

Point

- 派遣大量使節赴中國各王朝
- 當時與朝鮮半島南部往來密切
- 許許多多渡來人帶來了先進的文化

與朝鮮半島的關係

倭國爲了確保鐵資源，和伽耶地區保有緊密聯繫。西元4世紀時，中國王朝的勢力衰退，連帶影響到朝鮮半島，高句麗開始揮軍南下。於是，半島南部的百濟、新羅諸國與伽耶地區的小國聯盟等，也舉兵展開複雜的攻防戰。倭國亦出兵與百濟、伽耶一起迎戰高句麗，只可惜結果以戰敗收場。中國吉林省的廣開土王碑上，記載著這一段故事的始末。

此外，《日本書紀》中描述，當時伽耶周邊屬於倭的殖民地，喚做任那，這一點與事實不符。同時，這也顯示出當時的倭對朝鮮半島南部抱有強烈執著。

倭國五王

爲了躲避高句麗擴張的勢力，衆多人民從百濟、伽耶來到倭國，同時，這群人還帶了最新銳的技術與知識入倭，首先以漢字標記日語的也是他們。

到了西元5世紀，倭國國王接連派出使節到中國宋朝進貢，希望宋朝能承認倭國對朝鮮半島南部的支配權，然而倭王卻沒有獲得滿意的封號。《宋書．倭國傳》裡記載，有5位倭王，讚、珍、濟、興、武（倭國五王）在約莫一個世紀的期間裡，不斷派遣使節前來。書裡說的前兩位倭王目前身分未明，但後3位倭王據考據研判爲濟（允恭）、興（安康）、武（雄略）3位天皇。

埼玉縣稻荷山古墳中找到的古劍上刻有「獲加多支鹵大王」字樣，一般認爲

倭國五王與天皇

●《日本書紀》（數字為即位順序）
（譯者註：數字後為天皇名諱，有數種表記方式，此處依《日本書紀》中的漢字表記譯出。）

應神⑮譽田別
仁德⑯大鷦鷯
履中⑰去來穗別
反正⑱瑞齒別
允恭⑲雄朝津間稚子宿禰
安康⑳穴穗
雄略㉑大泊瀨稚武

●《宋書》（括號內為《梁書》的記載）

讚（贊）
珍（彌）
濟
興
武

上述倭王分別被認為是以下天皇：
讚＝仁德（或應神、履中）
珍＝反正（或仁德）
濟＝允恭
興＝安康
武＝雄略

西元5世紀時的東亞（南北朝時代）

這就是指雄略天皇。雄略天皇讓敵對的強大豪族沒落，強化了天皇權力，派遣至宋朝的使節也在雄略天皇時告終。

歷史Close Up

日本人的起源是騎馬民族？

西元1949年（昭和24年），考古學者江上波夫發表了「騎馬民族征服王朝說」，掀起巨大話題。這個說法認為，某支騎馬民族在西元4世紀前後入侵日本，建立起統一國家，論點極具挑戰性，在學界與一般民眾之間引發各樣討論。不過，目前普遍認為江上的觀點說服力不夠。

從年表掌握歷史變遷

■西元300年左右
逐步統一國土（大和政權）
■西元391年
倭國攻破百濟、新羅，與高句麗發生戰爭
■西元421年
宋武帝賜封號給倭王讚
■西元438年
倭王珍（讚之弟）向宋朝進貢，獲得「安東將軍倭國王」的封號
■西元443年
倭王濟向宋朝進貢，獲得「安東將軍倭國王」的封號
■西元462年
倭王興向宋朝進貢，獲得「安東將軍倭國王」的封號
■西元478年
倭王武向宋朝進貢，獲得「安東將軍倭國王」的封號

日本史上第一個眞正的「國家」誕生

豪族聯合政權？大和政權逐步整頓權力體制

Point

- 以大王為中心形成豪族聯合體制
- 渡來人的角色十分重要
- 以氏姓制度整合豪族

「氏」與「姓」

近畿大和一帶約莫從西元3世紀後半葉起，開始出現大規模的古墳群（詳見22頁），這顯示出強大的政治勢力於此時崛起，日後，人們便稱之爲「大和政權」，大和政權約從西元5世紀開始逐步整合統治體制。

其中，氏姓制度可說是最核心的系統，人們對它有各種看法，但可以確定的是，氏姓制度是參考中國與朝鮮半島體制規劃出的產物，是位於政權頂點的「大王」，爲了將各方豪族納入支配體制底下創造出的制度。

「氏」，就是以「氏上」爲中心，由眾多血親構成的支配階級集團。氏姓制度裡，准許「氏」有權保有私有民（部曲）與私有地（田莊），「氏上」則能參與政治。「姓」是一種稱號，會依據政治地位與職業決定，用來昭示「氏」擁有的家族地位。詳細來說，獲得「臣」姓與「連」姓的豪族，承擔著攸關政權機要的職務，而其中特別權重者會獲姓「大臣」（蘇我一族），或者姓「大連」（大伴、物部一族）。至於其他政務、祭祀等職業則交由姓「伴造」的豪族，或相當其下屬的「伴」姓豪族負責執行。

渡來人負責專門工作

從百濟入倭的渡來人帶來諸多進步文化，是大和政權不可或缺的存在。他們成爲叫作「品部」的專門職業集團，執行鑄冶、祭祀、製作陶器、起草文章等各項工作，是大和政權穩健發展的幕後功臣。

另一方面，爲了鞏固對各地區的統治，大和政權任命各地豪族爲「國造」。「國造」可繼續統治當地，但相反的，也必須向大和政權進貢各種當地物產與人力資源等。除此之外，爲了強化對這些地區的掌控，領地中會另外劃分出屬於「大王」的直轄領（屯倉）與直轄民（名代、子代），並徵招附近的農民（田部）耕作屯倉。

豪族的稱呼（範例）

大伴	連	金村
氏名	姓	個人名
蘇我	臣	入鹿
氏名	姓	個人名

大和、河內的主要豪族
攝津
山城
淀川
河內
大和川
舊大和川
和泉
大和
生駒山
三輪山
耳成山
香久山
和珥
平群
物部
大王
大伴
蘇我
葛城
土師
主要豪族
氏與姓
氏
支配者階級的豪族集團
輔佐大王執政，分擔各項職務
氏的名字可能是……
依職業取名
大伴（負責統籌伴造）
物部（音近武士，負責軍備）
中臣（負責祭祀工作）
依原鄉地名取名
蘇我、葛城、平群、巨勢等
姓
昭示家族地位的封號
依據政治地位與職位訂定
政權機要職
臣…最為權重的中央、地方豪族
連…擁有特定職位的重要伴造豪族
君…地方重要豪族
直…受命為國造的地方豪族
造…伴造之首
首…伴造豪族

訴說著古代豪族的勢力變遷？

大和政權誕生與巨大古墳出現，此兩者有何因緣？

古墳出現

大規模的墳丘墓約莫始自彌生時代後期，到西元3世紀後半時，更大型的前方後圓墳開始在西日本各地出現。其中，規模特別大的古墳，主要聚集在大和地區，如奈良縣櫻井市的箸墓古墳。一般認爲，以近畿政治勢力爲核心的大和政權崛起，是催生出巨大古墳的前提。

另一方面，伊勢灣以東的東日本在同一時期，另有一種連結方形墳丘的前方後方墳存在。這個問題至今衆說紛紜，但由此可知當時在東西兩方，很可能有不同的政權聯合各自運作。也有人認爲，所謂的大和政權就是東西雙方整合後的產物。

一般認爲，古墳時代約從西元3世紀後半延續至西元7世紀後半，可分爲前期（～至西元4世紀末）、中期（～至西元5世紀末）、後期（～至西元7世紀）三段時期。不過，更好懂的區分可能是把西元6世紀末以前劃爲古墳時代，末尾的西元7世紀則併入飛鳥時代。

古墳至今謎團重重

最大規模的古墳座落於奈良盆地與大阪平原上，一般認爲是屬於某位大和政權大王的墳墓。古墳群散落於大和川流域各處，諸如，澀谷向山古墳（景行天皇陵）是位於天理市的柳本古墳群之一，而大仙陵古墳（仁德天皇陵）則屬於堺市的百舌鳥古墳群之一。至於爲何要換地點蓋古墳？這個問題有各種解釋，有的認爲原因與大和政權中樞的權力

Point

- 大規模的古墳顯現出強大權力
- 古墳群的位置沿大和川流域變動
- 大多數古墳都還未能深入調查

大和川流域的主要古墳

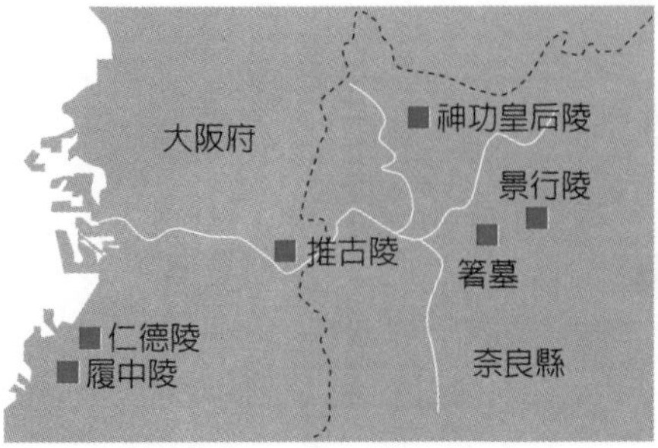

大和政權的統治結構

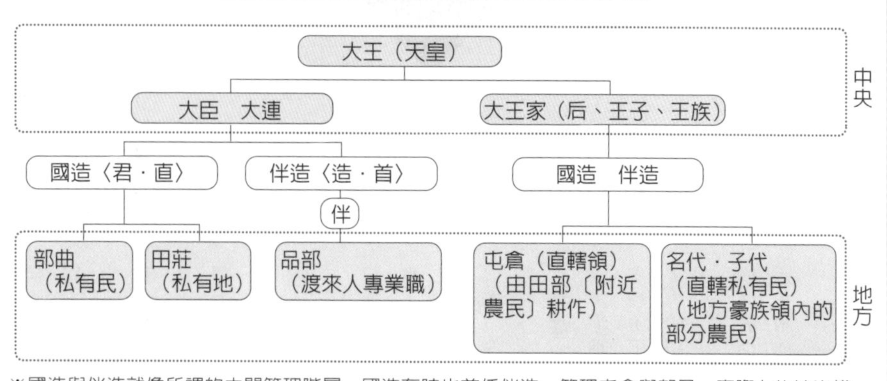

※國造與伴造就像所謂的中間管理階層，國造有時也兼任伴造，管理屯倉與部民，實際上的統治構造更為複雜。

※對大王來說，部（部民）是所謂公有的「王的子民」，然而對直接管理他們的王族或各豪族而言，部民是自己的「隸屬民」。

氏的構造　氏上（首長）擁有　部曲（私有民）奴〔奴婢〕（隸屬民）
田莊（私有地）
依照政治地位與職務獲賜姓
蘇我、大伴分別代表各自的居住地及職業

鬥爭相關，有的則認爲是計畫性遷移等等，衆說紛紜。

到後期時，再也沒有於近畿之外的地點發現大規模古墳，或許這是因爲各地豪族已經紛紛歸順於大和政權所致。至於古墳中的陪葬品也有所變化，從埴輪（陶俑）變成了須惠器（陶瓷器皿）等等，可以看出受到朝鮮半島影響的痕跡。

歷史 Close Up

古墳至今仍是一個謎

直到今日，我們仍不知道大多數的古墳中究竟埋著何許人物。所謂某某天皇陵，都是在明治初期由日本宮內廳訂定的，實際上從來沒有經過任何深入內部的調查。現在，古墳仍歸屬在宮內廳的管轄內，即便許多考古學者都曾向宮內廳提出請求，希望准許挖掘，卻都悉數遭到否決。古墳依然籠罩在一團迷霧裡。

古墳的模式

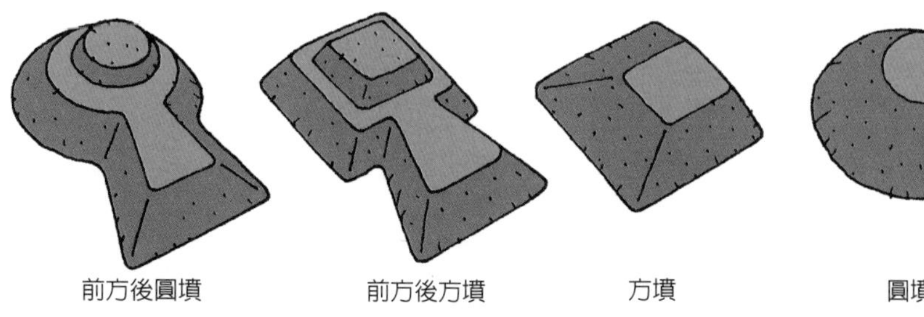

前方後圓墳　　前方後方墳　　方墳　　圓墳

Column

《古事記》與《日本書紀》

《古事記》與《日本書紀》這兩部書的名字，大概無人不知、無人不曉，舉凡「國土誕生」、「天之岩戶」、「因幡白兔」、「海幸彥與山幸彥」等都是相當知名的橋段。不過，實際閱讀過原書或白話譯本的人，大概就不多了。尤其是對年輕人來說，這兩部書搞不好都很陌生。

《古事記》書如其名，是記載「古事（民族起源）」的書，內容統整自「帝紀」與「舊辭」，前者記載歷代天皇傳承的事情，後者則是關於神話傳說的紀錄。《古事記》全冊共3卷，上卷寫天皇先祖，古代眾神之事，中卷寫初代神武天皇到應神天皇，下卷則是仁德天皇到推古天皇的紀錄。成書時間推定在西元712年1月，但仍有諸多尚待釐清之處，《古事記》的特色是充滿神話色彩與故事性。

另一方面，《日本書紀》則打從執筆之初便帶有對外色彩，採取史書體裁寫成。內容從古時眾神的「神代時期」起，一直寫至第41代持統天皇（天武天皇之后）止，可以說是一部描述日本如何立國之書，亦是一部描寫「當代史」的書。其中有部分內容與《古事記》重疊，但敘述細節則有微妙的不同。

這兩本書均受天武天皇之命編纂而成，並稱爲「記紀」，這一點相當重要，因爲其中的內容很可能會融入天武天皇自己的「歷史觀點」，朝對天皇有利的方向撰文。書裡記載了哪些事？又刪去了哪些痕跡？閱讀時不妨試著想像這些問題，亦不失爲一種體驗歷史趣味的方式。

明治時代以後，日本政府把這兩本書視爲讚揚天皇與神格化的書籍，因此二次大戰後對於在學校等教學單位教授「記紀」很是消極。雖然近日開始有人試圖重新審視「記紀」之於歷史教育的問題，但這波動作也引起不少人的反感。

的確，「記紀」曾被皇國史觀收編挪用。然而，若想要理解日本歷史，那麼知道何謂「記紀」難道不是一件非常重要的事嗎？日本文化與天皇制度，還有明治國家與明治以後日本人的想法等等，對於這些問題，「記紀」都能提供許多答案，給予我們更多思考線索。

歷史總有多種詮釋，而「記紀」亦然。不過，首要之務，莫過於實際拿起書本閱讀。現在市面上有許多白話譯本與註釋書，相信閱讀「記紀」一定能幫助讀者更加認識歷史。

第 2 章

律令國家的形成

飛鳥～奈良～平安

第2章

中央集權國家誕生與權力鬥爭

歷史變遷過程

飛鳥→奈良→平安

佛教傳入日本

融合佛教信仰，建置以天皇爲主的國家

構築中央集權國家

整頓政治、經濟制度

關鍵詞：「佛教」

「佛教」是貫穿飛鳥、奈良、平安時代的關鍵詞。佛教從百濟傳入日本，引發各豪族之間的對立衝突。後來，贊成接納佛教的蘇我一族消滅了反對派的物部一族。試圖以佛教為核心，建構一個天皇中心國家的聖德太子，身上就流著蘇我一族的血。

西元7世紀時的日本，在歷經大化革新後確立起中央集權制，正式建構出完整的國家體制。

在奈良時代，為了讓國家受到庇護而把佛教視為國教對待，象徵這件事的奈良大佛也於此時開始營造。奈良大佛完工時，適逢鑑真和尚隨遣唐使船隊抵達日本，日本佛教自此才有了完善的發展環境。

另一方面，僧侶地位的提升，開始和政治家形成連帶關係。這個時代的佛教不屬於平民百姓，而是庇蔭國家與權貴人士的宗教。日後從奈良遷都至平安京的目的之一，正是為了遠離奈良強悍的佛教勢力。

平安時代，空海與最澄兩人革新了佛教，此後淨土信仰開始盛行。

貴族的「無為」政治與武士

國家體制完備後，中央政界的權力鬥爭也漸漸白熱化，此時嶄露頭角的就是藤原一族。藤原氏由於長年與皇室結為親戚，而成功取得攝政‧關白的地位，掌握輔佐天皇執政的權力。世間貴族當道，孕育出絢爛璀璨的文化。

然而，中央政界的貴族們不務政事，各地因而陷入混亂，農民離開原本的土地，流浪四方，農地荒蕪殆盡。眼看著公地公民制度崩盤，土地與人力資源的私有制於焉展開。

接著，在陷入混亂的各個地區裡，當地豪族與有勢力的農民紛紛武裝起來，這便是武士誕生的那一刻。

不久，武士的勢力遍及中央，貴族們為了保護自己，開始陸續起用武士。

武士中最具代表性的莫過於源氏與平氏一族，源平相爭後，由平氏取得了與中央權力的連結。

沒有料到的是，平氏在不知不覺間也成為了貴族，招致武士們的反感，最終步上毀滅之路，真所謂「驕奢跋扈必不長久」。

在混沌的時局中追求「和」的精神

聖德太子的目標——以天皇為尊的中央政權國家

Point

- 失去伽耶地區後，大和政權如何應變
- 政權迷失方向，蘇我氏上場
- 聖德太子的政策融入佛教思想

內外局勢陷入混亂，佛教傳入日本

在雄略天皇之後，繼任的四代天皇都很短命，最末一位武烈天皇甚至沒有留下子嗣。根據《日本書紀》記載，後來在大伴金村與物部麁鹿火的謀劃下，把應神天皇的五世孫從越前接來，即位爲繼體天皇。

這時候，在百濟與新羅的紛爭中，大和政權逐漸失去在朝鮮半島的據點伽耶。西元527年，筑紫一帶的豪族磐井，因爲反對大和政權出兵新羅，而在九州掀起叛亂，雖然亂事隔年便遭鎮壓，但大和政權的動盪卻沒有平息下來。繼體天皇死後，王位繼承問題陷入混亂，安閑、宣化兩位天皇與欽明天皇分裂對立，雙方各自爲政，直到西元539年時王權才終於收束到欽明天皇手上。

當時，在欽明天皇背後撐腰的，是掌握渡來人系統的新興氏族，蘇我氏。西元538年，佛教經由百濟正式傳入，使得支持佛教的蘇我氏和反對佛教的物部氏產生對立。對立之初以反佛派較占優勢，但後來卻立場顛倒，到了西元587年，蘇我馬子與廏戶皇子（即日後的聖德太子）攜手，一起剷除了物部守屋。

豪族重新洗牌

蘇我氏將女兒嫁給欽明天皇，強化自身的權限。西元592年，首位女帝推古天皇即位後，出任大臣的蘇我馬子，便與擔任攝政的聖德太子一起輔佐政權運作。

聖德太子的政策，是

冠位十二階（西元603年）

	1	2	3	4	5	6
位階名	大德	小德	大仁	小仁	大禮	小禮
頭冠色	紫		青		紅	
	7	8	9	10	11	12
位階名	大信	小信	大義	小義	大智	小智
頭冠色	黃		白		黑	

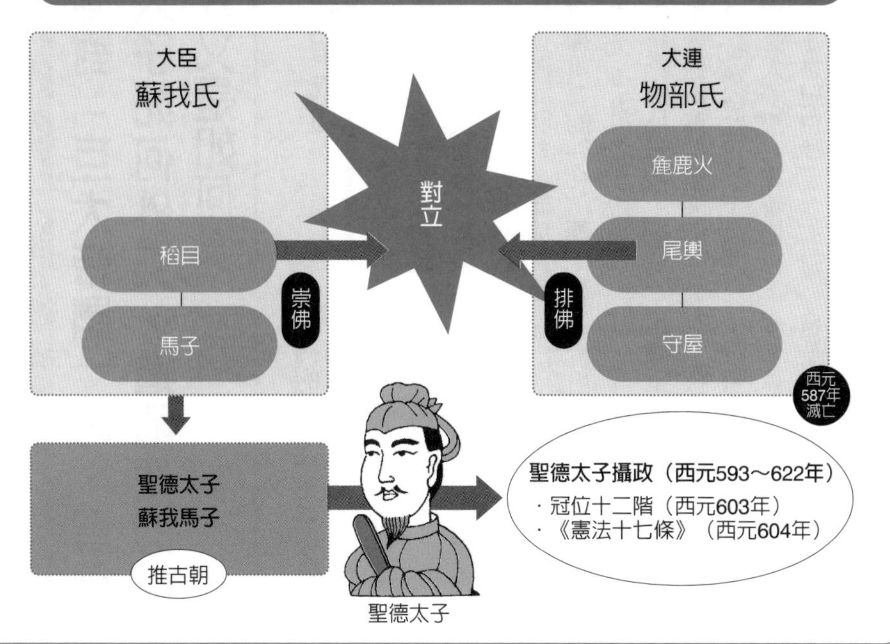

一邊牽制蘇我氏，同時壯大天皇的權威。

日本特有的精神「和」，成為西元604年制定的《憲法十七條》的核心概念，而前一年訂定的冠位十二階允許個人升官，跟過往大有不同。於是，豪族就這樣在天皇底下進行了一次重新洗牌。

歷史 Close Up

武人聖德太子

和蘇我馬子一起剷除物部氏那年，聖德太子年僅14歲。雖然聖德太子多半給人和平主義的形象，好像與爭鬥之事素無緣分，然而青年時期的他其實也是一名武人。或許就是這樣漫長無盡的權力鬥爭，讓聖德太子體悟出「和」的精神也說不定。

《憲法十七條》（西元604年）

（譯者註：原書中為日文概要，但《憲法十七條》原文為漢文，故此處依《日本書紀》漢文節錄譯出。）

一　以和為貴。
二　篤敬三寶。
三　承詔必謹。
四　以禮為本。
五　明辨訴訟。
六　懲惡勸善。
七　人各有任。
八　群卿百僚，早朝晏退。
九　信是義本。
十　絕忿棄瞋，不怒人違。
十一　明察功過，賞罰必當。
十二　國司國造，勿收斂百姓。
十三　諸任官者，同知職掌。
十四　群臣百僚，無有嫉妒。
十五　背私向公。
十六　使民以時。
十七　夫事不可獨斷，必與眾宜論。

盛極一時的攝政，其外交手腕與成謎死因

面對「巨大帝國」時，聖德太子如何外交，遣隋使的成效又是如何？

Point

- 為突破朝鮮半島問題而採行之策
- 要隋朝承認地位優於朝鮮諸國
- 關於聖德太子之死的各種說法

外交政策成功

伽耶在西元562年被新羅吞併而滅亡，大和政權雖有出兵對抗新羅，最後仍以敗北收場。從此以後，如何恢復伽耶勢力，便成爲大和政權重要的外交功課。

西元600年，派出第一批新羅遠征軍後，聖德太子接著送出首批遣隋使入隋。爲了突破朝鮮半島問題，聖德太子決定重新恢復自西元5世紀中斷至今的對中交流。只不過，這批遣隋使幾乎算是被隋文帝給掃地出門的。這件事帶來巨大的影響，使聖德太子體會到改革國內制度的必要性。

西元607年，聖德太子派出小野妹子帶著第2次遣隋使入隋，向隋朝皇帝提出一封國書，開頭寫著「日出處天子致書」。以前，卑彌呼與倭國五王曾受中國王朝冊封，但聖德太子並不打算承襲往例。聖德太子希望隋朝承認，當年的日本就算未與中國對等，地位還是比朝鮮諸國高。

日本來的使節未行君臣之禮縱然令隋煬帝不悅，但當時隋朝正打算遠征高句麗，遂差遣裴世清做國家使節，隨同小野妹子返國。

聖德太子原本的外交目的事實上並未達成，但重新恢復對中交流一事，使得日後各種先進知識得以流入日本。思及這點，聖德太子的外交政策或許仍算是有所斬獲。

是病逝？還是自殺？

至今，聖德太子身上仍有許多謎團未解，其中一道謎題就是他的死因。聖德太子死於西元622年2月

小野妹子與裴世清

一般認為，隋煬帝畏懼倭國與高句麗勾結，才會派遣裴世清來視察倭國情勢，亦即從事類似諜報的活動。只不過，當小野妹子為了送裴世清返國再次入隋時，他奉上的國書仍舊與前次相同，倭國並沒有對隋行臣下之禮。

冊封體制

一直到清朝為止，中國各王朝都未曾與他國締結對等的外交關係，背後的想法是認為中國王朝乃天下中心，周邊諸國都只是「從屬國」。也因此，中國周遭諸國總是代代派遣使節赴中，向中國王朝表達敬意，獲封爵位。簡單來講，就是成為中國的「小弟」，同時，身為「老大」的中國也會應「小弟」請求出兵助拳。朝鮮半島諸國素來接受中國的冊封。

22日，他的妻子早他1日過世，母親則在前一年便已離世。聖德太子曾牽制蘇我氏一族，派出遣隋使的目的也未達成，這不禁讓人好奇，聖德太子在朝中的立場是否會因此有所變化。

歷史Close Up

受詛咒的「德」

有一說法認為「聖德」這個諡號，暗示著聖德太子遭逢不幸。因為凡是冠上「德」字的天皇，多半死於暗殺等各樣悲慘的結尾。比方說，孝德天皇被家臣遺棄而寂寞地死去，稱德天皇相傳死於暗殺，而崇德天皇則含恨詛咒整個皇室而亡。

從年表掌握歷史變遷

■西元539年
繼體天皇死後分裂的王朝，終於在欽明天皇時統一

■西元587年
蘇我馬子剷除物部守屋

■西元592年
蘇我馬子暗殺崇峻天皇，推古天皇即位，隔年廏戶皇子出任攝政

■西元600年
舉兵救援任那，並派出首批遣隋使

■西元603年
制定冠位十二階

■西元604年
制定《憲法十七條》

■西元607年
派遣小野妹子與第2次遣隋使

■西元608年
小野妹子和裴世清一起返國，同年小野妹子以第3次遣隋使身分再次入隋，並於隔年歸國

■西元614年
派遣犬上御田鍬為第四次遣隋使入隋，隔年返國

■西元622年
聖德太子亡故

綿延自絲路的日本最初的佛教文化——飛鳥文化

Point

- 受國家保障的佛教
- 對老百姓來說佛教是種「咒術」
- 到處都看得到國際性文化帶來的影響

怎樣的人真的懂佛教？

一般認爲佛教在西元538年傳入日本（《日本書紀》記載爲西元552年），但在那之前渡來人之中也有佛教徒存在。經過新興氏族蘇我氏與傳統氏族物部氏的對立之後，佛教受到國家保障，成爲這個時代的文化核心。

西元594年，興隆佛法之詔頒布，自此，佛教教義便成了各種政策的中軸，相傳聖德太子還曾替佛經撰寫註釋書《三經義疏》流傳於後世。

只不過在當時，眞的明白佛教教義的人只有一小部分，其餘一般百姓還以爲佛教不過是祈禱病人痊癒或祭祀祖宗的「咒術」之一。

震撼懾人的建築物與佛像

西元6世紀後半葉至西元7世紀前半左右，奈良陸續營造了幾座宏偉的佛寺，如飛鳥寺、四天王寺、法隆寺等等，佛寺內部擺滿各種佛像與工藝品、畫作。當年首次目睹這番景象的人，心中一定會不由自主地升起崇敬之念，就算完全沒有佛教知識，勢必也會震懾於這些事物的美與魄力。

佛教起源自印度，後經由中國傳入日本。至於工藝品上的忍冬唐草紋，或者寺院裡那飽滿的梁柱造型，則都是透過絲路從希臘等西方諸國迢迢傳入日本的。

收分曲線（entasis）圓柱

是一種希臘、羅馬或文藝復興時期的建築樣式中常見的梁柱造型，好比說希臘帕德嫩神殿便是極具代表性的建築，採用此造型的圓柱中段部分會微微鼓起，一如法隆寺金堂的梁柱。

萬葉假名

這段時期的書籍全以漢文寫成，簡言之，當時不存在能表記日語的文字系統。到飛鳥時代以後，人們開始把漢字當表音文字使用，不考慮漢字原本的字義，只取其字音表記日語。又因為人們多選用筆畫少的簡單文字表記，這些字符便逐漸演化成日後的平假名。

佛教傳入日本路徑圖

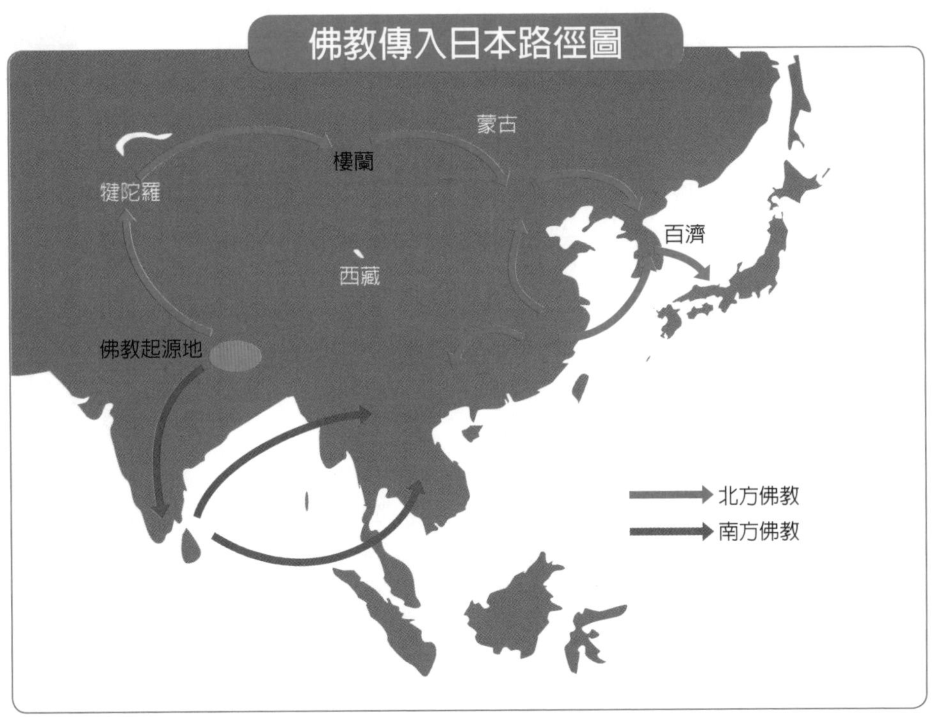

歷史Close Up 佛像的特徵

這個時期的佛像造型，可分成北魏與南梁兩種系統。北魏造型以飛鳥寺釋迦如來像為代表，佛像強而有力，姿態端整；南梁造型則以廣隆寺彌勒菩薩半跏思惟像為代表，特色在於溫厚圓潤的質感。

飛鳥文化的代表作品

建築	法隆寺　金堂．五重塔．迴廊
雕刻	法隆寺金堂釋迦三尊像 法隆寺夢殿救世觀音像 法隆寺百濟觀音像　飛鳥寺釋迦如來像 廣隆寺半跏思惟像　中宮寺半跏思惟像
繪畫	法隆寺玉蟲廚子扉繪

從年表掌握歷史變遷

■西元538年
佛教傳入日本（《日本書紀》中記載為西元552年）

■西元593年
聖德太子出任攝政，建四天王寺

■西元594年
聖德太子頒布興隆佛法之詔

■西元596年
建飛鳥寺（法興寺）

■西元607年
派遣第2次遣隋使，建法隆寺

■西元615年
聖德太子完成《三經義疏》

和東亞國際情勢同步？

發動政變剷除專橫的蘇我氏，推動大化革新

Point

- 朝鮮半島也在同時期發生政變
- 擁有進步知識的精英分子發起政治改革
- 改革動作迅速決絕，引發反對聲浪

蘇我氏滅亡

推古天皇去世，但卻沒有在生前選定下任天皇。蘇我蝦夷先壓制住擁立聖德太子之子，山背大兄王一派的人馬後，擁立了舒明天皇繼位。之後，獨攬大權甚至更勝其父蘇我蝦夷的蘇我入鹿，在女帝皇極天皇治世的西元643年，剷除了聖德太子後人山背大兄王一族。

西元645年，蘇我氏的勢力令中臣鎌足與中大兄皇子（舒明天皇與皇極天皇之子）感到威脅，兩人便串連謀殺了蘇我入鹿，其父蝦夷也在隔日自殺，蘇我氏一家於此滅亡，史稱乙巳之變。

精英階層厲行改革

中臣鎌足、中大兄皇子還有蘇我入鹿三人，都從歸國留學生身上習得了不少先進知識，而這些留學生是親身經歷過隋朝滅亡、唐朝建國的一群人。當皇極天皇退位，皇位傳到皇極之弟，亦即中大兄皇子的小叔手上，繼任爲孝德天皇時，鎌足獲得內臣地位，留學僧們則成爲政權的智囊團，並於西元646年頒布革新之詔，大化革新由此起步。

只不過，大化革新雖然厲行稅制改革等措施，卻也招致不少反對勢力，孝德天皇本人更是爲倉促改革受挫，而在失意中於西元654年離世。西元658年，中大兄皇子用計逮捕孝德天皇之子，即反改革派的有間皇子並加以處刑。此後，中大兄皇子仍舊保持皇太子身分，繼續推動改革。

革新之詔

一 公地公民
二 制定地方行政組織
三 戶籍
四 制定新稅制
此外還有廢除品部等政策。

※當時有沒有真的頒布詔書，尚不得而知。

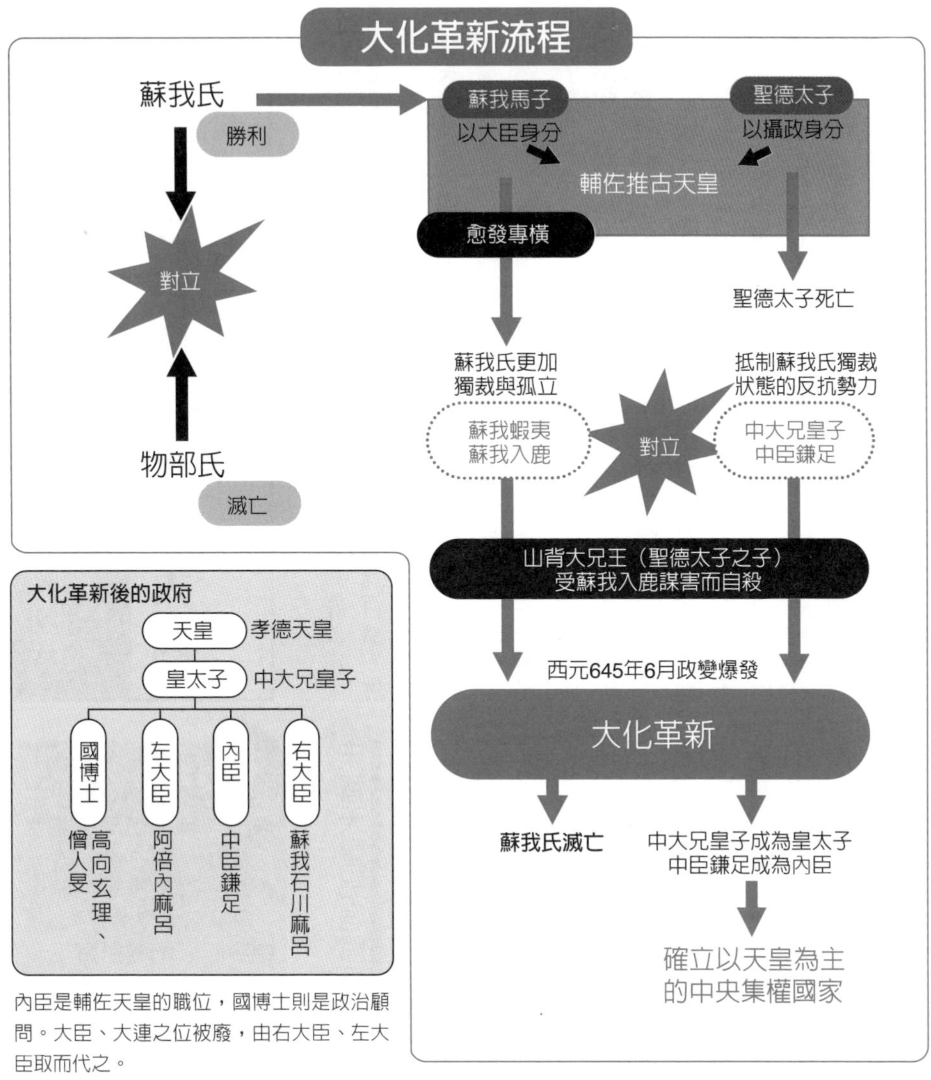

內臣是輔佐天皇的職位，國博士則是政治顧問。大臣、大連之位被廢，由右大臣、左大臣取而代之。

從年表掌握歷史變遷

■西元643年
山背大兄王一族滅亡

■西元645年
乙巳之變，訂定年號為大化

■西元646年
革新之詔

■西元647年
七色十三階（後改制十九階）

■西元650年
改年號為白雉

■西元653年
中大兄皇子與孝德天皇決裂，遷居飛鳥。孝德天皇於隔年駕崩

■西元658年
阿貝比羅夫遠征蝦夷，有間皇子被以謀反罪處死

對外戰爭失利與強行改革，終致國內爆出不滿

白村江之役與古代最大內亂——壬申之亂

Point

- ●出兵復興百濟卻苦吞敗仗
- ●厲行國內改革，頒甲子宣召並遷都
- ●王位繼承戰引爆壬申之亂

對外政策挫敗

西元658年，阿倍比羅夫出兵征伐蝦夷，成功壓制東北一帶的沿海重地。這固然是齊明天皇與中大兄皇子的對外政策之一，但在他們眼中，朝鮮半島情勢仍舊是最重要的。

西元655年，高句麗．百濟聯軍出兵侵略新羅，新羅在唐朝援軍相助之下進行反擊。西元661年時，齊名天皇派出援軍，協助降伏的百濟重新復國。

豈料，在這關頭齊明天皇驟然駕崩，只好改由中大兄皇子率軍出兵百濟。然而這場白村江之役卻在唐朝、新羅聯軍手下苦吞大敗。倍感威脅的中大兄皇子開始整頓國防，於各地興建河堤與山城，同時頒布了甲子宣召，將豪族重新統整排序，厲行一連串國政改革。

從飛鳥宮搬遷到大津宮後，中大兄皇子即位爲天智天皇。此外，他更制定出第一套全國規模的戶籍資料「庚午年籍」，使國家更容易收稅與徵兵。

天智天皇另有盤算

原本，天智天皇是打算讓親弟大海人皇子接任皇位的，然而到了晚年他心中卻浮現了別的盤算，改立自己的長子大友皇子爲後繼。這份私心，便成爲日後引爆壬申之亂的火種。當天智天皇病倒於床榻時，大海人皇子遁入空門，到吉野一帶避風頭，而待天智天皇過世一年後，他就逃出吉野到東國舉兵起事。

很多地方豪族紛紛挺身響應，聚集到大海人皇子

白村江吞敗

百濟在西元660年亡國，殘存的百濟子民為了復興家國，轉向日本求援。天皇離開畿內，親自走上前線指揮戰事，這在當時未有前例，由此看得出齊明女帝出兵馳援的決心。日本派出2萬7000大軍，一開始占了上風，但當唐朝參戰後，就只得落得慘敗收場。於是，日本勢力就這樣被驅離朝鮮半島。

甲子宣召的內容

一　冠位從十九階改制為二十六階。
→增加低階冠位。

二　氏上由中央選定。
→依氏族勢力與對國家的貢獻，重新編組豪族。

三　再次承認豪族擁有私有民的權限。
→考量到與豪族共處。

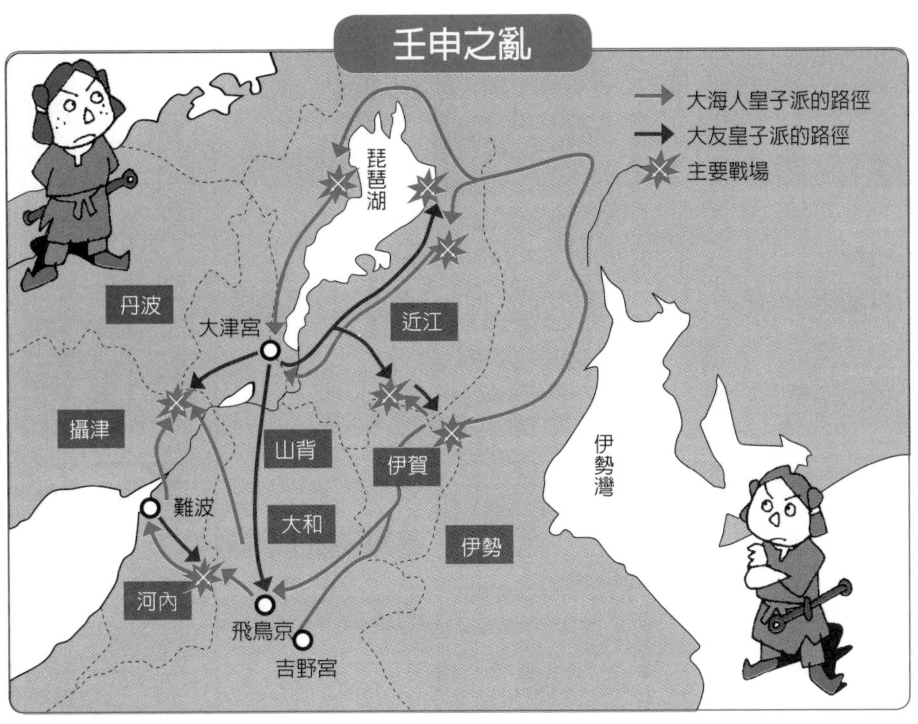

旗下，這些豪族對天智天皇的執政已不滿甚久。大海人皇子舉兵攻打大津宮，大友皇子自殺身亡，大海人皇子隨後在飛鳥淨御原宮即位，史稱天武天皇。憑實力奪下帝位的天武天皇鎮壓批判勢力，從此獨攬強大權力。

歷史Close Up

四處流浪的天皇

天智天皇（中大兄皇子）20年來數度遷都，從飛鳥到難波，再回飛鳥，然後下筑紫，再回飛鳥，又轉赴近江等，不斷移動。位於筑紫的朝倉宮是因應白村江之役營建的大本營，齊明天皇即在此處亡故。每一次遷都都需勞師動眾修建房屋，讓百姓愈發不滿。

從年表掌握歷史變遷

- ■西元660年　百濟國王臣服於新羅
- ■西元663年　出兵征討新羅，在白村江之役慘敗
- ■西元664年　頒布甲子宣召，厲行國政改革
- ■西元668年　中大兄皇子即位為天智天皇
- ■西元670年　制定庚午年籍
- ■西元671年　天智天皇駕崩
- ■西元672年　壬申之亂
- ■西元673年　大海人皇子即位為天武天皇

確立了影響綿延至今的制度

官二代特權早確立於此時？律令國家「日本」誕生

Point
- ●確立律令體制並火速推行
- ●稅制、地方行政、官僚制度逐一完備
- ●保證上級貴族能世襲身分

確立官僚制度

從天武天皇時代起，日本就開始著手建設一個奉行律令體制的國家。天武天皇爲了鞏固天皇權力而重用皇室親族，這樣的情況下，貴族們只能臣服於皇室底下，以確保自己能保有官僚地位。此外，天武天皇採用新頒布的「八色姓制」，重新劃分各個氏族原有的「姓」，明確拉開列名上級貴族的氏族，與其他氏族之間的地位差距。

在各項體制與改革迅速整備、推行之時，天武天皇也下命修編國史。《古事記》向來都是對內的私史，但《日本書紀》則是由國家層級推動製作的史書。只是這樣一來，整本書都不能寫不利於天武天皇的事。

有力權貴的優待

天武天皇死後，他的皇后即位爲持統天皇，接手執行天武天皇的建國大業。藤原京在計畫性的都市規劃下營建完成，東西長2公里，南北長達3公里，是第一座眞正的都城，也是象徵律令國家終於完備的首都。

由於子嗣早夭，持統天皇後來讓位給孫兒文武天皇，成爲垂簾看顧天皇的太上天皇，並催生出大寶律令。此後，中央的律令官制以及地方統治體制都有了完善規劃，朝廷會派中央貴族至各地出任國司，也決議在外交及國防樞紐建置管轄機構（攝津職、大宰府）。

登錄於戶籍上的農民能向官方分租口分田耕作，以確保最低限度的生活水準，但同時也須承擔沉重的賦稅與勞動義務。

持統天皇即位的緣由

天武天皇死後，朝廷由其后菟野皇女稱制（不即位而僅行政務），她與親兒草壁皇子共同治理國家。當歷時兩年以上的天武天皇葬儀告一段落時，原該讓草壁皇子登基為王，但沒想到年僅28歲的草壁王子在葬儀後便驟離人世。由於此時皇子的兒子還只有7歲，遂由菟野皇女自己接下天皇之位。

從年表掌握歷史變遷

■西元673年
大海人皇子即位為天武天皇

■西元686年
天武天皇駕崩

■西元690年
天武天皇之后菟野皇女即位為持統天皇，完成庚寅年籍

■西元694年
遷都至藤原京

■西元701年
完成大寶律令

建立律令國家的流程圖

天皇	特徵	主要政策及活動
天武天皇	（西元673～686年在位）具強烈的天皇獨裁色彩	• 制定大寶律令的原型〔開始著手制定律令（西元681年）〕 • 訂定服裝的身分區別，訂定宮廷禮儀規範 • 開始編纂國史〔《古事記》（成書於西元712年），《日本書紀》（成書於西元720年）〕 • 著手營建藤原京 • 確立皇族的優越性—訂定「八色姓制」（西元684年）
持統天皇	（西元690～697年在位）繼承天武時代的方針並實際推行政策	• 施行飛鳥淨御原令（西元689年） • 完成庚寅年籍（西元690年） • 藤原京落成，遷都（西元694年）──首座中式都城
文武天皇	（西元697～707年在位）完成獨創的律令制度	• 大寶律令完成（西元701年）→第一部整備好的律令 由持統太上天皇、藤原不比等主導，刑部親王編纂裁定 • 開始施行班田收授法〔整備戶籍→將口分田（開墾地）相給公民〕徵收租〔稻〕、庸〔繳納物資（如布匹、稻米等）抵免勞役〕、調〔人頭稅〕勞務與兵役義務化

官僚被層層細分為數個等級，低階官差過著貧苦的日子，而上級貴族卻處處享有特權，並透過蔭襲制度保障後世子孫的位階。藤原氏一族，就是活用這個制度的代表性權貴。

歷史Close Up

西元8世紀的行政改革

從西元703年起約莫3年的時間裡，日本全境疫病蔓延，饑荒不斷，農村遭受到嚴峻打擊。因此朝廷在西元706年施行減稅等各項措施，以確保農村得以存續，同時也擴大官差階級的恩典，改善制度面上的缺失，鞏固官僚間的向心力，史稱慶雲改革。

律令官制（二官八省）

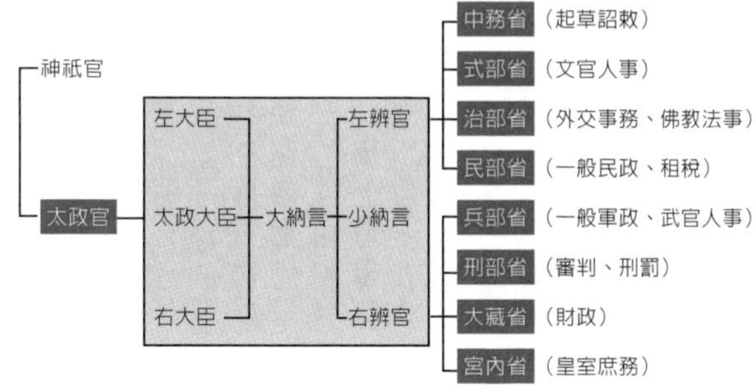

和歌正式於宮中成立

深受中印兩國影響，臻至成熟的白鳳文化——法隆寺金堂與高松塚古墳

Point

- 重整神祇制度，今日諸多禮俗始於此時
- 佛教從私領域的信仰，化為由國家領導的宗教
- 收錄於《萬葉集》中的和歌誕生

神道與佛教

天武天皇對神道與佛教均相當重視。歷任天皇會於即位後執行「大嘗會」，亦即第一場大規模的新嘗祭，這項傳統正是始自天武天皇與持統天皇之世。天皇會在新嘗祭時，向神明獻上秋收的新米，這道禮俗儀式在現今的日本曆法上叫做勤勞感謝日。除此之外，祭祀皇祖神天照大神的伊勢神宮裡定期行使的儀式「式年遷宮」（每20年修建一次神殿），也是於天武時代制定的。

在整頓神祇制度時，佛教也被納入天武天皇的保護傘下。於是，佛教逐漸被收割到國家的管理之下，同時，由國家支付工程費的巨大佛寺，也約莫是於此時開始興建。朝廷透過整頓、掌控神道與佛教系統，逐步確立起國家在精神層面上的支柱。

繪畫與和歌

建築、雕刻、繪畫等領域，紛紛於此時邁入更上一層的成熟期。法隆寺金堂的壁畫中，融入了印度阿旃陀石窟與中國敦煌壁畫的風格，相傳為天武天皇皇子陵的高松塚古墳壁畫上，也看得見高句麗古墳壁畫的影響。這些都是讓後世得以窺見彼時，得知人們的生活與世界觀的貴重遺跡。

在宮中，和歌亦於此時正式成立。齊明天皇、額田王等皇族創作的和歌，都能在後世編纂的《萬葉集》中看見，而到持統與文武兩天皇的時代，則有歌人柿本人麻呂登場。

當代的生活

人口：約600萬人

飲食：此時已發明味噌、醬油等發酵食品，當時有燉菜、燒烤等調理方式，與今日相去不遠。

住家：一般百姓住在豎穴式住居裡，貴族則在有鋪地板的宅邸生活。

戀愛：行「訪婚制」，由男方夜夜拜訪女方。

菩薩的200年之旅

法隆寺金堂中所繪的觀音菩薩像，據說臨摹自西印度阿旃陀石窟寺院裡的壁畫。佛教在印度式微以後，經由絲路傳播到日本，一直到西元7世紀營造法隆寺，畫上壁畫為止，已經過了約莫200年歲月。

白鳳文化的代表作品

藥師寺東塔

乍看似六重塔，實則為三重塔，在層層屋簷間，另設有較小型的屋簷，稱作「裳階」。於明治初期造訪日本的美術史學家費諾羅沙（Ernest Francisco Fenollosa），將東塔譬喻為「凝結的樂音」，相當知名。

建築
藥師寺東塔
雕刻
法隆寺阿彌陀三尊像 法隆寺夢違觀音像 藥師寺金堂藥師三尊像 藥師寺東院堂聖觀音像 興福寺佛頭
繪畫
法隆寺金堂壁畫 高松塚古墳壁畫 上淀廢寺金堂壁畫
文學
和歌誕生

藥師寺金堂
藥師如來像

歷史Close Up

日本最古老的佛教建築遺跡

西元1982年，山東寺東側迴廊被挖掘出土，以原封不動的模樣重見天日，毫無疑問將成為日本現存最古老的佛教建築遺跡。迴廊經過保存處理，重新修復完成，於西元1997年開始在奈良國立文化財研究所飛鳥資料館中公開展覽。

從年表掌握歷史變遷

■西元680年
天武天皇因皇后病倒，而發願營造藥師寺（興建於西元698年）

■西元694年
遷都藤原京

■西元700年
僧侶道昭離世，舉行首次火葬

■西元702年左右
修築高松塚古墳

■西元710年
遷都平城京

留學生們賭上性命橫越海洋

奠定日本基礎的功臣，遣唐使——從文化到政經領域

從遣隋使到遣唐使

從西元630年起，日本派了近20批遣唐使出國，而在更早之前也曾送遣隋使前往隋朝。

西元614年，以第4次遣隋使身分出國的犬上御田鍬，日後也成為第一批遣唐使的一員。隋朝滅亡，唐朝建國，是西元618年發生的事，這批親眼見過改朝換代的留學生們，在歸國後成為大化革新理論面上的指導者。其中，於西元730年代返國的吉備真備與玄昉兩人，更是扮演著奈良朝廷軍師的角色，大為活躍。與他們同時期赴中的阿倍仲麻呂則獲唐朝皇帝賞識，從此久留中國。

無數悲劇故事

除了上述幾位留學生外，更有無數學子就此一去不返，而壯志未酬，沒能成功抵達唐土的例子也並不罕見。除此之外，還有人在途中遭遇船難，好不容易大難不死，但是花數年心力抄寫的經書卻慘遭大海吞噬。

遙想當年，鑑真和尚在歷經5度出航失敗後，終於在雙目失明的處境下，得償宿願來到日本。從這些種種事跡裡，都能看出身為遣唐使，是一件要拿性命相搏的事。

從九州橫渡東海的航路十分危險，但日人在西元8世紀時卻不得已須循此路徑赴中，此乃因當時與新羅交惡所致。遣唐使帶著各種先進文化回到日本，同時也兼具使節身分，保證日本在唐朝的地位。如此這般，遣唐使寫下的種種成就，背後其實有許多人的犧牲奉獻。

Point

- 航路依外交關係變化
- 有的留學生再也沒能返鄉
- 目的是輸入文化與確保日本地位

從年表掌握歷史變遷

■西元645年 大化革新
■西元663年 白村江之戰戰敗
■西元672年 壬申之戰
■西元701年 完成大保律令
■西元710年 遷都至平成京
■西元743年 建照大佛之詔
■西元752年 大佛開光供人供奉
■西元764年 惠美押勝（藤原仲麻呂）之亂
■西元794年 遷都至平安京
■西元866年 藤原良房攝政
■西元887年 藤原基經任關白

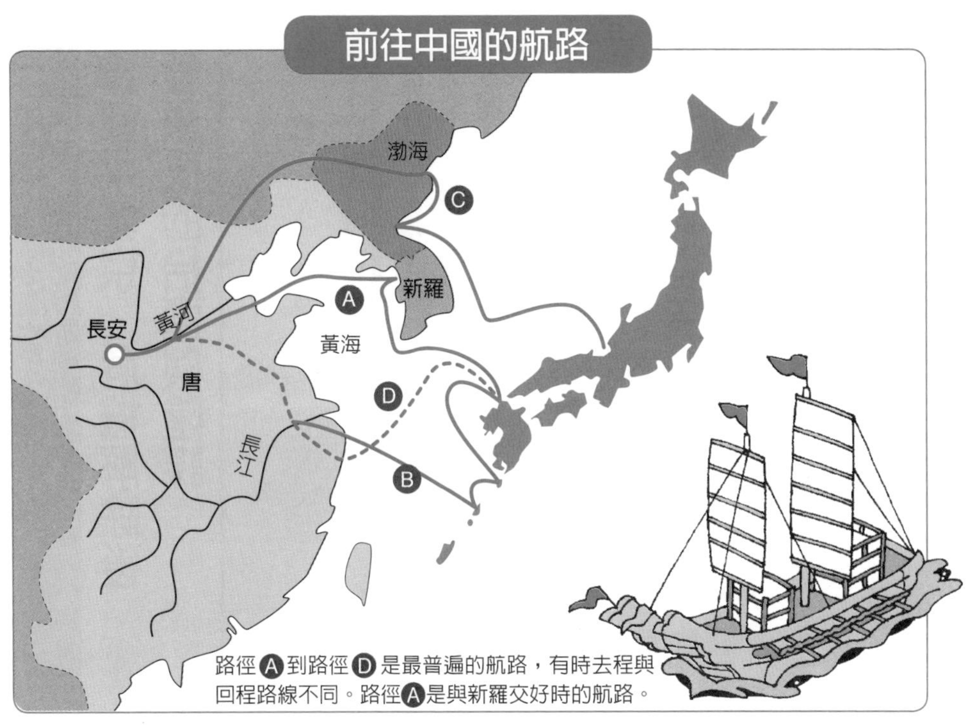

遣唐使的歷史

次數	航路	出國/返國年	規模	備註
1	A	出：630 返：632	?	使節為犬上御田鍬
2	A	出：653 返：654	241人，2艘船	
3	A	出：654 返：655	2艘船	第1船漂流靠岸
4	A	出：659 返：661	2艘船	
5	A	出：665 返：667	?	
6	A	出：669 返：?	?	
7	A	出：702 返：704	?	
8	B	出：717 返：718	557人，4艘船	
9	B	出：733 返：734	549人，4艘船	（去程）阿倍仲麻呂
10	B	出：752 返：753	20多人，4艘船	第1船遇船難，鑑真入國
11	C	出：759 返：761	99人，1艘船	第1船遇船難
12		761	中止	
13		762	中止	第1船遇船難，第2船至第4船漂流靠岸
14	B	出：777 返：778	4艘船	
15	B	出：779 返：781	2艘船	
16	D	出：804 返：805	4艘船	（去程）最澄、空海
17	D	出：838 返：839	600多人，4艘船	（去程）圓仁，第2船、第3船遇船難
18	D	894	中止	此後廢除遣唐使

爲了掌權可以不計代價？

遷都平城京，危機解除後 藤原氏的抬頭與陰謀

Point

- 藤原不比等成為政界大老
- 展示日本國力的平城京
- 不比等採取外戚策略，奠定藤原氏繁榮的基礎

藤原不比等與遷都

厲行推動大化革新的中臣鎌足，在過世前日受天智天皇賜姓藤原，晉升至大臣地位，成爲藤原一族的始祖。藤原取自一族的居住地名。

之後，藤原鎌足之子不比等升任右大臣，在政界呼風喚雨。西元710年，由於人口成長，藤原京顯得有些擁擠，因而決定遷都至平城京，本次遷都由不比等主導，同時，平城京本身也具有展示日本國力的意義。

剷除異己

朝廷裡當然不乏不比等的政敵。爲了掌握大權，不比等與天皇結爲外戚（女方親戚）。在當時的貴族社會裡，按照習俗，夫妻婚後會居於女方家中，生出的兒女由岳父（外祖父）撫養、看顧。因此，不比等將女兒宮子嫁給文武天皇爲后，再將另一位女兒光明子，嫁給文武天皇之子首皇子（即後之聖武天皇）爲妻。透過這些方式，不比等奠定了藤原一族繁榮的基石，他在西元702年與世長辭。

此後，接手成爲政界首腦的人，是天武天皇的皇孫長屋王，他在不比等死後成爲左大臣掌握大權。西元724年，聖武天皇即位，然而光明子生下的孩子卻不到1歲即夭折。同時，聖武天皇也與其他夫人有了子嗣。此時，不比等的4名兒子，亦即武智麻呂、房前、宇和、麻呂四兄弟開始感到威脅，因爲皇位有可能落到其他氏族手上，4人便開始計畫立光明子爲皇后，然而能當皇后的向來只有皇室成

木簡與長屋王

古時人們把木片當便條紙使用，稱作木簡，人們可以透過木簡直接認識過去，是相當珍貴的史料。長屋王在平城宮旁坐擁占地6萬平方公尺的遼闊土地，從出土的木簡裡可以知道，長屋王的飲食包括一種牛乳煮透收汁後的產物，還會以白米餵食家中飼養的狗等等。

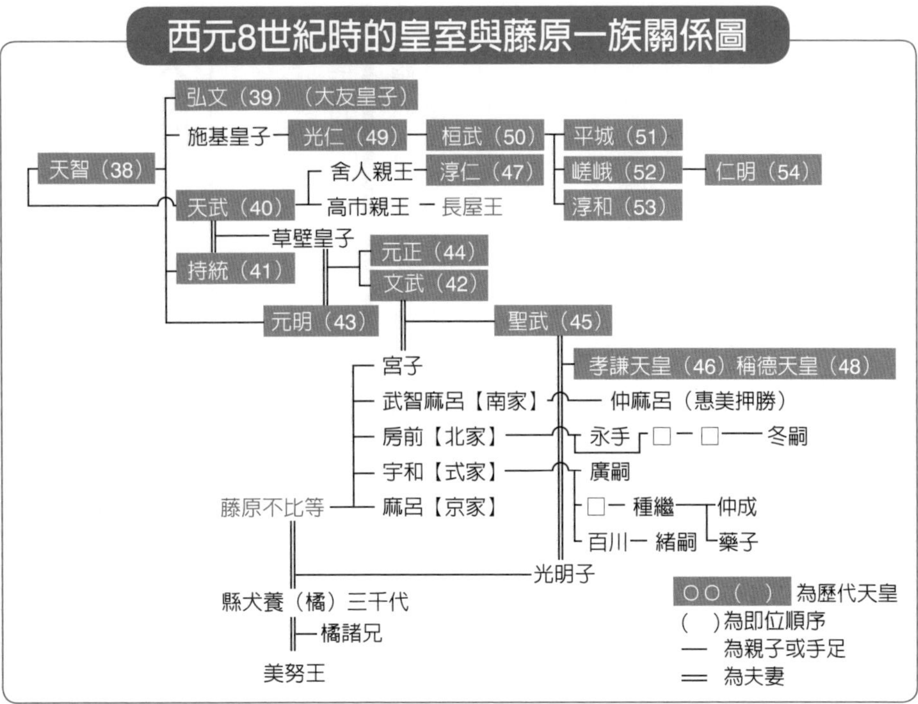

員，更何況長屋王明顯不贊同這件事。

西元729年，藤原4兄弟用計迫使長屋王走上自殺的絕路（長屋王事變），而在半年後，光明子便宣告成爲皇后。

歷史Close Up

日本最古老的貨幣

日本最古老的貨幣「富本錢」，便是在這個時期發行的產物。西元1999年1月，奈良縣明日香村的遺跡中，找到了「富本錢」和一批木簡，出土的木簡上寫著「丁亥年（西元687年）」，即天武天皇治世間。這個發現證明了「富本錢」的鑄造時間比西元708年發行的「和同開珎」還要早25年。

從年表掌握歷史變遷

- ■西元669年 中臣鎌足改姓藤原，並於隔日辭世
- ■西元672年 壬申之亂
- ■西元684年 訂定「八色姓」制
- ■西元694年 遷都藤原京
- ■西元697年 文武天皇即位
- ■西元701年 大寶律令完成
- ■西元710年 遷都平城京
- ■西元718年 藤原不比等等人制定、上呈養老律令
- ■西元720年 藤原不比等亡故
- ■西元723年 制定三世一身法
- ■西元729年 長屋王事變

爭權奪勢導致政治陷入混亂！

聖武、孝謙兩天皇治世期，大佛的建造和藤原氏之爭

Point

- 聖武天皇矢志建設鎮護國家
- 藤原仲麻呂矢志登上權力頂峰
- 孝謙天皇試圖讓僧人道鏡當天皇

長屋王的詛咒？

藤原4兄弟終於得償宿願，獨攬大權。然而，這4兄弟卻在西元737年相繼死於天花。藤原一族勢力衰退，大權跑到了反藤原派的皇族橘諸兄手裡，由去唐朝見識過的吉備真備等人替政權運籌帷幄。人在大宰府的藤原廣嗣（宇和之子）對此感到不滿，於是發起叛變。

在混亂的局勢裡，最手足無措的當屬聖武天皇。4年半之間，天皇不斷遷都，同時也在這段期間裡興建國分寺，又頒布了建造大佛的詔書，試圖仰賴佛教的威力安頓國家。他從天皇之位退下，親眼見證大佛完工，然後在開光儀式4年後撒手人寰。

仲麻呂的榮華與凋零

聖武天皇退位後，女帝孝謙天皇即位，朝中新設了一個叫紫微中台的機構，交由藤原仲麻呂管事。原本，這個機構是設來替光明皇后打點大小事的，然而，背後的眞正目的，顯然是爲了讓皇后與仲麻呂獨攬大權。仲麻呂迫使橘諸兄引退，後來諸兄之子奈良麻呂曾一度策劃政變，卻因事跡敗露而遭處決。

接下來，仲麻呂推舉淳仁天皇即位，獲天皇賜名爲惠美押勝，意思是「施惠滿天下且美德兼備，戰無不勝」。押勝（仲麻呂）後來雖然當上太政大臣，但待光明皇太后過世，便陷入孤立狀態。

此時，逆勢而起的是孝謙太上天皇。她寵信擅使咒法治病的僧侶道鏡，與淳仁天皇對立，於是宣布親政。把掀起叛亂的押勝處決後，孝謙天皇二度即位，號稱德天皇。

迷走四方的聖武天皇

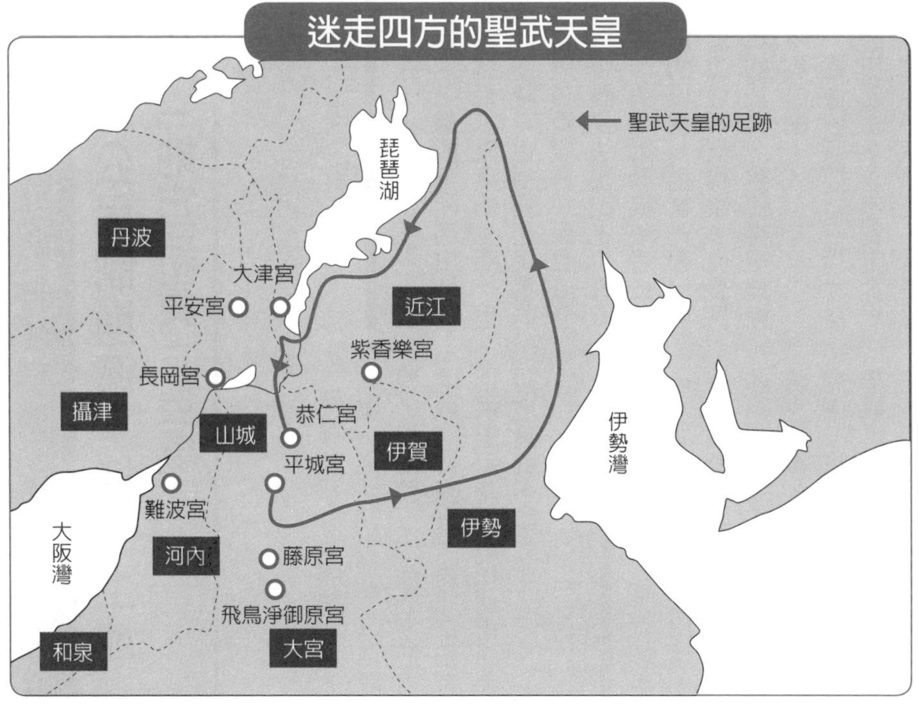

歷史 Close Up

道鏡的野心

道鏡想要坐上天皇之位，故從宇佐八幡宮上奏神諭，說「只要讓道鏡即位，天下便能太平」。稱德天皇派遣和氣清麻呂前去確認神諭真偽，清麻呂回報神諭造假，道鏡的野心就此挫敗。據說，這其實是藤原百川在背後操弄的結果，目的是讓道鏡喪失地位。

從年表掌握歷史變遷

■西元740年
聖武天皇行幸伊勢

■西元741年
營建恭仁京

■西元742年
營建紫香樂宮

■西元743年
行幸紫香樂宮，於此地頒布詔書興修大佛，並中斷恭仁京營造工程

■西元744年
行幸難波。再次行幸紫香樂宮

■西元745年
實質上遷都紫香樂宮。平城京再次成為都城

土地政策自古難解

公地公民制崩壞，擁有土地的「地方新貴」登場

Point

- 從律令制度中掙脫的農民
- 土地政策也與營造大佛有關
- 公地公民制的崩盤，導致大地主出現

制定三世一身法

在大寶律令之下，農民原則上都能分配到田地，以維持最低限度的生活。但與此同時，也須扛起沉重的稅務跟勞動義務，以致於愈來愈多農民決定出走，逃離重擔，去依附豪族或者成爲貴族的僕從。這樣一來，朝廷當然徵不到稅收，而農民人口的成長，也使得田地漸漸不夠分配。

當此之際，三世一身法於西元723年制定，規定願意開墾荒地者，其子孫三代都能私有該開墾之地。此舉雖然成功推動荒地開墾，但由於三代後必需把土地繳回給國家，因此當私有期限逼近時，農民便紛紛將耕地棄置不顧。

大佛與墾田永年私財法

三世一身法推行20年後，墾田永年私財法出爐，准許人民無限期擁有土地。此舉不單是爲解決三世一身法實施後，農民棄置土地的問題，也是由於朝廷必需儘早取得稅收，才出此下策。

墾田永年私財法，頒布於大佛造立之詔公告的5個月前，這點相當重要。爲了順利推行這份國家事業，農民與有力豪族的配合是不可或缺的。於是，朝廷決定准許人民擁有土地，以換取勞動力等的供給。

土地私有制起跑後，公地公民制就此崩盤。有力人士紛紛致力於讓一般農民多多開墾荒地以「創造私有地」，導致農民原有的田地陸續荒廢。於是，個人私有的土地愈來愈多，貴族、豪族與寺廟神社等紛紛躍升爲大地主，初期莊園就此

農民主要賦稅

租：口分田收成3%左右的等值稻米。
庸：繳交布匹，抵免在都城的10天勞役。
調：上繳絲絹與各項名產。
雜徭：於國司服勞役，一年至多60天。
兵役：21歲到60歲的男子有三分之一需服兵役。糧食與武器由個人負擔。

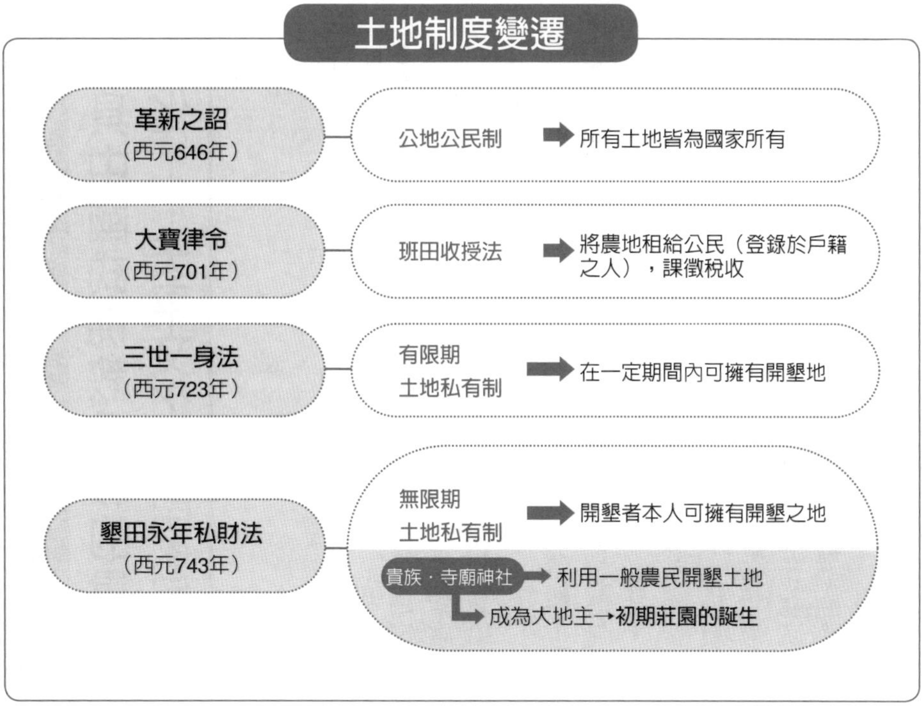

土地制度變遷

法令	制度	內容
革新之詔（西元646年）	公地公民制	➡所有土地皆為國家所有
大寶律令（西元701年）	班田收授法	➡將農地租給公民（登錄於戶籍之人），課徵稅收
三世一身法（西元723年）	有限期土地私有制	➡在一定期間內可擁有開墾地
墾田永年私財法（西元743年）	無限期土地私有制	➡開墾者本人可擁有開墾之地
	貴族．寺廟神社	➡利用一般農民開墾土地 ➡成為大地主→**初期莊園的誕生**

誕生。與陷入混亂的中央政界相較，在各地掌握勢力的新興權貴，紛紛開始養精蓄銳。

歷史Close Up

從土地問題看朝廷勢力消長

由於墾田永年私財法只對貴族、官僚等權貴有利，因此於西元765年廢止，然而7年後，卻又再次准許開墾與無限期的土地所有權。從這一點可以看出，這不單純是土地問題，關鍵其實在於朝廷實力弱化。

農民生活窮苦

《萬葉集》第5卷裡收錄山上憶良的〈貧窮問答歌〉，歌中描述了當時農民的慘況。「全身襤褸，幾乎沒有食糧，卻聽見門外討稅的里長，正揮舞鞭子的聲響。」類似內容的和歌為數不少。為了躲避沉重賦稅，有的人偽造戶籍，因為女性稅額較低而謊報性別，有的人自貶身分替人為奴，種種例子屢見不鮮。

墾田永年私財法中，明定不同身分可持有的土地面積

一位－500町步
二位－400町步
三位－300町步
四位－200町步
五位－100町步
六位～八位－50町步
初位～平民－10町步
（一町步約莫為1萬平方公尺）

僧侶愈來愈泛政治化

更具中國式佛教色彩的貴族文化——天平文化與國家佛教

Point
●以平城京為中心的貴族文化
●受到唐朝的強烈影響
●佛教思想與鎮護國家思想

以寺廟為中心的佛教文化

「天平」取自聖武天皇的年號，所謂的天平文化，其實僅盛行於天皇與貴族，還有部分僧侶等特定階級之間。

從天武天皇時代開始編纂的《古事記》與《日本書紀》終於成書。記述各地情狀的《風土記》彙整完畢，漢詩、和歌等藝文作品陸續登場。除此之外，早自這個年代起，便已開始於中央設立大學，地方設立國學，以利培養政府官吏。

天平文化，就是佛教文化。聖武天皇讓國家與佛教緊密相連，推動鎮護國家政策，試圖仰賴佛教給予國家庇護。

平城京裡營建了許多大小寺廟，廟裡有著無數奉納的美術品與工藝品，許多充滿調和之美的佛像皆於此時製成。其中，尤以捐獻給東大寺的正倉院寶物最爲著名，那是存放於正倉院裡，備受聖武天皇鍾愛的珍品。

僧侶的影響力愈發擴大

在這段時間裡，替日本佛教帶來莫大貢獻的人，當屬唐僧鑑真了。當年日本佛教體系還有些混亂、缺乏秩序，待鑑眞把戒律（僧侶的生活規範）帶來日本後，眞正完整的佛教方得以普及開來。日後，鑑眞興建唐招提寺，並於此地與世長辭。

當時，佛教受到政府管束，不准許僧侶向一般百姓弘法。然而，僧人行基不但弘法，還修建橋梁、建設水利設備等等，深深擄獲民

東大寺大佛殿規模的變遷

東大寺是西元743年，聖武天皇發願修建總國分寺的成果。曾在平安末期以及戰國時代遭遇戰火蹂躪，而後又分別於鎌倉初期與江戶初期重建。今日所見的大佛殿，便是江戶初期重新修建的建築。高達47.5公尺的東大寺大佛殿是全世界最大型的木造建築物。

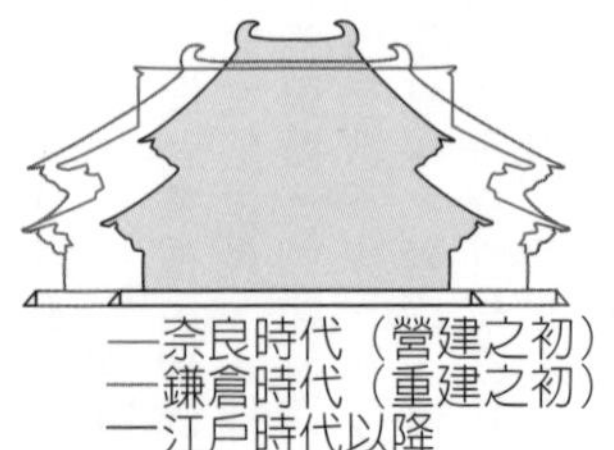

—奈良時代（營建之初）
—鎌倉時代（重建之初）
—江戶時代以降

心。政府一開始還會取締行基的行爲，但後來卻再也無法忽視他的影響力，甚至請他協助建造大佛。

這樣的僧人不只有行基，同樣深具影響力的僧侶爲數不少，畢竟僧人在當時的地位可是深諳最先進文化的知識分子。後來，僧侶和政治愈發密不可分，先前提過的道鏡便是一例。於是，佛教的泛政治化，逐漸演變爲巨大的隱憂。

天平文化的代表作

文學

書名	內容	成書	編著
《古事記》	神代至推古年間的歷史神話故事	西元712年	太安萬侶
《日本書紀》	神代至持統年間的歷史神話故事	西元720年	舍人親王等人
《風土記》	將各地區的傳說故事、物產、自然環境等彙整成冊。現有常陸、出雲、播磨、豐後、肥前等五地的風土記流傳至今日	西元713年下令編纂	
《懷風藻》	現存最古老的漢詩集	西元751年	不詳
《萬葉集》	歌集，收錄約4500首和歌	西元771年	不詳

建築

法隆寺	夢殿、傳法堂
東大寺	法華堂、轉害門
唐招提寺	金堂．講堂

雕刻

唐招提寺	鑑真像	乾漆像
唐招提寺金堂	盧舍那佛像	乾漆像
興福寺	須菩提像	乾漆像
興福寺	阿修羅像	乾漆像
東大寺法華堂	日光．月光菩薩像	塑像
東大寺	戒壇院四天王像	塑像

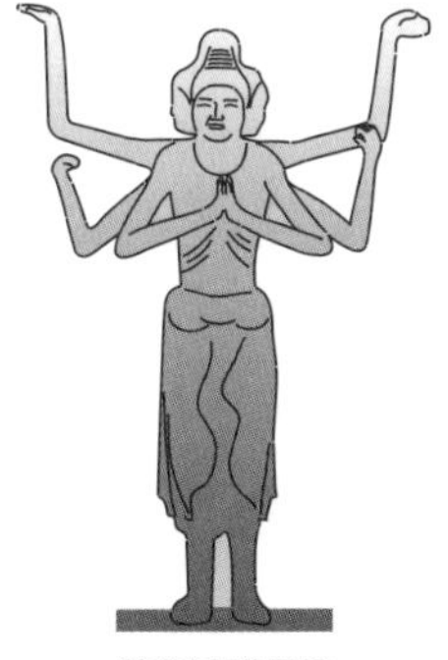

興福寺阿修羅像

法隆寺夢殿

從年表掌握歷史變遷

■西元712年
太安萬侶《古事記》撰畢上呈

■西元713年
命各地編纂《風土記》

■西元720年
舍人親王等將《日本書紀》撰畢上呈

■西元729年
長屋王事變。光明子立后

■西元730年
光明子建置施藥院

■西元741年
下詔建造國分寺、國分尼寺

■西元743年
大佛造立之詔

■西元751年
《懷風藻》成書

■西元752年
東大寺大佛開光法事

■西元754年
鑑真抵達日本

■西元759年
建唐招提寺

■西元771年
此時起至西元780年左右，《萬葉集》成書

因胞弟怨靈作祟而捨棄新都

是胞弟怨靈作祟，讓桓武天皇決意遷都平安京？

Point

- 藤原百川的陰謀讓天皇世系大洗牌
- 遷都的原因是怨靈以及斬斷佛教治國弊端
- 藥子之變催生出新官職

祈求「平安」而遷都

稱德天皇死後，道鏡遭到驅逐，下任皇位交由光仁天皇繼任，而操控這一切的幕後黑手就是藤原百川。壬申之亂過後100年間，皇位在天武天皇的後代子孫間流轉，女帝接連登基，爭奪皇位的陰謀層出不絕，這不禁讓藤原氏倍感威脅。於是，藤原百川企圖將繼承序位大洗牌，把皇權移交到天智天皇的後代手上，遂推舉光仁天皇即位。

接著，桓武天皇的繼位同樣出自藤原百川的計謀。由於自己的政權基礎不夠穩固，桓武天皇便決定遷都至長岡京，遠離干預政事的僧侶。然而，營建新都的主事者，同時亦是天皇親信的藤原種繼卻遭到反遷都派暗殺。爲此，桓武天皇不但放逐了參與暗殺謀劃的貴族，甚至也疏遠了胞弟早良親王。早良親王爲了證明自己的清白，拒食而亡。

此後，桓武天皇的母親與皇后相繼過世，這讓桓武天皇心生恐懼，擔憂是胞弟的怨靈作祟。再加上長岡京建設工程延宕，桓武天皇於是決定再次遷都，帶著期許之意將新都命名爲平安京。

遷都後，桓武天皇出兵征討蝦夷，擴大領地。同時也厲行地方政治改革，新設勘解由使，以監督國司交接事宜。除此之外，他也廢除軍團，改立志願兵徵召制度。

藥子之變

桓武天皇之子平城天皇退位，皇位轉交到胞弟嵯峨天皇手上，讓位後的平城天皇十分寵愛女官藤原藥子，並搬遷至平城京居住。

征伐蝦夷

遷都平安京時，桓武天皇也正推動擴大支配地域的政策，出兵征伐蝦夷。幾年前的蝦夷遠征軍曾大敗於蝦夷酋長阿弖流為手下，這次桓武天皇任命坂上田村麻呂為征夷大將軍，再次迎戰阿弖流為。這一回，坂上田村麻呂成功使阿弖流為歸順朝廷。

另一方面，桓武天皇也同步著手改革地方政治，設置勘解由使來監督國司交接事務。除此之外，他也廢除軍團制度，改行健兒制度，徵召志願兵從軍。

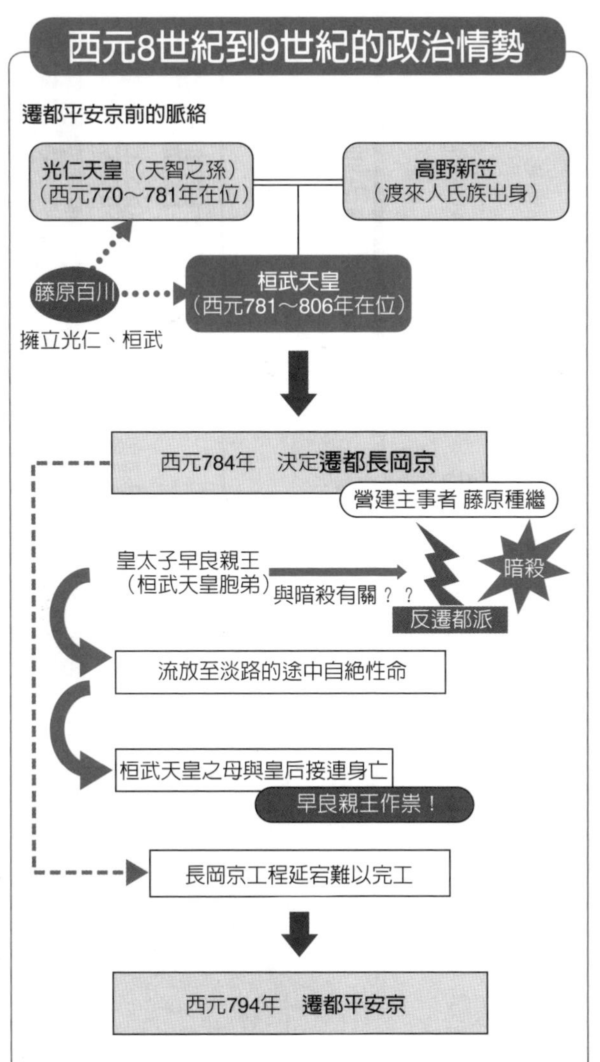

原本，平城天皇派的人馬打算以太上天皇的身分繼續掌權，卻沒有料到嵯峨天皇迅速的軍事行動而奪權失敗。最後，這場亂事以平城天皇隱入空門，藥子服毒自殺收尾，後世稱之爲藥子之變，但正確來說，應爲平城太上天皇之變才對。

這場事變後，爲了讓天皇下達的命令，能不透過太上天皇，直接轉達至太政官處而設置了新的機構「藏人所」。另外，也多安排了「檢非違使」一職，以維護平安京的警備。這些職位均屬於「令外官」，即法律規定之外的機構。同時，爲了讓法條符合現實情況，亦於此時著手編纂《弘仁格式》，負責人則是日後坐擁大權的藤原北家後人——藤原冬嗣。

從年表掌握歷史變遷

■西元794年
遷都平安京

■西元797年
任命坂上田村麻呂為征夷大將軍

■西元802年
蝦夷族酋長阿弖流為歸順朝廷

■西元805年
最澄返國，並於日後創立天臺宗

■西元806年
空海返國，並於日後創立真言宗

■西元810年
藤原藥子之變

爲求至高權力，數度聯姻天皇

藤原北家崛起——剷除政敵，樹立關白地位

Point

- 藤原氏的外戚策略捲土重來
- 獨攬天皇的輔佐、代理政權
- 用計打倒政敵

首位非皇室成員的攝政

北家（參照下頁關係圖）的藤原冬嗣掌握大權後，一時式微的藤原一族再次崛起。冬嗣與兒子良房紛紛將女兒嫁給天皇，步步奠定外戚勢力。良房宣稱原本的皇太子恒貞親王的部屬意圖謀反，而將他逮捕並廢除其位，然後將冬嗣之女生下的兒子立爲文德天皇。除此之外，據說他還趁應天門縱火事件爆發時，剷除了政敵伴善男的勢力。這次事件後，良房替年紀尚幼的清和天皇代掌政事，成爲第一個非皇族出身的攝政。從此以後，開始了由藤原北家主導的人臣（非皇族）攝政時代。

關白的誕生

良房的養子基經成爲良房的繼任者，受光孝天皇欽定爲關白。不過當時還沒有「關白」一詞，要一直到下任宇多天皇即位後，才有這個稱呼。宇多天皇原本要命基經爲「阿衡」，但根據中國古書記載，「阿衡」僅爲名譽職銜，因而引起基經的抗議，拒行政務。最後天皇只好收回成命，史稱「阿衡紛議」。

基經過世後，宇多天皇未安排關白而自行親政，當時學識淵博的菅原道真深受器重，不久便被提拔爲右大臣。基經之子時平對此甚爲不滿，於是用計迫使道眞被貶官至大宰府。道眞在當地鬱鬱而死後，京城接連傳出數則不吉利的事件，人們紛紛謠傳是道眞的冤魂作祟。於是，道眞被好好超渡了一番，如今則成爲學問之神，受世人祭拜。

不斷婉拒太政大臣的良房

藤原良房也是第一個人臣出身的太政大臣。許多人認為這點亦顯露出良房內心的權力慾望，但其實他曾經數度婉拒出任太政大臣一職，因為太政大臣只是一個名譽頭銜罷了。最後，良房讓朝廷認可太政大臣能以天皇輔弼的身分參與政務，這才接下官職。據說，這是由於良房擔心文德天皇體弱多病，皇太子又年紀尚幼，必須以防萬一而有此動作。事實上，天皇的確在不久後便驟然離世，由年幼的清和天皇登上皇位。而良房則繼續邁向第一位人臣攝政之路。

藤原北家勢力擴大

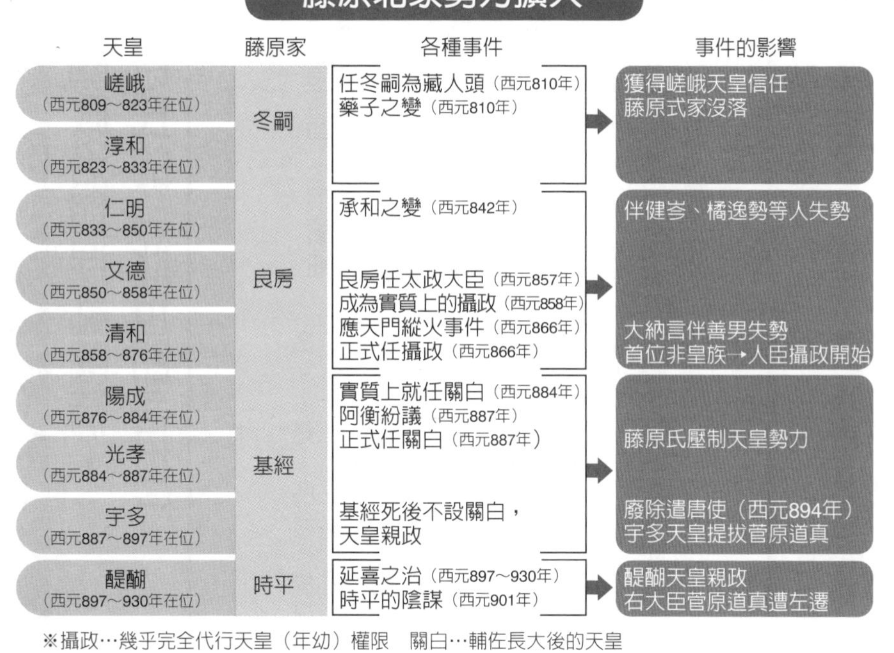

天皇	藤原家	各種事件	事件的影響
嵯峨（西元809～823年在位） 淳和（西元823～833年在位）	冬嗣	任冬嗣為藏人頭（西元810年） 藥子之變（西元810年）	獲得嵯峨天皇信任 藤原式家沒落
仁明（西元833～850年在位） 文德（西元850～858年在位） 清和（西元858～876年在位）	良房	承和之變（西元842年） 良房任太政大臣（西元857年） 成為實質上的攝政（西元858年） 應天門縱火事件（西元866年） 正式任攝政（西元866年）	伴健岑、橘逸勢等人失勢 大納言伴善男失勢 首位非皇族→人臣攝政開始
陽成（西元876～884年在位） 光孝（西元884～887年在位） 宇多（西元887～897年在位）	基經	實質上就任關白（西元884年） 阿衡紛議（西元887年） 正式任關白（西元887年） 基經死後不設關白，天皇親政	藤原氏壓制天皇勢力 廢除遣唐使（西元894年） 宇多天皇提拔菅原道真
醍醐（西元897～930年在位）	時平	延喜之治（西元897～930年） 時平的陰謀（西元901年）	醍醐天皇親政 右大臣菅原道真遭左遷

※攝政…幾乎完全代行天皇（年幼）權限　關白…輔佐長大後的天皇

藤原北家與皇室關係圖

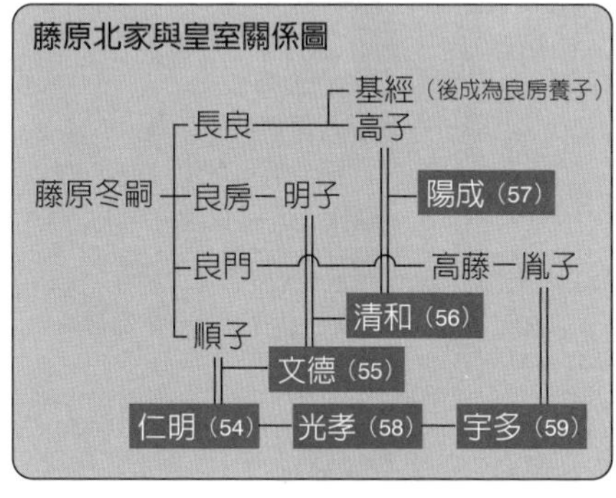

從年表掌握歷史變遷

■西元842年
承和之變，恒貞親王被廢

■西元857年
藤原良房出任太政大臣

■西元866年
藤原良房成為攝政。應天門之變爆發，伴善男等人遭處流放

■西元872年
良房去世。藤原基經出任攝政

■西元887年
基經成為關白。阿衡紛議

■西元894年
因菅原道真建言而廢止遣唐使

■西元897年
醍醐天皇即位，展開延喜之治

■西元901年
菅原道真左遷大宰府

■西元903年
菅原道真亡故

政治無人過問?

攝關政治與混亂國情，藤原氏的「此世即吾世」

道長成為藤原一族領袖

醍醐天皇自行親政（延喜之治），而未設攝政、關白。當醍醐天皇讓位後，換朱雀天皇即位，此時，攝政之位交到了藤原忠平手上。接下來，繼任的村上天皇雖然再度出面親政（天曆之治），但自此以後，攝政的位子便徹底落入忠平的後代子孫掌中。西元969年，醍醐天皇之子，左大臣源高明遭到藤原氏暗算，左遷大宰府，至此再也沒有其他氏族能與藤原氏抗衡。於是，藤原一族兄弟叔姪間爭搶當家地位「氏長者」的內鬥，便緊接著上演。內鬥最後由道長勝出，他把四個女兒全嫁給天皇當皇后，由他當家的時代正是藤原氏的全盛時期。後來，道長落髮爲僧，於西元1027結束61載的生涯。此時，世間局勢已開始暗潮洶湧。

政治空轉

在藤原氏霸占攝關之位，獨攬大權的時代裡，財富集中於上級貴族，權貴階級的家族地位更形穩固。

然而到了朱雀天皇的時代，卻傳出平將門之亂。在道長辭世隔年，又發生了平忠常之亂，約莫20年後則有前九年之役（詳見60頁）爆發。這段時間裡，地方統治體制因爲莊園擴大等因素陸續崩壞，其中又以關東地區分外嚴重。這就是以藤原氏爲首的中央政界只顧著權力鬥爭，而不務政事的結果。西元1019年，女眞族襲擊九州（刀伊入寇事件）時，政府幾乎把應變責任全丟給國司處理。同時，

Point

- 剷除異己之後，藤原氏內部開始鬥爭
- 地方政治陷入混亂狀態
- 世間瀰漫末法思想

從年表掌握歷史變遷

■西元969年
安和之變。左大臣源高明左遷大宰府（藤原氏剷除異己至此告一段落）

■西元990年
道隆與道兼兄弟鬩牆，爭搶關白兼家後繼者之位。道隆成為關白與攝政

■西元995年
道長成為內覽，與伊周相爭

■西元1017年
道長成為太政大臣

■西元1019年
刀伊入寇

■西元1027年
道長離世

西元10世紀到11世紀時，藤原氏與皇室的關係

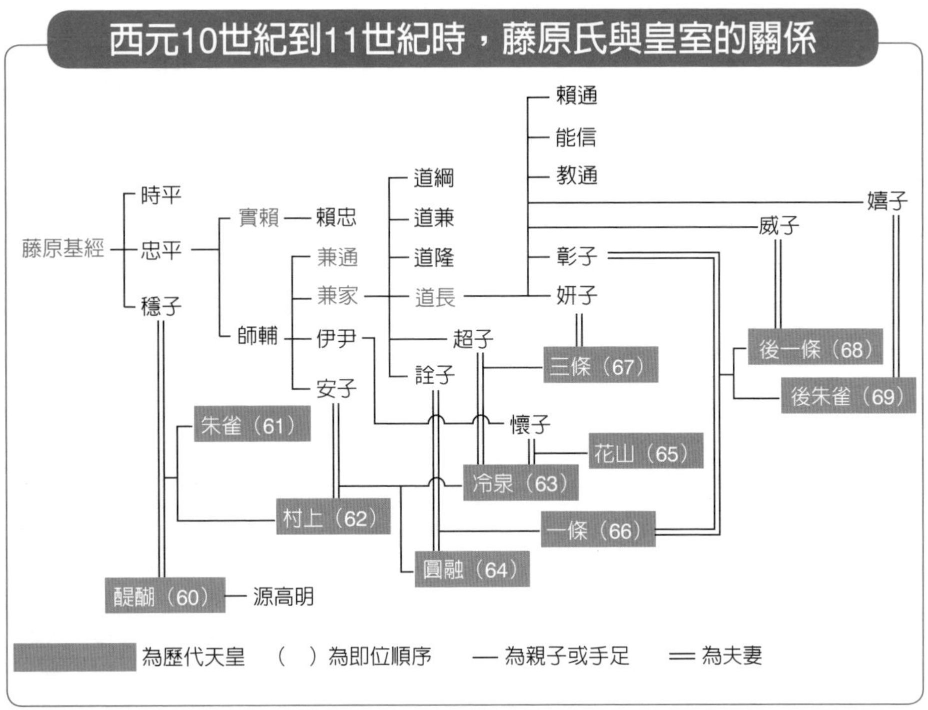

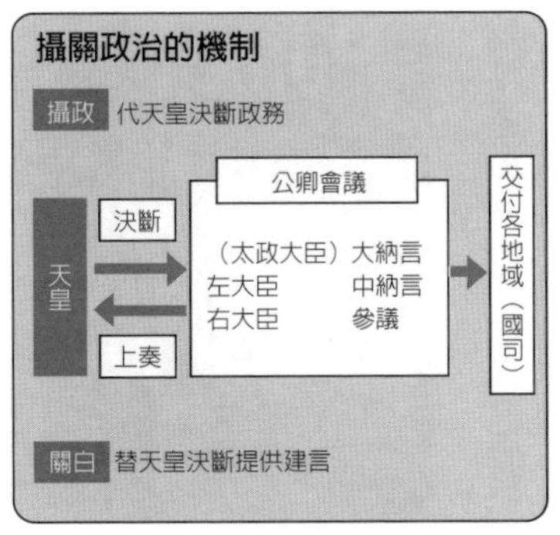

京城中盜賊橫行，火災頻傳。

佛教思想認爲「末法」亂世始於西元1052年，而此刻的時代，的確儼然「末法」之世。

■西元1028年
平忠常之亂（前上總介平忠常於下總發起叛亂）

■西元1035年
園城寺、延曆寺僧人相爭

■西元1051年
前九年之役爆發

■西元1052年
由此以後，被視為末法之世

■西元1053年
平等寺鳳凰堂落成

任由地方自生自滅

藤原互利結構與莊園公認化 使律令制崩壞、武士出頭

Point

- 地方政治全交由國司處置
- 國司與有力農民勢力漸漲
- 私有莊園出現，武士登場

國司與開發領主

原本，初期莊園屬於中央與地方行政組織的一環，後來攝關政治成立後，地方政治局勢陷入混亂，相關政務便轉交由國司全權處理。長此以往，中央集權逐漸崩盤，律令體制也日漸失能。

掌握權力的國司，會支使田堵（有力農民）來徵收租稅，而這些田堵中也不乏試圖拉攏國司，擴大勢力的分子，他們被稱為大名田堵或開發領主。

與此同時，也有人開始用「遙任」的方式治理赴任地，這些人雖然被任命為國司，自己卻不親赴當地，只派遣代理人前往赴任地執政。反之，那些親自前往「任國」（即赴任地）赴任的國司中，等級最高的人稱作受領，而很多受領都會趁此時中飽私囊。

開發領主的成長

照理來說，莊園管理者，也就是開發領主要把稅（年貢）上繳給國司才對。然而到了此時，有的領主為了避免國司干預自己的土地，選擇把自己管理的莊園進獻給有力權貴或寺院，而最有力的權貴當然莫過於藤原一族。於是，藤原體制漸漸構築起一套巨大的互利結構，這正是日後莊園勢力擴張的重要基礎。

就這樣，藤原氏一方面獨霸中央政府各項要職，一方面卻又矛盾地否定著國家律令體制（公地公民）。

把土地進獻給貴族後，莊園便成為權貴的私有物，朝廷又會迫於權勢承認貴族的免稅特權。

靠莊園讓利來「二度榮轉」？

面對莊園不斷增加，朝廷頒布過好幾次整理條例。可是，藤原氏自己就擁有數量龐大的莊園，每次的整理條例當然難以厲行，而不了了之。要等到藤原一族影響力降低，後三條天皇即位後，整理令才開始得以徹底落實。

與此同時，大多數國司與開發領主都處於互相對立的關係，但有的國司會在任期接近尾聲時，轉而認可領主擴大莊園以換取酬庸。畢竟國司在中央政權的地位多半不高，為了預備退休生活只得出此下策。或許有點類似現今的公務員，會在退休後接受斡旋，「二度榮轉」那樣吧。

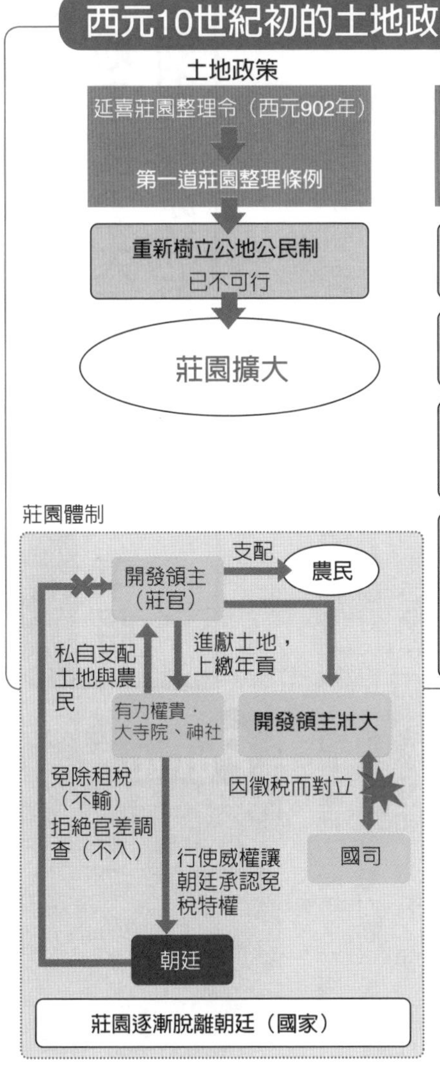

於是，莊園受到保障後，也獲得了所謂不輸與不入的特權。前者指免租稅，後者則指莊園有權拒絕國司派遣的官差入內調查。

日漸壯大的開發領主與國司之間的對立愈演愈烈。領主於是開始整備武力以求自保，武士階級便由此誕生。

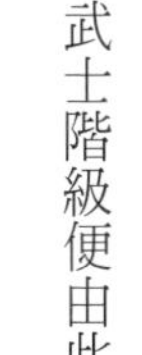

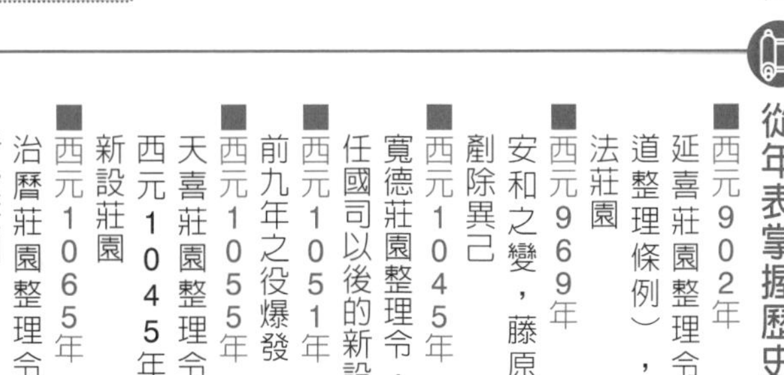

從年表掌握歷史變遷

■西元902年
延喜莊園整理令（第一道整理條例），取締違法莊園

■西元969年
安和之變，藤原氏徹底剷除異己

■西元1045年
寬德莊園整理令，停止前任國司以後的新設莊園

■西元1051年
前九年之役爆發

■西元1055年
天喜莊園整理令，停止西元1045年以後的新設莊園

■西元1065年
治曆莊園整理令，停止新設莊園

■西元1068年
後三條天皇即位

一步步壯大的武士集團

地方武士大展身手——平將門與藤原純友

承平・天慶之亂

西元10世紀時，國司與莊園領主彼此對立，地方政局陷入混亂。此時，武裝豪族與有力農民開始嶄露頭角，他們團結一族之力，逐漸形成武士集團。尤其是盛產良駒的關東一帶，此地的武士集團更是率先壯大起來，而最早開始在關東一帶耕耘的人，就是始自桓武天皇曾孫的桓武平氏。

西元935年開始，下總平將門不斷挑起私下紛手，後來更和反抗國司暴政的常陸地區豪族共同發起叛亂。將門攻破當地國府，占領關東一帶，自命爲新皇，而後於西元940年遭到鎮壓。就在平將門被滅的前一年，原爲伊予官差的藤原純友以瀨戶內海爲中心，發起叛變。這場叛變後來被源經基等人平定，源經基是清和源氏之祖，也是清和天皇的皇孫。這兩場亂世分別依年號被稱爲承平之亂與天慶之亂。

源氏進軍東國

西元1027年藤原道長離世，隔年，在關東一帶擁有雄厚勢力的平氏之平忠常發起了叛亂。朝廷原打算派平氏率軍掃蕩平忠常一派，但卻沒有成功，因而改派源賴信出馬。忠常畏懼賴信之力，不戰而降。

源氏自此打下一族在東國的基礎，而後又透過前九年之役與後三年之役更加奠定勢力。西元1051年到1062年，源賴信之子賴義與賴信之孫義家，兩人合力平定了陸奧安倍氏發起的叛亂，此即前九年合戰。此時出羽的清源氏雖出兵相

Point

- 豪族與有力農民形成武士集團
- 平氏與源氏登場
- 東北的合戰與源氏的抬頭

源氏家系圖　（　）內數字為天皇即位順序

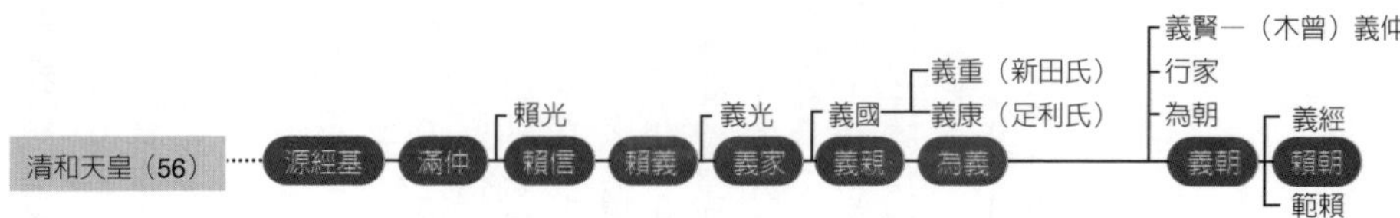

助賴義，但後來卻爆發內鬨，史稱後三年合戰（西元1083～1087年）。這場亂事，由接任陸奧守的源義家攜手藤原清衡，共同平定，而清衡也奠定下奧州藤原氏的基礎。

源義家與東國武士集團培養出深厚的主從關係，鞏固其作爲領頭羊的地位。

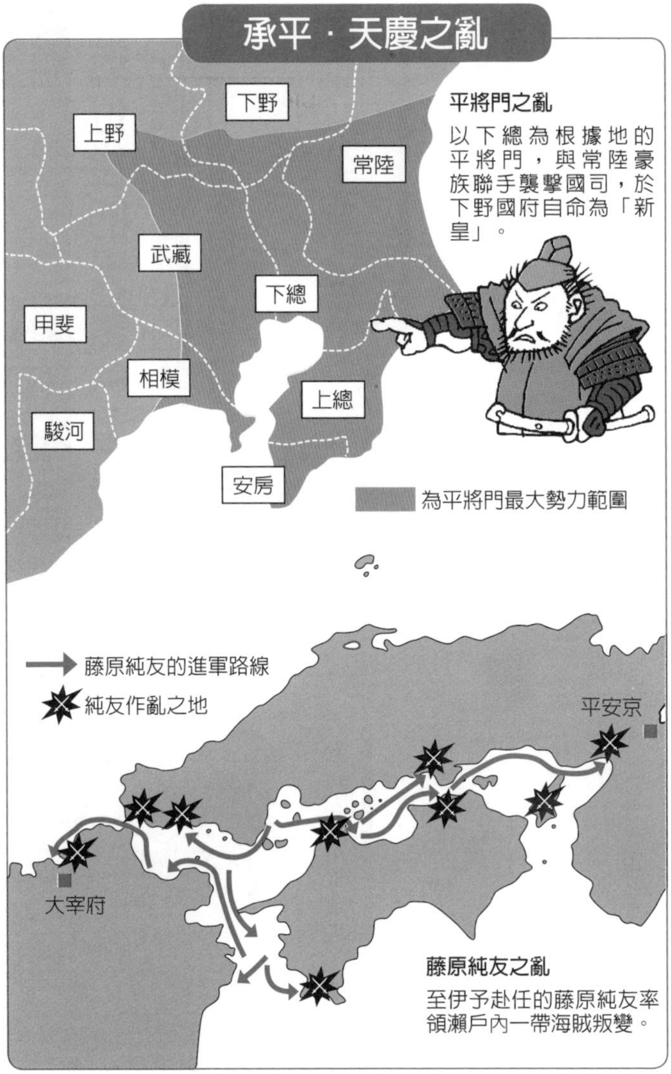
承平・天慶之亂
下野
上野
常陸
武藏
下總
甲斐
相模
上總
駿河
安房
平將門之亂
以下總為根據地的平將門，與常陸豪族聯手襲擊國司，於下野國府自命為「新皇」。
為平將門最大勢力範圍
藤原純友的進軍路線
純友作亂之地
平安京
大宰府
藤原純友之亂
至伊予赴任的藤原純友率領瀨戶內一帶海賊叛變。

平氏家系圖　（　）內數字為天皇即位順序

桓武天皇（50）
平高望
良文
忠賴
將常
忠常
良將
將門
國香
貞盛
維衡
正度
正衡
正盛
忠盛
清盛
忠正
經盛
敦盛
重盛
維盛
宗盛
德子
安德天皇（81）
高倉天皇（80）

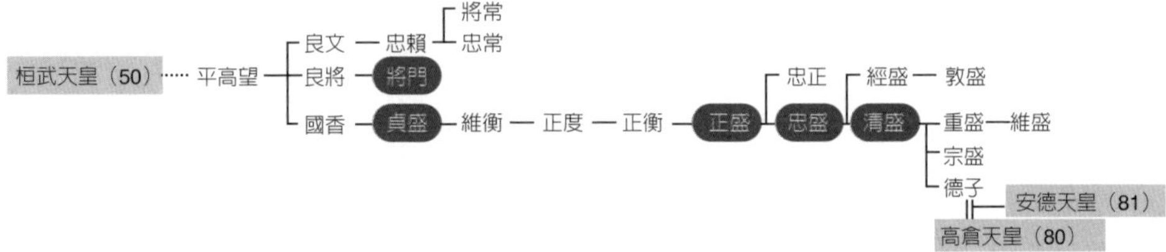

誰來接替藤原氏掌權?

退位後的天皇「上皇」大權在握——院政體制成立

Point

- 藤原氏外戚時代結束
- 武士協助院掌權
- 院透過知行國制度攬權

攝關家勢力漸消，院政崛起

後冷泉天皇與藤原氏之間未有子嗣，皇位由後三條天皇繼任，並展開親政。這是170年來，藤原氏第一次失去外戚地位。後三條天皇毅然決然對壓迫到公領的莊園展開整理工作。

西元1086年，後三條天皇之子白河天皇讓位給年幼的堀河天皇，隨後以上皇身分替天皇垂簾聽政，時代進入了院政時期。政治實權掌握在白河上皇手中，攝關家的權限幾乎消失無蹤。而據後世推測，這段時期裡婚姻型態改爲嫁娶婚制，使男方家族的發言力增強，或許也有所影響。

白河上皇拉攏贊成整理莊園的國司，讓武士擔任警備工作。北面武士負責維持院廳的警備，而源平一派的武士則隨侍上皇身邊。院廳對朝廷下達的「院宣」就是最終決斷與命令，從這點也能看出院的權威有多大。此後約莫100年間，由鳥羽、後白河等上皇繼續維持院政體制。

進獻給院的莊園

院政時期奉行「知行國制度」，朝廷讓特定皇族與貴族擁有各個地區（稱爲「國」）的支配權，並能從中取得收入，同時要求他們要報以經濟上的回饋。除此之外，也開始執行讓院（上皇）自己也能掌握收入的制度。於是，公領形同爲院與知行國主、國司的私有地，進獻給院的莊園迅速增加，成爲支持院政體制的基盤。

大寺院與院政同樣，都以莊園爲經濟基礎。寺院

平民抬頭的預兆

受院倚重的源平武士團，其中的兩巨頭分別為平正盛與源義家。兩人雖然都是上皇的心腹護衛，但源氏自從西元1106年源義家亡故後，就逐漸失去勢力。義家之子義親因魯莽粗暴被流放至出雲，他在那裡掀起反亂，卻被平正盛平定。於是，平氏的優勢逐漸確立，從正盛之子忠盛，一直發展繁榮到孫子輩的清盛一代。

院政

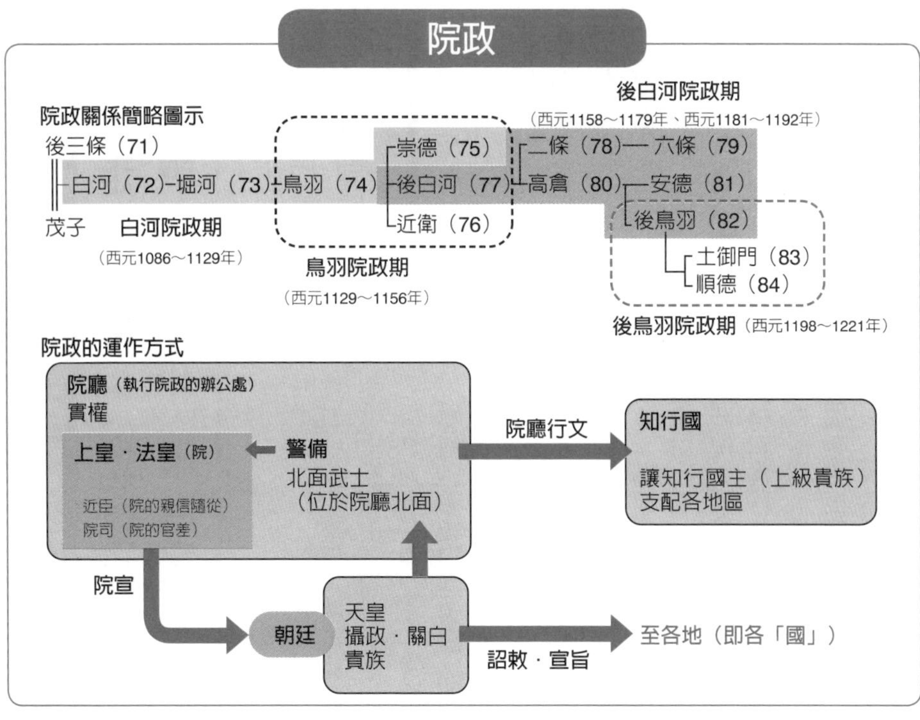

方面也四處徵集各地武士作為僧兵，他們或與國司對立，或向朝廷與院廳提出各種強硬要求，即所謂「強訴」。尤其是興福寺與延曆寺被稱作南都北嶺，擁有強大的影響力。想與僧兵對抗，武士的存在便顯得十分重要，於是，武士的勢力就這樣在中央政界一步一步擴大。

歷史Close up

武士扮演的角色

到了這個時代，大寺院僧兵四處強訴、鬧事的情況愈演愈烈，而貴族們畏懼神佛，無力抵擋大寺院僧兵的壓迫。於是，暴力、征戰這些貴族所認為的「骯髒事」便開始交由武士負責解決。也就是說，武士成為了貴族的保鏢。

從年表掌握歷史變遷

- ■西元1068年
  後三條天皇即位
- ■西元1069年
  延久莊園整理令，設置第一個莊園記錄所
- ■西元1080年左右
  僧兵強訴行為愈發激烈
- ■西元1083年
  後三年之役爆發
- ■西元1086年
  白河上皇開始行院政
- ■西元1096年
  白河上皇出家成為法皇
- ■西元1113年
  由源平兩氏出面，防備四處鬧事、強訴的延曆寺與興福寺僧人
- ■西元1129年
  鳥羽上皇開始行院政
- ■西元1132年
  平忠盛獲准出入院的殿上之間

平氏邁向「驕奢跋扈」

武士走入中央，勾起朝廷權力鬥爭——保元．平治之亂

保元之亂的原因是不倫戀？

從院政時期開始崛起的武士之中，平氏穩健地逐步拓展勢力，相反地，源氏一派則有些萎靡起來。而此時發生的事件，便是保元．平治之亂。

引發保元之亂的原因，出在皇位繼承問題。緊接在白河上皇後成爲上皇的鳥羽，不但命其子崇德天皇讓位，而且也未把皇位傳給崇德天皇之子。有一說認爲，這是由於崇德天皇實乃鳥羽上皇的皇后，與祖父白河上皇亂倫生下的孩子。

鳥羽上皇死後，崇德上皇與胞弟後白河天皇之間引爆了政爭，而生前便料到此事的鳥羽上皇，早已命平清盛宣誓效忠後白河天皇。這場鬥爭十分複雜，就連攝關家（藤原氏）與源平兩氏也紛紛出現父子、手足鬩牆的狀況，最後以後白河天皇的勝利告終。平清盛於此役大爲活躍，奠定日後平氏一族繁榮的根基。

Point

- 皇位繼承問題引發保元之亂
- 院的親信彼此對立挑起平治之亂
- 平定亂世的平清盛崛起

貴族化的平民

之後發生的平治之亂，起因則在於後白河上皇的親信內鬥。平清盛與藤原通憲平步青雲的模樣，讓藤原信賴與源義朝倍感威脅，遂舉兵起事。平清盛成功擊退這兩人，並將義朝之子賴朝發配至伊豆。

平清盛因平定亂事有功，又以院與朝廷的中介者的角色，被提拔爲首位武士出身的太政大臣。不僅如此，清盛接著又將女兒嫁給高倉天皇爲后，並讓她生下的孩子即位爲安德天皇，站上外戚地位，權傾一時。到最後，平清盛成爲了跟藤原氏一樣的貴族，不但獨攬官職，也招來了其他武士的反感。

西元1177年，上皇親信的謀反計畫事跡敗露（鹿谷陰謀），當後白河上皇開始有排除平氏的動作，平清盛便將上皇軟禁起來，毫無疑問地成爲了「驕奢跋扈的平氏」。

保元之亂・平治之亂

保元之亂（西元1156年）關係圖〈因皇位之繼承而對立〉

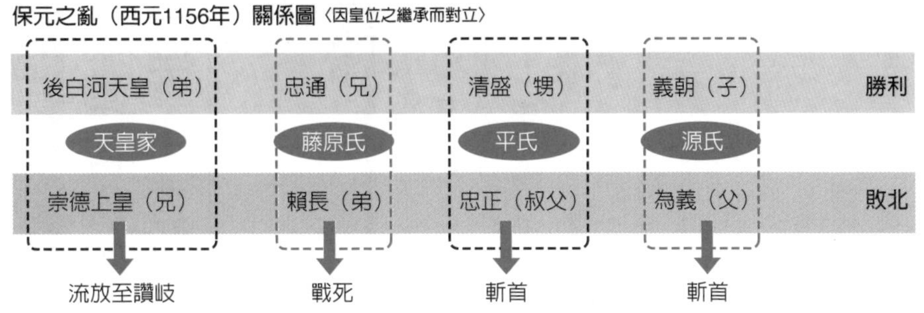

平治之亂（西元1159年）關係圖〈後白河上皇親信內鬥〉

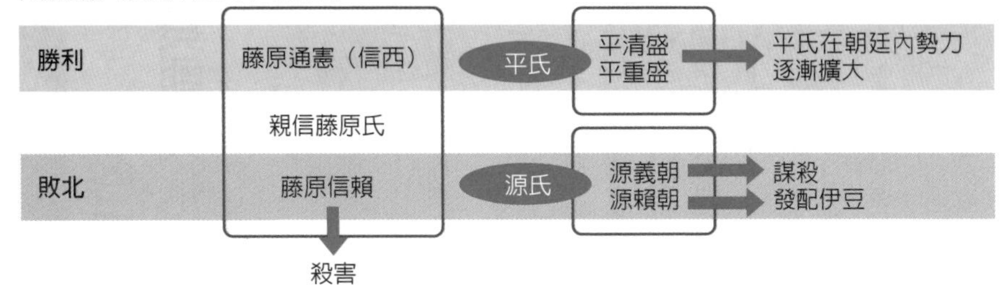

歷史Close Up

上皇的預言成真

崇德上皇在《太平記》等古書中常被視為「大魔王」描述。在流放地讚岐反省的崇德上皇曾提出請求，想把抄寫的經文奉納到寺廟裡，卻被天皇拒絕。崇德上皇揚言要讓天皇家沒落，鬱憤而死。後來鎌倉幕府成立，崇德的預言也成真了。

從年表掌握歷史變遷

■西元1155年 後白河天皇即位

■西元1156年 鳥羽上皇駕崩，保元之亂爆發

■西元1158年 後白河上皇開始行院政

■西元1159年 平治之亂爆發

■西元1167年 平清盛成為太政大臣

■西元1168年 平清盛因病出家

■西元1169年 後白河上皇出家

■西元1171年 平清盛之女德子成為高倉天皇女官

■西元1177年 鹿谷陰謀敗露

■西元1179年 平清盛將後白河天皇軟禁

平安初期傳入了什麼？

從中國傳入的密教，在各種層面牽引著弘仁．貞觀文化

Point

- 密教透過最澄與空海傳入日本
- 密教在建築與美術領域的影響
- 漢文學與唐風書籍盛極一時

最澄與空海

桓武天皇遷都平安京的目的之一，是爲避免僧人干預政事，不過在這同時，他也啓用了一些僧人以革新佛教。其中最具代表性的，莫過於空海與最澄兩人。

空海與最澄在同一年前往唐朝，最澄較早歸國。最澄傳授自己所學的天臺宗，同時也開始在延曆寺教導《法華經》、禪以及密教教義。於是，延曆寺儼然成爲大學一般的存在，是佛教與學問的中心。只不過最澄所學的密教，僅只是他從書籍中讀到的知識，不過是被稱爲雜密的密教教義的一小部分。

空海待在長安兩年，從密教的第一人身上習得正統的密教知識。比最澄晚一年回國的空海，對於日本密教知識的零散相當驚訝。雖然最澄曾請教空海，希望能更加理解密教，但空海開出的條件是要他離開延曆寺來當修行僧，於是最澄只得放棄求教一事。

空海在高野山蓋了金剛峰寺，開闢真言宗。而後，天皇贈與空海教主護國寺（東寺），於是他便在該寺旁創建了一所不限身分的學校，綜藝種智院。

密教帶來的影響遍及各個領域。在繪畫領域上，密教教義的象徵曼荼羅與不動明王都開始出現於畫中，同時亦有雕刻作品出現。

修驗道與漢文學

這段時期裡，日本舊有的神道信仰開始逐漸與佛教相互融合，即所謂「神佛習合」。在天臺宗與真言宗方面，密教與在地的山岳信

曼荼羅

在梵語中，曼荼羅的意思是「凝縮之物」、「本質齊備之物」等等，是透過繪畫方式具體呈現出佛祖開悟的境地。曼荼羅也分為很多種類，最具代表性當屬「金剛界」與「胎藏界」，這兩種互成一對，被稱為「兩界曼荼羅」或「兩部曼荼羅」等。對於難解的密教來說，曼荼羅是開悟時不可或缺的事物。換言之，密教難用語言道盡珠璣，因此修行乃必要步驟。由此可見，空海會對最澄有所批判，也是可想而知的。

仰合爲一體，形成修驗道的源頭。

除此之外，此時正值中國文化當道，大量漢詩文集成書於此時，在文學史上甚至被稱爲「國風暗黑時代」。

最澄與空海

最澄（傳教大師）	名諱	空海（弘法大師）
西元767～822年	生卒年	西元774～835年
西元804年入唐，西元805年歸國	留學唐朝期間	西元804年入唐，西元806年歸國
天臺宗（比叡山延曆寺）	開宗	真言宗（高野山金剛峰寺）
法華經、禪宗、密教（雜密）等	教義	密教
臺密	各密教俗稱	東密
後有圓仁、圓珍導入更正規的密教	宗派	獲賜教王護國寺（東寺）

弘仁．貞觀文化的代表性作品

• **建築**

室生寺金堂．五重塔

• **雕刻**

藥師寺僧形八幡神像
東寺講堂不動明王像
觀心寺如意輪觀音像
室生寺彌勒堂釋迦如來像
法華寺十一面觀音像
神護寺藥師如來像
元興寺藥師如來像

• **繪畫**

神護寺兩界曼荼羅
教王護國寺兩界曼荼羅
園城寺不動明王像

• **文學**

漢詩文集
《凌雲集》（小野岑守等撰）
《文華秀麗集》（藤原冬嗣等撰）
《經國集》（良岑安世等撰）
說話集
《日本靈異記》（景戒）

室生寺金堂．五重塔

從年表掌握歷史變遷

■西元788年
最澄於比叡山建立一乘止觀院（後之延曆寺）
■西元794年
遷都平安京
■西元804年
最澄與空海入唐
■西元805年
最澄歸國，傳授天臺宗
■西元806年
空海歸國，傳授真言宗
■西元810年
藤原藥子之變
■西元816年
空海建立高野山金剛峰寺
■西元828年
空海創立綜藝種智院

優雅的貴族文化與末法思想下的淨土信仰

將唐風文化加以變化，孕育出影響後世的國風文化

和歌與物語

西元894年遣唐使遭到廢止，這件事帶給平安文化的影響甚爲劇烈。舊有的唐風文化被加以消化吸收，滋養灌溉出日本獨有的文化。

這段時間裡，國文學有了長足的進展，而假名文字的產生是這件事最重要的推手。日本人從西元7世紀就開始使用萬葉假名，以一個漢字標記一個日語發音寫字；而進入西元9世紀以後，取漢字偏旁創造而成的片假名，以及將漢字簡寫創成的平假名先後確立，日語因而獲得了更豐富的表達方式。

第1部敕撰和歌集《古今和歌集》即成書於此時，類似的和歌集並於之後陸續編撰成書，並稱爲三代集以及八代集。在物語方面有紫式部的《源氏物語》和清少納言的《枕草子》，兩部書如實描繪出貴族世界的模樣，有宮廷文學雙璧之美稱。除此之外，還有許多日記文學同樣寫成於此時。

Point

- 假名確立，書寫文字大幅進展
- 貴族生活臻至極盛
- 進入充滿不安的末法思想時代

末法思想

在宗教領域中則開始鼓吹「本地垂跡說」，基於神與佛本爲一體的神佛習合思想，認爲日本衆神乃佛祖（本地佛）化身而成。除此之外，訴求往生至極樂淨土的淨土思想也於此時大行其道。淨土思想的傳播源自天臺宗的圓仁，在他之後則有民間的傳教者空也，以及天臺宗的源信繼續傳法。

淨土教風行的背後，有著末法思想的影響存在。平民百姓一心期盼擺脫現世之苦，於當世享盡奢華的貴族們則憂慮著來生。

到了平安後期的末法之世，武士逐漸抬頭，國風文化也受到各地方文化的影響。這段時間裡，不但出現了融合武士與平民百姓生活的《今昔物語集》，或是《將門記》等軍紀物語，還有許多描繪當時世態的繪卷故事也紛紛成書。

國風文化的代表作品

●文學・和歌

作品名	作者
物語	
《竹取物語》	作者不詳
《伊勢物語》	作者不詳
《源氏物語》	紫式部
日記・隨筆	
《土佐日記》	紀貫之
《蜻蛉日記》	藤原道綱之母
《枕草子》	清少納言
《和泉式部日記》	和泉式部
《紫式部日記》	紫式部
《更級日記》	菅原孝標之女
歌謠	
《梁塵秘抄》	後白河法皇
歷史・說話	
《大鏡詳》	作者不詳
《今鏡》	藤原為經
《將門記》	作者不詳
《今昔物語集》	作者不詳

●和歌《敕撰和歌集》

作品名	成書	編撰
三代集		
《古今和歌集》	西元905年	紀貫之等
《後撰和歌集》	西元951年	清原元輔等
《拾遺和歌集》	西元1006年	藤原公任（？）
八代集（上述三代集加下列選集）		
《後拾遺和歌集》	西元1086年	藤原通俊等
《金葉和歌集》	西元1127年	源俊賴等
《詞花和歌集》	西元1151年	藤原顯輔等
《千載和歌集》	西元1187年	藤原俊成等
《新古今和歌集》	西元1205年	藤原定家等

●建築

平等院鳳凰堂
法界寺阿彌陀堂
醍醐寺五重塔

●雕刻

平等院鳳凰堂阿彌陀如來像
法界寺阿彌陀如來像

●繪畫

高野山聖衆來迎圖
平等院鳳凰堂扉繪

平等院鳳凰堂

從年表掌握歷史變遷

■西元899年左右
《竹取物語》、《伊勢物語》成書

■西元905年
第1部敕撰和歌集《古今和歌集》由紀貫之編撰上呈

■西元938年
空也於平安都鼓吹勤念佛號，淨土宗教於此時開始繁榮

■西元969年
安和之變，藤原氏剷除異己完畢

■西元985年
源信寫《往生要集》

■西元1012年左右
紫式部與清少納言等人開始寫作

■西元1053年
平等院鳳凰堂竣工

■西元1108年左右
《今昔物語集》成書

Column

神道與佛教

雖然有人說日本沒有像基督教或伊斯蘭教、佛教那樣嚴謹明確的「宗教」，但其實日本自古以來便有一種「信仰」存在。「只要心中升起敬畏之意，就立刻把四周清潔乾淨，以免人們隨意涉足、玷汙其中。」（引自司馬遼太郎著《這個國家的模樣》）這就是古時候人們看待大自然的態度，亦即所謂神道。而據同一本書所言，神道「沒有教祖也沒有教義」。

然而時至今日，無法否認的是，有些人一聽到神道就會心生反感，因爲在二次大戰前，神道等同於所謂的「國家神道」。在「敬神愛國」的號召下，神道自明治時代以降被拿來當作培育國民的道具，日後則淪爲戰爭時的洗腦口號。

神道原本「沒有教祖也沒有教義」，後來受到佛教帶來的巨大影響，開始對古代神話進行理論面的梳理工作，而神道本身也陸續出現體系化的動向。不過，這些全都是鎌倉時代以後發生的事。在鎌倉時代之前，佛教與神道和平共存，神佛本爲一體的神佛習合思想，以及視佛祖爲眾神眞身的本地垂跡說相當廣泛普及。

佛教與神道雙方的巨大差異，在於佛教有「救濟」的概念。奈良時期的朝廷，之所以會擁抱鎮護國家思想，仰賴佛教救國而開始營造大佛等，都是這個因素使然。佛教自從傳入日本後，便一直是日本不可或缺的存在。然而在另一方面，當年的朝廷內部卻也早有神佛分離的部分存在，會嚴格規範僧侶涉入宮中或地位相仿的神社，尤其伊勢神宮對佛教更是迴避。

即便佛教一直被視爲國教，但天皇與神道仍屬於所謂的「神聖不可分」之物，這點在明治維新後顯得更加明確。明治政府爲了整合近代國家的臣民，而將神道善加利用，透過廢佛毀釋的動作，削弱佛教勢力，傾國家之力將各個神社重新整理、處分，把源自佛教的神明切割開來，再將神社地位重新排序。於是，把天皇神格化的「國家神道」就此誕生，日本也隨之成爲「神的國度」。

明治時代，反對重整神社的博物學者南方熊楠，曾大聲疾呼「神社裡的森林才是形塑日本人最根源的生命觀與自然觀的基幹」，主張山川草木之中皆有神靈與生命存在。神道原本的模樣，就是人類對於世間萬物裡8百萬眾神的信仰，而這8百萬眾神卻在明治政府近代化的腳步下一一消失無蹤。

另外，進入昭和時代後，佛教界開始與國粹主義掛鉤，沾染上強烈的政治色彩。好比說，率領血盟團的井上日召就是日蓮宗的門徒，而滿洲事變核心人物石原莞爾也是虔誠的日蓮教信徒。

第3章

武士時代

鎌倉～室町～安土・桃山

第3章 武士主政的時代降臨，從亂世到一統天下

歷史變遷過程

鎌倉→室町→安土．桃山

平氏滅亡

←

武士政權成立（鎌倉幕府）

←

北條氏掌握實權（執權政治）

←

元寇與亂世

主從關係是鎌倉政權的根本

平清盛的獨裁政治招致武士階層的反感，源平之戰再次掀起，平氏走入滅亡。源賴朝把重心放在關東，再以幕府和御家人的主從關係為軸心，樹立由武士建立起的鎌倉政權。然而，當賴朝死後，大權流轉到北條氏手上。北條氏封鎖敵對武士與朝廷勢力，確立自身的獨裁地位。

幕府與御家人的連結乃透過土地構築而成，因此當御家人在一次次分割繼承下愈發窮困後，雙方的關係便逐漸崩解。除此之外，此時貨幣經濟開始流通，社會一步一步走向劇變。當此之際，幕府最大的危機「元寇」悄然降臨。

元寇後，政治社會陷入混亂

好不容易度過元寇這一關，幕府卻已深深埋下衰亡的火種。各地局勢陷入混亂，反抗領主的「惡黨」到處出沒。與此同時，「政治家」天皇後醍醐天皇於分裂

中的朝廷粉墨登臺，這位天皇與惡黨扣下鎌倉幕府崩壞的第一聲槍響，於是，局面交棒給了足利尊氏，繼鎌倉之後開啟室町幕府時代。在室町幕府草創之初，由於朝廷的分裂問題仍找不到解方，因此依舊維持南北朝時代的局面。待朝廷對立總算告終，便是「日本國王」足利義滿的誕生之時，室町幕府於此時邁向全盛時期。然而，這段時間僅只是曇花一現，社會再度陷入動盪。

應仁之亂開啟下剋上的世界

引爆應仁之亂的火種是家督繼承問題，這場亂事的影響波及日本各地。當時，各地的守護職與部分農民早已擁有雄厚實力，趁著中央陷入混亂，便開始嶄露頭角。

這段時期中，以下剋上的風氣當道，延續多年的主從關係遭到破壞，戰國大名成為這個世代的主角。

當大名各自雄霸四方時，一位宣稱要「奪取天下」的人物現身，他就是織田信長。眼看著這位離經叛道的狂人即將一統天下，卻驟然夢碎於本能寺裡。而實踐那個統一天下的大夢之人，則是他的家臣豐臣秀吉。然而，豐臣秀吉的政權也未能長久，決定下一世代的天下瓜分之戰即將到來。

貴族跟武士都討厭平氏？

源平之爭與平氏的滅亡——武士群起反抗平清盛的獨裁政權

源賴朝、源義仲舉兵

平清盛把後白河法皇軟禁於京都洛南鳥羽殿中，隔年，後白河之子以仁王向各「國」（即各地區）發出討伐平氏的令旨，自己也與源賴政一同興兵抵抗。之後五年間紛擾爭鬥不休，史稱治承．壽永之亂。後來，清盛擊敗以仁王一派，並遷都至福原（神戶），但卻引發貴族的反對聲浪，短短半年便返回京都。

另一方面，因平治之亂被發配至伊豆的源義朝之子賴朝亦舉兵起事。

與此同時，源賴朝的堂兄弟源（木曾）義仲在信濃一帶舉兵後，經由北陸揮軍往京都進攻。僅兩年義仲便逼得平氏棄守都城出逃，但後來義仲卻在京都胡作非為，使得後白河法皇命賴朝出兵討伐義仲。義仲最後遭受賴朝之弟範賴與義經攻打，死於沙場。

義經出神入化的戰法

平氏一族早已變得與貴族並無二致。據說在富士川之戰時，由清盛之孫維盛銜命出擊，但他卻將水鳥振翅起飛的聲音誤判為夜襲，被打得落荒而逃。

相反的，源氏手下卻滿是實力堅強的武士，其中源義經更是功勳耀眼。一之谷戰役裡，義經發動奇襲，於鵯越沿山崖長驅直下，攻擊群山圍繞的海岸地段；而屋島之戰中，義經僅出動五艘船艦，穿過暴風雨登陸讚岐，從平氏背後成功突擊。雖然海戰本屬平氏的拿手戰場，但在義經展露源氏的勢力後，平氏一派的海軍倒戈投向義經。就這樣，獲得大

Point

- 下令聲討胡作非為的平氏（平清盛政權）
- 源賴朝專心地在鎌倉鞏固政權基礎
- 源氏在源義經的活躍之下勝出

從年表掌握歷史變遷

■西元1180年

5月　以仁王向諸國發布令旨討伐平氏，並與源賴政舉兵

8月　源賴朝舉兵，於石橋山之戰敗於平氏，遁往安房

9月　木曾義仲於信濃舉兵

10月　賴朝轉入鎌倉。平氏（平維盛）於富士川之戰慘敗

11月　賴朝設置侍所

■西元1181年

閏2月　清盛亡（64歲）

■西元1183年

5月　俱利伽羅之戰（義仲擊敗平氏）

源平合戰

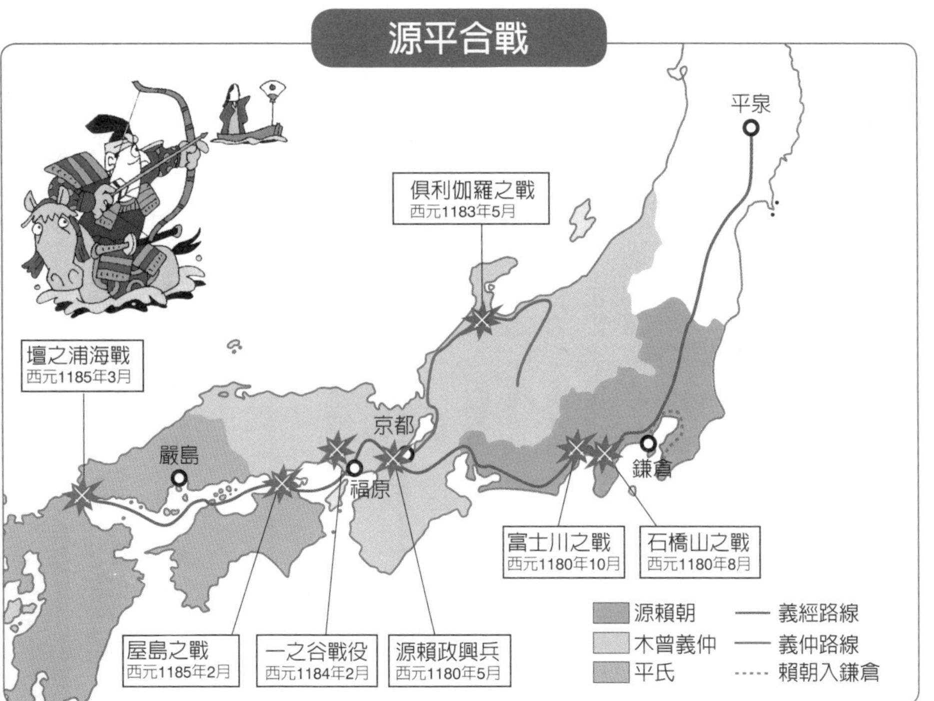

量海軍後義經在壇之浦海戰大敗平氏，而平氏就這樣和8歲的安德天皇一同滅亡。

在這段紛紛擾擾的期間裡，源賴朝固守在鎌倉全力籌備創立幕府。可是，他心裡對義經卻很是氣惱，至於箇中原因則跟後白河法皇有關。

歷史 Close Up

源平相爭，對庶民苦難不聞問

源平之爭於西元1180年陷入白熱化，這一年，西日本遭逢乾旱，隔年演變為全國性的大饑荒。相傳被棄置於京都的死人，多達4萬人以上。院與朝廷還有武士們只顧著權力鬥爭，對腳下庶民水深火熱的慘狀不聞不問。

7月　義仲入京都，後白河法皇隱居比叡山。平氏攜安德天皇棄京都出逃

10月　後白河法皇承認賴朝的東國支配權

■西元1184年

1月　源範賴、義經聯手擊倒義仲

2月　一之谷戰役（義經從鵯越直下發動奇襲）

■西元1185年

2月　屋島之戰（義經突擊平氏）

3月　壇之浦海戰（平氏滅亡）

在「大天狗」與胞兄間苦惱的義經

後白河法皇老謀深算的陰謀與源賴朝東征，釀成源義經的悲劇

Point

- 「大天狗」後白河法皇在幕後操弄以掌握大權
- 義經沒能摸透大哥的心思
- 賴朝的目標是征夷大將軍

法皇如何操作政治勢力

當源平相爭之際，後白河法皇則爲了掌握大權使出渾身解數。他讓兒子以仁王以平氏太過跋扈爲由發出討伐令，再把權限放給實力派的源賴朝讓他去與平氏相鬥。而當平氏被滅，賴朝權力擴大時，則又提拔義經，試圖讓他舉兵與賴朝相抗，結果這一步棋走得並不如意，便又轉而命令賴朝討伐義經。義經被法皇的陰謀玩弄於股掌，終於釀成悲劇。

義經與奧州藤原氏的滅亡

義經投奔到如養父般的藤原秀衡身邊，然而當秀衡過世後，義經卻被其子泰衡捉拿，而後自殺身亡。促使平氏滅亡的英雄，就這樣走上悲劇性的結局。

義經私自決定接受後白河法皇的封賞敘位，造成賴朝大怒而出兵追捕，這背後其實有相當重要的因素存在。因爲當時升官獎懲等所有權限，全都掌握在鎌倉幕府的領袖賴朝手上。一旦這個大原則破裂，有的武士便可能會易主到朝廷底下。義經的行爲，等同於否定了以主從關係爲軸心而建立起的武家社會。後白河法皇打的如意算盤當然就是這件事，但義經本人卻沒能明白賴朝的想法，就這樣踏入陷阱之中。

賴朝在獲取各樣權利的同時，也將權力之手一點一滴探向朝中。征服奧州藤原氏、平定東日本的賴朝，爲了展示武家政權的獨特性，要求朝廷封他爲「征夷大將軍」，但後白河法皇堅持不允。不過，等到法皇過世，賴朝仍順利獲得了「征夷大將軍」封號。

後白河法皇對掌權的執著

後鳥羽天皇決定即位（西元1183年）

因為平氏擁立安德天皇，並挾天皇出走

後鳥羽天皇

後白河法皇

為與平氏對抗而將各種權限下放給賴朝，但拒絕給他「征夷大將軍」之名。

為了避免武家政權確立

將義經敘位並任命為檢非違使，命其征討賴朝

命其征討義經

源義經

源賴朝

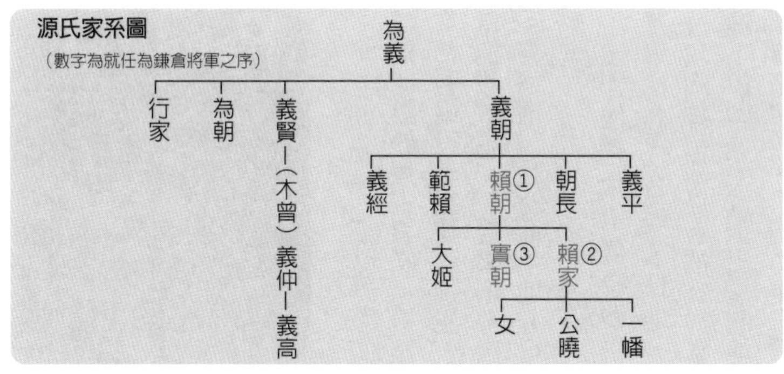

從年表掌握歷史變遷

■西元1183年
賴朝讓後白河法皇承認自己於東海道、東山道一帶的統治權

■西元1185年
賴朝抗議朝廷的義經督討令，待收回成命後卻又請纓出征

■西元1187年
源義經投奔到奧州平泉藤原秀衡處
藤原秀衡過世

■西元1189年
秀衡之子泰衡下令捉拿義經，義經自盡
賴朝出征奧州，奧州藤原氏滅亡

■西元1192年
法皇駕崩，賴朝受命為征夷大將軍

鎌倉幕府成立，「1192建好國」的口訣有誤？

Point

- 幕府各機構是一點一點確立的
- 幕府何時成立有各種說法
- 幕府全靠將軍與御家人的主從關係維繫

統治機構很精簡

源賴朝建構幕府機構、收攏大權的動作並非急於一時，是故幕府究竟成立於何時，主要有六種說法。不過，先不論正確說法究竟為何，和過往的律令體制相比，幕府的機構劃分顯得簡單多了。幕府在作為中樞的鎌倉共設置3個役所，分別職掌政務、處理審判以及統率御家人，除此之外，京都、東北、九州三地也都設有役所，並於各地諸國新置「守護」職銜，安排「地頭」於公領及莊園之中。

幕府最基本的社會結構，全靠御家人與將軍的連結維繫。御家人是種與將軍有著強固牽絆、連結的武士，他們效忠於將軍，而將軍則保障他們的土地所有權。

朝廷與幕府的土地支配

幕府機構本身很簡單，但對於地方諸國的統治則稍嫌複雜。由於幕府的支配系統是架構在原有的公領與莊園制度上，土地因此處於受幕府與朝廷共管的狀態。

一開始，「守護」的職權僅限於大犯三條（指派京都警備役、逮捕謀叛犯、逮捕殺人犯），後來則多出了警察權，且能插手地方行政。

即便朝廷依舊持續指派國司赴任各地，但地方行政的實權卻逐漸被守護掌握，由御家人武士出任的地頭愈來愈多，影響力更形增強。接下來，幕府將守護與地頭的指派範圍擴大至全日本，而這些人與非御家人的國司、莊園領主之間，當然便出現了對立。

飛奔至鎌倉

鎌倉幕府剛成立時，是將軍家與御家人連結最堅定的時刻。這時，為讓關東各地的御家人能在鎌倉出事時即刻「飛奔至鎌倉」，鎌倉周遭道路經過了一番整頓。

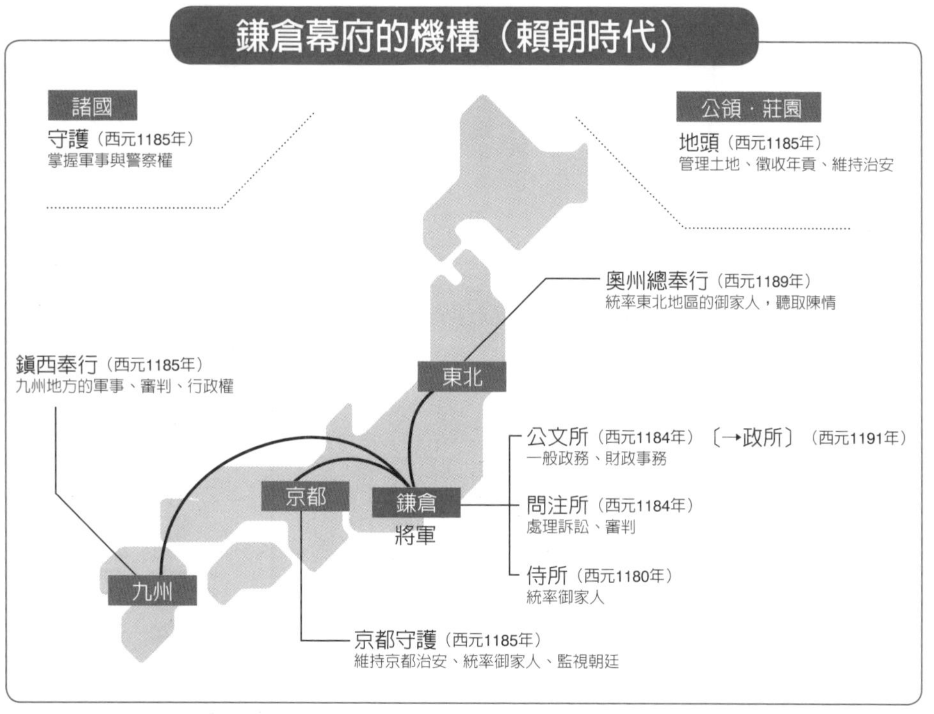

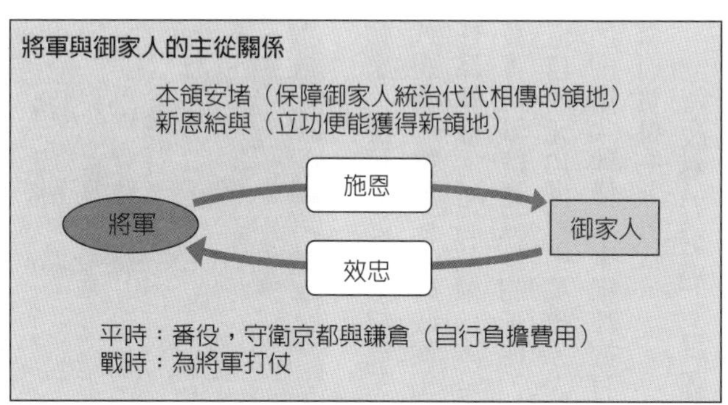

鎌倉幕府何時成立？

左列⑤、⑥是自古以來的見解，主要著眼於「幕府」一詞判斷。其他見解則較重視政權實際成立的過程。據了解，目前學界大多傾向支持④，認為這是最關鍵的時刻。除此之外，要強調賴朝政權乃統治東國的政權時則為②，重視他展開實質權力統治的時期，那就是①。

賴朝幕府成立年分的各種說法

①西元1180年：賴朝遷居鎌倉，設置侍所，收服南關東

②西元1183年：朝廷認可賴朝對東國的統治權

③西元1184年：設置公文所、問注所

④西元1185年：獲得守護、地頭的任命權

⑤西元1190年：賴朝被任命為右近衛大將

⑥西元1192年：賴朝被任命為征夷大將軍

幕後黑手是賴朝之妻政子？北條氏抬頭，逐漸掌握幕府實權

Point

- 源賴朝死後爆發權力之爭
- 北條時政與政子手握實權
- 北條氏確立執權體制

賴朝妻北條政子的計謀

源賴朝死於墜馬，但這整件事仍有些蹊蹺。晚年的賴朝曾試圖把女兒嫁給天皇家，一般認爲是爲了調和與朝廷的關係，但此舉若勾起御家人的不滿倒也不奇怪。

賴朝死後，幕府開始上演一波權力爭奪戰，最後由重臣北條時政一派掌握住幕府的主導權，其中時政的女兒，賴朝遺孀政子亦有舉足輕重的力量。由於賴家年紀尚幼，因此由重臣以十三人合議制的方式掌政。但事實上，這是因爲賴家的乳母與妻子都是比企氏的人，政子覺得深受威脅而先一步做出的安排。

換言之，政子選擇了娘家北條氏，而不是兒子。此時，因爲對賴朝太過忠心耿耿，而被其他御家人排斥的梶原景時也遭到放逐，並在隨後滅亡。

北條氏大權在握

爲了排除比企氏的勢力，時政與政子兩人再次出手干涉賴家的後繼人選，並如他們所願消滅了比企氏與賴家。待賴家之弟上位爲三代將軍源實朝後，時政便出任爲執權。所謂執權，本是負責統籌院廳職員的工作，但自西元13世紀中葉後，人們則用「執權」來稱呼握有幕府實權的北條氏。

時政勢力更漲，試圖逼退實朝，但卻遭到政子等人反對，時政也因此從政界引退。時政之子義時接著當上執權，並消滅了侍所別當（長官）和田義盛。此後，執權的地位穩固如山，而政務實權則逐漸集中到北條宗家（得宗）手中。

源氏正統繼承人斷絕

3代將軍實朝不久後也遭到暗殺。賴家之子公曉被視為凶手，遭到殺害，因此也有人認為這整件事都有人在幕後設局。創立武家政權的賴朝，其正統後繼僅短短3代便宣告終結。

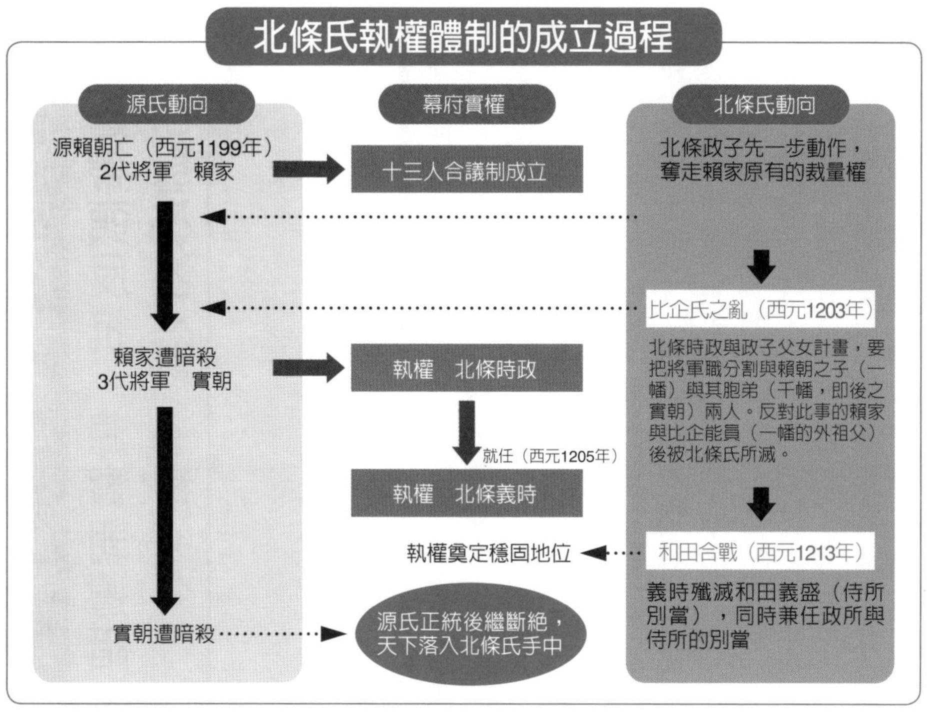

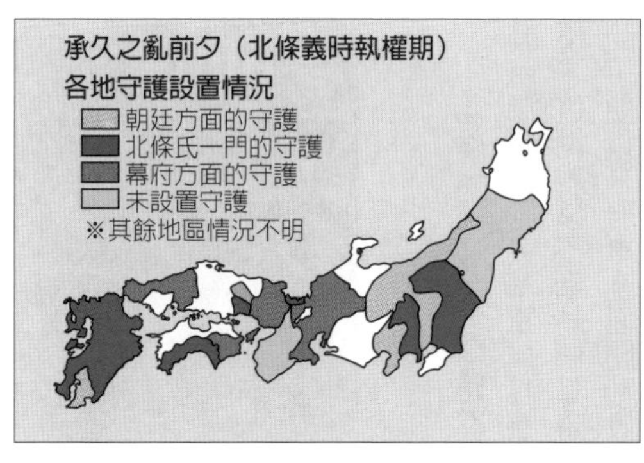

從年表掌握歷史變遷

■西元1199年

源賴朝過世，賴家繼承家督

北條時政等人展開十三人合議制

■西元1200年

梶原景時戰敗身亡

■西元1202年

賴家成為征夷大將軍

■西元1203年

北條時政成為政所別當（執權）

比企氏之亂，比企能員落敗身亡

賴家被軟禁於伊豆修禪寺

源實朝成為3代將軍

■西元1204年

賴家遭暗殺

■西元1205年

北條義時成為執權

■西元1213年

和田合戰，和田義盛兵敗身亡

義時兼任侍所別當

叛亂反而爲北條氏的發展推波助瀾!?

朝廷帶頭反抗，源實朝遭暗殺引發承久之亂

Point

- 賴朝打算把女兒嫁給天皇
- 源實朝遭到暗殺，朝廷決定討伐北條氏
- 亂事結束後，幕府的立場占盡優勢

後鳥羽上皇擴張勢力的背景

同前所述，源賴朝本打算將女兒嫁給後鳥羽天皇，同時，也與對天皇有影響力的反幕派源通親愈走愈近。之後，通親挑起事端導致親幕派的九條兼實失勢，而賴朝也默認了此事。

後鳥羽上皇開始執行院政後，厲行各種強硬措施，強化自己的專制體制。

此時，源實朝的暗殺事件，成爲後鳥羽上皇決心出兵剷除北條氏的關鍵。源實朝曾對公家（宮廷貴族）文化釋出理解，而他膝下無子，北條氏遂與上皇締結密約，要讓後鳥羽上皇之子繼任將軍職。然而，上皇卻反悔約定，下達討伐北條氏的院宣。

朝廷盤算失準

院宣讓御家人受到動搖，然而，加入朝廷方的御家人卻比原本料想得更少。據說，此時北條政子出面含淚喊話，泣訴御家人全因賴朝才能有今日地位，若要投靠朝廷就「先殺了我再走」。

北條義時之子泰時與其胞弟時房等人率軍攻打京都，這場戰事不到一個月時間，便以幕府軍全面勝利收場，史稱承久之亂。

義時迫使親近後鳥羽上皇的天皇退位，改立後堀河天皇，並將後鳥羽等幾位上皇流放外地，與亂事有牽連的貴族紛紛處刑，他的處置實乃往例罕見。

上皇派的人馬領地遭到沒收，分發給有功勳的御家人，這些領地多達3000塊地，是從平氏手上沒收的足足6倍之多。龐大的土地就這樣進了幕府手裡，朝廷權威蕩然無存，而幕府已然立於絕對優勢之地。

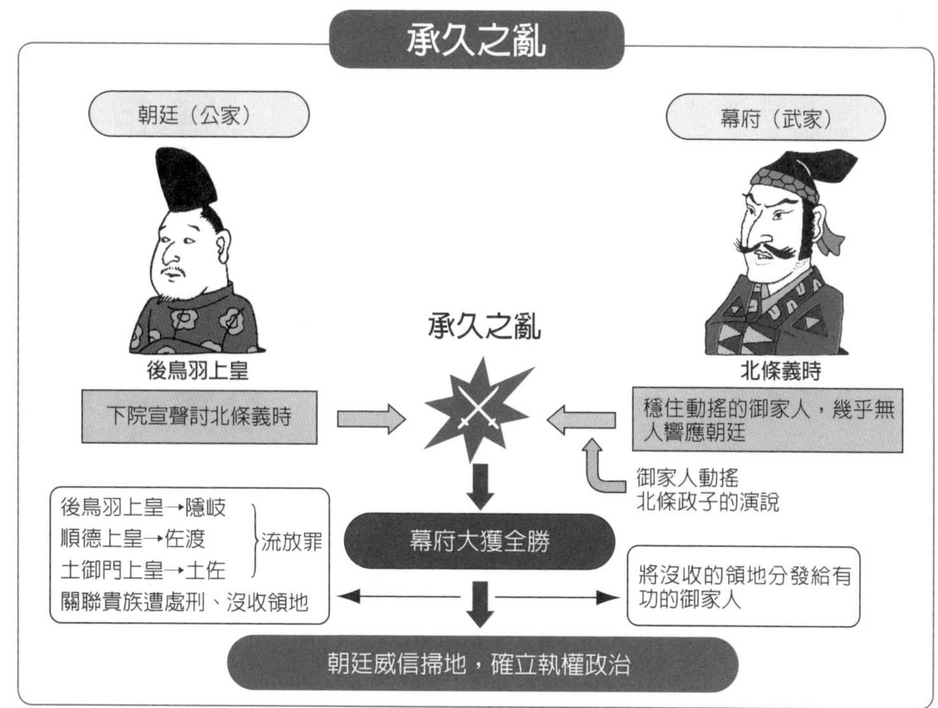

歷史Close Up

後鳥羽上皇與實朝

後鳥羽上皇待源實朝不薄，此舉固然有很大成分是為了把手伸入幕府，但後鳥羽上皇似乎也很欣賞實朝這個人。上皇賜予實朝破格任用的官位，還讓實朝迎娶皇后娘家之女為妻，更把自己的心腹送去教實朝做學問，使得實朝更加沉浸於貴族文化之中。

從年表掌握歷史變遷

■西元1213年
和田義盛舉兵，兵敗身亡。北條義時的執權地位固若金湯

■西元1219年
源實朝被公曉暗殺，源氏正統後繼自此斷絕

■西元1221年
承久之亂爆發。後鳥羽上皇下院宣聲討北條義時。幕府軍制壓京都，設置六波羅探題。上皇等人遭到流放

■西元1224年
義時亡故，北條泰時繼任執權

■西元1225年
北條政子亡故。設置幕府評定衆

■西元1232年
制定貞永式目（御成敗式目）

■西元1249年
幕府設置引付衆

掌握實權後，北條彷彿藤原氏的翻版？

制定御成敗式目，權力集中至得宗（北條宗家）手上

Point

- 整頓幕府機構，處理頻繁的訴訟糾紛
- 將軍僅只是「象徵」
- 北條氏內部開始整肅異己

領地糾紛愈來愈多

承久之亂後，京都守護升格爲六波羅探題，進一步強化對朝廷的箝制，以及對西國御家人的管束。

北條義時過世後，其子泰時繼承執權之位，並設置了「連署」與「評定衆」，打造出一套以北條氏及重要御家人爲中心的集團領導體制。隨著幕府的統治勢力擴張至全日本，各種土地糾紛也愈來愈多。於是，泰時又另外制定「御成敗式目」，作爲在行政、民事與刑事訴訟方面的法典，並於後日設置「引付衆」，用以迅速處理領地內頻發的糾紛。

理想型將軍

當執權政治穩固下來，得宗（北條宗家）便開始進一步著手攬權，過程有些類似平安時代裡，藤原一族掌權後發生的「氏長者」之爭。時任執權的時賴，掃除了名越氏與三浦氏勢力，讓權力收束到得宗手中。

從第4代開始，將軍便淪爲象徵性存在。4代將軍與5代將軍都是從攝家尋覓出人選擔任，然而2位將軍卻都與圖謀奪權的勢力勾結，而先後被廢。理想中的將軍，不但要能擔任幕府與朝廷間的潤滑劑，還要能認可自己就是北條氏的魁儡才行。這一點也是承久之亂爆發前，北條氏試圖讓後鳥羽天皇之子接任3代將軍實朝的目的。後來，後嵯峨天皇之子宗尊親王，從第6代將軍候選人中脫穎而出，坐上新任將軍之位。從此以後，親王將軍這個理想中的象徵，就這樣延續了一陣子。

朝廷威信掃地

西元1242年，年僅12歲的四條天皇駕崩，朝廷遴選繼位者時，詢問了幕府的打算。因為在承久之亂過後，幕府權力更加壯大，甚至可以出手干涉皇位繼承問題。而後來繼位的人，就是後嵯峨天皇。

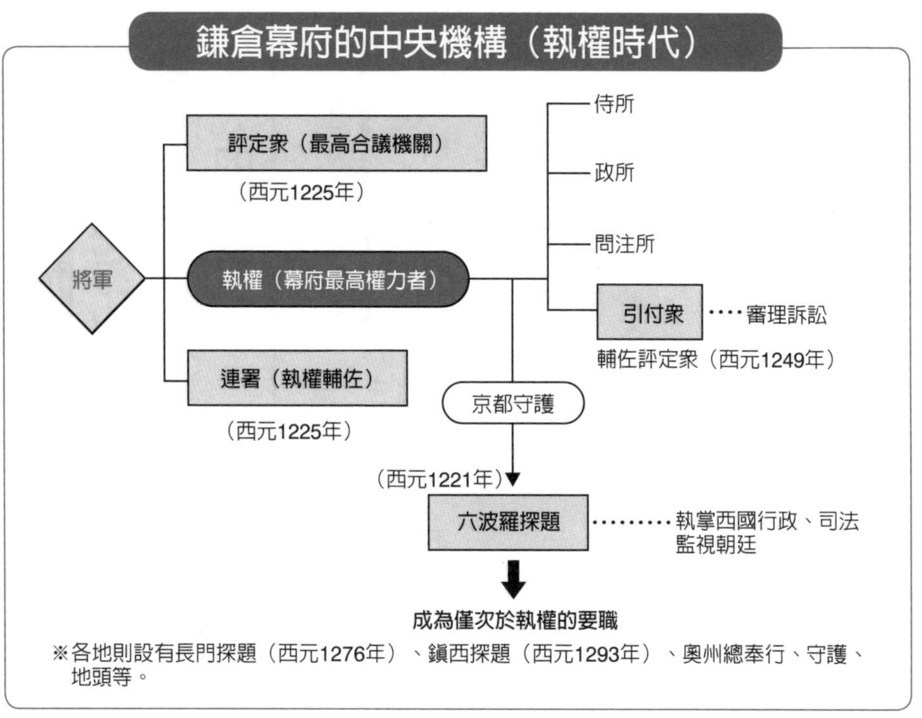

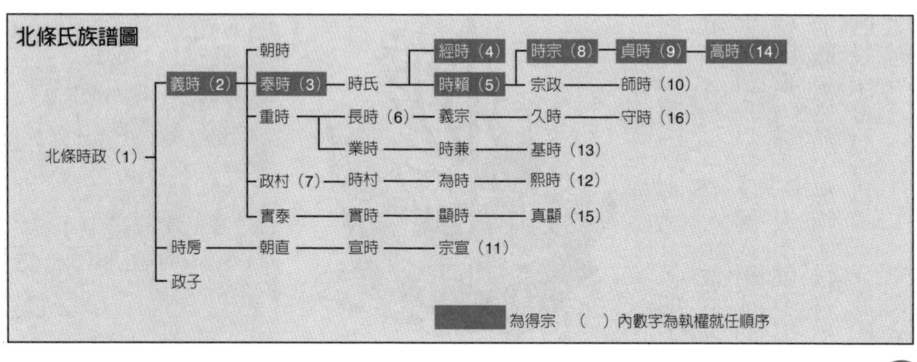

從年表掌握歷史變遷

■西元1221年　承久之亂
■西元1224年　泰時就任執權
■西元1225年　設置連署、評定眾
■西元1226年　藤原（九條）賴經成為4代將軍
■西元1232年　制定貞永式目（御成敗式目）
■西元1242年　經時成為執權
■西元1244年　藤原（九條）賴嗣成為5代將軍
■西元1246年　北條時賴成為執權　北條一族的名越家遭肅清
■西元1247年　寶治合戰，三浦氏滅亡
■西元1249年　設置引付眾

沒有「打賞」的戰爭之後？

元寇掀起比神風更大的波瀾——北條氏專制體制與御家人的不滿

Point

- ●分割繼承走到盡頭，御家人陷入貧困
- ●從來沒跟元寇進行「外交」
- ●鞏固得宗的專制政治，社會陷入混亂

太平之世讓御家人窮困

到鎌倉時代中期，世間再無征戰，太平之世持續，然而，這份和平卻把武士的生活逼上了絕路。當年，武士之家普遍採分割繼承制，被稱為惣領的一族之長，會把土地一一分割給家族子弟。這些「所領」，就是戰爭結束後打賞的土地，沒有戰爭，就沒有新的「所領」。人們能獲得的分割地於是愈來愈小，陷入貧困的御家人愈來愈多。而在這樣的時局底下，元寇前來叩關。

元寇與崩解的幕府

元人並不是突然打過來的。事實上，元人曾在事前數度派使節帶著國書拜訪日本，但時任執權的北條時宗卻無視元人遞來的國書，沒有做出任何回應。後來，文永之役爆發，這是日本史上第一次與海外國家進行大規模戰爭，然而，幕府方面卻沒有在事前採取任何外交手腕，也未曾與對手元寇有過任何交涉，更遑論情蒐。接著爆發的弘安之役中，還好有所謂的「神風」相助，幕府才撿回一命。但說到頭來，對手只是高麗人組成的雜牌軍，以及元人本就不擅海戰這兩點，恐怕才是這場戰役中幕府得以擋下元寇的主因。

好不容易度過國難，可是，這一役中卻沒有土地能發給各個御家人，主從關係出現龜裂，對幕府的不滿一發不可收拾。

當時貧困的御家人必須變賣土地維生，幕府遂頒布德政令，把變賣的土地無償奉還給御家人。可是，此舉卻導致金融業者不願再讓御家人典當土地換錢，反而讓他們的生活更加困苦。

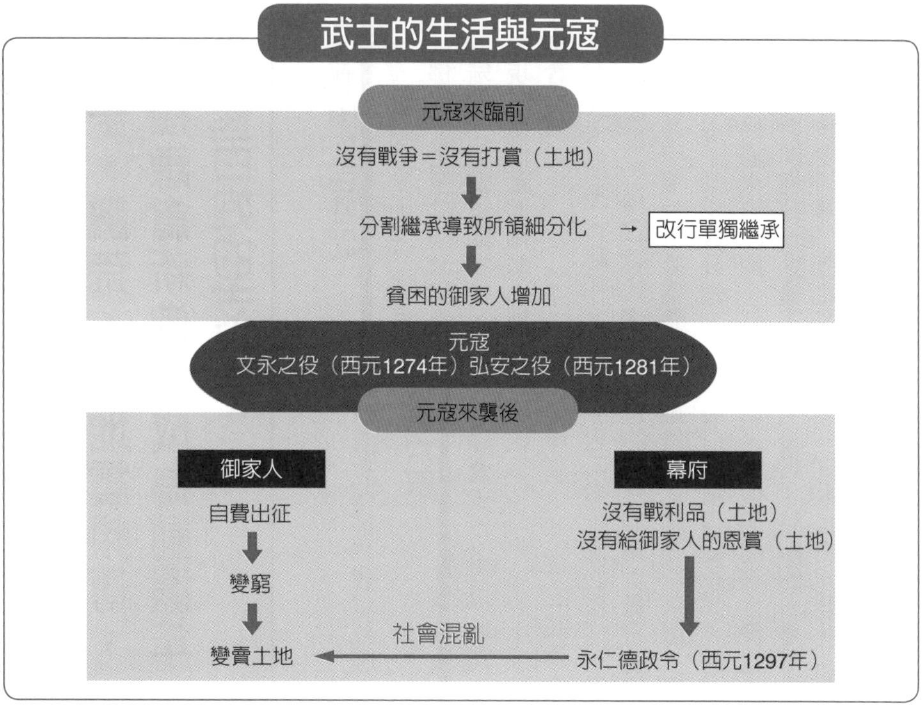

武士的生活與元寇

元寇來臨前

沒有戰爭＝沒有打賞（土地）

↓

分割繼承導致所領細分化 → 改行單獨繼承

↓

貧困的御家人增加

元寇
文永之役（西元1274年）弘安之役（西元1281年）

元寇來襲後

御家人	幕府
自費出征 ↓ 變窮 ↓ 變賣土地 ← 社會混亂	沒有戰利品（土地）沒有給御家人的恩賞（土地）↓ 永仁德政令（西元1297年）

歷史Close Up

第3次元寇

本來元寇打算對日本發動第3次攻擊，但元朝領地幅員廣大，其中高麗等地又接連傳出叛變，第3次攻擊便沒有成真。事後想想，光是兩次的元寇，就讓社會如此動盪，要是再來一次攻擊，搞不好日本歷史會與現在相當不同。

從年表掌握歷史變遷

■西元1268年
高麗使節帶著忽必烈捎來的國書抵達大宰府。國書被轉送至鎌倉，幕府決定不予回覆，命西國守護防備蒙古進攻。
北條時宗當上執權

■西元1269年
蒙古使節抵達對馬

■西元1270年
朝廷寫好了給蒙古的回信，但幕府卻不把信送出

■西元1271年
蒙古改國號為元。
幕府派遣御家人協防九州
元朝使節抵達大宰府，幕府不准使節進京

■西元1273年
元朝使節再次抵達大宰府，幕府仍不准使節進京

■西元1274年
文永之役

■西元1275年
幕府在鎌倉斬殺元朝使節

■西元1279年
幕府在博多斬殺元朝使節

■西元1281年
弘安之役

從「爲國」變成「爲民」

戰爭、饑荒、大地震頻傳，6種鎌倉新佛教成為動盪年代裡百姓的支柱

尋求救贖的百姓們

一直到平安時代爲止，佛教都是屬於國家和貴族的宗教，平安末期之後，則出現了幾個新興佛教，稱作鎌倉六宗。

平安末期後，時代進入末法之世。鎌倉時代底下，工具進步帶動了農業發展，此時手工業相當發達，商業亦開始邁入繁盛期，然而，這段時間裡政治動盪不安，天地異變頻傳，百姓深深感受到末法時代的恐慌。新興佛教的目的，就是拯救人民於末法時代，百姓也紛紛投入新興佛教尋求救贖。

鎌倉六宗

鎌倉六宗可以分爲3個系統。

淨土宗系統的共通點在於對阿彌陀佛的信仰，淨土宗的法然與淨土真宗的親鸞雖然無意創立新宗派，但卻吸引眾多信徒投靠，而這些弟子把他們的宗派發揚光大至後世。時宗的一遍僧人巡迴全日本弘法，獲得「遊行上人」的稱號。

禪宗講求透過坐禪悟道，律己甚嚴，獲得武士階級青睞。曹洞宗的道元數度受幕府徵召卻一再回絕，貫徹出家主義的精神。

日蓮以對其餘宗派強烈駁斥，而聲名大噪，他也曾遭到幕府迫害，兩度被判流放。另外，日蓮還曾因預言元寇到來而大受矚目，但他逼迫北條氏以日蓮宗爲國教，最後未獲採納。

Point

- ●從國家佛教，化為人民的佛教
- ●社會在「末法」年代裡劇烈變動
- ●北條氏採納臨濟宗

從年表掌握歷史變遷

■西元1175年 法然推廣淨土宗
■西元1191年 榮西推廣臨濟宗
■西元1192年 源賴朝成為征夷大將軍
■西元1221年 承久之亂
■西元1224年 親鸞推廣淨土真宗
■西元1227年 道元推廣曹洞宗
■西元1232年 制定御成敗式目
■西元1253年 日蓮推廣日蓮宗
■西元1274年 一遍推廣時宗，文永之役爆發

鎌倉新佛教開山祖師

宗派	淨土宗派			法華宗	禪宗派	
	淨土宗	淨土真宗（一向宗）	時宗	日蓮宗	臨濟宗	曹洞宗
開山祖師	法然	親鸞	一遍	日蓮	榮西	道元
創立年	西元1175年	西元1224年	西元1274年	西元1253年	西元1191年	西元1227年
教義	不需要懂得教義，也不用修行，只要一直唱唸佛號（南無阿彌陀佛）就能獲得救贖＝專修念佛	只要真心唸過一次佛號，就能往生極樂淨土，罪孽愈深的人，愈是阿彌陀佛想救贖的對象＝惡人正機說	不論信不信佛，只要唸佛號，每個人就都能得救。此外，還巡迴全日本，將舞踊念佛推廣開來	只要唸法號（南無妙法蓮華經），便能立定成佛。強烈攻擊其他宗派	只要打坐修禪，解答公案（師父提出的問題），便能開悟	只要一直打坐修禪，就可以開悟＝只管打坐
主要著作	《選擇本願念佛集》	《教行信證》、《歎異抄（唯圓編）》	《一遍上人語錄》	《立正安國論》	《興禪護國論》	《正法眼藏》
中心寺院	知恩院（京都）	本願寺（京都）	清淨光寺（神奈川）	久遠寺（山梨）	建仁寺（京都）	永平寺（福井）

新佛教開宗圖示

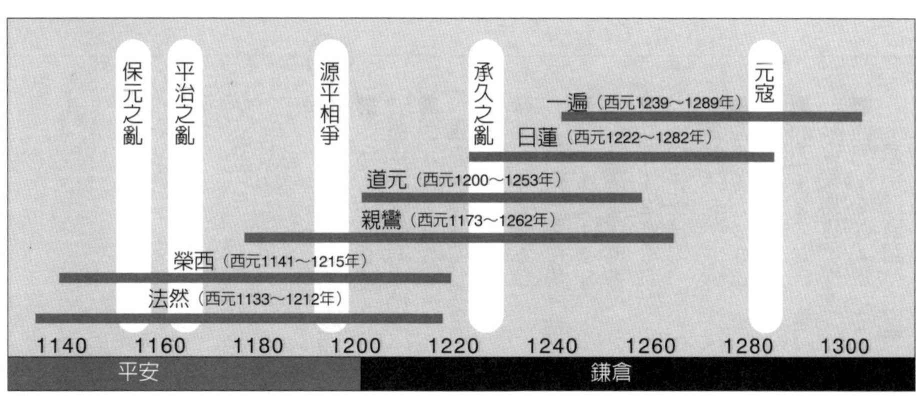

流行於武士與平民層的鎌倉文化，既寫實又入世

Point

- 中央文化擴散至各地
- 文化不再為貴族與僧侶獨享
- 武士的質樸剛健反映到國風文化之中

新式的建築與雕刻

在既往的文化中融入武士氣質，這就是鎌倉期文化的特色所在。由貴族與僧侶階層孕育出的文化往往對傳統很執著，但鎌倉時期的文化中，則充滿著武士與農民的頑強，以及貼近現實的感性。

其中，出自運慶、快慶之手的東大寺南大門金剛力士像，相當明確地呈現出這項特色。

同時，這時期的建築樣式中，也看得見這份貼近現實的藝術感。符合武士生活，式樣實用而樸素的武家建築在此時登場；圓覺寺舍利殿也成爲禪宗以及「禪宗樣」的代表，流傳至後世。至於重修東大寺時採用的宋朝建築形式，則被稱爲「大佛樣」，相對的，從平安時期沿用至今的樣式則稱之爲「和樣」。

好讀易懂的故事

文學領域裡，以《平家物語》爲代表的軍紀物語大爲盛行。相傳這段講述平氏興衰始末的故事，原本就是創作來讓琵琶法師說唱表演的，而這段用耳朵「聽」的故事，就這樣廣泛深入不識字的民衆階層之中。鴨長明《方丈記》與吉田兼好《徒然草》等傑作，同樣也是鎌倉時代的產物。

與此同時，貴族文學的領域裡，則編成了最後一部敕撰和歌集《新古今和歌集》，而熟習公家文化的3代將軍實朝則留有《金槐和歌集》傳世。

從年表掌握歷史變遷

■西元1199年
重建東大寺南大門

■西元1203年
運慶、快慶完成金剛力士像

■西元1205年
《新古今和歌集》成書

■西元1212年
《方丈記》成書

■西元1220年左右
《保元物語》、《平治物語》

■西元1235年
《小倉百人一首》完成

■西元1243年左右
《平家物語》成書

■西元1254年左右
《源平盛衰記》成書

鎌倉文化的作品

文學	編著者
■和歌集	
《山家集》	西行
《新古今和歌集》	藤原定家等
《金槐和歌集》	源實朝
■說話集	
《十訓抄》	作者不詳
《宇治拾遺物語》	作者不詳
《古今著聞集》	橘成季
■隨筆	
《方丈記》	鴨長明
《徒然草》	吉田兼好
■日記	
《十六夜日記》	阿佛尼
■軍紀物語	
《保元物語》	作者不詳
《平治物語》	作者不詳
《平家物語》	信濃前司行長
《源平盛衰記》	作者不詳
■歷史	
《水鏡》	中山忠親
《愚管抄》	慈圓
《吾妻鏡》	作者不詳

代表性建築	樣式
東大寺南大門	大佛樣
圓覺寺舍利殿	禪宗樣
三十三間堂	和樣
觀心寺金堂	折衷樣

美術	作者
■雕刻	
東大寺南大門金剛力士像	運慶、快慶
東大寺重源上人像	快慶
興福寺龍燈鬼像	康弁
六波羅蜜寺空也上人像	康勝
鎌倉大佛（高德院阿彌陀如來像）	
■繪卷	
春日權限驗記	高階隆兼
平治物語繪卷	作者不詳
蒙古襲來繪卷	作者不詳
一遍上人繪傳	圓伊
■肖像畫	
傳源賴朝像	藤原隆信
傳平重盛像	藤原隆信

其他

■刀劍　岡崎正宗、長船長光　■甲冑　明珍

■陶瓷　瀨戶燒（加藤景正）

金剛力士像

■西元1268年左右　金澤文庫創立

■西元1282年　鎌倉圓覺寺開山

■西元1285年　圓覺寺舍利殿落成

■西元1293年　《蒙古襲來繪卷》成書

■西元1331年左右　《徒然草》成書

打倒幕府！

心懷「王政復古」大夢的天皇

鎌倉幕府滅亡，後醍醐天皇的建武新政與足利尊氏的背叛

Point

- 朝廷的討幕計畫與惡黨橫行
- 新政太過急促，對朝廷的不滿升溫
- 足利尊氏的兩次背叛

後醍醐天皇開始討伐幕府

在鎌倉政府動盪不安之際，朝廷那邊則因後嵯峨上皇生前沒選定繼任者，導致兩支家族互相爭搶皇位。在地方政治方面，農民開始挺身反抗，與領主作對的「惡黨」於此時崛起，整個社會籠罩在一片不安之中。

這時候幕府向朝廷建言，不妨兩支家族輪流即位，於是後醍醐天皇便在隔年正式登基。後醍醐天皇積極執政，志在討伐幕府，然而他的計畫卻兩度走漏風聲，傳到幕府耳中。第一次時，幕府寬大處理，但第二次發生後，則把後醍醐天皇流放到海島上，並將他的近臣斬首。然而，倒幕已然是時代潮流，「惡黨」於此時揭竿起義。幕府派出足利高氏（尊氏）討伐逃出海島的後醍醐天皇，但足利高氏卻倒戈去天皇陣營。而後新田義貞攻破鎌倉，鎌倉幕府就此謝幕。

武家實力難以抗衡

後醍醐天皇毅然決然推動多項改革，以強化天皇權限，否定武士政權。他的改革史稱建武新政，但由於推動得太急促，結果招致武士叛亂。北條高時死後留下的孤子時行，擊敗鎌倉將軍府的足利直義（尊氏之弟），占領鎌倉（中先代之亂）。尊氏請求朝廷下令征伐時行，但後醍醐天皇不願尊氏勢力坐大，回絕了他的請求。

後來，尊氏背離朝廷，自行率兵出擊。後醍醐天皇命新田義貞出兵追擊尊氏，新田卻苦吞敗仗。途中，尊氏曾一度敗逃至九州，後又在攝津湊川擊敗楠木正成，壓制京都。他擁立光明天皇，制定「建武式目」作為施政方針，兩年後，室町幕府便因此而誕生。

後醍醐天皇

鎌倉幕府落幕的軌跡（西元1333年）

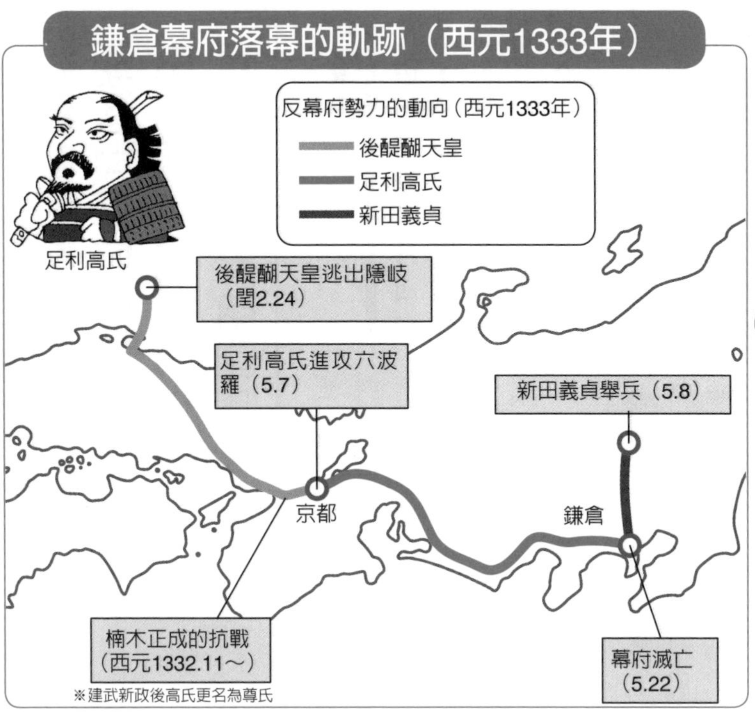

建武新政的機構

天皇

〈中央〉
- 記錄所……建武政權的最高機構
- 雜訴決斷所……訴訟機構，負責處理所領糾紛等
- 恩賞方……恩賞的查核機構
- 武者所……京都的警備機構（新田義貞等人）

〈地方〉
- 鎌倉將軍府……管轄關東諸國（成良親王－輔佐・足利直義）
- 陸奧將軍府……管轄陸奧、出羽（義良親王－輔佐・北畠顯家）
- 國司・守護……併置於各地諸國

從年表掌握歷史變遷

■西元1317年
文保和談，幕府向朝廷建言兩統以十年為單位輪流即位

■西元1318年
後醍醐天皇即位

■西元1324年
正中之變，第1次討伐幕府計畫敗露

■西元1331年
元弘之變，討伐幕府計畫再次走漏風聲
後醍醐天皇於隔年遭到流放

■西元1333年
後醍醐逃出隱岐
幕府派遣足利高氏（尊氏）追擊後醍醐
新田義貞進軍鎌倉
鎌倉幕府滅亡

■西元1334年
建武新政

■西元1335年
中先代之亂

■西元1336年
尊氏制定建武式目
後醍醐天皇遷居吉野

■西元1338年
尊氏成為征夷大將軍，足利幕府誕生

北朝兩派與南朝的複雜糾葛

朝廷與幕府雙雙鬧分裂，南北朝時代長期化，足利尊氏兄弟鬩牆

Point

- 後醍醐天皇攜神器出奔吉野
- 幕府內部急進派與協調派對立
- 南朝與幕府兩派勢力分分合合

觀應擾亂

眼看著室町幕府成立，後醍醐天皇隨即攜帶神器出奔至吉野，另立南朝，開啓了兩位天皇並立的南北朝時代。後來，南朝因爲主要武士與後醍醐天皇本人接連過世而勢力削弱，但幕府卻也沒把南朝消滅，因爲幕府的內部鬥爭也在此刻浮上檯面。

幕府方面，足利尊氏主掌軍備，弟弟直義則專行政務。尊氏手下的執事（後之管領）高師直是個急進派，他和協調派的直義互相對立。後來直義試圖策劃與南朝講和，而與尊氏生了嫌隙，從而催生出這場幕府內部的對立之爭，史稱觀應擾亂。

不論急進派還是協調派，雙方都試圖拉攏南朝的威信來強化勢力，導致這三派人馬不斷上演複雜的聚散離合，所謂南北朝時代並不光只是南朝與北朝的對立而已。

南北朝合併

南朝，以及北朝的急進派、北朝協調派的三方人馬交錯引發的亂事，逐漸波及至全日本。後來，由於吉野遭到攻打，南朝的人馬便撤離吉野，輾轉安頓到了九州。

尊氏、直義、高師直等人過世後，這場對立便交由兒孫輩繼續接手。一直到3代將軍足利義滿登場，才終於讓這場將近60年的動亂畫下句點。義滿把各地武士收服到幕府旗下，削弱南朝勢力，然後承諾皇位繼承人需從南北朝雙方皇統中輪流遴選，以換取後龜山天皇退位，終於統一了南北朝。然而，這項承諾終究沒有兌現，義滿胸中其實懷抱著更大的野心。

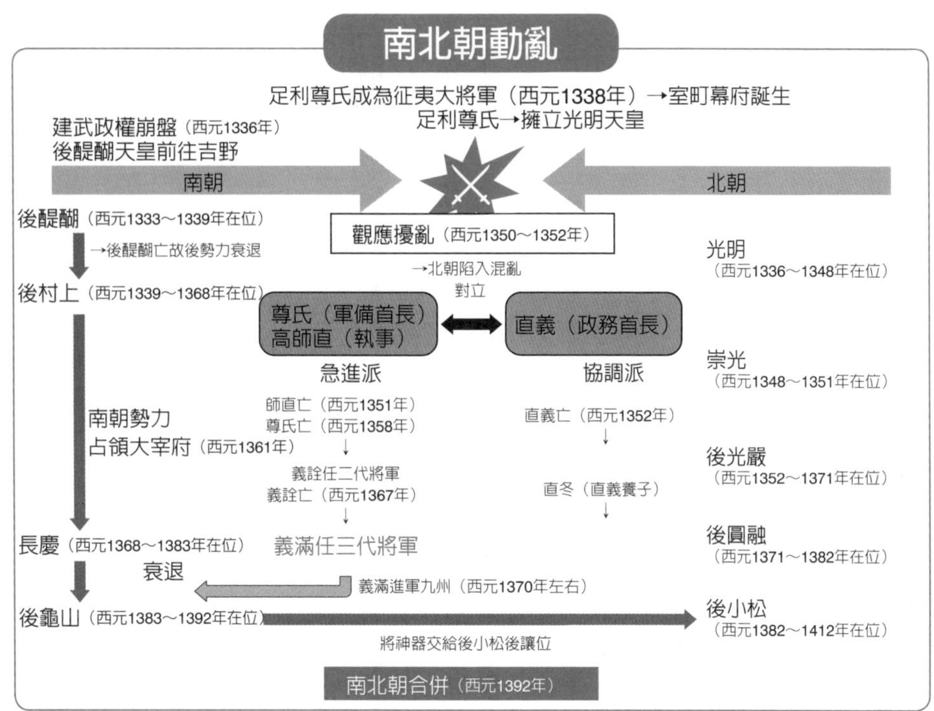

歷史 Close Up

婆娑羅是什麼東西？

「婆娑羅」是這個時代的流行語，原本的意思是指無視傳統，標新立異的行為，但後來也會把目中無人的大名稱為「婆娑羅大名」。不過，所謂婆娑羅大名往往不是異議分子，而是能涉足政治運作的幕府重臣。

從年表掌握歷史變遷

■西元1335年
足利尊氏背離後醍醐天皇

■西元1336年
湊川之戰。尊氏擊敗楠木正成
後醍醐遷居吉野

■西元1338年
尊氏成為征夷大將軍，室町幕府成立

■西元1339年
後醍醐天皇去世

■西元1350年
觀應擾亂爆發

■西元1352年
特准近江、美濃、尾張三地留下一半年貢，但僅限當年（第一次半濟令）

■西元1358年
足利尊氏去世

■西元1368年
足利義滿繼任為3代將軍

■西元1378年
義滿遷居至花之御所

■西元1392年
南北朝合併

「日本國王」究竟要什麼？

足利義滿的野心——想從天皇家手中篡奪皇位的將軍

Point

- 幕府機構很重視關東與東北的治理
- 「御所」展現出高於天皇的權力
- 還沒當成上皇便離開人世的義滿

幕府機構

在3代將軍足利義滿的時代，室町幕府統治機構大致整頓完成。幕府任命三支有權勢的守護大名輪流出任管領，亦即輔佐將軍之職。在地方政策上，則特別重視關東地區，派遣足利基氏出任鎌倉府首長（公方）。

除此之外，還編組了「奉公衆」作爲將軍底下的直轄軍團，如此以來，義滿便能挾持優勢軍力，管束擁有權勢的各地守護。

義滿的野心

義滿還將勢力伸入朝廷之中，他的宅邸號稱花之御所，於就任將軍後約10年建成，規模更勝於天皇皇居。之後，他出任後圓融上皇的院廳首長，掌握住宮廷的實權，隔年朝中宣旨，義滿高升至準三宮之位。

義滿把將軍職讓給義持，正式走入朝廷之中。義滿之妻獲得準母（名義上的母親）地位，兒子義嗣則獲准享有與親王同格的待遇。至於義滿本人，則在對明朝貿易中受冊封爲「日本國王」。

義滿的野心不只如此，他還打算取代天皇家，篡奪皇位。在義滿的計畫裡，要先把義嗣過繼給天皇當養子，接著要天皇讓出皇位，然後自己當上皇。事實上，義滿的野心幾乎達成了一半。只不過，義滿本人在西元1408年5月突然病逝。

難道是老天爺在跟義滿作對嗎？還是有什麼人出手暗殺了他呢？相傳義滿死於橫行的疫病，然而，出現在這個時間點的死亡，實在很難教人不多做聯想。

足利義滿

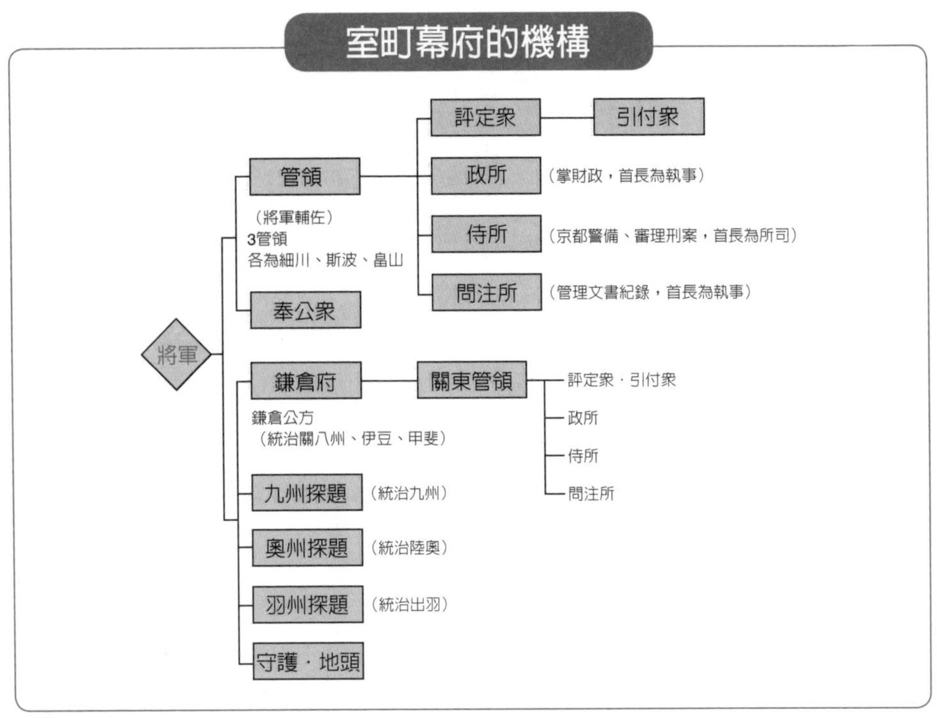

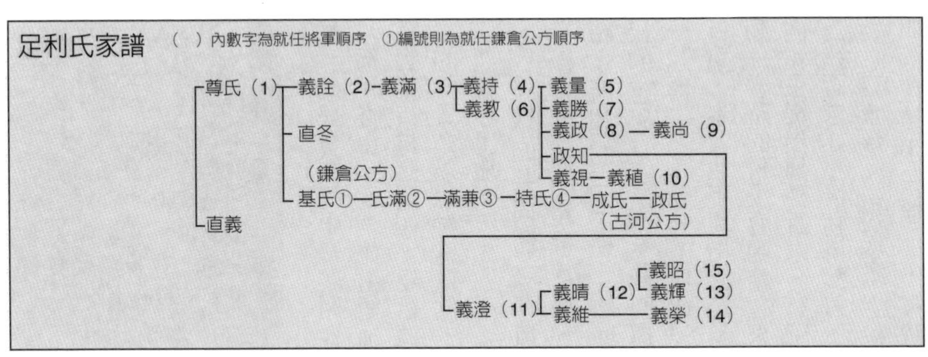

從年表掌握歷史變遷

■西元1368年
足利義滿成為3代將軍

■西元1378年
義滿遷入花之御所

■西元1383年
義滿成為準三宮

■西元1390年
土岐氏之亂爆發。幕府出兵征討美濃、尾張、伊勢一帶的土岐康行

■西元1391年
明德之亂爆發。山陰的山名氏清舉兵，遭幕府軍擊潰

■西元1392年
南北朝合併

■西元1399年
應永之亂爆發。大內義弘舉兵，於堺被幕府軍擊敗

■西元1401年
與明朝建立邦交，派出第1回遣明船

■西元1402年
幕府下達倭寇禁令。義滿接受明朝國書

■西元1404年
開始勘合貿易

■西元1408年
義滿去世

連帶意識增強，「一揆」登場

地方的時代到來？農民抬頭，守護大名勢力看漲

Point

- 守護變成守護大名，擁有更多地方支配權
- 各個聚落互相接近，組成具強大連帶意識的團體
- 民衆一揆象徵著幕府權力的衰退

動亂波及各地

幕府爲了整合各地武士，揀選多位足利家的子弟出任守護。守護能取締「刈田狼藉」（偷割他人稻穀），有權行使「使節遵行」（執行土地糾紛判決內容），在地方上的支配權限愈來愈大。

觀應擾亂爆發時，幕府針對近江、美濃、尾張三地的守護下達半濟令，基於當地戰況激烈，故特准守護能留下一半年貢自用，以籌措軍事費用。然而，後來其他地區的守護紛紛要求同樣特權，半濟令的實施範圍就這樣擴大到全國，並成爲永久制度。

農民共同體

與此同時，小農戶開始互相靠攏，聚集成聚落，並步步發展爲村莊。這一類由農民自發性集結，具備自立能力的村莊稱爲惣村。地理距離相近的惣村彼此互通聲氣，而後衍伸出的共同體便是惣莊（或者惣鄉）。村落裡特別有勢力的農民會成爲地侍，負責保衛、領導惣村。農民會在村中齊聚開會（稱「寄合」），並由領袖負責維持村落運作，要給領主的年貢亦以惣村爲單位，一起統整上繳。

這樣的共同體之間擁有極爲強烈的連帶意識，結爲所謂的「一揆」。一揆的意思是，大家共同擇一「揆」（方法、作法）行事，本義並不單指武裝暴動。當時的村人會團結起來向領主提出種種訴求，有時爲達訴求亦不惜動用武力。

日本第一場民衆一揆叫「正長土一揆」，當時

正長土一揆

這是西元1428年於近江發生的一揆事件，起因為一批「馬借」（使用馬匹送貨的人）群起向土倉及酒屋（類似今之信貸機構）抗爭，要求塗銷債務。參與一揆的群衆橫行京都，闖入土倉及酒屋，粗暴地搶走債務證明。這批一揆日後雖然遭到鎮壓，但對往後的社會留下了巨大影響。

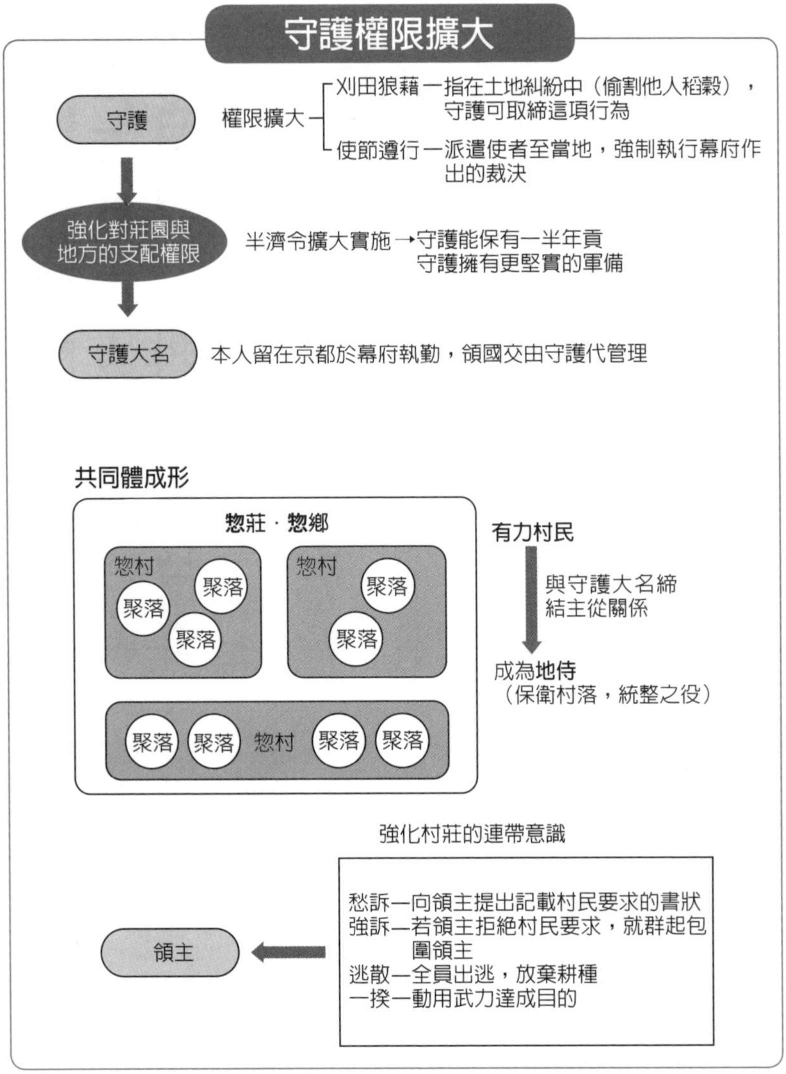

幕府已經敲定由義教接任將軍，但還沒正式坐上將軍之位。另一場「嘉吉土一揆」亦同，都選在將軍輪替時群起要求抹消債務。由此可以看出，地方武士與農民勢力漸強，甚至足以影響幕府。

守護權限擴大

守護 — 權限擴大
- 刈田狼藉—指在土地糾紛中（偷割他人稻穀），守護可取締這項行為
- 使節遵行—派遣使者至當地，強制執行幕府作出的裁決

↓

強化對莊園與地方的支配權限 — 半濟令擴大實施→守護能保有一半年貢
守護擁有更堅實的軍備

↓

守護大名 — 本人留在京都於幕府執勤，領國交由守護代管理

共同體成形

惣莊・惣鄉

- 惣村：聚落、聚落、聚落
- 惣村：聚落、聚落
- 聚落、聚落、惣村、聚落、聚落

有力村民
↓ 與守護大名締結主從關係
成為**地侍**
（保衛村落，統整之役）

強化村莊的連帶意識

- 愁訴—向領主提出記載村民要求的書狀
- 強訴—若領主拒絕村民要求，就群起包圍領主
- 逃散—全員出逃，放棄耕種
- 一揆—動用武力達成目的

→ 領主

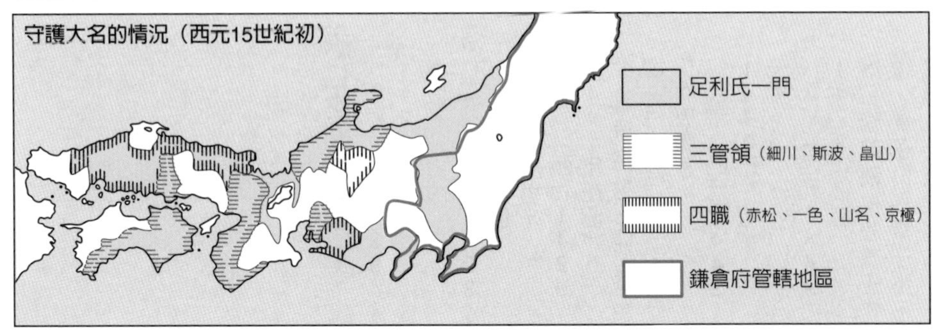

應仁之亂——將幕府與守護大名撕裂，掀起戰國時代序幕

Point

- 鎌倉公方強烈的自主意識
- 義教遭暗殺後，將軍權威鬆動
- 從家督之爭，進入下剋上的亂世

抽籤選出的將軍

室町幕府可說是由有力大名組成的聯合政權，足利將軍一家坐擁傲人權威的時代，僅止於義滿之世。到了4代將軍義持時，即便政治情勢相對安定，鎌倉公方顯露的高度自主意識仍相當搶眼。

6代將軍義教是透過抽籤選出來的，這點明白顯示出將軍在當時的地位。當義量年紀輕輕便撒手人寰後，其父義持便苦等著下一位男兒出世，只可惜義持還來不及選定繼任人就去世了。

抽籤在當年是種神諭，或許因爲這樣，義教上任後即採行專制政治，四處討伐與將軍作對的鎌倉公方與有力大名。可是，義教此舉卻招致反感，後來死於暗殺，將軍的權威從此大幅鬆動。

家督之爭頻傳

將軍權力衰退後，幕府的實權便落到有力大名手上，而這些大名內部則紛紛上演激烈的家督之爭。過往傳統中，誰當繼承者向來是由父親說了算，但在此時，世間出現了新的邏輯，認爲要看繼任者的能力與家臣是否支持而定。管領家與將軍家勃發的家督之爭，後來演變爲細川勝元與山名持豐的權力之爭，進而發展爲應仁之亂。

8代將軍義政原本立胞弟義視爲後繼者，但隔年兒子義尚出生後，其生母日野富子卻委託山名持豐輔佐兒子，與義政、義視雙方翻臉。

應仁之亂前的將軍

4代義持（西元1394～1423年在位）
讓位。

5代義量（西元1423～1425年在位）
年僅19歲辭世。

6代義教（西元1429～1441年在位）
從義持胞弟中抽籤決定，行專制政治引起反抗而被謀害。

7代義勝（西元1442～1443年在位）
夭折。

8代義政（西元1449～1473年在位）
指名胞弟義視為繼任者後，妻子日野富子生下義尚，引爆繼承之爭。

應仁之亂中的對立關係

山名持豐

細川勝元

西軍	理由	東軍
山名持豐（宗全）	爭奪幕府實權	細川勝元
義尚・日野富子 → 倒戈 → 義視	將軍後繼之爭（西元1468年後）	義政・義視 → 轉移陣地 → 義政・義尚・富子
義就 義廉	管領家的家督之爭 畠山家 斯波家	政長 義敏
大內　一色 土岐　六角	有力大名互相對立	赤松　京極 武田

義視後來從細川派倒戈至山名派，富子與義尚則轉移陣地加入細川派，不過，義政與富子的關係據悉已幾近冰點。最後，義尚以9歲之齡坐上將軍大位。

這場戰亂牽連日本各地，待細川勝元與山名持豐死去後，才算逐漸平息。但事已至此，將軍權威淪喪，幕府體制一步步走向崩壞。

歷史Close Up

義持的話語

為什麼4代將軍義持沒有選定繼任人呢？義持曾說，就算他選了某人繼任，「若是各個大名不滿意，那也沒意義」。換言之，不用等到義教慘遭暗殺，當年將軍家的權威早已淪喪，僅存的實力不過爾爾而已。

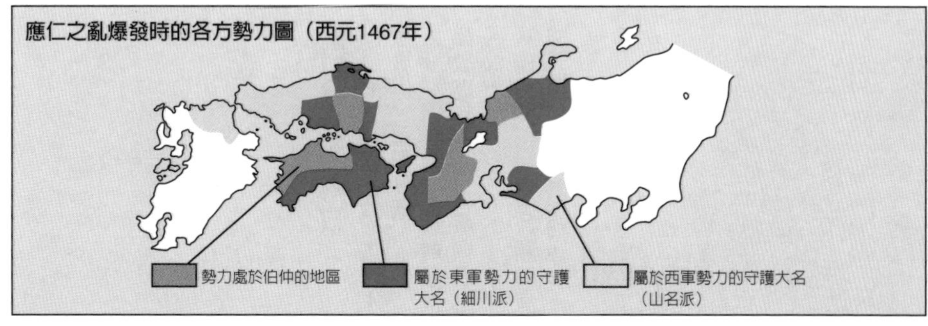

倭寇與勘合貿易——取締發國難財的海盜，開始推動貿易

Point

- 海盜集團「倭寇」登場
- 勘合貿易成為幕府的重要收入來源
- 有力大名也投入對外貿易

義滿開始與明朝貿易

南北朝時代的混亂局勢，導致日本海盜與倭寇開始出沒，連帶波及到東亞。倭寇在朝鮮半島與中國山東半島一帶大肆擄掠，高麗等地曾向日本要求希望取締倭寇，但一直到義滿當政的年代，日方才終於鎮壓住倭寇勢力。義滿與明朝修建邦交，展開貿易交流。由於雙方交易時需要攜帶「勘合」，證明這是兩國間的正式貿易，因此又被稱為勘合貿易。與明朝的貿易替幕府帶來龐大的利潤。那時貨幣經濟臻至成熟，幕府相當依賴各項稅務收入，日明（勘合）貿易更是一座重要的金庫。

朝鮮半島上，李氏朝鮮接替高麗建國，日朝貿易也隨之展開。日本人雖然有條約（《癸亥條約》）保障的特權，卻在當地引發暴動，遭到朝鮮官府鎮壓（三浦之亂），此後貿易規模逐漸縮小。

附帶一提，西元16世紀時朝鮮半島周邊倭寇猖獗，但大多數的倭寇其實是中國人與葡萄牙人，真正的日本倭寇約僅占3成。

琉球與蝦夷島

琉球王國於西元1429年在沖繩建國，並

室町幕府的財政

御料所：足利氏的土地，數量少，重要度低。

倉役．酒屋役：針對在京都放高利貸的土倉與酒屋課稅。

關錢．津料：於各關所課徵的稅務，海運則稱津料。

日明貿易的利潤

室町幕府對外政策

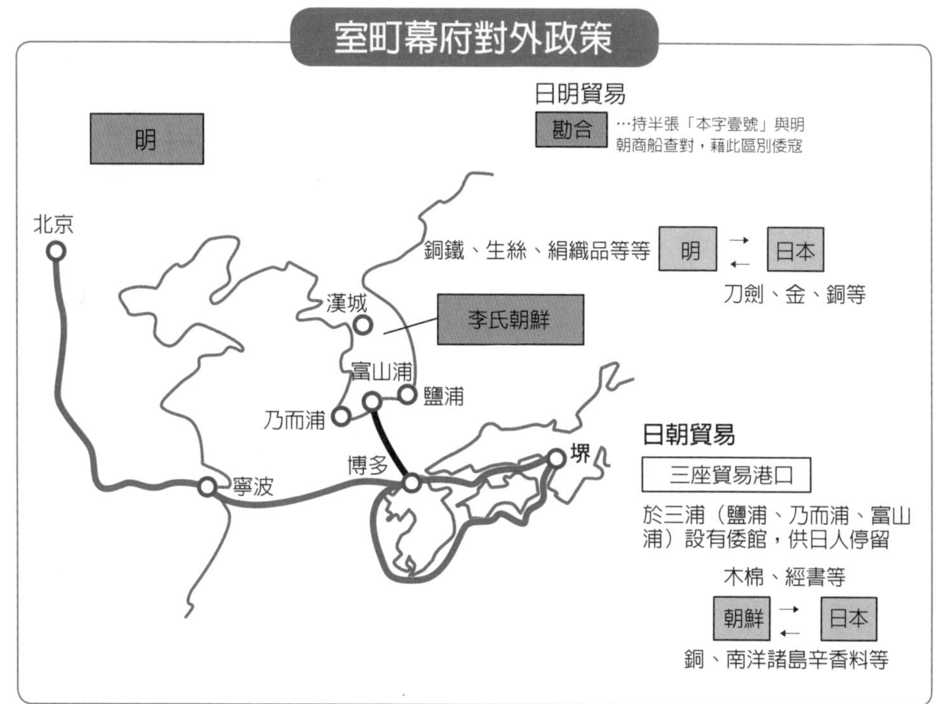

與明朝、日本展開頻繁的貿易活動。除了琉球之外，當時也有人擴大交易範圍，從津輕渡海前往被稱為蝦夷島的北海道與愛奴人貿易。西元1457年，蠣崎氏鎮壓愛奴酋長Koshamain（又作珂相曼夷）引起的亂事後，將道南地區納入支配下，此即日後的大名松前氏。

歷史Close Up 寧波之亂

應仁之亂爆發後，勘合貿易的實權落入細川氏與大內氏手中。細川氏在明朝寧波行賄換取特權時，大內氏便對細川氏發動攻擊，殺害細川商船的正使。這場亂事發生於西元1523年，史稱寧波之亂，大內氏從此獨占貿易。西元1551年大內氏滅亡，勘合貿易也隨之落幕。

從年表掌握歷史變遷

- ■西元1404年 勘合貿易開始
- ■西元1411年 中斷與明朝邦交
- ■西元1419年 爆發應永外寇（朝鮮襲擊對馬）事件
- ■西元1432年 日明重建邦交
- ■西元1434年 勘合貿易再起
- ■西元1510年 三浦之亂爆發
- ■西元1547年 末代勘合船

北山與東山象徵著室町的興衰浮沉

室町時代的三大文化——現代日本文化的源流

Point

- ●文化深入中央與地方等各個階層
- ●公家與武家交融，孕育出北山文化
- ●東山文化的調性是簡素與幽玄

日本固有文化誕生

茶湯文化、插花文化還有能與狂言，這三項日本傳統文化都確立於室町時代，同時，室町時代還孕育出了3種不同文化，分別爲南北朝、北山、東山文化。

南北朝時代裡世局動盪不安，催生出各種不同的史書與軍紀物語。描寫南北朝故事的《太平記》以講談形式廣爲流傳，品茗的習慣亦於此時深入大眾，當時很流行所謂「鬪茶」，也就是飲茶並品評高下。

義滿與義政的差別

至於隨後登場的北山文化與東山文化，兩者的氛圍則相差甚遠，這份差異可說是源於足利義滿與義政兩人的差異。

北山文化以金閣寺爲代表，而金閣寺就坐落在義滿興建的廣大豪宅腹地之中。這座宅第稱爲「北山第」，相當於義滿的「大內裏」（皇居），象徵義滿的權威更勝天皇。這段時期裡，義滿還整頓了寺廟的規格，確立所謂五山十剎制，並以臨濟宗南禪寺爲眾寺之首。此時，具體呈現禪宗世界觀的水墨畫大爲流行，受義滿支持的觀阿彌、世阿彌父子等人亦大力推動能劇表演。

相形之下，東山文化的代表銀閣寺，則是義政熬過應仁之亂後，在精疲力竭中修建的隱遁之地。銀閣寺採用「書院造」建築形式，成爲日後和式住宅的原型。東山文化的特徵乃質樸、幽玄、侘（wabi）等美學，而這份美感亦與枯山水庭院，或雪舟等人確立的日式

御伽草子與盆舞

今日的日本仍有許多文化承襲自此時盛行的各種庶民文化。其中，庶民文藝的代表，當屬包括「一寸法師」、「浦島太郎」等故事的御伽草子。此外，盆舞的習俗同樣也是在室町時期開始流行的。盆舞，是把正月或盂蘭盆節時盛裝打扮、載歌載舞的習俗「風流踊」，加上舞踊念佛融合孕育出的產物。

室町時期的文化

區分	南北朝文化	北山文化	東山文化
年代	西元14世紀中葉	西元14世紀至15世紀初	西元15世紀中葉
特徵	受南北朝動亂影響	融合武家文化與公家文化	庶民文化、幽玄的世界
文學	〔史書・物語〕 《增鏡》（佚名）、《梅松論》（佚名） 《太平記》（佚名） 《神皇正統記》（北畠親房） 〔連歌〕 《菟玖波集》、《應安新式》（二條良基）	〔史書・物語〕 《義經記》（佚名） 《空華集》 （義堂周信－五山文學）	〔連歌〕 《新撰菟玖波集》（宗祇） 《犬筑波集》（山崎宗鑑） 〔物語〕 《御伽草子》
藝能		能樂集大成（觀阿彌、世阿彌）	連歌、古淨琉璃、小歌盛行 閑吟集（小歌歌集，編者不詳）
建築		鹿苑寺金閣 興福寺五重塔、東金堂	慈照寺銀閣 慈照寺東求堂
庭園	觀心寺金堂	西芳寺（苔寺） 天龍寺庭園	龍安寺石庭 大德寺大仙院庭園
美術		〔水墨畫〕 瓢鮎圖（如拙）	〔水墨畫〕 四季山水圖卷、秋冬山水圖（雪舟） 〔狩野派〕 大德寺大仙院花鳥圖（狩野元信）

水墨畫有著共通之處。侘茶與花道的基礎，亦同樣奠基於此時。

金閣

銀閣

從年表掌握歷史變遷

〔南北朝文化〕

■西元1339年
《神皇正統記》成書

■西元1342年
幕府制定五山十刹

■西元1371年
《太平記》最晚約莫成書於此時

〔北山文化〕

■西元1397年
義滿於北山建金閣寺

■西元1402年
《風姿花傳》成書

■西元1410年左右
茶湯文化、插花文化盛行

■西元1420年左右
能樂大成

〔東山文化〕

■西元1468年
雪舟繪製「四季山水圖」

■西元1489年
開始興建慈照寺銀閣

■西元1500年左右
龍安寺庭園（石庭）完工

取代室町幕府主導權的「地方政權」——戰國大名登場

北條早雲稱霸關東

鎌倉公方在應仁之亂爆發前，便已展現強烈的自主意識，並在西元15世紀中終於分裂。足利成氏殺害管領上杉氏後，為躲避幕府的追捕而轉移陣地到下總古河。幕府派出將軍親弟足利政知聲討成氏，但卻在鎌倉不得其門而入，於是紮營在伊豆崛越整頓待機。

在這場亂事中崛起的人，就是北條早雲。早雲出生於伊勢，在駿河守護今川義忠手下展露頭角，後來他靠實力奪取伊豆，堪稱為典型的戰國大名。早雲以小田原為根據地，掌握伊豆的支配權，而後進一步占據關東的大半江山。

將軍不過是傀儡

當此之際，戰國大名並不是唯一憑實力橫行地方的人，那時由「國人」（當地武士）或農民引起的一揆事件也相當頻仍。

至於中央方面，幕府實權早已不是從將軍手中滑落。一開始是管領細川氏掌握主導權，但後來卻一手換過一手，先是家臣三好長慶掌權，後又被三好的家臣松永久秀搶走，簡言之就是所謂的下剋上。

此外，松永久秀曾擁立14代將軍義榮而權傾一時，待織田信長擁足利義昭入京後，轉而服從信長，後又在西元1577年於信貴山城舉兵，然後大敗於信長軍手下。

Point

- 關東早一步進入真正的戰國時代
- 足利將軍的實權遭部下篡奪
- 下剋上的世界，連將軍也不堪一擊

從年表掌握歷史變遷

■西元1467年 應仁之亂爆發（～西元1477年）
■西元1493年 明應政變，細川政元舉兵起事
■西元1495年 北條早雲入小田原城
■西元1507年 細川政元遭到暗殺
■西元1524年 北條氏綱奪取江戶城
■西元1542年 齋藤道三流放美濃土岐氏
■西元1548年 三好長慶對細川晴元發動叛變
■西元1553年 第一場川中島之戰
■西元1560年 桶狹間之戰
■西元1565年 松永久秀等人暗殺將軍義輝
■西元1568年 織田信長擁足利義昭入京
■西元1573年 室町幕府滅亡

室町幕府後半期的將軍與主要事件表

將軍（在位期）	就任將軍緣由	主要大事件	幕府實權
8代義政 （1449-1473）	7代義勝弟	應仁之亂（1467～1477）	日野富子
9代義尚 （1473-1489）	義政之子	山城國一揆（1485） 加賀一向一揆（1488）	日野富子 足利義尚
10代義稙 （1490-1493、1508-1521）	義政甥兒 日野富子擁立	明應政變（1493） 管領細川政元舉兵，流放義稙	日野富子 （1496亡） 細川政元
11代義澄 （1494-1508）	足利政知之子 細川氏擁立	細川政元因內部對立遭暗殺 （1507）	細川氏
12代義晴 （1521-1546）	義澄之子	細川氏家臣三好長慶， 下剋上奪權	細川氏→三好長慶
13代義輝 （1546-1565）	義晴之子	三好氏家臣松永久秀暗殺義輝 （1565）	三好氏
14代義榮 （僅1568）	11代義澄孫 三好氏的傀儡	織田信長擁足利義昭上京	三好氏 （松永久秀）
15代義昭 （1568-1573）	12代義晴之子 織田信長擁立	後遭織田信長所廢， 室町幕府滅亡（1573）	織田信長

關東動盪

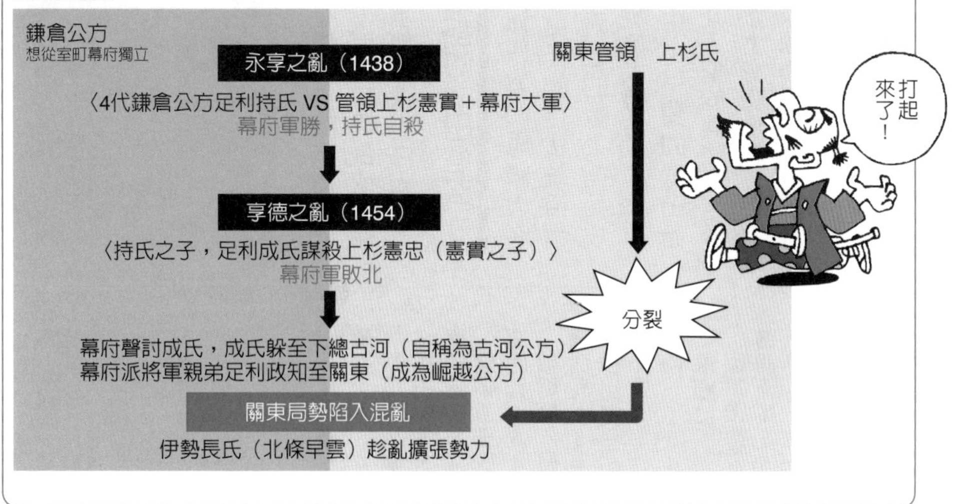

「暴發戶」們的「竊國物語」——戰國大名權力之爭

Point

- 顛覆舊觀念的特異分子登場
- 霸權之爭在各地上演
- 戰國大名自訂法律統治領國

具體展現戰國精神的三人

在關東局勢大亂時趁機舉兵而起的北條早雲，堪稱是宣告戰國時代到來的武將。然而，一般來說越前的朝倉敏景，才是被看作戰國大名先驅的人物。他靠著掠奪莊園聚積權勢，趁應仁之亂爆發時發動叛變，爬上大名地位。

從一介賣油商躋身一國領主的齋藤道三，雖然近來學說認爲他可能是集父子兩代之力才有如此成就，但仍無損其作爲戰國大名代表的地位。

齋藤道三

過去的通則已不再適用於戰國時代，這個時代裡只講求在最後勝出，不計較過程、手段如何。朝倉、北條、齋藤三人，可說是最能體現這新時代降臨的人物。朝倉與北條後來都成爲大大名，只有道三出師未捷便敗陣下場，而織田信長或許能說是繼承他的遺志之人。

志在京都的武田信玄

割據四方的戰國大名們制定自己的律法統治領國，從附近的敵人開始攻打，逐步擴大勢力。

其中，甲斐的武田信玄以超凡入聖的兵法聞名於世，他跟上杉謙信曾展開著名的五次川中島之戰。信玄是志在京都的大名之一，當時也很有機會能得償宿願，同時，他還是信長最畏懼的

從年表掌握歷史變遷

■西元1541年
武田信玄擊敗毛利元就、尼子晴久，成為領主

■西元1542年
齋藤道三放逐土岐氏

■西元1543年
槍砲傳入日本

■西元1545年
今川與武田結盟，擊敗北條氏

■西元1547年
家康以人質身分赴織田家（後轉入今川家）

■西元1553年
川中島之戰（第一次），武田對陣上杉

■西元1554年
武田、今川、北條三國

對手。

然而，武田軍的野心隨著信玄過世而煙消雲散，信玄之子勝賴雖然繼承了他的遺志，一族卻於隨後滅亡在信長手中。緊接著，信長走上了統一天下的最後一哩路。

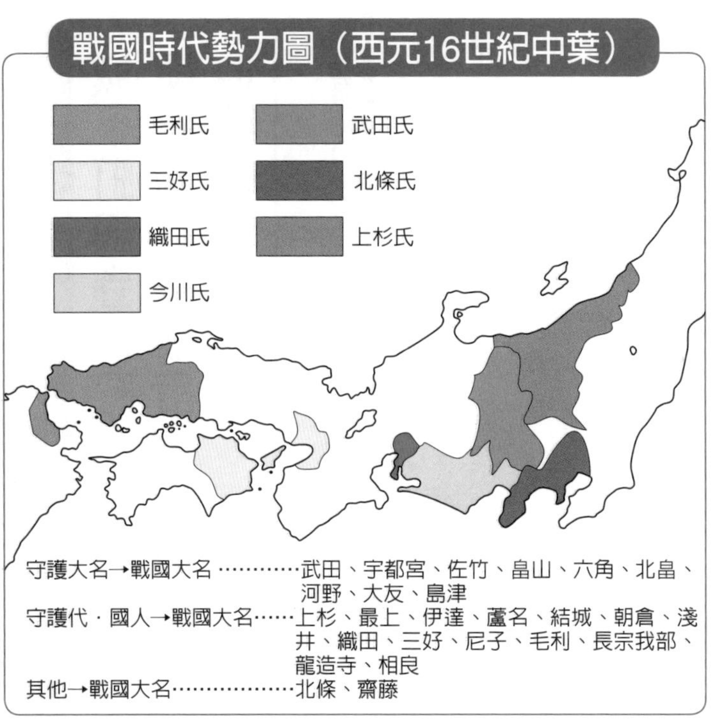

姓名	領地	別稱	邁向大名之路
朝倉敏景（西元1428-1481年）	越前	戰國大名先驅	掠奪公家、寺院的土地，在應仁之亂中從西軍倒戈至東軍成為大名
北條早雲（西元1432-1519年）	關東	時代風雲兒	發動顛覆常識的侵略戰爭，成為盤據關東的一大勢力，從守護的家臣晉身大名
齋藤道三（西元1494？-1556年）	美濃	竊國「毒蛇」	活用美酒與女色操控主君，將其放逐出境，齊聚父子兩代之力成為一國領主

結盟

■西元1556年
長良川之戰，齋藤道三兵敗身亡

■西元1558年
秀吉加入信長軍

■西元1560年
桶狹間之戰，今川義元兵敗身亡
家康的人質期間結束

■西元1562年
信長與家康結盟

■西元1564年
川中島之戰（第五次），兩軍不分軒輊

城下町與寺內町，還有威尼斯般的自由都市——堺與各地城鎮的發展

Point

- 商品經濟發展使都市與城鎮增加
- 日明貿易帶動港都發展，邁向自治
- 京都凋零荒廢，文化流入各地

交通發達與都市

大名在戰國時代於各地蓋起城池，城池周圍則出現了新興市鎮「城下町」，同時，附隨著各地新興中小寺院的「門前町」也在這段時期逐漸增加，再加上當時交通甚爲發達，於是所謂的「宿場町」便也沿著主要幹道慢慢成形。另一方面在淨土眞宗（一向宗）信仰強盛的地方，還開始蓋起一種叫「寺內町」的集合居住區，供從事工商業的信徒聚集生活。寺內町以寺院爲中心，在周遭興建圍牆或壕溝以防備外敵，而有的町還具備軍事實力，好比說石山本願寺，後來就跟織田信長實際開戰過。

此外，日明貿易的基地「港町」也展露出繁榮盛況，類似港町多由豪商組織自治團體維持運作，其中「堺」更是特別知名的港町。

在這裡，三十六位被稱作「會合衆」的豪商透過會議執行市政工作，同時僱用傭兵保衛港町安全。相傳，耶穌會傳教士曾如此形容：「堺就像座小威尼斯由執政官治理都市，簡直像個共和國似的。」然而，這份富裕卻使堺成爲信長的目標之一。

文化遍及地方

應仁之亂後，京都破敗荒廢，貴族與文人紛紛轉往地方避禍。對京都文化心懷嚮往的大名們，也積極招攬這些文人貴族，他們便在大名身邊一邊傳授京都文化，一邊過日子。

這時候，地方武士與商人也開始把家族子弟送到寺廟裡受教育。尤其是商人，出於職業需求必需學會讀書、寫字與算數，因此對教育相當積極。而農村裡的教育風氣也同樣普遍。

主要的城下町與寺內町等

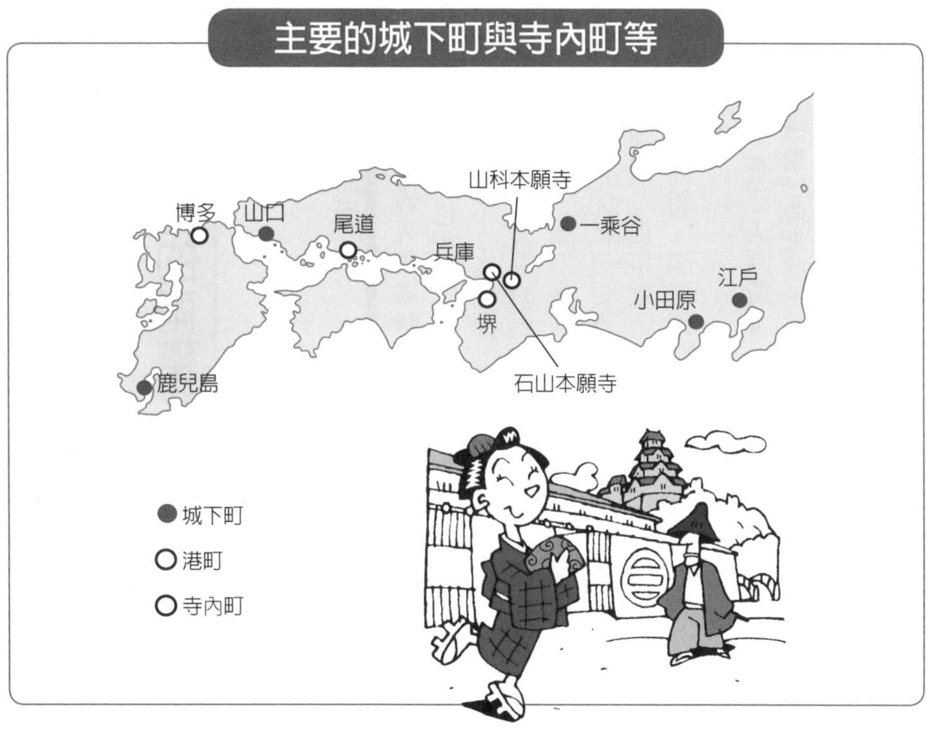

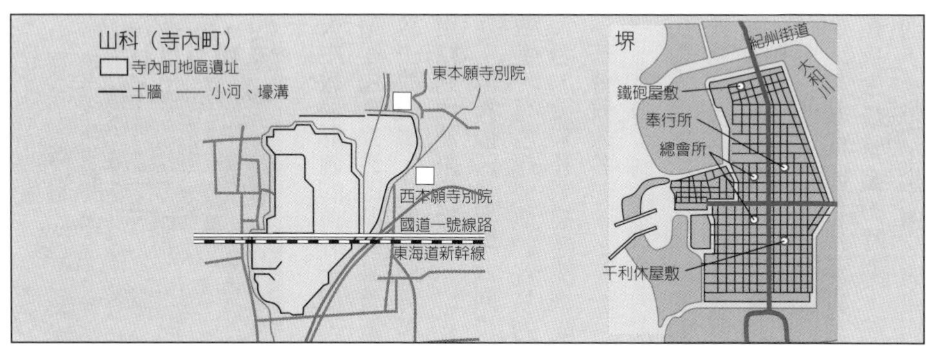

都市的發達

種類	自由都市	宿場町	寺內町	門前町	港町	城下町
如何成立	商人透過貿易取得繁榮與自治權限	道路交通環境整備帶動宿場町發展	一向宗信徒聚集形成	參拜寺社的香客增加帶動發展	海上交通發達帶動港町繁榮	興盛於戰國大名城池周遭
代表城鎮	堺、博多	近江草津、沼津、掛川	山科本願寺、石山本願寺	長野、宇治山田、坂本	桑名、敦賀、小濱、兵庫、尾道	江戶、小田原、一乘谷、駿河、鹿兒島等

槍砲傳入的時機正巧

槍砲與基督教——改變戰國大名命運的南蠻文化

Point

- 大航海時代的浪花打上日本
- 槍砲迅速量產
- 耶穌會以及急速增加的基督徒

種子島槍的流行

就在日本邁入戰國時代的同時，歐洲也步入了新的歷史轉折點——大航海時代。站在浪頭前端的西班牙與葡萄牙，開始來到亞洲發展，首先抵達日本的是葡萄牙人，他搭乘一艘中國走私商船，漂流到種子島靠岸。

這位葡萄牙人當時身上帶著火繩槍，後來種子島島主跟他買下那把槍，並學會如何製作槍枝。這把火繩槍口徑寬16釐米，槍身長718釐米，後來被叫做種子島槍。而當時戰國時代正打得不可開交，槍砲的製造方法因而迅速傳播開來，在堺、根來（紀伊）、國友（近江）一帶的產量更是龐大。其中，國友處於織田信長的勢力底下，而信長也是最早編組槍砲部隊的人。

南蠻貿易與基督教

基督教傳入日本的時間只比槍砲稍晚一點，而它帶給日本的影響同樣巨大。當時，來日本傳教的主要是天主教耶穌會的傳教士們，這是由於宗教改革後基督新教占據優勢，耶穌會便另尋出路到亞洲來傳教。

傳教與貿易雙方同步並進，有些想與他們貿易的大名，後來甚至接受洗禮成爲基督教大名。

當時，戰國大名大友氏等人還曾派天正遣歐使節去見羅馬教宗。耶穌會對醫療與社會事業等也貢獻良多，信徒迅速增加。

信長的時代是基督教在日本最繁盛的時期。然而，基督教後來遭到秀吉與

天正．慶長遣歐使節

4名少年在當年以天正遣歐使節的身分，前往覲見羅馬教宗。待他們返國時，基督教已在日本遭禁，4人或是宣布棄教，或是從此失蹤，一個個步上坎坷的命運。

另一方面，仙台藩主伊達政宗也派遣家臣支倉常長至西班牙，計畫要與墨西哥展開貿易。支倉亦曾拜會羅馬教宗，他們這一團被稱作慶長遣歐使節，至於計畫中的貿易後來並沒有成真。

家康禁止、打壓，信徒與大名們的命運因而產生巨大的變化。

主要的基督教大名

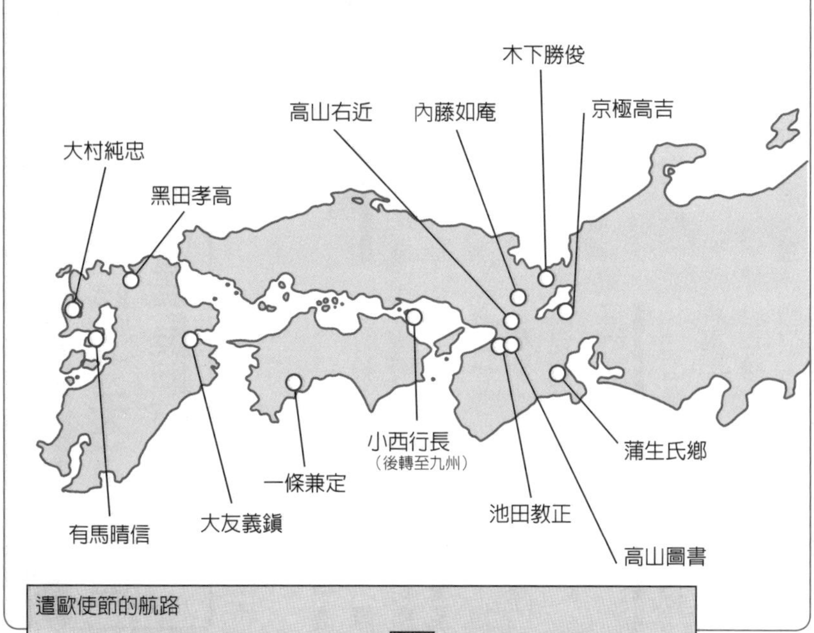

大村純忠
黑田孝高
高山右近
內藤如庵
木下勝俊
京極高吉
小西行長（後轉至九州）
一條兼定
蒲生氏鄉
池田教正
有馬晴信
大友義鎮
高山圖書

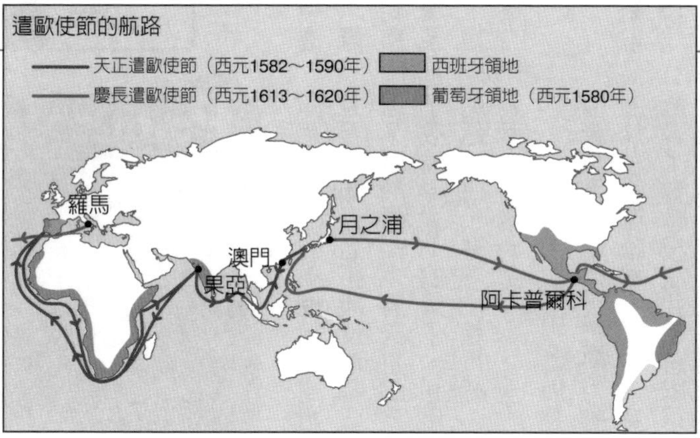

遣歐使節的航路

天正遣歐使節（西元1582～1590年）
慶長遣歐使節（西元1613～1620年）
西班牙領地
葡萄牙領地（西元1580年）

羅馬
月之浦
澳門
果亞
阿卡普爾科

天正遣歐使節

從年表掌握歷史變遷

■西元1543年
葡萄牙人漂流至種子島，帶來槍砲

■西元1549～1551年
耶穌會傳教士沙勿略四處宣揚基督教

■西元1556年
阿爾梅達（Almeida）帶來西洋醫學

■西元1569年
信長准許路易斯・佛洛伊斯（Luís Fróis）於京都傳教

■西元1579年
耶穌會傳教士范禮安（Valignano）來到日本

■西元1582年
大友、大村、有馬3位大名派出少年使節團赴羅馬（西元1590年返國）

■西元1584年
葡萄牙商船來到平戶

運籌帷幄中貫徹冷靜的政治哲學

第一位矢志「統一天下」的武將——織田信長崛起

成為戰國時代的主角

織田信長從小就是個標新立異的怪孩子，齋藤道三很早便察覺出他的潛力。信長平定尾張後，在桶狹間擊敗今川義元，一躍成爲戰國要角。接下來，他消滅美濃齋藤氏，掌控濃尾平原，然後開始採用刻著「天下布武」（以「武」服天下）字樣的印章，成爲第一位矢志統一天下的大名。控制濃尾平原，是統一天下的重要前提。

Point

- 一統天下的前提，就是掌控濃尾平原
- 足利義昭重返將軍大位的夢想
- 利用朝廷威信邁向天下統一

這時候，足利義輝遭到暗殺，而其胞弟義秋（義昭）則前往越前，央請朝倉義景協助入京。但義景優柔寡斷，義昭只好轉而尋求信長幫助，這時替兩人牽線的就是明智光秀。

室町幕府滅亡

信長護送義昭以15代將軍身分返回京都。義昭本打算讓信長當官去做管領等職位，但信長堅持不允，選擇和幕府保持距離。信長想要的東西，是在堺設置代官所之類的實權。然而這件事卻惹來義昭的不悅，遂開始號召各國大名組成反信長聯盟。至於信長則將天皇的皇子收爲形式上的養子，利用朝廷威信，進一步執行統一天下的大業。

在姊川之戰中，信長與義昭聯手擊敗反抗勢力的淺井．朝倉聯軍，隔年，又燒毀了曾馳援淺井朝倉聯軍的延曆寺。然而，此舉其實並不單只是爲了打擊佛教勢力，更重要的是他打算藉此完成政教分離，消滅寺廟在中世時的權威地位。

之後，信長最畏懼的對手武田信玄猝然離世，反信長勢力遭受決定性的重大打擊。信長接著又將義昭發配邊疆，徹底殲滅淺井．朝倉勢力。到了此時，信長眼前只剩下最後一個難纏敵手。

織田信長簡略年表

西元	主要大事
1543	出生，為父親織田信秀的長子
1551	約莫於此時繼承家督
1555.4	奪取清洲城
1560.5	桶狹間之戰，擊敗今川義元
1567.8	消滅美濃齋藤氏，支配濃尾平原。將井之口更名為岐阜 開始使用「天下布武」印章
1568.9	護送足利義昭入京 信長掌握大權，義昭開始籌劃反信長聯盟
1570.6 9	姊川之戰，擊敗淺井長政（近江）·朝倉義景（越前）聯軍 石山戰爭開始
1571.9	燒毀比叡山延曆寺
1573.7 8	流放義昭（室町幕府滅亡） 消滅淺井與朝倉
1574.9	平定伊勢長島的一向一揆
1575.5 8	長篠合戰，擊敗武田勝賴 平定越前一向一揆
1576	營建安土城
1577.6 11	發布樂市樂座令 成為右大臣
1579.5	舉行安土宗論。日蓮宗在論爭中敗給淨土宗，勢力遭打壓
1580	制伏石山本願寺
1582.3 6	天目山之戰，消滅武田勝賴 本能寺之變，信長自殺

織田信長

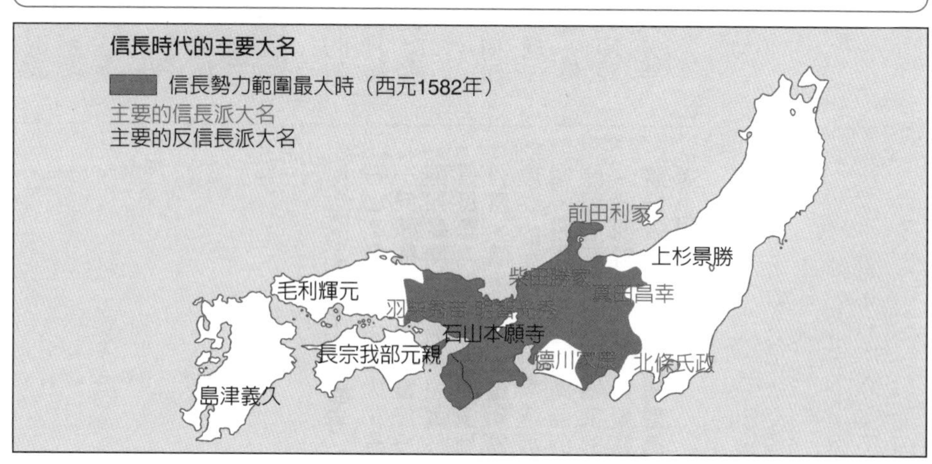

淨土真宗比武士更難打

以石山本願寺為首的一向一揆，才是信長最大敵人

Point

- 信長採取徹底的政教分離策略
- 與一向一揆之首——石山本願寺開戰
- 即將一統天下時死去

平定一向一揆

消滅室町幕府隔年，信長出發攻打伊勢長島的一向一揆。長島是石山本願寺的重要據點，而石山本願寺則是在加賀叱吒風雲逾百年的一向宗（淨土真宗）之首。信長在長島燒殺擄掠，殘酷更甚比叡山，一向一揆勢力從此開始走下坡。

長篠一役中信長正式將槍砲投入作戰，擊敗武田勝賴。接著他進一步平定越前的一向一揆，然後派遣秀吉出征鎮壓西國，並營造安土城作爲基地。與此同時，信長也推動各種經濟政策，諸如准許商人自由營業的「樂市．樂座令」等，並把堺劃歸爲直轄地。接下來，就剩最後一個強敵，石山（大坂）本願寺了。

石山戰爭

本願寺住持顯如號召信徒對抗信長，是西元1570年的事。當信長陸續平定各地的一向一揆後，最終目標就是打倒一向宗的總本山。此後歷經10年，顯如總算退出大坂，但顯如之子教如卻擺出殊死抵抗的架勢固守城中，直到5個月後才和信長達成和解，石山本願寺投降。

打倒最大敵人，消滅武田氏後，對信長來說統一天下儼然只是時間問題。然而就在此時，他的野心卻葬送在自己的家臣明智光秀手中。

投降後的石山本願寺

石山本願寺規模宏大，是一向宗的總本山。當住持顯如離開，本願寺屈服於信長勢力後，寺廟便遭到毀壞，隨後在原址重新蓋起來的建築物就是大坂城。原本大坂一帶興盛的原因，在於它是寺廟前的「門前町」，但當大坂城蓋好後，也就順勢轉型為城下町，繼續發展。

信長的各大戰事

主要戰事	西元	戰爭對手	解說
桶狹間之戰	1560	今川義元	發動奇襲擊敗赴京途中的義元 信長之名揚名全境
進攻美濃	1567	齋藤龍星	平定鄰國美濃，以岐阜城為據點
姉川之戰	1570	淺井長政、朝倉義景	掌握本國到京都之間的領地 此戰與德川家康聯手出擊
石山戰爭	1570	石山本願寺信徒	戰事持續到1580年，是信長最漫長的戰役，本願寺最後投降
燒毀延曆寺	1571	延曆寺信徒	與淺景・朝倉同一陣營，拒絕信長的勸降而遭到殲滅
平定長島一向一揆	1574	伊勢長島本願寺信徒	從1570年開始抵抗，於1574年遭平定
長篠之戰	1575	武田勝賴	槍砲部隊初次上陣，擊敗武田騎兵隊。此戰與德川家康聯手出擊
與雜賀一向一揆相爭	1577	雜賀一向宗信徒	一向宗信徒武力與加賀一向宗同等強大，抗爭一直持續到秀吉之世
進攻中國地區	1577	毛利輝元等	信長遣秀吉出征，自己按兵不動
天目山之戰	1582	武田勝賴	武田勝賴戰死沙場，武田氏滅亡
本能寺之變	1582	明智光秀	光秀發動叛變，信長自殺

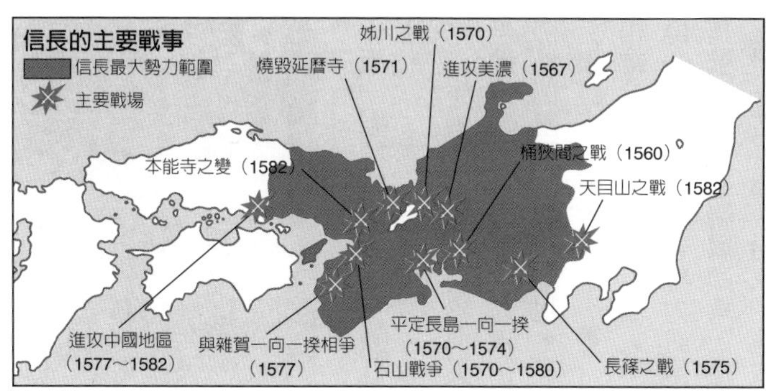

從年表掌握歷史變遷

■西元1224年左右 親鸞推廣淨土真宗（一向宗）

■西元1457年 蓮如就任為本願寺第8代法主

■西元1471年 一向宗開始在越前弘法

■西元1474年 加賀一向一揆爆發

■西元1496年 營建大坂石山別院（石山本願寺）

■西元1499年 蓮如亡。實如接任第9代法主

■西元1525年 証如就任第10代法主

■西元1554年 顯如就任第11代法主

■西元1570年 信長進攻本願寺，引爆石山戰爭

■西元1580年 顯如與信長有條件談和。雖教如不服和談，固守城中，但石山本願寺於後降伏

■西元1592年 顯如亡

至今仍是日本歷史一大謎團

逼死信長太失策！光秀打錯算盤，本能寺之變的真相究竟為何？

Point

- 光秀對信長積怨已深
- 政治嗅覺的有無，決定光秀與秀吉的命運
- 陰謀說四起，真相成謎

光秀有共犯？

西元1582年6月2日早晨，在遠征毛利氏途中留宿於本能寺的織田信長，遭明智光秀暗算，最後自刎而死，史稱本能寺之變。這件事的幕後眞相衆說紛紜（如左頁圖表），但眞正的答案似乎並不是項單選題。好比說，「獨自犯行說」的每個細項都說中了部分事實。只不過比起奪取天下的野心，光秀心中似乎也對信長抱有私人恩怨。

光秀與秀吉的政治嗅覺

如同「怨念說」提出的看法，信長以協助秀吉出征毛利氏爲由，拿走光秀的領地丹波，改把當時尚在敵方治下的出雲與石見分配給光秀。在這件事之前，信長也曾對他下達各種不合理的命令，光秀自己也對信長的殘忍積怨已深。

叛變的種子開始在光秀心中萌芽，原因之一似乎與他本人的性格有關。光秀生性冷靜，理性又有教養，一板一眼同時謹愼而欠缺肚量。

秀吉的個性則與他天差地遠。乍看之下，秀吉彷彿是個幽默的鄉下老粗，又行事輕率，但實際上，秀吉相當冷靜地把信長這個人摸得一清二楚。秀吉努力討信長歡心，逐漸嶄露頭角，這就是秀吉身爲政治家的靈敏嗅覺。另一方面，光秀則完全不是長袖善舞的人，多年來心裡的怨憤想必是愈積愈深。

背叛信長，想來也是

今日的本能寺

今日的本能寺，位於京都市役所南邊（中京區寺町通御池下），是日後秀吉搬遷過去的新址。而當年信長敗亡的本能寺，其實位在西洞院蛸藥師旁（中京區蛸藥師油小路下）。這裡現在屬於本能小學的校地，校內及後方都設置有紀念碑。

本能寺之變的各種說法

光秀獨自犯行說	怨念說	平日常遭信長痛罵，出兵進攻中國地區時，又被調換領國，因而懷恨在心
	野心說	原本光秀自己就有統一天下的野心，本能寺之變是他的第一步
	重視傳統說	原本光秀就跟朝廷及足利家走得很近，因此對破壞傳統的信長懷恨在心，而有此一舉
共犯說	秀吉共犯說	信長為了統一天下失去節制，光秀遂與秀吉串謀殺害信長，但秀吉隨後背叛了光秀
	朝廷・公家真凶說	信長破壞種種傳統，令朝廷與公家深感畏懼，遂煽動守護傳統的光秀出手殺害
	家康真凶說	信長以謀反罪名殺害了德川家康的嫡子信康與妻子築山殿，家康於是策劃本能寺之變，昭雪仇恨

他苦惱後所下的決斷，然而光秀身上欠缺了在動盪中處世的政治嗅覺。結果，背叛信長後，光秀陷入孤立，就這樣被秀吉軍擊潰。光秀的選擇，是一個相當失策的政治決定。

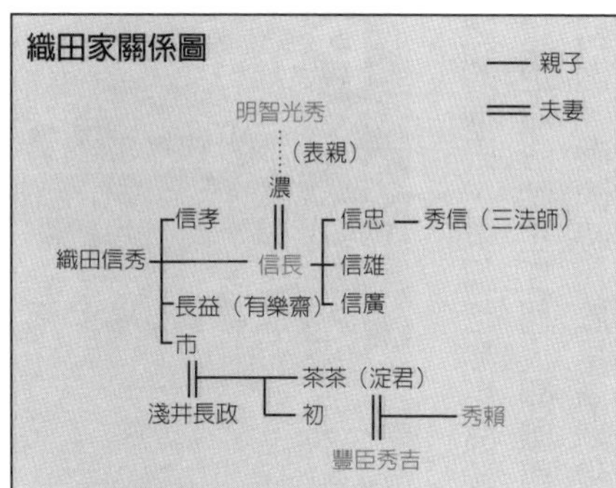

明智光秀

從年表掌握歷史變遷

■西元1567年
光秀離開朝倉家，前往美濃投入信長底下

■西元1568年
足利義昭獲任命為第15代征夷大將軍

■西元1570年
光秀加入對抗淺井・朝倉聯軍，與舊主君對峙

■西元1571年
在信長的命令下，光秀燒毀比叡山延曆寺

■西元1573年
足利義昭向信長投降，室町幕府滅亡

■西元1582年
5月 光秀擔任招待，在安土城迎接家康
6月2日 本能寺之變
13日 山崎之戰。秀吉擊敗明智軍
27日 召開清洲會議，決定信長後繼人選

克服低賤出身比打仗更棘手

豐臣秀吉從後繼之爭中勝出，8年內一統天下

Point

- 打敗光秀的秀吉，掌握後繼問題的發言權
- 想方設法弄到手的關白地位
- 平定九州、東北，完成全國統一

一分天下的關鍵：賤岳之戰

秀吉打倒明智光秀後，信長的後繼之爭於焉展開。織田信孝（秀吉三男）與柴田勝家舉兵，與打算奪取權力的秀吉對抗。然而，這場賤岳之戰最後由秀吉勝出。由於後有分天下的關原之戰，是故賤岳之戰又被稱爲「另一場一分天下之戰」。

翌年，豐臣秀吉又與織田信雄（信長次子）及德川家康聯軍，爆發小牧・長久手之戰，而後由於戰事陷入膠著，信雄方面單獨提出講和之請，是故家康也只得收手，和談順利成立。

豐臣秀吉的誕生

即便秀吉在軍事上已立於優勢，他身上還有一個沒解決的課題，那就是他出身太低。於是，秀吉請當時的右大臣幫忙，想辦法拿到了關白地位，並在隔年成爲太政大臣，獲得賜姓豐臣。秀吉取得朝廷威信的背書，便向全國發布停戰命令，表明秀吉擁有確認各個領國的權限，史稱惣無事令。這道命令禁止任何人開戰與私鬥，戰國時代於是漸漸步向收尾。這道命令之後，秀吉便以惣無事令作爲法源根據，攻打不服此令的勢力。

大坂城建好後，秀吉移居至聚樂第，並把後陽成天皇接來，連開5天宴席，要求各個大名對天皇及自己宣誓效忠。接著，繼九州之後，秀吉陸續平定關東、東北等地，他只花了8年便完成統一天下的大業。

豐臣平和令

惣無事，意指全國和平安泰，是秀吉就任關白後頒布的命令，因此也被稱為豐臣平和令。九州島津氏與小田原北條氏、東北伊達氏等勢力不承認這道命令，而遭秀吉攻打，並於其後歸順、降伏，同時他們的勢力也遭到削弱。

秀吉統一全國之路

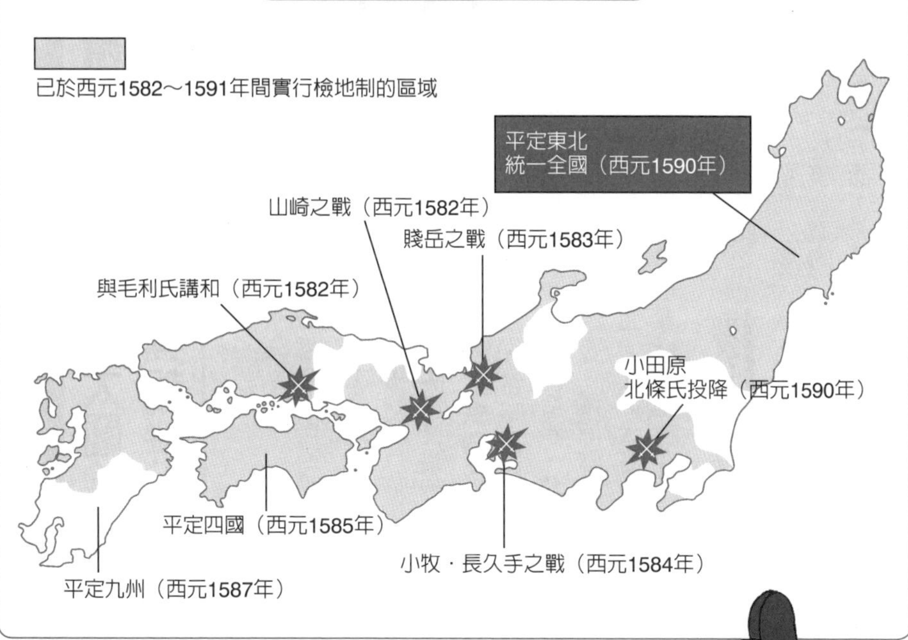

秀吉數度更名表

年分與重要事件	姓名變遷
西元1537年誕生	日吉丸
西元1551年成年 西元1561年結婚	木下藤吉郎
西元1568年上京	木下藤吉郎秀吉
西元1573年當上城主	羽柴秀吉
西元1585年成為關白	藤原秀吉
西元1586年成為太政大臣	豐臣秀吉

豐臣秀吉

從年表掌握歷史變遷

■西元1582年
山崎之戰，打敗明智光秀

■西元1583年
賤岳之戰，打敗柴田勝家
織田信孝自刎
營建大坂城

■西元1584年
小牧・長久手之戰與織田信雄、德川家康交戰
後談和

■西元1585年
平定根來・雜賀一揆
長宗我部氏歸降，平定四國。成為關白

■西元1586年
德川家康歸降為臣
成為太政大臣，獲得豐臣姓

■西元1587年
島津氏降伏，平定九州

■西元1588年
把後陽成天皇接來聚樂第，命各大名宣誓效忠
頒布刀狩令

■西元1589年
實施檢地

■西元1590年
進攻小田原。北條氏降伏
伊達政宗歸順，全國統一

秀吉原本打算遠征中國？

延續到江戶時代的太閤檢地，與拖垮政權的出兵朝鮮

Point

- 以同一套方法管理全國土地，鞏固財源
- 驅逐基督教傳教士
- 出兵朝鮮，拖垮政權

整頓國內體制

早在秀吉還跟隨在信長身邊時，他便開始在取得的領地實施檢地制度，此即所謂太閤檢地。用稻米產量標記該領地生產能力的「石高制」，亦在此時整備完善。他先統一了土地面積的標示方法，還有丈量穀物的升斗，於各地實施採同一標準的檢地方法。從此之後，各地大名便依照自己領地的石高數量，從事合適的軍役。至於農民方面，原則上一塊土地只能由一位所有者耕作，年貢則以村爲單位統一上繳。太閤檢定制一直被沿用到江戶時代。除此之外，當時也頒布刀狩令，四處沒收武器，厲行兵農分離。當時還施行了另一道「人掃令」，禁止農民從商等等，逐漸確立起將農民、軍人、商人各別區分開來的身分管理制度。

對外政策掀起波瀾

平定九州之後，秀吉認爲基督教對大名很有影響力，因而規定大名受洗須經過許可。但此令剛發布沒多久，秀吉又突然決定要驅逐傳教士。不過，由於秀吉仍持續進行南蠻貿易，因此這道命令並未嚴格執行。只是後來各地風聲四起，謠傳西班牙打算透過傳教士開疆擴土，導致後日爆發處決傳教士與信徒的事件。

統一國內之後，秀吉開始推動強硬的對外政策。相傳，他還曾經打算把勢力拓展到日漸衰弱的明朝去。出兵朝鮮的計畫就在這樣的環境底下發動，然而，明朝出兵馳援朝鮮，日本軍陷入苦戰，只好喊停休兵。後

從年表掌握歷史變遷

■西元1590年 秀吉統一全日本

■西元1591年 秀吉派兵遠征朝鮮，將關白職讓給甥兒秀次

■西元1592年 文祿之役爆發

■西元1593年 朝鮮遠征軍休兵，開始與明朝講和

■西元1594年 伏見城竣工，秀吉遷入

■西元1595年 秀吉驅逐秀次，並命其切腹

■西元1596年 明朝國書觸怒秀吉，和談破裂

來，明朝表示准許日本前來朝貢，這樣的態度令秀吉大爲光火，於是衝動性地再次出兵攻打朝鮮，不過這一切都在隔年秀吉過世後順勢撤兵。

出兵朝鮮的目的本是爲了擴大領土，但到頭來，兩次遠征只是徒然浪費軍餉與兵力，並進而成爲拖垮政權的要因。

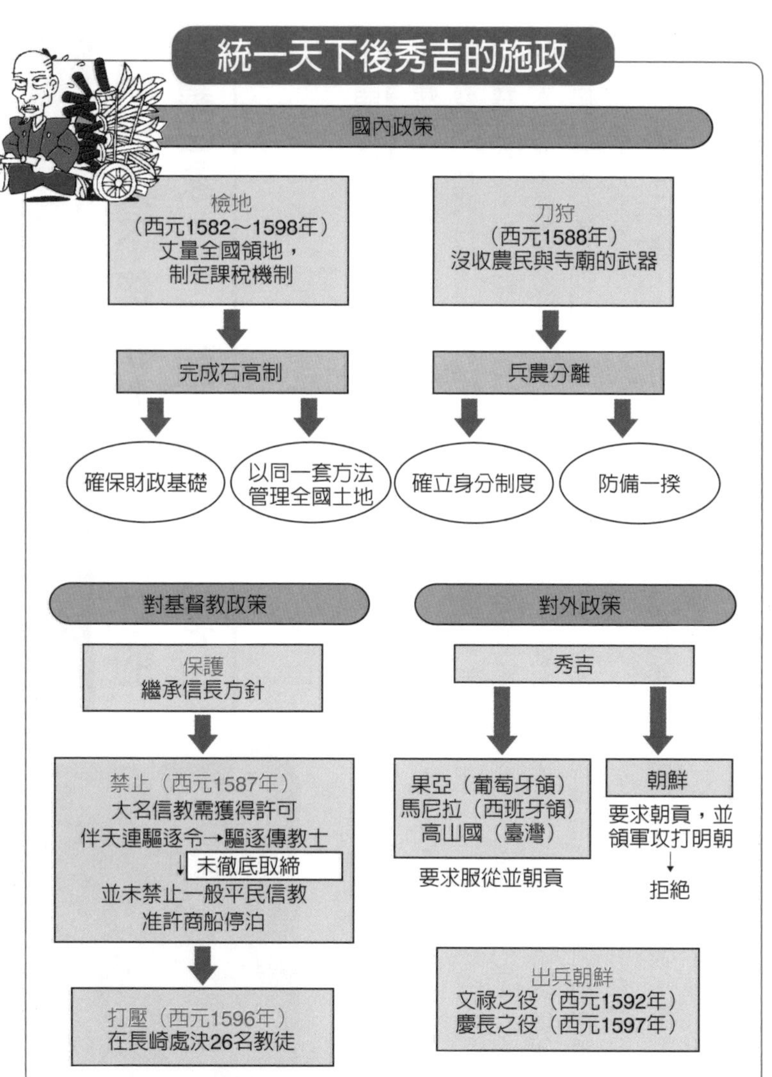

援軍　明
平壤
漢城
釜山
對馬
名護屋
—文祿之役
—慶長之役

出兵朝鮮

文祿之役…以名護屋為基地，送15萬大軍至朝鮮，雖一度攻至明朝國界，但戰局逐漸露出敗相。

慶長之役…和談破裂，再度送出14萬大軍入朝。這次從頭苦戰到尾，於秀吉亡故後撤兵。

■西元1597年
慶長之役爆發

■西元1598年
秀吉去世

秀吉死後免不了紛亂

統一天下後手上沒有人才的豐臣家——五奉行與五大老

Point

●秀吉的獨裁政權地基不穩
●秀吉令眾人宣誓效忠兒子秀賴
●在死前一刻才選定五奉行與五大老

秀次與秀賴

好不容易完成統一大業的秀吉，把關白地位讓給甥兒豐臣秀次，自己轉任太閤。太閤原本是對攝政或太政大臣的敬稱，意指把關白讓位給孩子的人。

然而在2年後，秀吉之子秀賴誕生，秀吉與秀次的關係急轉直下。最後秀吉宣稱秀次意圖造反，流放秀次並命他切腹，秀賴正式成爲秀吉的後繼者。

政權基礎不夠穩固

秀吉在死前1個月左右，選定了五奉行與五大老，要他們宣誓效忠秀賴。奉行與大老都是原本就有的職位，但各安排5名的額度則是此時才有的規定。

秀吉靠自己白手起家，他建立的政權獨裁色彩重，但政府組織架構並不扎實。他沒有多年跟隨身邊的家臣，於是就讓幾個心腹部屬分擔一般政務，國務機要則跟幾位有力大名商量決定。

秀吉把秀賴託付給五奉行、五大老，然後在西元1598年8月結束他的一生。

沒有料到的是，秀吉才過世一年，德川家康便違背秀吉遺命，擅自與伊達政宗等人聯姻，引來前田利家、宇喜多秀家、毛利輝元等人與五奉行同聲出面問罪。不久後，又傳出石田三成襲擊家康的陰謀，種種事件一再顯示出豐臣政權有多脆弱。此後，風雨飄搖的政權，開始一步步從內部分裂、崩解。

從年表掌握歷史變遷

■西元1583年 於石山本願寺舊址營建大坂城
■西元1586年 秀吉成為太政大臣，獲賜姓豐臣
■西元1590年 秀吉統一全國
■西元1592年 文祿之役
■西元1597年 慶長之役
■西元1598年 秀吉去世
■西元1600年 關原之戰爆發
■西元1603年 家康成為征夷大將軍

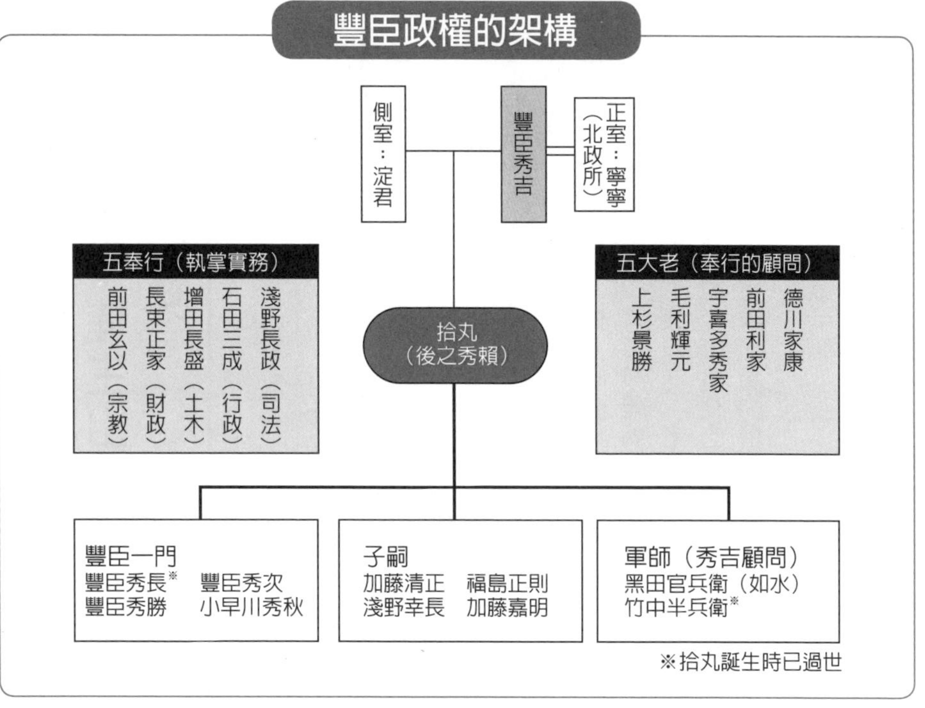
豐臣政權的架構
側室：淀君
豐臣秀吉
正室：寧寧（北政所）
五奉行（執掌實務）
淺野長政（司法）
石田三成（行政）
增田長盛（土木）
長束正家（財政）
前田玄以（宗教）
五大老（奉行的顧問）
德川家康
前田利家
宇喜多秀家
毛利輝元
上杉景勝
拾丸（後之秀賴）
豐臣一門
豐臣秀長※　豐臣秀次
豐臣秀勝　小早川秀秋
子嗣
加藤清正　福島正則
淺野幸長　加藤嘉明
軍師（秀吉顧問）
黑田官兵衛（如水）
竹中半兵衛※
※拾丸誕生時已過世

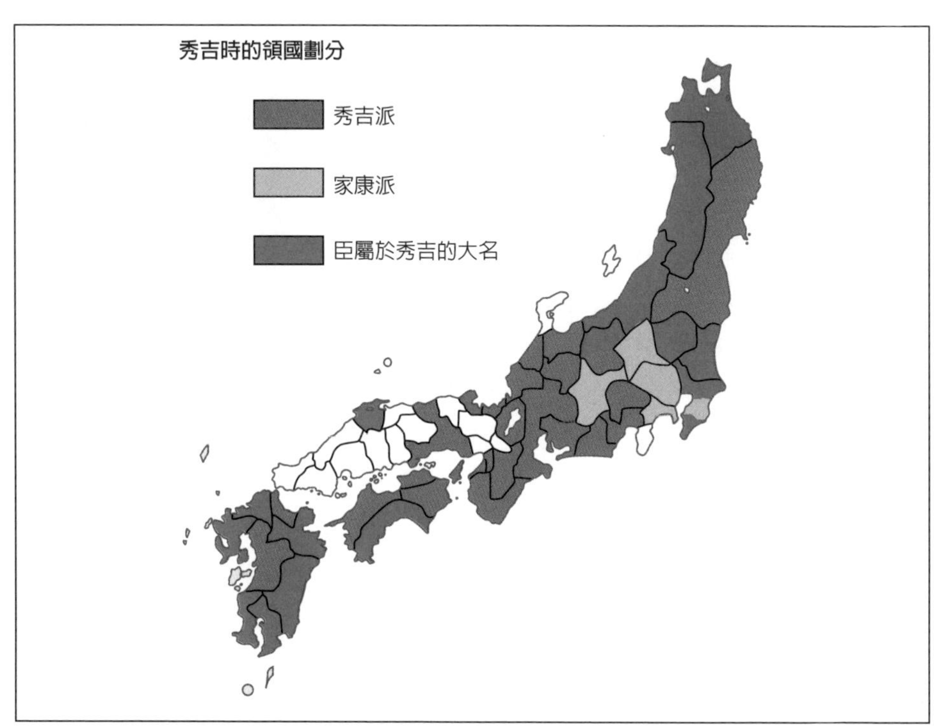
秀吉時的領國劃分
秀吉派
家康派
臣屬於秀吉的大名

戰亂告終，催生出安土·桃山文化的新芽

Point

- 歐風東漸，佛教式微
- 城郭建築與屏障畫的鼎盛期
- 確立茶席禮儀，茶會盛行

新文化與新生活

秀吉統一全國，戰事終於止息，歌頌和平生活的文化在這樣的時代中孕育而生。秀吉晚年居住在伏見城，城池舊址後來栽種了桃樹，故這段時代又稱爲「桃山」時代。「安土·桃山文化」的名字取自於信長、秀吉兩人的居城，一般來說，江戶時代初期也包括在這段期間內。

豪華的城郭建築是安土·桃山文化的代表。這時期裡，城郭多爲「平城」而不再是過往那種「山城」，內部常佐以金碧輝煌的屏障畫點綴。這些屏障畫主要出自狩野派之手，狩野永德留下許多融合水墨畫與大和繪技法的作品。

另一方面，出雲阿國的歌舞伎舞蹈，以及人形淨琉璃等都深受平民百姓歡迎。老百姓穿著的服飾以簡略化的小袖爲主，而1日3餐的習慣亦源於此時。

利休確立侘茶文化

茶湯文化的基礎於室町東山文化時奠定，千利休則制定了侘茶文化的茶席禮儀。茶室、茶具、庭園等文化也跟茶湯文化同步發展，茶會盛行一時。除了千利休門人之外，秀吉、織田有樂齋（信長之弟長益）、小堀遠州、古田織部等武將也都是著名茶人。

於此時傳入日本的南蠻文化

基督教、活版印刷、洋酒、地球儀、香菸、眼鏡。

安土・桃山文化的代表作

領域	作品
建築	西本願寺飛雲閣 西本願寺書院 醍醐寺三寶院表書院、庭園 都久夫須麻神社本殿 妙喜庵茶室（千利休）
繪畫	唐獅子圖屏風・檜圖屏風（狩野永德） 洛中洛外圖屏風（狩野永德） 松鷹圖・牡丹圖（狩野山樂） 花下遊樂圖屏風（狩野長信） 職人盡圖屏風（狩野吉信） 智積院襖繪（長谷川等伯） 南蠻屏風
工藝	高台寺蒔繪 欄間雕刻（代表：西本願寺浪之間）

城郭變遷

山城

直接依山勢構築要塞，因此多半建於山頂或稜線處，居處區域則多半設在山腳，是戰國時代最盛行的城郭形式。重視防禦性大於居住性

平山城

以平原為戰場的團體戰愈來愈多，蓋山城防備外敵的必要性因而降低，人們轉而開始在平原上的丘陵築城，以便將領國盡收眼底。領主住在城中，城池周遭出現城鎮，城下町開始發展

平城

發達於戰事逐漸平息的戰國末期，在平地上挖壕溝，蓋城牆，牆內推土造丘，興建城堡。此時也開始修建宏偉的天守閣，與其說是軍事設施，彼時的平城更是一種彰顯城主政治威信的建築

這段期間大幅發展、樹立完成的事物

阿國歌舞伎、人形淨琉璃

侘茶成立（千利休）

代表茶人：今井宗久、津田宗及、織田有樂齋、古田織部
陶瓷→出兵朝鮮時，帶回了當地陶瓷師傅，成為各地陶瓷燒的始祖（代表：有田燒、薩摩燒、萩燒）

千利休

從年表掌握歷史變遷

■西元1549年
耶穌會傳教士沙勿略來到日本，基督教傳播開來

■西元1556年
透過路易斯・阿爾梅達，日人首次接觸西洋醫學

■西元1569年
信長准許路易斯・佛洛伊斯於京都傳教

■西元1574年
狩野永德完成「洛中洛外圖屏風」

■西元1576年
安土城完工（天守閣於西元1579年完成）

■西元1583年
在石山本願寺舊址營建大坂城

■西元1587年
秀吉查禁基督教

■西元1591年
千利休奉秀吉之命自殺

■西元1594年
營造伏見城

■西元1603年
阿國於京都跳歌舞伎舞蹈

Column

傳教士佛洛伊斯

西元16世紀中葉發生了兩件改變日本歷史的大事，就是槍砲傳入日本，以及耶穌會傳教士的赴日傳教。一開始的傳教士先驅沙勿略僅在日本停留2年多，然而，在他之後又有許許多多傳教士來到日本展開種種活動，其中，尤以路易斯．佛洛伊斯特別值得記上一筆。

若想認識當時的日本，那麼佛洛伊斯所寫的《日本史》實乃不可或缺的材料。不論是執政者也好，平民百姓也罷，當年各種文化、習俗、建築物、街景等等世相風景，都透過他鉅細靡遺的描述，生動地躍然紙上。更重要的是，佛洛伊斯在日本停留的期間，正適逢戰國年間劇烈動盪、轉換的時代。

西元1563年，那時織田信長正開始急速壯大，31歲的佛洛伊斯於今日的長崎縣西海町靠岸，並在同一年抵達京都。兩年後，松永久秀對13代將軍足利義輝發動暗殺，並隨後驅逐了傳教士。於是，佛洛伊斯一度輾轉棲身於堺，並於4年後再次進京，而這一次，他在滯留京都的期間會見了當時權傾天下的織田信長。

據悉，信長在長達2個多小時的談話裡，「從容舒適」地提出各種問題。信長問及佛洛伊斯的故國葡萄牙與他信奉的神，也問了他若傳教不順利是否打算返國等等。同時，佛洛伊斯亦曾造訪安土城，並留下這樣的感嘆：「安土城與歐洲最宏大的城堡不相上下。」

充滿好奇心的信長與佛洛伊斯多次會晤，次數多達近20次。佛洛伊斯對信長的印象很好，相較之下，他對秀吉的描述則多是咒罵，諸如「機關算盡，滿是陰謀」、「心腸差勁，惡習滿身」、「不可一世又惹人嫌」等等。佛洛伊斯的惡言或許跟秀吉曾下達伴天連驅逐令有關。但其實，一直到他下逐客令的幾天前爲止，秀吉給傳教士的待遇都還算不薄。一般認爲，秀吉態度丕變的理由在於他天生就這副脾氣，但也有一種說法認爲，一切乃因某位傳教士曾對秀吉好女色的毛病出言勸誡所致。

驅逐令下達後，佛洛伊斯轉往平戶，他再沒有回到京都，最後在九州安頓了下來。他在此地把已經斷斷續續提筆起草的《日本史》一書寫完。時局從信長流轉到秀吉手中，佛洛伊斯親眼見證的這段時代，可說是這齣戰國統一大戲最關鍵的一幕。而就在他寫完《日本史》的隔年，佛洛伊斯於長崎結束了他65載的生涯。3年後，德川家康創立幕府，佛洛伊斯終究沒有看到這齣戰國劇場的最後一幕戲。

第 4 章

德川幕府的建立與封建社會

江戶初期～後期

第4章 江戶幕府封建社會的樹立與鬆動

歷史變遷過程

江戶初期→後期

江戶幕府成立，建立幕藩體制

鎖國

從武斷政治到文治政治

時代走向真正的和平

最後，德川家康在決定天下的一戰中取勝，他創立了江戶幕府，而幕府安定穩固的政治體制，此後延續了250年以上。待家康掃蕩豐臣一族後，時代終於走入和平。至於幕藩體制這套統治諸國大名的系統，以及除中國、荷蘭兩國外終止其餘對外交流的鎖國體制，確立時間則都不晚於3代將軍家光的時代。

一個沒有戰爭的時代終於降臨，於是，文治政治逐漸取代了武斷政治。不過，身體力行文治政治的5代將軍綱吉，卻因為頒布「萬物憐憫令」，導致百姓活在水深火熱之中。幕府的財政狀況，也從這個時期開始逐漸陷入左支右絀的困境。

元祿文化在綱吉的治世裡開出絢爛的花朵，同一時間裡，一種棘手的絕症已然悄悄纏上幕府政權。

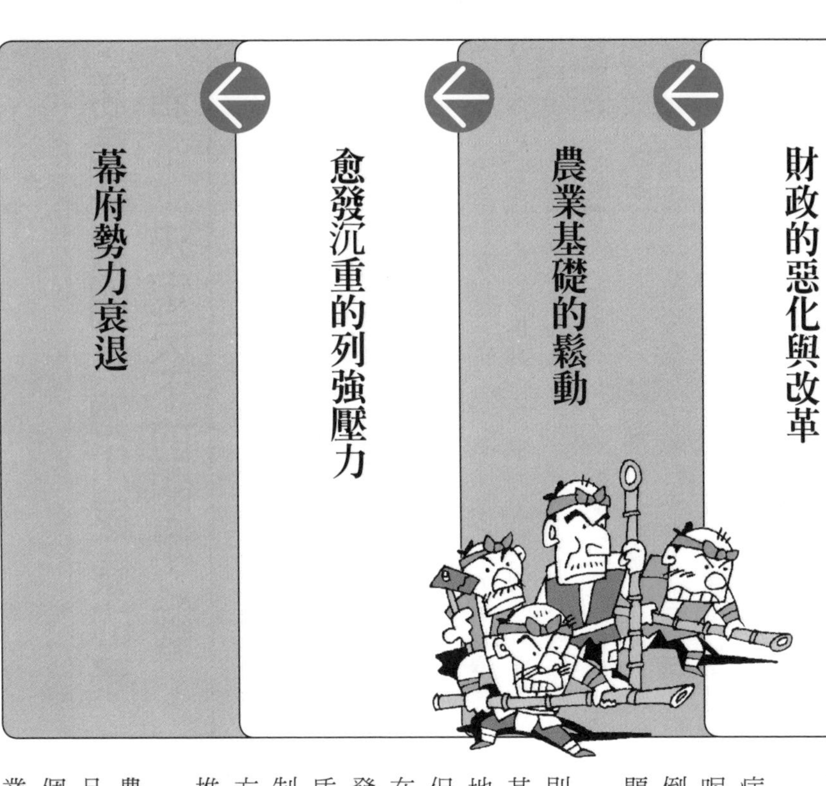

纏上幕府的疾病：貨幣經濟

究竟是什麼樣的疾病，一舉拖垮幕府的財政呢？答案與其說是種疾病，倒不如說是幕府的體質問題，可能更爲精準。

幕藩體制的基本原則，就是徵收稻米當年貢，其中並沒有容納貨幣制的餘地。然而，當時貨幣經濟不但無庸置疑地存在，甚至還在江戶時代裡有了長足的發展。而幕府本身也相當矛盾，一方面試圖保持封建體制，固定士農工商身分，一方面又持續發行貨幣，積極推動經濟活動。

同時，貨幣經濟深入農村社會，以貨幣交易的商品經濟將農民捲入其中。整個社會正一步步扎實地從農業轉型爲商業社會。

商人逐漸抬頭的此刻，受饑荒折磨的農民紛紛群起抗爭。每逢饑荒爆發時，幕府都會著手進行大幅度的改革，然而從結果看來，這些改革沒有一次成功。就連官差與大名之間，都瀰漫著長年累積的不滿情緒，幕府的威信於是更加衰弱。

另一方面，歐美局勢的浪頭向著日本打來。雖然幕府感受得到時代變化的浪潮，卻仍頑固地關緊大門。然而，當黑船來航，解開上鎖的國門，時代也隨之走入劇烈動盪的幕末時期。

盡人事聽天命

勝負一線間，德川家康的豪賭——決定天下的關原之戰

Point

- 石田三成與德川家康的對立演變為戰爭
- 家康發動書信作戰，試圖挖西軍牆角
- 西軍大名臨陣倒戈，奠定東軍勝利基礎

石田三成打算除掉家康

德川家康是五大老之首，西元1590年他獲得封賞，拿到位於關東的250萬石領地，逐步推動江戶建設。德川家康獨自養精蓄銳，培養實力，並沒有出兵攻打朝鮮。

秀吉死後，家康成為豐臣政權中最具實力的大名，他開始與伊達氏和福島氏聯姻，作出種種違背秀吉遺命之舉，引發家康與石田三成等人的對立。另一方面，三成是主行政務的「文治派」，他亦和掌兵符的「武斷派」福島正則等人陷入僵持。

當此之際，家康為了討伐不服命令的上杉景勝，而率領軍隊出師會津。然而，家康此舉其實只是幌子，因為他料定三成一定會趁勢舉兵起事。三成果然不出所料舉兵，奉毛利輝元為統帥，從大坂揮軍往美濃、伊勢一帶進攻。

小早川秀秋是勝負關鍵

面對這場決定天下之戰，家康心裡並沒有獲勝的十足把握，而當時狀況其實對他並不有利。家康於是發動書信作戰，向各個大名寄去雪片般的信件，靠著一步一腳印的努力，試圖盡可能拉攏西軍大名投靠。相傳這段期間，家康寄出的信件足足有150到180多封。

日子終於來到關原之戰決戰日當天。就在此時，家康陣營卻冒出一件意料之外的失算，家康之子秀忠所率領的軍隊，還沒有趕到戰場。家康陣營只好在少了3萬大軍主力部隊的情況下，迎接開戰時刻。事已至此，西軍在人數上占據優勢，而原本說好要倒戈的小早川秀秋，或許是還在觀察戰況，絲毫沒有動作。怒不可遏的家康對著小早川陣營轟出一槍，小早川秀秋這才開始動作，從旁進擊西軍，終於徹底扭轉戰況。這場東軍的勝利，可說是家康用勤奮的書信戰術換來的果實。

關原之戰的主要大名

西軍陣營大名
東軍陣營大名
中立勢力
伊達政宗
上杉景勝
前田利長
石田三成
毛利輝元
加藤清正
小西行長
島津義弘
宇喜多秀家
福島正則
德川家康

石田三成

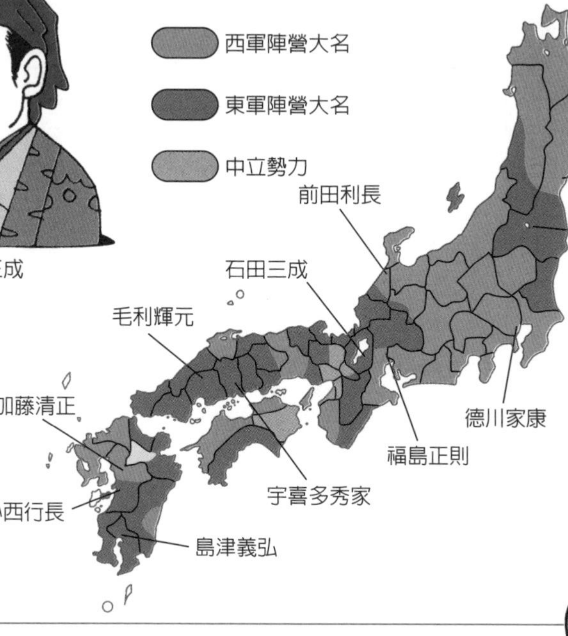

德川家康

歷史Close Up

關原之戰後

當然，吞下敗仗的西軍諸大名全都遭到處分。石田三成與小西行長等人於京都處決，宇喜多秀家被流放到八丈島，更有多達90名大名被處改易（沒收領地），而毛利輝元與上杉景勝則分別遭到減封，失去四分之三領地。除此之外，豐臣秀賴也被降格為65萬石的普通大名。

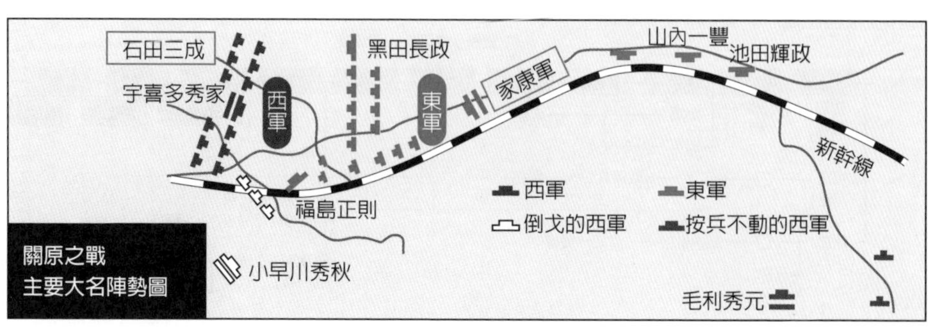

關原之戰
主要大名陣勢圖

家康最後一件大工作？

江戶幕府成立與大坂之陣——找理由剷除惱人的豐臣家

Point

- 家康為了當上將軍，對族譜動手腳
- 昭告天下將軍職將由德川家世襲
- 於大坂之陣消滅拒不受命的豐臣家

家康成為征夷大將軍

在關原之戰勝出的家康，官拜征夷大將軍。不過，照理說來，家康原本是無法坐上將軍之位的。這是因爲在武士之間有一條不成文的規矩，認爲只有源氏一族的血脈才能成爲武士之首。其實早在家康從松平姓改姓德川時，就已經對族譜動過手腳，這對當時的戰國大名來說並不稀奇。此次，他爲了當上將軍，想盡辦法攀附關係，說自己祖父的姓與源氏很有淵源，或說松平氏的祖先曾姓「得川」等等，宣稱自己身上也流著源氏的血脈。將軍的位子，可以說是家康用盡心力，才好不容易拿到手的。

豐臣家滅亡

坐上將軍之位短短2年，家康就把位子讓給了秀忠。此舉意在昭告天下，德川家會代代世襲將軍職位。這時，家康曾要求豐臣秀賴到京都來慶祝秀忠就任將軍，但是秀賴拒絕出席。對於豐臣氏，家康並不是從一開始就打定主意除之而後快，但即便如此，豐臣家的存在也的確讓他芒刺在背。於是，家康一邊花時間慢慢強化江戶政權，同時，對豐臣家的處理方式也大致成形。

後來，家康宣稱方廣寺的鐘銘別有深意，說上聯的「國家安康」刻意斷開家與康兩字，下聯「君臣豐樂」暗指豐臣接班，就此點燃攻打豐臣一族的戰火。在第一場戰事「冬之陣」裡，家康率領大軍進攻，但豐臣陣營堅持固守城中應戰，使家康空有雙倍火力卻束手無

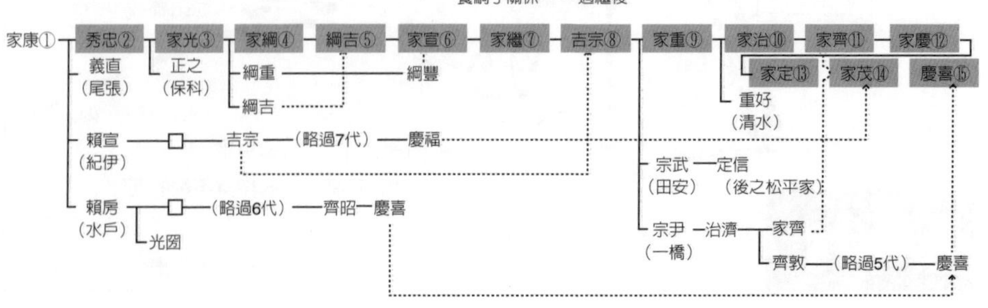

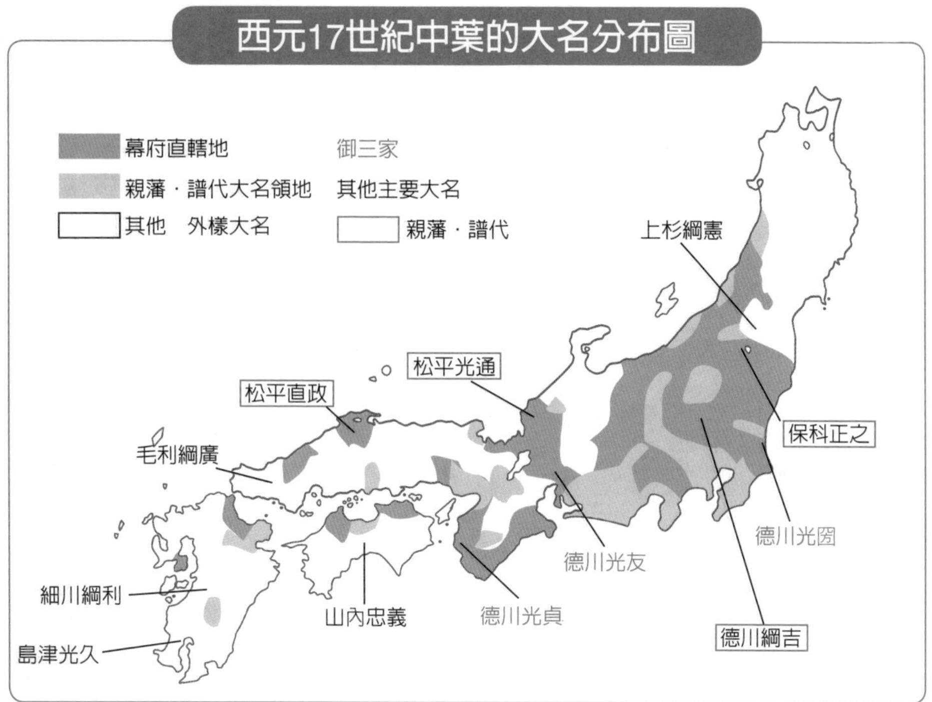

策。後來，雙方好不容易勉強談和，同時，家康也填平了城周圍所有的壕溝。隔年「夏之陣」爆發，大坂城被攻破，豐臣一族就此滅亡。

豐臣家走向衰亡的過程

年	月	主要大事
1598	8	秀吉亡。家督由年紀尚幼的秀賴繼承
1600	9	關原之戰
1603	2	家康成為征夷大將軍，於江戶建立幕府
1605	4	家康之子秀忠成為征夷大將軍
1611	3	家康與秀賴於二條城會談
1614	4	京都方廣寺梵鐘完工
	7	家康向豐臣家抗議梵鐘的銘文
	10	秀賴徵兵，把大量軍餉運入大坂城
	11	大坂冬之陣
	12	雙方談和
1615	1	家康填平大坂城壕溝
	4	大坂夏之陣
	5	大坂城被攻破，秀賴與淀殿母子雙雙自殺，豐臣家滅亡

大名受到掌控

確立幕藩體制——滴水不漏的監視與統治機構，帶來江戶時代的和平

Point
- ●大名的軍事、經濟能力受到箝制
- ●大名、朝廷、寺廟神社都受幕府管束
- ●幕府與藩國機構在3代將軍家光時整備完成

和平＝封印武力

幕府消滅豐臣家後改元「元和」，宣告「元和偃武」。「偃武」意指把武器收起來不用，也就是說，這是德川家發表的和平宣言。

為了保持和平，眾大名的武力與經濟能力都遭到控管，並按照與德川家的親疏遠近，重新分封領地。同時，幕府也規定每個大名只能保有一座城池，並訂定「武家諸法度」嚴格管理各地大名。除此之外，幕府還對朝廷與寺廟、神社頒布了相同的法度。家康在大坂夏之陣後，以秀忠名義發布各種法度，他本人則在西元1616年，大坂夏之陣結束的隔年與世長辭。

家光確立各項體制

秀忠在西元1623年把將軍職讓位給家光，而幕藩體制就是在家光的時代正式整備完成的。或許因為他不曾上過戰場，而是生來就有權繼任將軍所致，家光像是急欲施展身手似的，步步強化對大名的掌控，甚至還曾率領30萬大軍直上京都。西元1635年，家光修訂「武家諸法度」，明文規定「參勤交代」是大名應盡的義務，使得一眾大名被迫得負擔這筆驚人的開銷。此時此刻，幕府的權限已經無人能敵，同時幕府還坐擁700萬石之多，足足是全日本石高的四分之一。

另外，老中、若年寄、大目付等職等，也同樣是在西元1635年左右制定，並分別由「譜代大名」或「旗本」出任。

從年表掌握歷史變遷

- ■西元1615年　大坂夏之陣。豐臣氏滅亡，幕府宣布「元和偃武」，並制定武家諸法度、禁中並公家諸法度
- ■西元1616年　家康去世
- ■西元1623年　2代將軍秀忠退位，家光當上第3代將軍
- ■西元1629年　修訂武家諸法度
- ■西元1634年　規定老中、若年寄等職等，命譜代大名之妻必須常住江戶
- ■西元1635年　修訂武家諸法度。明訂參勤交代制度，以及大船建造禁令等等
- ■西元1642年　命譜代大名亦須服參勤交代制
- ■西元1643年　禁止永久性買賣耕地
- ■西元1649年　頒布慶安御觸書（學界看法未定）
- ■西元1651年　家光去世

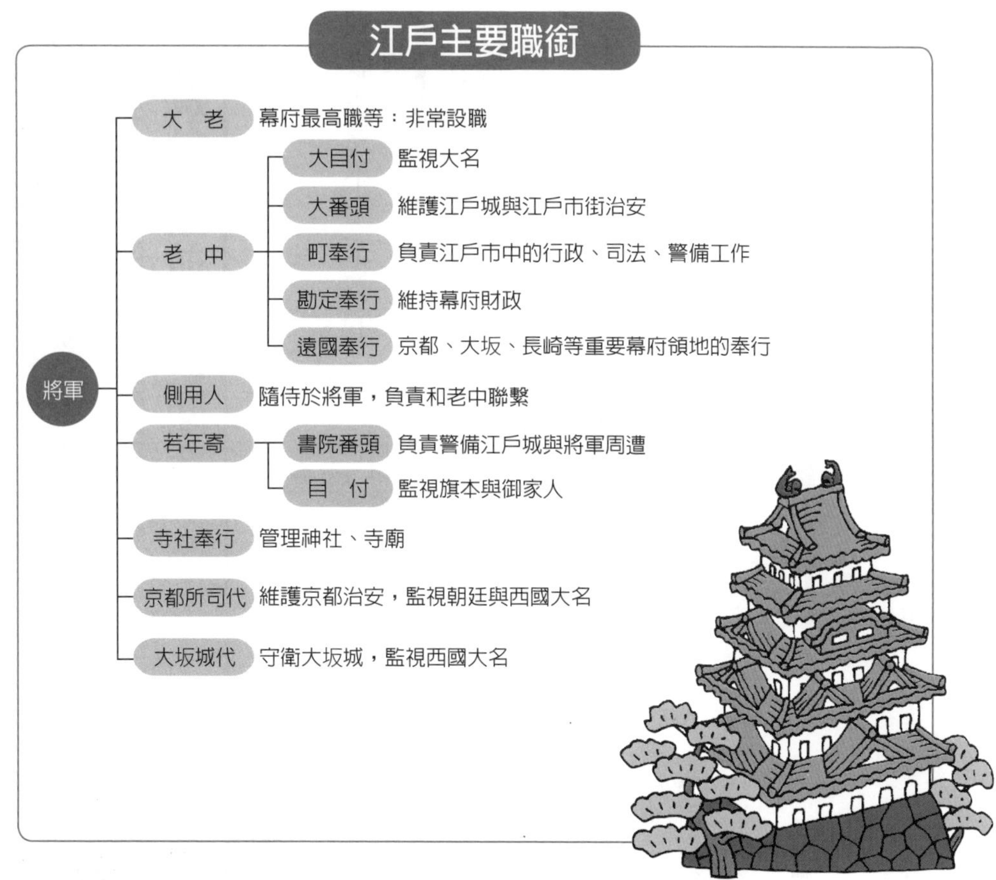

江戶幕府的各種箝制手段

對象	箝制方式	內容
大名※	分封方式	把邊疆配給外樣大名，要衝之地則給親藩與譜代大名治理
	一國一城令	領國內只能有一座城池，其餘城池一律拆除
	武家諸法度	管理大名的基本法源，幕府與大名的關係從此置於公領域的政治檯面上
	參勤交代	每年輪流往返領國與江戶
	普請役	負責修理幕府城郭，修整水利工事
	領知宛行狀	發行領地證明文件，明文公告全國土地都歸將軍所有
朝廷	禁中並公家諸法度	針對宮中貴族與天皇家制定各種規定
寺廟	諸宗寺院法度	針對佛教寺院、僧侶制定各種規定
神社	諸社禰宜神主法度	針對神社的規定

※獲得1萬石以上的領地，並與將軍締結主從關係的武士。包括親藩（德川家子弟）、譜代（德川的家臣）、外樣（其他）

不完全鎖國的鎖國政策——對外窗口並未緊閉？

只談生意不談宗教的荷蘭

接在葡萄牙、西班牙的腳步之後，荷蘭、英國也陸續來到日本。對外貿易愈來愈繁盛的同時，離開日本遠赴海外的人也愈來愈多，他們會拿著幕府頒發的朱印狀當出國許可證。

幕府鼓勵對外貿易，但禁止基督教流入。當時，對基督教的禁教政策愈趨嚴格，並波及到對外貿易的領域。到最後，幕府准許的歐洲貿易對象，只剩下荷蘭一國，因為荷蘭信奉的基督新教不從事傳教活動。

與此同時，幕府對基督教的打壓變本加厲，開始逼教徒「踏繪」叛教。在這樣的時代底下，領主苛政加上對基督教的打壓，終於引爆出史稱「島原之亂」的農民一揆事件。在鎮壓這場亂事的過程中，幕府還動用了荷蘭商船協助砲擊。

開放的「鎖國」

事實上，幕府沒有明文頒布鎖國命令，而是在推動各種對外貿易管制令的過程中，實質上進入了鎖國狀態。這件事從某種層面來看，或許可算是幕府推動的貿易壟斷政策。不過，即便處於鎖國的情勢底下，幕府當局仍舊留下四面對外開放的窗口：長崎出島可與荷蘭、中國通商，薩摩與琉球有生意往來，而松前和對馬又分別與蝦夷和朝鮮相互貿易。

Point

- 把基督教與對外貿易分開的結果：鎖國
- 島原之亂後，基督徒受到更嚴厲的打壓
- 鎖國狀態底下的四面對外窗

亞洲各地的日本村

持朱印狀與世界各國貿易的商船，被稱之為朱印船。那時候，旅居亞洲各地的日本人其實並不在少數，當年在亞洲共有8處日本村存在，一如左圖所示。其中，特別有名的當屬泰國大城（Ayutthaya）日本村，當地皇室重用日人山田長政，後來還任命他為當地日本村的長官。

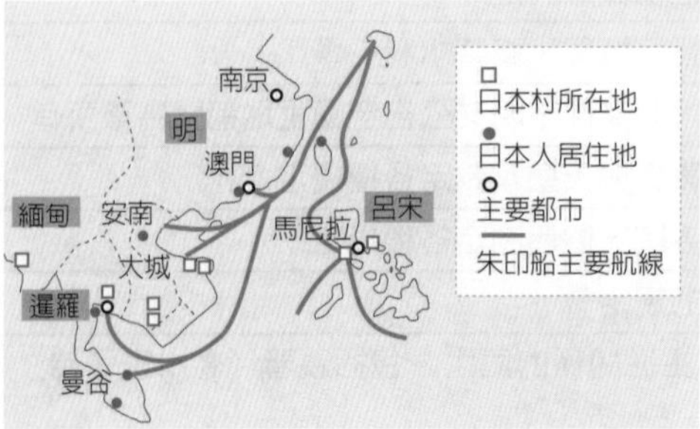

南京　明　澳門　緬甸　安南　呂宋　馬尼拉　大城　暹羅　曼谷

□日本村所在地
●日本人居住地
○主要都市
—朱印船主要航線

江戶初期的對外關係、對基督教關係

年	月	主要大事
1600	3	荷蘭商船Liefde（愛）號漂流到豐後
1604		開始對貿易商船發行朱印狀（出境許可證明）
1607	5	朝鮮使節初次來到江戶
1609	8	荷蘭人在平戶設置商務會館
1612	3	於幕府直轄領頒布基督教禁令
1613	9	伊達政宗派遣支倉常長遠赴歐洲
		英國商人在平戶設置商務會館
		幕府於全國下達基督教禁令
1616	8	限制歐洲商船只能停靠於平戶、長崎兩地
1622	8	在長崎處決55名基督教徒（元和大殉教）
1623	11	英國商人關閉平戶商務會館
1624	3	禁止西班牙船隻入境
1627		長崎奉行處決340名基督教徒
1629		長崎奉行首創「踏繪」（學界看法不一）
1631	6	規定渡航海外的船隻必須取得老中奉書（奉書船）
1633		禁止奉書船以外的船隻前往外國，禁止滯留海外5年以上的日本人回國
1635	5	限制外國船隻只能在長崎停靠，嚴格禁止日本人出國、歸國
1636		長崎出島建設完成
1637	10	島原之亂爆發（～1638.2）
1639	7	禁止葡萄牙人居住、入境
1641	5	把平戶的荷蘭商務會館搬遷到長崎出島

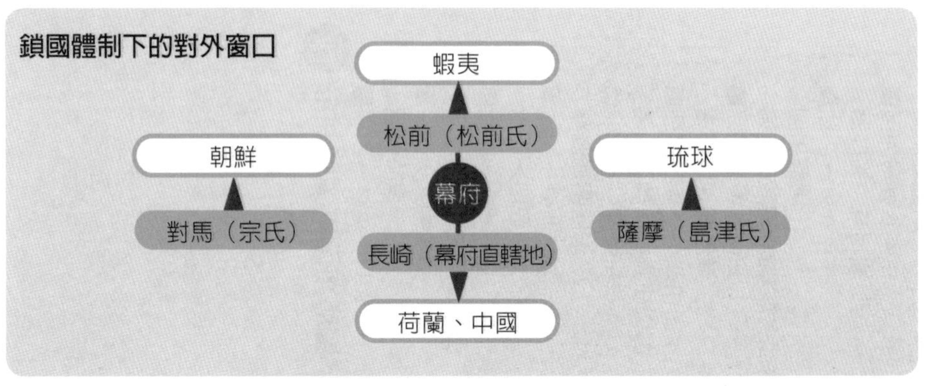

對幕府來說，農民比什麼都重要

年貢讓農民的生活「求生不得、求死不能」

Point

- 幕府的第一要務是確保年貢收入
- 按「村請制」分派年貢與勞役
- 物流網發達，都市與城鎮茁壯發展

生活處處受到管制

確保年貢收入是維持幕府運作的首要之務，因此幕府必須想辦法讓農村維持穩定運作才行。是故，幕府制定出各種限制以便徹底管理農民。其中，對「永久性買賣耕地」祭出的禁令，就是爲了防止百姓變賣耕地成爲佃農而制定的。只不過，在當時的環境底下，除土地能賣外一無所有的小老百姓，以及想買更多土地的百姓的確都存在，這點是無法否認的現實。

「慶安御觸書」裡，從日常生活一路管到勞動情況，規矩涉及各種細項環節，對農民的生活方式大下指導棋。「御觸書」如此苦口婆心固然是爲了保護農民，但同時也顯示出幕府相當小心地防止農民被捲入貨幣經濟的浪潮中。

三都與交通網路

幕府與諸藩繳交的年貢米，會透過海陸與陸路送往各地。交通與物流網路以江戶、大坂、京都這3都爲中心，逐步往地方整頓、推進，並從以東海道爲首的5大街道中，開闢出多條支線（副街道）。同時，這些重要道路還上設有「關所」，對「入關槍砲與出關婦女」檢查得尤其嚴格，飛腳一職也約莫成立於此時。

光是各地大名藩邸，就占去江戶腹地的7成面積，於是，剩下約莫50萬人的町人，就只能在約十分之一的土地上生活。大多數需要租屋的町人，遂群居在只有6疊榻榻米大小的「裏長屋」生活。

從年表掌握歷史變遷

- ■西元1600年 關原之戰
- ■西元1601年 東海道開始實施傳馬制
- ■西元1616年 禁止人口販賣
- ■西元1619年 菱垣貨船出現
- ■西元1628年 禁止百姓穿著絹布衣物
- ■西元1633年左右 實施五人組制度
- ■西元1642年 限制百姓日常米食，以因應饑荒
- ■西元1643年 禁止永久性買賣耕地
- ■西元1649年 慶安御觸書

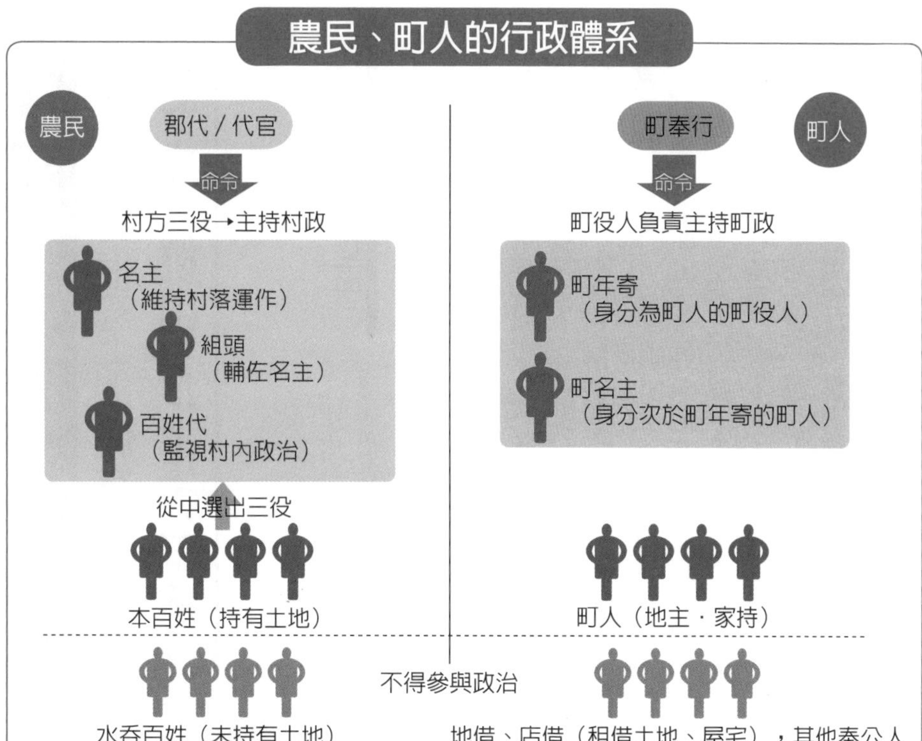

掌控農民

維持百姓生活，確保年貢收入

管制・制度	內容
禁止永久性買賣耕地	禁止農民買賣土地
慶安御觸書	日常生活與工作上的規矩
分地限制令	限制農民分割繼承耕地
五人組制度	以連坐制避免年貢缺繳

農民賦稅

稅務・勞役	內容
本年貢	針對耕地與房屋建地課稅
小物成	從事農務以外的副業時，需課徵此稅
國役	義務勞動協助河川整治等水利工程
傳馬役	提供人力與馬匹，供宿場驛站公務交通之用

飄散著江戶初期安泰和平的氛圍

寬永期文化——從充滿活力的安土・桃山文化走入平穩

Point

- 日光東照宮裡殘留著桃山文化的莊重肅穆
- 京都仍是天皇家與宮廷文化的重地
- 朱子學盛行於幕府與諸藩之間

日光東照宮與桂離宮

桃山文化不但創新奢華，又帶著南蠻文化色彩。相形之下，江戶初期時，世界重新找回秩序，孕育出的文化也顯得冷靜沉穩許多。

其中最具代表性的，莫過於後陽成天皇胞弟的別邸，亦即從西元1615年開始興建，竣工於西元1624年的京都桂離宮。茶室風格的「數寄屋造」建築樣式，佐以環繞四周的日式庭園，就是桂離宮的建築特色。當年，上流階層的文人雅士常聚集於京都等地，舉辦茶會。繪畫領域的俵屋宗達，以及陶藝家本阿彌光悅等人都是活躍於這個年代的名士。

另一方面，祭祀德川家康的日光東照宮，則是寬永期裡唯一一件，繼承了桃山文化雄偉壯麗的作品。東照宮之名取自家康的稱號「東照大權現」，從西元1617年開始營建，並在西元1636年落成。德川家康原本被供奉在靜岡縣久能山中，後來才被移祀到日光東照宮，當作幕府的守護神。以陽明門爲首，東照宮裡有著各種奢華講究的建築物，無一不彰顯出將軍的權威。

朱子學盛行

至於學問則以儒學最爲盛行，尤其是在中國南宋時代樹立的朱子學，特別受到幕府與諸藩青睞。因爲朱子學是一門講究尊卑長幼，重視封建身分秩序的學問。其中，林羅山師承有近世朱子學之祖美譽的藤原惺窩，並深受家康器重，林家也從此代代替幕府效命。

朝鮮是陶瓷的傳統發祥地

有不少陶瓷產業都是於此時開始全面發展，好比說有田燒、萩燒、九谷燒等等。豐臣秀吉出兵侵略朝鮮時，許多朝鮮陶瓷技工被大名帶回日本，這些技工就是奠定日本陶瓷技術基礎的功臣。雖然日本也有自己的陶器，但朝鮮人才是把瓷器生產技術引進日本的始祖。

寬永文化的主要文物

領域	文物
建築	桂離宮
	修學院離宮
	日光東照宮
	清水寺本堂
繪畫	風神雷神圖屏風（俵屋宗達）
	蓮池水禽圖（俵屋宗達）
	夕顏棚納涼圖屏風（九隅守景）
	大德寺方丈襖繪（狩野探幽）
工藝	舟橋蒔繪硯箱（本阿彌光悅）
	伊萬里燒（酒井田柿右衛門）
文學	《假名草子》（烏丸光廣、如儡子、鈴木正三）
	《俳諧》（松永貞德）

從年表掌握歷史變遷

■西元1617年
日光東照宮動土開工
■西元1624年
桂離宮與日光東照宮的陽明門完工
■西元1629年
禁止女歌舞伎與女淨琉璃
■西元1630年
禁止進口基督教書籍
■西元1636年
日光東照宮落成
■西元1647年
酒井田柿右衛門成功燒製出赤繪燒
■西元1650年左右
野野村仁清的京燒大為風行
寺子屋普及於各地
■西元1652年
禁止表演若衆歌舞伎
■西元1653年
准許歌舞伎（野郎歌舞伎）演出
■西元1657年
德川光圀開始編纂《大日本史》（成書於西元1906年）

從武斷政治到文治政治——浪人叛亂催生出政治改革

由比正雪之亂

德川家光過世後，多起針對幕府的叛亂事件接連爆發。其中最關鍵的一場，是軍備學家由比正雪引起的叛亂事件，他意圖率領浪人謀反。在家光當政的年代，幕府對大名行轉封（調動領地）、減封（削減領地）、改易（抄家除籍）等各項措施，因而製造出大量的無主浪人，由比掀起的叛亂正反映出當年浪人大增的現象。

領主過世時若無後代子嗣，就會陷入「家門絕後」的狀態，失去主君的武士遂成爲浪人。幕府爲了因應此現象，便放寬了臨終過繼的禁令，不再嚴格禁止領主在瀕死前領養嗣子。

禁止殉死

當初在家光死後，老中等家臣也跟著家光的腳步一同殉死。在武士的世界中，殉死一直以來都不是稀奇的事，伊達政宗死後有15名武士殉死，細川忠利死後也有19名家臣一同殉死。後來，家綱認爲殉死毫無意義，而下令禁止，規定家臣要在主君過世後，繼續服侍接班的新主君。換言之，家臣效命的對象不再是單一位主君，而是主君的家門。也因爲這樣，戰國時代的下剋上風氣漸漸消失了。

一直到3代將軍家光爲止，幕府都是挾武力以執政，但進入家綱的年代以後，則開始以儒學教誨爲基礎，行文治政治。

Point

- 家光死後，浪人的不滿接連引爆
- 放寬臨終過繼禁令，以免浪人增加
- 家臣代代侍奉主君，下剋上的風氣消失

江戶的火災

西元1657年1月18日清晨，位於本鄉的本妙寺冒出火花，火舌在強風助燃下轉眼間吞噬掉整個江戶。這場火災史稱明曆大火，1270棟大名宅邸遭到燒毀，300座寺廟、神社以及60座橋墩也同樣付之一炬。相傳在這場大火中罹難的人數高達10萬7千多人。

4代將軍家綱時代的主要大事

西元1651年	4月	家光去世
	7月	由比正雪之亂（慶安之變）
	12月	臨終過繼禁令鬆綁
西元1652年		接連爆出叛變陰謀
西元1657年	1月	明曆大火
西元1663年	5月	家綱成年，改訂武家諸法度，禁止殉死

家綱（11歲接任將軍）

大老　酒井忠勝
老中　松平信綱
後見人　保科正之

↓

鬆綁臨終過繼禁令

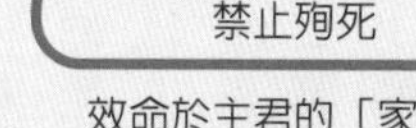

效命於主君的「家門」

↓

主君代代為主，家臣代代為臣

從武斷政治到文治政治

	將軍	時代	支配體制
武斷政治	家康～秀忠～家光	幕藩體制確立期	憑武力高壓管束大名
文治政治	家綱～綱吉～家宣～家繼	幕藩體制穩定期	以儒教拉抬幕府威信，維持社會秩序

江戶初期的大名改易數據

將軍＼原因	關原	大坂之陣	家門絕後	違背幕法
家康・秀忠（1600～1616）	外樣 91	外樣 2	外樣 6	外樣 19
			譜代 6	譜代 8
秀忠・家光（1617～1632）			外樣 12	外樣 9
			譜代 9	譜代 3
家光（1633～1651）			外樣 16	外樣 7
			譜代 8	譜代 2
統計	91	2	57	48

萬物憐憫令——惡名昭彰的惡法？尊重生命的教化政策？

Point

- 重視忠孝、禮節更甚於武道
- 就連史學家也褒貶不一的萬物憐憫令
- 因財政赤字與物價高漲而重鑄貨幣

矯枉過正的「憐憫令」

由於家綱膝下無子，綱吉便按照遺言接下將軍之位。當此之際，費盡苦心助綱吉上位的老中亦升任大老，但卻在隨後死於暗殺。於是，正值35歲前後的綱吉不再新置大老，改而安排「側用人」一職，並開始要求武士必須服膺儒教所講求的忠孝與禮節。當時，世間安泰和平，再無戰亂，然而，囿於舊時概念擾亂安寧、或者隨意殺生的人，依舊曾出不窮。於是，「萬物憐憫令」就在這樣的時代背景下頒布，昭告天下。

一般認爲，綱吉之所以頒布這道命令，是因爲有僧人告訴他，幼子早夭後遲遲無法得子，乃因前世犯下殺生之故。不過，這並不是學界的唯一看法。其實，「萬物憐憫令」並不單禁止人們殺生，也禁止百姓棄養孩童等等，不能說是一道只顧著保護動物，而忽視人類生計的惡法。

只不過，殺死蚊子要被流放，殺死燕子就判死刑，也實在太矯枉過正。總而言之，縱然種種相關故事的眞僞有待商榷，但「萬物憐憫令」在綱吉死後首當其衝遭到廢止，足以證明人們當時的確深受此法所苦。

財政出現危機

在數次大火與金銀產量下滑的夾擊下，幕府財政陷入困境，荻原重秀提議重鑄貨幣，並成爲勘定奉行。幕府發行了含金量降低的元祿小判，固然成功增加幕府收入，卻也拉低了貨幣價值，帶動通貨膨脹，導致物價高漲，庶民生活飽受壓迫。

信仰虔誠的綱吉

「萬物憐憫令」是綱吉皈依佛教後，從他的極端信仰中催生出的產物。但事實上，綱吉上任之初其實曾一度勵精圖治，施行德政而有「天和之治」之美名。那時他看重佛教與儒教，大力鼓勵人民向學，但另一方面，幕府財政也因為綱吉熱衷興建神社、湯島聖堂、護國寺、護持院等各樣建築，而大為吃緊。

從年表掌握歷史變遷

■西元1680年
5月　家綱亡，綱吉（家光四男）成為5代將軍

■西元1682年
12月　江戶大火（蔬果舖於七縱火案）

■西元1683年
5月　綱吉之死病逝
7月　修訂武家諸法度

■西元1685年
7月　頒布第一道萬物憐憫令（～1709年）

萬物憐憫令的極端案例

禁止事項

烹煮魚貝、海鮮（西元1685年）　飼養食用雞、魚（西元1687年）
把動物當展覽品（西元1691年）　釣魚（西元1693年）

限制事項

槍擊有害動物：儘量以空包彈驅趕（西元1691年）

登記事項

犬隻毛色（西元1687年）　金魚數量（西元1694年）

中野的犬隻收容所（西1695年）※以1兩＝12萬日圓計算

建築費用　約20萬兩＝240億日圓
占地　約16萬坪
收容所數　290棟
最大容納隻數　約8萬2000隻
糧食（1隻／1天）　三杯米　一碗沙丁魚
一年開銷　約9萬8000兩＝117億6000萬日圓

經費來自江戶町人與農民繳交的特別稅

德川綱吉被稱為「犬公方」

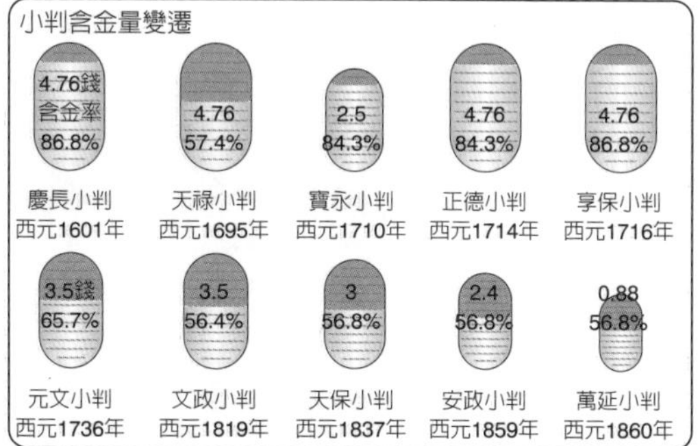

■西元1688年
11月　起用柳澤吉保為側用人（西元1694年升任老中格，西元1698年升任大老格）

■西元1695年
8月　在勘定吟味役（隔年任勘定奉行）荻原重秀的建議下，實行貨幣重鑄

■西元1698年
9月　江戶大火（敕額火事）

■西元1701年
3月　松之迴廊砍殺案發生

■西元1702年
12月　赤穗浪士復仇案

至今仍廣受喜愛的故事「忠臣藏」幕後背景

赤穗浪士大舉殺入吉良邸，並不單只為報私仇？

「鹽」是一切的起因？

西元1701年3月，赤穗城主淺野內匠頭長矩，在江戶城中的松之迴廊，持刀砍傷時任高家（掌管各式典禮）之首的吉良上野介義央。事後，淺野長矩切腹自殺，淺野一門就此斷絕。這起事件成爲赤穗浪士復仇案的開端，是日人熟知的電影與電視劇題材，然而究竟松之迴廊砍殺案爲何發生，至今依舊眞相未明。

案發原因眾說紛紜，有一說認爲當時長矩出任馳走役（負責款待朝廷賓客），但卻沒有奉上足夠的賄款，給負責指導馳走役的吉良，而被吉良刁難。除此之外，另有一說認爲雙方是爲了「鹽」而鬧翻的。

當年，高級食鹽盛產於三河（今之愛知縣）吉良一帶，當地是吉良氏的據點。後來，被調換封地的淺野氏從常陸移師到赤穗，開始跟吉良氏學習製鹽技術，並著手經營鹽田。今日著名的「赤穗鹽」，就是淺野氏習得製鹽技術後的產物。到長矩當家的時代，因製鹽技術佳而大有斬獲，而後來主導復仇行動的首謀大石良雄（內藏助），就是推動賣鹽事業的人。不久後，赤穗鹽開始賣得比吉良鹽更好，或許這在吉良眼中看來簡直是恩將仇報。基於上述種種，若兩人在江戶城中狹路相逢、擦槍走火，恐怕也不令人意外。

復仇的理由

事件爆發後的隔年12月，大石內藏助等赤穗浪士聚眾攻入吉良邸，替主君昭雪冤仇。後來，赤穗浪士的

Point

- 松之迴廊砍殺案真相成謎
- 復仇行動同時也是對幕府的抗議
- 一般大眾支持他們的復仇

荻生徂徠的看法

荻生徂徠重視禮法更勝於道德，所以先從法理上判斷復仇行動的是非，而不去看忠義與否，其實相當吻合荻生一直以來的立場。同時，又因為他是側用人柳澤吉保的儒臣，有人認為幕府當時的裁決方針受到他的態度影響，但也有人認為，荻生是等事情結束後才對復仇行為表示否定。

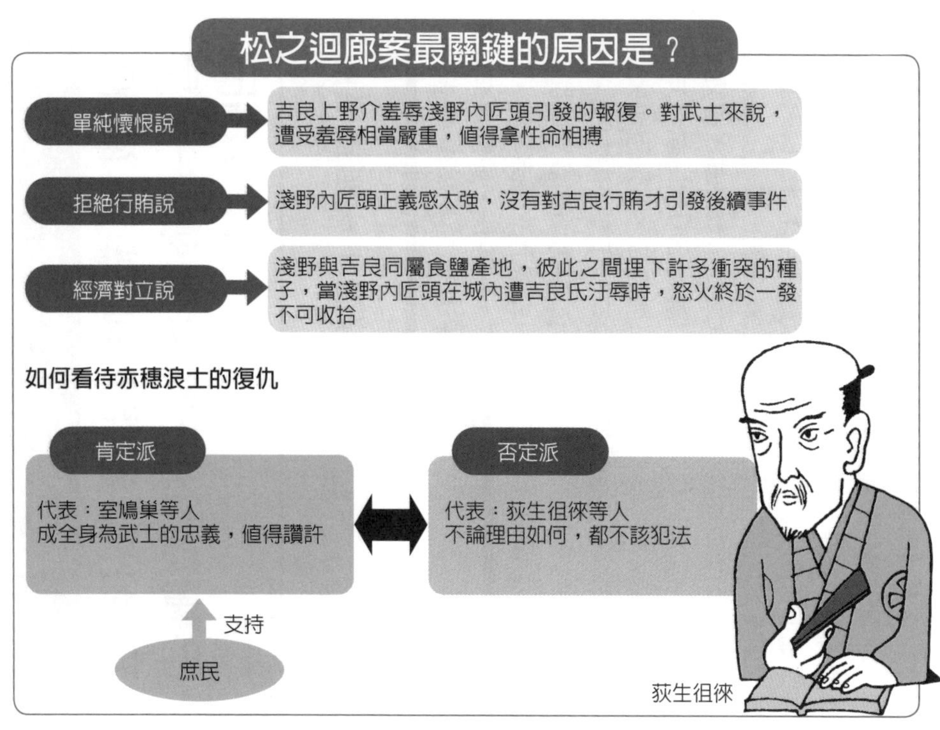

行爲被視爲替主君報仇，成全忠義的故事流傳下來。不過，他們的行動事實上還包含了抗議的成分在內，是針對幕府處置不公，只處罰淺野長矩並導致淺野家絕後，發起的公衆抗議行動。最起碼當大石內藏助決心行動時心裡是這樣想的。

庶民大多對復仇行動持肯定態度，但荻生徂徠等人則並不苟同，赤穗浪士後來全數切腹自盡。說到頭來，如果無法釐清淺野長矩砍殺案的眞相，終究難以分辨復仇行爲究竟是對還是錯。

吉良上野介的形象

「松之迴廊砍殺案」謎團重重，不過，吉良上野介的惡人形象，倒是在後世流傳的故事推波助瀾下，就此確立。縱然在這件事裡，沒辦法就此認定吉良是壞蛋，淺野內匠頭與赤穗浪士是好人，但仍有幾段故事可以讓人推敲出吉良是什麼樣的人物。

砍殺案發生的三年前，津和野藩主龜井茲親，曾和淺野內匠頭處於相同立場。茲親受到吉良種種羞辱，怒上心頭，而決定斬殺吉良。他告訴家老這個想法，然後隔天機會來臨，他走到吉良跟前，結果吉良卻笑臉盈盈地歡迎他，身段放得極低，這讓茲親吃了一驚，最後終究沒辦法動手，就這樣回去跟家老說了這件事。結果，茲親發現其實這名家老私下送了賄賂給吉良。「大名不能受情緒左右而衝動行事」據說家老如此勸誡茲親。

重建捉襟見肘的幕府財政——學者新井白石領軍的正德之治

Point

- 廢止萬物憐憫令，嚴禁賄賂
- 精簡財政支出，恢復貨幣價值
- 管制金銀流出國外

家宣帶領部下一起進江戶

綱吉逝後，甲府藩主綱豐更名家宣，出任第6代將軍。當時他起用的側用人間部詮房與儒學者新井白石兩人，是從還在甲府時就輔佐著家宣的人才，他們建立的治世史稱正德之治。為了革新政治，萬物憐憫令首先遭到廢止。不過，綱吉重視忠孝與禮法的方針則繼續保留。此外，這時幕府與朝廷的關係走協調路線，又因為歷來的三宮家（世襲親王家）已無法再接納天皇家子弟，故以特例形式，新設置閑院宮家。

重建財政

從綱吉時代一直擔任勘定奉行的荻原重秀，他推動的貨幣改革是提油救火，導致經濟一步步惡化。荻原重秀遭白石免職，然後白石為了重建貨幣經濟，新發行了質量跟舊時小判相同的正德小判，並還提出「海舶互市新例」，控管長崎貿易，以便限制金銀流出國外。雖然長崎貿易是幕府收入的支柱，但為了改善整體的財政體質，還是有必要加以控管。除此之外，他還從著手改革官僚態度，嚴格禁止賄賂等行為。

然而可惜的是，家宣在這期間病逝。繼位的將軍家繼年僅3歲，並在7歲那年驟然夭折。白石的政治生命，也至此落幕。

拉下荻原重秀

勘定奉行荻原重秀實施元祿貨幣改革後，曾先後5度重鑄貨幣。首次貨幣重鑄後，米價高漲，財政問題更加嚴峻。據說，受幕府重用的新井白石，曾對荻原重秀留下評語，大意是說：「打從建國以來，還沒出現過第二位像他這樣無藥可救的人。」

正德之治　白石的財政重建政策

鑄造新貨幣（正德小判）

元祿、寶永年間，曾為了增加貨幣流通量，改鑄造含金量較低的小判。結果卻導致貨幣價值下降，通貨膨脹加劇。後來白石為了穩定物價，便恢復原本的小判質量

元祿小判	寶永小判	正德小判
重 17.85g 金子重 10.25g 含金率 57.4%	重 9.38g 金子重 7.9g 含金率 84.3%	重 17.85g 金子重 15.0g 含金率 84.3%（後為86.8%）

海舶互市新例

限制長崎貿易

防止金銀流失

・貿易量：一年限制清船30艘，荷蘭船2艘
・貿易額：上限為清銀6000貫，荷蘭銀3000貫
　或輸入品的半額費用需以銅支付

健全直轄地長崎的行政與財政

・緝查走私
・紓解（因帳款遲繳造成的）貿易遲滯

新井白石

朝鮮通信使待遇簡樸化

正德之治前

・從對馬一直到江戶沿路舉辦盛大的歡迎活動
　每次開銷約有100萬兩之多

正德之治後

・僅限大坂、京都、駿府、江戶等地款待通信使，開銷大幅削減

從年表掌握歷史變遷

■西元1709年
綱吉去世，家宣（甲府藩主）成為6代將軍。廢止萬物憐憫令，重用間部詮房（側用人）與新井白石（儒學者）

■西元1710年
創設閑院宮家

■西元1711年
更改對朝鮮通信使的待遇

■西元1712年
將勘定奉行荻原重秀免職
家宣病逝，家繼（3歲）繼任7代將軍

■西元1714年
重鑄貨幣，發行正德小判

■西元1715年
對長崎貿易實施管制令（海舶互市新例＝正德新令）

■西元1716年
家繼去世
8代將軍德川吉宗上任，間部詮房、新井白石遭到免職

商業物流繁盛期中掌握實權的新興商人們——農業與商業的發展

名產品登場

約莫西元17世紀中葉起，圍湖造田等土地開墾方式，使得耕地面積增加。再加上農具進化與肥料改良的進展，農業生產力迅速提升。經濟行有餘力後，各地便開始栽種年貢米之外的農作物，各地分別種植適合當地風土環境的農作物，成爲所謂的當地名產。農民有更多機會販賣名產換取貨幣，就這樣被捲入貨幣經濟的潮流之中。

新興商人的「仲間」

除農業外，漁業、林業、礦山業、手工業等各種產業，都在江戶初期到中期左右出現長足進展。東迴航線與西迴航線陸續確立，構築出扎實的海陸雙向交通網路。商品流通量增加，商品在各地的價差也逐漸消失。

這段時期裡獲利最大者，當屬組成同業團體「仲間」，試圖壟斷江戶與大坂間的商品流通網路的問屋商人們了。其中，最具代表的是伊勢松坂出身的商人，即日後成立三井的越後屋了。

另外，當時江戶主要以金子交易，大坂則以銀子爲主流，因此此時也出現的換匯業者，從中牟利。這些新興商人經手換匯業務，扮演著類似今日銀行的角色。

Point

- ●進入大開墾時代，耕地面積擴大
- ●商品物流網發達，縮小各地商品價差
- ●商人之間組成同業團體壟斷業種

從年表掌握歷史變遷

- ■西元1671年 開闢東迴航線
- ■西元1672年 開闢西迴航線
- ■西元1673年 頒布限制分地令，三井高利、越後屋服裝店開業
- ■西元1680年 綱吉繼任將軍
- ■西元1688年 於大坂堂島設置米穀交易所
- ■西元1700年左右 大量開墾新耕地
- ■西元1709年 正德之治開始
- ■西元1713年 鼓勵養蠶製絲
- ■西元1715年 限制長期貿易
- ■西元1716年 開始享保改革

各地主要名產

絹織品	西陣織、丹後縮緬、上田綢、黃八丈
棉織品	三河棉布、河內棉布、伊予絣、久留米絣、小倉織、琉球絣
麻織品	近江麻、小千谷縮、薩摩上布
陶瓷器	伊萬里燒、薩摩燒、上野燒、萩燒、京燒、信樂燒、九谷燒、備前燒
酒	伏見、灘、伊丹、池田、西宮
醬油	野田、銚子、龍野
農產品	駿河·宇治（茶）、紀伊（橘子）、甲斐（葡萄）、備後（榻榻米蓆面）、國分（菸草）
海產	松前（昆布、鯡魚）、江戶（海苔）、土佐（鰹魚、鯨魚）、赤穗（鹽）
木材	秋田·飛驒·吉野·熊野（杉樹）、木曾（檜木）
工藝	南部鐵器、會津漆器、輪島漆器、春慶漆器、根來漆器

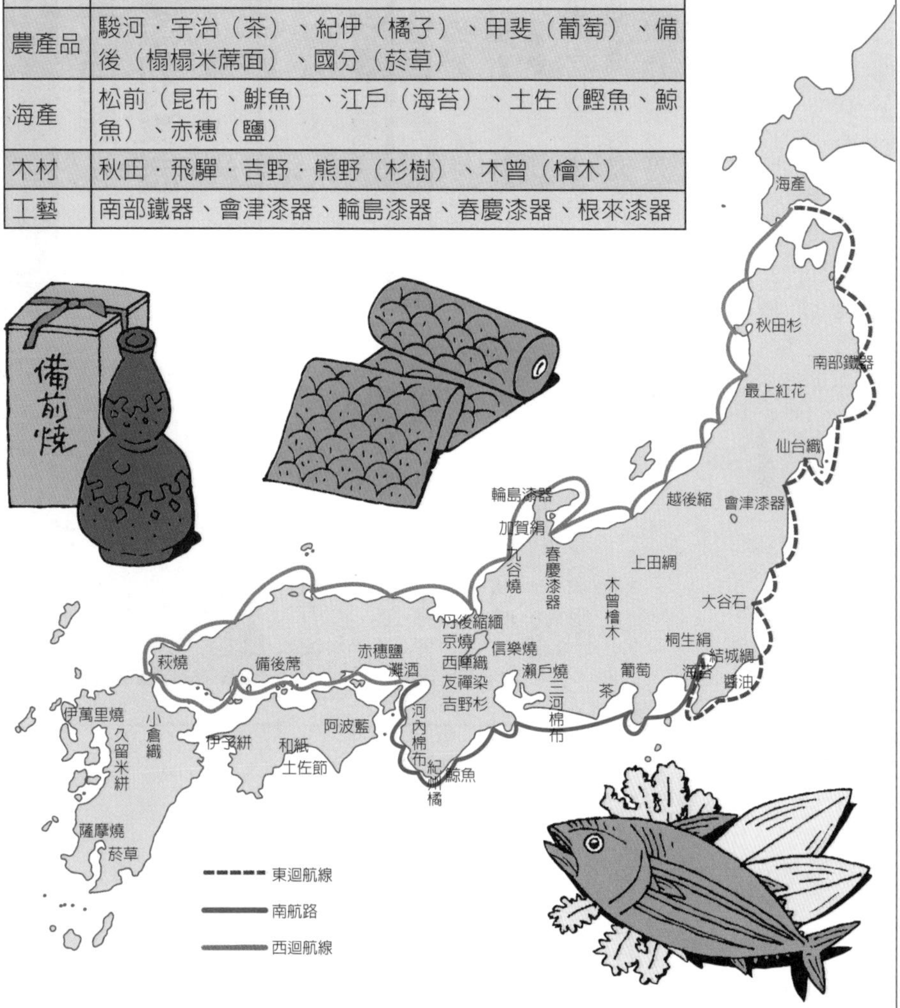

日常風俗成爲藝術題材

從作品中窺見民衆百態，日本獨有的文化蓬勃發展——元祿文化

Point

- 因幕府的安定與經濟發展讓社會更加成熟
- 外國的影響減少讓日本發展出獨自的文化
- 由於紙的生產讓文化也能深入庶民之中

文學發展多彩多姿

普及到各地農民與町人階層，綻放出多樣特色，是元祿文化的另外一面。井原西鶴的作品中，描寫了商人的故事、老百姓的戀愛風雲，以及關於性的種種；近松門左衛門擅寫人形淨琉璃與歌舞伎的劇本，他留下許多生動勾勒當世風俗的作品與歷史故事；而松尾芭蕉也是在這個年代，啓程踏上《奧之細道》之旅。在製紙業與出版業的發達之下，元祿文學大幅流通普及，在故事性上愈發多元多樣。

風俗畫登場

在繪畫的世界裡，受幕府與大名扶持的畫家大爲活躍，與此同時，也出現許多深受百姓喜愛的風俗畫作。今日極爲著名的「美人回首圖」，就是菱川師宣的代表作。師宣是著名的浮世繪開山祖師。木板印刷的浮世繪圖大量生產，讓一般老百姓也可以購買收藏。在舊時代裡只有部分階級得以欣賞的繪畫藝術，就這樣普及到市井之中。

在學問領域這方面，朱子學進入全盛時期。至於自然科學，則以本草學（博物學）、農學、醫學等實用學科大爲發達。對於國文學的鑽研同樣始於這個時代，對於古時典籍的研究後來一路演變爲所謂的「國學」。

儒學發達

儒學主要有三種流派，朱子學是最大宗學派，而替幕府文化政策出主意的林家學派則是另外一派。當時日本雖也曾引進由明朝王陽明創始的陽明學，但卻因為主張太過創新而遭到打壓。另一方面，試圖回歸孔子等古典經書的「古學」則可說是日本孕育出的儒學。荻生徂徠是古學學者，新井白石與室鳩巢等人則屬於朱子學。

元祿文化代表作品

領域	作品（作家）
繪畫	洛中洛外圖卷（住吉具慶）
	燕子花圖屏風（尾形光琳）
	紅白梅圖屏風（尾形光琳）
	美人回首圖（菱川師宣）
	秋郊鳴鶉圖（土佐光起・光成）
工藝	八橋蒔繪螺鈿硯箱（尾形光琳）
	色繪藤花文茶壺（野野村仁清）
	繪替土器皿（尾形乾山）
	友禪染（宮崎友禪）
	護法神像（圓空）
文學	〔元祿三大文學家〕：
	井原西鶴（浮世草子作家）
	《好色一代男》、《好色五人女》、《武道傳來記》
	《日本永代藏》、《武家義理物語》、《世間胸算用》
	松尾芭蕉（俳人）
	《奧之細道》、《笈之小文》、《猿簑》
	近松門左衛門（劇作家）
	《曾根崎心中》、《冥途飛腳》、《心中天網島》、《國姓爺合戰》

歷史學與國文學研究

領域	學者與著作
歷史學	林羅山（西元1583～1657年）・林鵞峰（西元1618～1680年）
	《本朝通鑑》
	山鹿素行（西元1622～1685年）
	《聖教要錄》、《武家事紀》、《中朝事實》
	德川光圀（西元1628～1700年）
	《大日本史》
	新井白石（西元1657～1725年）
	《讀史余論》、《古史通》
國文學	契沖（西元1640～1701年）
	《萬葉代匠記》
	北村季吟（西元1624～1705年）
	《源氏物語湖月抄》

自然科學發展

領域	學者與研究
本草學	貝原益軒（西元1630～1714年）
	著有《大和本草》、《養生訓》等活躍於各種領域
	稻生若水（西元1655～1715年）
	《庶物類篡》
數學	關孝和（西元1642～1708年）
	日本算學集大成者。《發微算法》
農學	宮崎安貞（西元1623～1697年）
	寫下首部體系化的農學書《農業全書》
醫學	山脇東洋（西元1705～1762年）
	完成第一本解剖圖《藏志》

東大寺大佛殿
重建於西元1709年，乃世界最大木造建築

從年表掌握歷史變遷

■西元1680年
綱吉接任將軍

■西元1682年
《好色一代男》（井原西鶴）

■西元1685年左右
發明友禪染

■西元1689年
松尾芭蕉踏上《奧之細道》之旅。澀川春海在本所設置天文臺

■西元1690年
創立湯島聖堂與聖堂學問所
邁入浮世草子全盛期

■西元1702年
赤穗浪士復仇

■西元1703年
近松門左衛門演出《曾根崎心中》

■西元1709年
正德之治開始。此時起，寺子屋普及，庶民教育大幅推進

■西元1715年
《國姓爺合戰》（近松門左衛門）

■西元1748年
《假名手本忠臣藏》首演

吉宗的幕政改革是否成功？

試圖掌握經濟大權的「末代」將軍吉宗——享保改革

Point

- 吉宗嚮往家康時代，紀伊藩主吉宗推動改革
- 吉宗為了平衡米價與物價傷透腦筋
- 吉宗博得好名聲，但經濟政策卻失敗收場

親自帶頭節儉度日

家繼夭折後，德川宗家再無子嗣，遂將紀伊藩主吉宗迎來，出任第8代將軍。吉宗心繫復古大夢，祭出各項改革，重用老中與若年寄，試圖重新回歸家康時代。

與此同時，吉宗為了解決依然嚴峻的財政危機，著手整頓掌財務的「勘定方」，並實行人口、耕地面積等各項調查。他還頒布了儉約令，並以身作則精簡伙食，每餐只吃糙米與三菜一湯。

他還訂定了上米制與定免法，試圖鞏固幕府的財政收入。然而，此舉雖然成功提高年貢收入，卻也導致米價滑落與普遍物價的上漲。於是吉宗又接著下令壓低物價，並承認大坂米價市場，但經濟狀況依然毫無起色。總的來說，吉宗的改革，就是一場與米價之間的戰爭。

農民生活困苦

除緊縮財政外，吉宗還推出許多備受肯定的政策，諸如吸引賢能人才的足高制、開放洋書的漢文譯本進口、設置「目安箱」等等。只可惜事與願違，就算他如此積極為政，吉宗仍在經濟政策上吃了不少苦頭。

吉宗頒布「相對濟令」，試圖處理商業交易中的金錢糾紛，結果卻徹底失敗，反讓不清償負債的事例愈來愈多。與此同時，吉宗的農村政策同樣宣告無效，他增加年貢卻導致民生困苦，他祭出政策處理放棄田地、成為佃農的農民，卻收不到絲毫效果。當此之際，

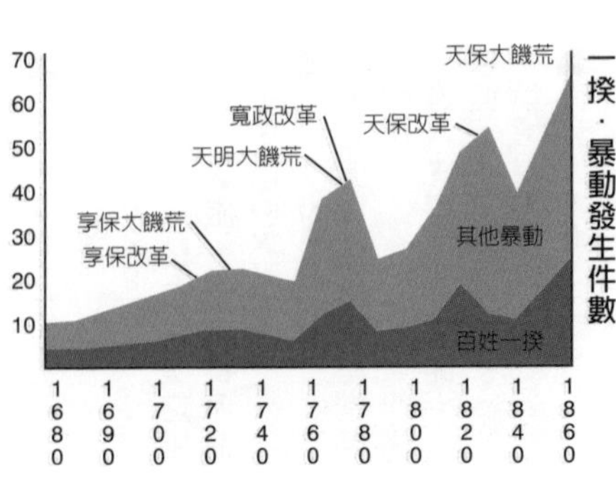

生活已如此困苦，風災水患還有享保年間的饑荒又接連襲來，終於使得農民與町人忍無可忍。一揆事件在各地頻傳，還發生了江戶時代第一件針對奸商汙吏的民眾暴動。回首這一切，整場改革實在不能說是成功收場。

享保改革

以家康時代為理想

財政・商業政策

●節流政策
儉約令……禁止奢華（包括官差與大奧在內）
●增收年貢政策
上米制（西元1722年）……要大名另外上繳稻米，並放寬參勤交代規定做代償
→廢除（西元1731年）
定免法（西元1721年）……不分豐收與否，統一年貢額
●物價政策
管制米價……承認大坂堂島的米價市場→無效，日後廢除
下令壓低物價（西元1724年）……因米價持續下滑，但其餘物價並未降低
鑄造元文金銀（西元1736年）……穩定物價
●商業政策
承認「株仲間」（西元1721年）
獎勵種植高商業性農作物

德川吉宗

試圖重建財政

政治・行政・司法政策

●人才政策
足高制（西元1723年）……保持身分制度的同時，廣納賢能人才
●行政政策
設置目安箱（西元1721年）……聽取民意
鼓勵開墾新耕地（西元1722年）
●整頓司法制度
重用大岡忠相（西元1717年）
相對濟令（西元1719年）……金錢糾紛變多→讓當事人自行解決
→廢除（西元1729年）
公事方御定書（西元1742年）……訂定審案・刑罰標準

將軍自己的革新策略

其他

開放洋書的漢文譯本進口（西元1720年）

從年表掌握歷史變遷

■西元1716年 家繼去世，吉宗成為8代將軍
■西元1717年 大岡忠相被提拔為江戶町奉行
■西元1719年 頒布相對濟令
■西元1720年 創設町消防團，准許與基督教無關的漢譯洋書進口
■西元1721年 訂定定免法，設置目安箱
■西元1722年 訂定上米制，放寬參勤期限為半年
■西元1723年 訂定足高制
■西元1724年 對諸大名、幕臣公告儉約令
■西元1732年 享保饑荒
■西元1733年 米價高漲，百姓暴動頻傳

「賄賂」不是全貌？

田沼意次的年代——聲名狼藉的老中推動務實派的改革計畫

幕府相當依賴商人

到吉宗的時代爲止，幕府的立場，是向農民徵收年貢，然後釋出流通至各地。然而，如今以稻米爲基礎的經濟型態已然走入泥淖。田沼意次是10代將軍家治的側用人兼老中，他接受流通經濟的發展已達全國規模的現實，著手進行大幅度的政策轉向。他把焦點從「稻米」轉移到「黃金」上，以抽徵課稅爲代價，承認商人間的「株仲間」組織。換言之，就像是幕府本身也成爲一種商人。同時，過往貨幣制度各地不一，東日本（金）、西日本（銀），與全國共通的「錢」（銅），也在他的改革下一元化。

務實派的蝦夷開發

意次也把目光投向未經開發的蝦夷地。不只是爲開採資源，當時意次正試圖規劃與俄國建立貿易關係，這在當年來講可說是相當實際的考量。然而，饑荒與天災相繼襲來，一揆事件與民衆暴動愈來愈多，貨幣經濟逐漸成爲老百姓沉重的負擔。除此之外，賄賂橫行成爲田沼時代的代名詞，相當爲人詬病，甚至在田沼之子意知遭暗殺時，行凶者還被大大追捧了一番。

最後，意次就在家治過世後遭到解職，他規劃的各種貿易案也隨之胎死腹中。

Point

- 清楚體認到經濟流通已達全國規模
- 從「稻米」到「金子」的政策轉向
- 曾計畫與俄國往來，貿易對象放眼世界

從年表掌握歷史變遷

■西元1745年
吉宗卸任，將軍職移交給家重繼任9代將軍

■西元1751年
吉宗去世

■西元1760年
家治接任10代將軍

■西元1767年
田沼意次成為側用人
明和事件（逮捕尊王派人士）

■西元1772年
田沼意次成為老中

■西元1778年
俄國船隻來到蝦夷地厚岸，請求通商許可（松前藩於隔年回絕）

■西元1782年
開始進行印旛沼的圍湖造田
天明大饑荒，各地爆發一揆、暴動事件

■西元1783年
淺間山火山噴發

■西元1784年
若年寄田沼意知（意次子）於江戶城內遭暗殺

■西元1786年
家治亡。田沼意次遭免職

田沼意次的改革

經濟政策大轉向
從「稻米」經濟邁向「貨幣」經濟

●重視商品的生產與流通
廣泛認可「株仲間」組織，並加以課稅（運上·冥加），行專賣制度
貨幣制度一元化　大量鑄造南鐐貳朱銀
放寬長崎貿易限制，帶動再興

●用大豪商的資金開墾新耕地
下總印旛沼·手賀沼開發
（→因洪災而失敗）

●與愛奴、俄國貿易
調查與愛奴的貿易的實際情況
調查蝦夷地的資源
調查與俄國貿易的可行性

改革成果

·商業、產業更加活絡
→商人與幕府勾結
賄賂橫行
→賄賂政治引發民怨
·天災頻傳（饑荒、火山爆發）
阻礙改革腳步

蝦夷地調查

寫下《赤蝦夷風說考》的仙台藩醫師工藤平助，由於俄國船隻曾跟松前藩進行通商交涉，因而提出對俄貿易及開墾蝦夷地的建言。田沼意次採納他的看法，派遣最上德內到蝦夷地。德內著手調查與愛奴的貿易實態，以及對俄貿易的可行性，並一邊調查蝦夷地的各種天然資源，一邊探索蝦夷地東海道一直到千島列島一帶。只可惜還沒來得及好好評估這些成果，田沼意次就失勢了。後來，由於俄國船隻頻繁出現等因素，北方探查工作繼續由間宮林藏接手進行。

農業出現衰敗徵兆？

寬政改革——庶民暴動推了幕府一把？

Point

- 松平定信以祖父吉宗為典範
- 否定田沼的重商主義，重新振興農業
- 改革內容嚴厲，引發反感

青年老中松平定信

田沼意次失勢後，田沼派與御三家、御三卿彼此針鋒相對。其中，御三卿是由於吉宗與御三家關係不親，而另行設立的名號。

11代將軍家齊就任後，幕府的權力鬥爭依然沒有消弭。就在此時，江戶與大坂因為米價高漲不下，而接連發生民眾對奸商汙吏發起的暴動事件。幕府沒有餘裕再繼續內部鬥爭，於是便由白河藩主松平定信出任老中。當年，定信30歲，這位青年老中以祖父德川吉宗的治世為典範，否定田沼年代，改以農業為根本推動改革，試圖振興社會，史稱寬政改革。

搖搖欲墜的幕府財政

當時，凶年與饑荒不斷，幕府的財政狀況如立危崖。定信對朝廷、大奧、大名以至於町人與農民，都訂出極度的儉約要求。同時，他還頒布棄捐令，讓貧困的御家人不用償還貸款，可是，此舉當然打壞了金融秩序。為了振興荒廢的農村，他讓農民回歸農村，投入資金整頓農地、增加農村人口，同時也下令儲備米糧以防備饑荒。

然而，禁奢條款與對思想、習俗的嚴格管制政策，導致人民怨聲載道，再加上他和家齊不合，最後定信的改革只持續短短6年便宣告終結。

御三家與御三卿

御三家是作為宗家絕嗣時的應變方案而創立，創始者分別為家康9男義直（尾張家）、10男賴宣（紀伊家）、11男賴房（水戶家）。至於御三卿則是由吉宗創立，地位僅次於御三家，目的是確保吉宗的血脈能繼承將軍職位。御三卿中，吉宗次子宗武是田安家之祖，4男宗尹為一橋家之祖，吉宗之孫重好則是清水家之祖。

寬政改革

松平定信

以祖父吉宗實施的改革為典範
捨重商主義，回歸農業立國

振興農村

頒布「回鄉復農獎勵令」—農民重返農村
禁止離鄉工作與殺嬰
嬰兒養育津貼制度—增加農村人口
開放百姓借貸公款，整頓荒地與農業用水

防備饑荒

圍米—屯米以備凶年、饑荒
起用豪商出任勘定所—活用豪商的資金與知識
設置人足寄場—收留因饑荒離開農村來到都會的流浪民，並提供職業訓練

禁奢條款

取締作學問與出版事業
強化對民間的管制

改革成果

厲行節儉與高壓管制使民怨升溫

寬政改革事件表

年	月	主要大事
1786	8	田沼意次失勢
1787	4 5 6	家齊成為11代將軍 天明大暴動 白河藩主松平定信成為老中之首，掃蕩田沼勢力
1789	9	棄捐令（免除御家人負債）、儉約令、下令圍米
1790		於江戶石川島設置人足寄場 下達寬政異學禁令（除朱子學以外全部查禁），強化出版管制 回鄉復農獎勵令
1792	5 9 11	林子平（指出外國勢力可能進攻日本，主張強化國防）遭到懲處 俄國使節拉克斯曼抵達根室 尊號問題（朝廷與幕府關係緊繃）
1793	7	松平定信辭去老中職

天明大暴動（西元1781～1788年）

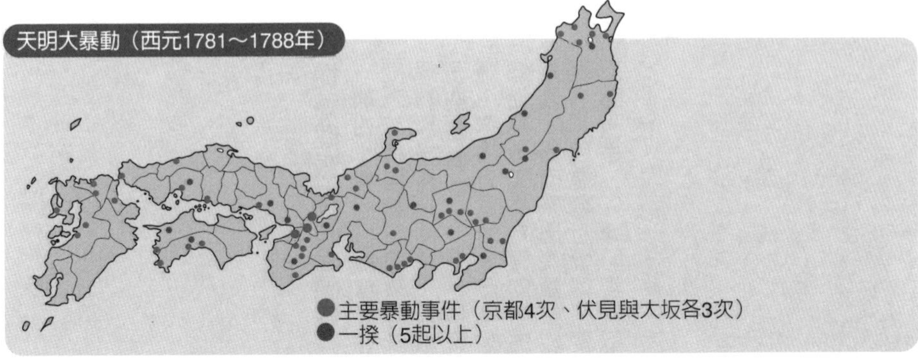

拿破崙戰爭的影響也波及日本?

詭譎多變的世界局勢波及日本——異國船艦逼近

Point

- 俄國商船等尋求通商遭幕府回絕
- 英國船艦頻繁接近與異國船驅逐令
- 有國際素養的學者遭到懲處

俄國船艦急速增加

西元1770年代後半起，抵達日本的俄國船隻愈來愈多，同時，歐美各國在英國工業革命的影響下，也正走在劇變的轉捩點上。當此之際，法國大革命爆發，拿破崙的時代緊接著登場。

當時，俄國正打算開始認眞經營遠東地區。拉克斯曼（Adam Laxman）取得長崎停靠許可書後，列札諾夫（Nikolai Petrovich Rezanov）便帶著許可書來到長崎。想當然爾，他心裡勢必以爲通商許可十拿九穩，然而，幕府卻再一次回絕了俄國。列札諾夫深刻體悟到施加軍事壓力的必要性，便動手攻擊樺太地區，幕府便把蝦夷地全境納入直轄地中。

這時候，長崎還發生了另一件事。英國軍艦菲頓號（Phaeton）挾持荷蘭人，並要求用糧食交換才釋放人質。這件事的背景因素，乃當時拿破崙率領法軍攻占荷蘭，荷蘭因而被英國視爲敵國所致。換言之，發生在歐洲的事件，已開始逐步對這座極東之地的島國，展開影響。

異國船驅逐令

俄國艦長戈洛夫寧（Golovnin）遭逮捕事件後，幕府與俄國陷入緊繃關係，後來在高田屋嘉兵衛的活躍下獲得改善。可是，接下來換成英國船艦頻繁接近浦賀，於是幕府便改採強硬手腕，頒布異國船驅逐令。後來，發生莫里森號事件，才讓這道命令的爭議浮上檯面。這道命令不分目的，驅

從穩健派轉向強硬派

一開始，幕府採取穩健態度，英國捕鯨船前來請求燃料與糧食援助時，會給予柴薪與飲水、食物資源，讓他們返國。但後來聽從某位天文方面的官差建言，轉而祭出異國船驅逐令，因為幕府覺得只要恐嚇一番，外國船隻就不會再接近。

逐所有接近日本的船隻，引來洋學家渡邊華山與高野長英的嚴厲抨擊。然而，一如先前林子平的案例，那些很清楚日本與周遭情勢的學者，再次遭到日本懲處。這起事件，史稱蠻社之獄。

歐美列強逼近日本

年	月	事件
1739	5	俄國船隻出沒安房海域
1778	6	俄國船隻抵達蝦夷（厚岸）要求通商，松前藩於隔年回絶
1792	9	俄國特使拉克斯曼帶同光太夫等人抵達根室，要求通商①
1793	6	幕府授與拉克斯曼長崎停泊許可書，並命其撤離
1796	8	英國船抵達室蘭
1797	11	俄國人登陸擇捉島
1803	7	美國船抵達長崎，要求通商但幕府拒絶
1804	9	俄國使節列札諾夫抵達長崎，要求通商②
1805	3	幕府拒絶俄國的通商要求
1806	9	俄國船艦攻擊樺太與擇捉島
1808	8	菲頓號事件：英國軍艦於長崎停靠，威脅荷蘭商務會館員工，強取柴薪、飲水與糧食後離開。長崎奉行引咎自殺③
1811	6	俄國軍艦艦長戈洛夫寧於國後遭逮捕④
1812	8	俄國軍艦在國後海域抓到高田屋嘉兵衛
1813	9	在嘉兵衛的仲介下，戈洛夫寧獲得釋放
1817	9	英國船抵達浦賀（並於西元1818年、西元1822年數度接近）
1824	5 7	英國捕鯨船員登陸常陸，請求柴薪與飲水支援，卻遭到水戶藩逮捕⑤ 同國捕鯨船員登陸薩摩寶島，搶奪野牛⑥
1825	2	異國船驅逐令
1831	2	澳州捕鯨船抵達厚岸
1837	6	莫里森號事件：砲擊駛入浦賀的外國船隻，隔年才發現，當時的船隻是美國船莫里森號，靠岸是為了送船難倖存者回國⑦
1839	5	蠻社之獄—批判莫里森號事件的渡邊華山與高野長英等人遭懲處

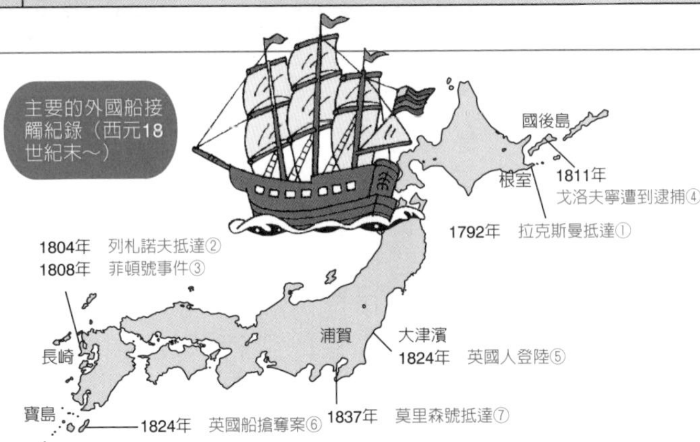

江戶初期→後期

幕府大地震！大坂町奉行所的卸任官差造反——大鹽平八郎之亂

Point

- 凶年不斷，一揆與暴動急遽增加
- 將軍家齊只顧享受奢華
- 被毫無作為的幕府激怒，大鹽之亂的後續影響

饑荒與毫無作為的幕府

松平定信遭免職後，無心政事、揮金如土只顧享樂的將軍家齊退位，把將軍職銜交給家慶接任，自己則以大御所（卸任將軍）的身分繼續掌握大權。異國船艦接連到來，饑荒頻仍，邁向幕府末期的時代潮流至此隱然浮現。

到西元1830年代左右，收成幾乎連年欠收，終於引發史稱天保大饑荒的嚴重事態。一揆與暴動事件在農村與都市接踵爆發，同時，富商大量囤購稻米賺取暴利，幕府則把大坂的米糧大量運送至江戶。這樣的世局，引爆了陽明學者大鹽平八郎的怒火。

卸任官差的造反

大鹽以前是大坂町奉行所的「與力」，官階差不多類似中堅管理階級。他爲了拯救百姓變賣自己的藏書，最後號召家塾子弟與民衆，走上了暴動之路。幕府只花了半天就鎮壓住暴動本身，然而，這場由卸任官差發起的叛亂，對全國留下深遠的影響。

像是與大鹽之亂呼應般，國學者生田萬等人襲擊了越後一地的代官所，攝津等地也爆出幾件類似叛亂；佐渡在好幾個月的時間裡，接連發生數起暴動，而江戶的治安也日漸惡化，世間充滿騷亂氣息。

陽明學派的「知行合一」

大鹽平八郎是為陽明學者，陽明學最重視「知行合一」（知識與行動必須同步同源），換言之在陽明學的看法中，即時行動貫徹正確的事相當重要。大鹽之亂可說是一場陽明學的實踐行動。

叛亂與一揆

大鹽平八郎之亂

首謀者：大鹽平八郎
大坂東町奉行所卸任與力
於私塾「洗心洞」教授陽明學

嚴詞抨擊天保饑荒時幕府的處置方式
號召學生與民眾發起武裝暴動
參加人數：約300人

大鹽平八郎

生田萬之亂

首謀者：生田萬
國學者
平田篤胤的學生

聲稱乃大鹽門徒，襲擊越後柏崎的代官所
參加人數：6人

→ 給予幕府沉重打擊 → 實施天保改革

其他

攝津
宣稱「與大鹽同在」的一揆事件
江戶
「大鹽殘黨」的暴動預告

於江戶建置貧民收容所「救濟小屋」

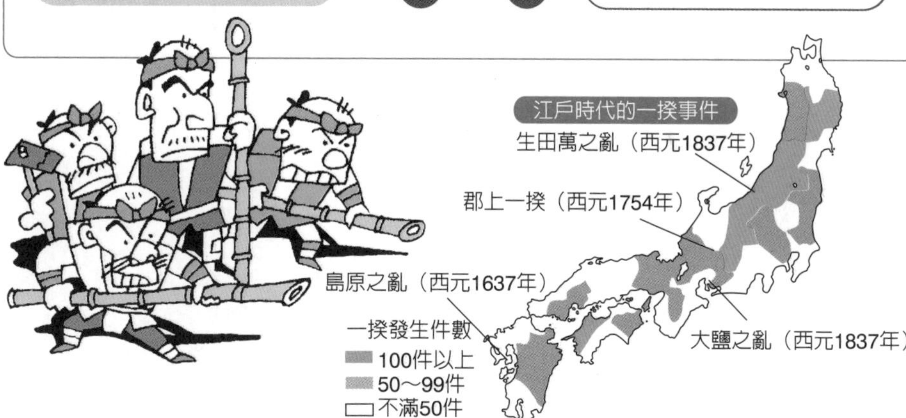

從年表掌握歷史變遷

■西元1833年
天保大饑荒（～西元1839年）
■西元1834年
水野忠邦成為老中
■西元1836年
全國各地接連爆出一揆、暴動事件
■西元1837年
大鹽平八郎之亂（大坂）
家慶成為12代將軍。11代將軍家齊成為大御所，掌有大權（大御所時代）
生田萬之亂（越後柏崎）
莫里森號事件
■西元1838年
佐渡爆發大規模暴動
■西元1839年
蠻社之獄
■西元1841年
家齊去世
水野忠邦開始改革

只顯示出幕府弱點？短短兩年即失敗收場的天保改革

Point

- 從否定家齊出發的改革
- 嚴厲改革只導致民怨更深
- 暴露出幕府實力已實質性凋零

兩年頒布180道政令

將軍家齊過世後，老中水野忠邦開始全心推動改革。他心中的目標，是回歸享保．寬政時代的政治，導正商品經濟的秩序，恢復幕府威信。忠邦頒布了嚴格的儉約令，並強化民風管制，同時還解散「株仲間」以應對高居不下的物價。可是，物價高漲的原因，是貨幣大量重鑄，以及流通機構結構改變所致，忠邦的政策幾乎毫不見效。

另外，他延續寬政時代裡，讓農民回歸農村的政策，並用更強的力道實施「人返法」。忠邦不但大加管制民情風俗，同時對百姓祭出許多嚴峻政策，使得老百姓愈發不滿。相傳，水野忠邦在兩年內對百姓頒布的政令，足足有180道之多。

失敗的上知令

家齊在過世的前一年，下令「三方領知互換」，試圖把更富庶的庄內改封給把他的親兒收爲養嗣子的松平家。然而，這道命令遭到庄內的酒井家等權勢大名猛烈抗議，於是在家齊死後，新將軍家慶便不顧忠邦的反對，收回替換領地的成命。這段小插曲顯示出幕府的實力已經逐漸衰弱。

忠邦爲了強化幕府威信，發布上知令，把江戶與大坂周遭方圓10里劃爲幕府的直轄地。此舉固然是爲了應付開始頻繁出沒的異國船艦，但仍遭到諸多大名強烈反對，最後幕府只好再次收回這道命令。這件事，也意味著水野忠邦的改革宣告失敗。

商品物流網改變

到了這個時代，舊時代的物流路線逐漸式微，商品不再從產地送往大坂，然後再轉送至江戶，而是開始直接從產地運往全國各地。光從這一點來看，就能明白所謂的復古主義已不具實際可行性。

天保改革

水野忠邦

回歸享保、寬政改革，旨在恢復幕府威信

財政．商業政策

儉約令……禁止奢華，以降低開銷
上知令……試圖恢復幕府威信，鞏固財政
解散株仲間……為安定物價，打壓具特權商人的勢力

社會政策

風俗統制令……包括裁撤寄席、限制戲劇演出、出版箝制等等，目的與儉約令相同，旨在樸素儉約
農村政策……〈人返令〉把居住在都會區的農民強制遣送回故鄉，並規定離鄉工作需獲得領主許可，除多年常住江戶者外皆屬返鄉令對象

其他政策

採納西式槍砲技術……強化幕府軍事實力
柴薪飲水給予令……放寬異國船驅逐令

不符合社會實情的嚴苛條例引發民怨，上知令亦遭到大名強硬反對

改革實施僅兩年即遭遇重挫，加速幕府崩潰的腳步

天保改革時代的主要大事

年	月	大事
西元1840年	11月	家齊對松平家、酒井家、牧野家下達「三方領知互換」令
西元1841年	閏1月	家齊去世
	5月	水野忠邦的政治改革起跑
	7月	收回三方領知互換令
	10月	儉約令
	12月	禁止株仲間
西元1842年	7月	天保柴薪飲水給予令－放寬異國船驅逐令
	10月	禁止諸藩的名產專賣
西元1843年	3月	實施人返法
	6月	上知令（於閏9月撤回）

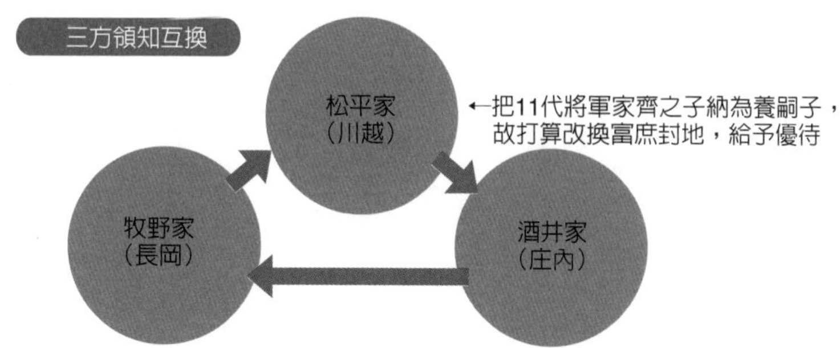

幕府末期搶盡風采的諸藩，各自推動政經改革——雄藩登場

Point

- 以年貢為根本的幕藩體制開始鬆動
- 一揆與暴動事件導致財政危機
- 各大雄藩以嶄新方法推動改革

諸藩與幕府同樣置身困境

享保、寬政、天保，幕府厲行的各項改革，就結果論來看可以說無一不是失敗收場。這件事顯示以農業爲根本，依靠課徵年貢維繫的幕藩體制已至窮途末路。尤其在天寶年間，凶年與饑荒不斷，農村一路衰敗，二宮尊德（金次郎）就在那樣的時代底下，爲振興農村窮盡心力。

然而，貨幣經濟徹底深入社會後，連帶使得薪酬勞務的制度逐漸普及，商品經濟儼然已是擋不住的時代趨勢。不光是體制瀕臨崩盤的幕府需要改革，各地藩國也接二連三投入改革的行列之中。其中，負債是衆藩共通的首要煩惱，哪一個藩能順利度過這道危機復興產業，哪個藩國就能成爲所謂的雄藩，在幕末時期扮演關鍵性的角色。

負債一筆勾銷？

那些雄藩在根本上的共通點，就是受惠於環境優勢，能妥善活用優秀人才，而對這些人才來說，首先要處理的事項就是財政改革。

薩摩藩的調所廣鄉採取的方法，是把500萬兩的債款，不計息分250年攤還，形同把負債一筆勾銷。而在還款的同時，他也大力推動走私貿易，賺取巨大利潤，重建財政。

長州藩的村田清風採

二宮尊德的功績

全日本各地校園裡，都看得到一座背著柴薪唸書的少年塑像，他就是二宮金次郎。他出生於相模（今之神奈川縣），年幼喪親，一邊在伯父家中幫忙，一邊努力向學（銅像就是這段時期的模樣）。後來，金次郎成為政治家，協助全國600多個農村重新繁榮起來。身體力行勤奮簡約的精神，靠節約與儲蓄擺脫窮困，像這樣的「報德仕法」，一直到明治維新後都仍以「報德運動」之名延續推行。

取的也是類似辦法，先把負債問題擺一邊，想辦法確保財源收入。

解決負債的辦法很多，但不論是哪一種方法，雄藩都是靠著積極投入商品・流通經濟與工業度過這一波危難。後來，這些雄藩各自著手強化軍事能力，逐漸培植出能與幕府相抗衡的實力。

藩政改革事例

成否	藩名	中心人物	改革內容
成功	薩摩藩	調所廣鄉（西元1776～1848年）	500萬兩負債→不計息250年攤還 強化奄美三島的黑糖專賣事業 與琉球王國私下貿易
		島津齊彬（西元1809～1858年）	殖產興業政策 成功做出反射爐
		島津忠義（西元1840～1897年）	建設第一座西式紡織工廠 購入西式武器、強化軍事實力
	長州藩	村田清風（西元1783～1855年）	140萬兩負債→分37年攤還 修訂紙、蠟的專賣制度 於下關設置「越荷方」—放款給迴船業者 代為販售越荷（他國物產） 購入西式武器、強化軍事實力
	肥前藩	鍋島直正（西元1814～1871年）	實施均田制—重建農業體制 專賣當地特產的陶瓷器 建置日本首座反射爐，建置大砲製造工廠
	土佐藩	鬼鮑組	財政緊縮—重建財政
		山內豐信（西元1827～1872年）	鑄造大砲，強化軍事實力
	其他	宇和島藩—伊達宗城，越前藩—松平慶永（春嶽）等人⇒提拔優秀的中下階級藩士，用強硬手腕重振財政，並強化軍事實力	
失敗	水戶藩	德川齊昭（西元1800～1860年）	保守勢力反對，藩內抗爭激化，改革停滯

從年表掌握歷史變遷

- ■西元1821年 小田原藩主起用二宮尊德
- ■西元1827年 調所廣鄉厲行財政改革（薩摩藩）
- ■西元1838年 村田清風厲行財政改革（長州藩）
- ■西元1841年 天保改革開始
- ■西元1850年 肥前藩開始建造日本首座反射爐（製鐵熔爐）
- ■西元1853年 培里黑船抵達浦賀
- ■西元1856年 薩摩藩建造反射爐

教育熱潮早已萌芽？

以大都市江戶為中心，庶民文化臻至最盛期——化政文化

Point

- 內容多元的文化擴散到全體國民
- 西方學問以蘭學為中心發展
- 扎實的教育遍及各地

從滑稽本到浮世繪

文化、文正年間的化政文化裡，町人與市井百姓扮演著最重要的角色。諸如滑稽本、人情本、洒落本等，這些深深根植於庶民生活的作品，固然曾在幕府的改革下導致作者被懲處，但這也意味著這些作品有多麼受歡迎，影響力有多大。以歷史、傳說爲題材的讀本故事，也透過租書鋪等方式成爲老百姓的讀物。在繪畫領域上，浮世繪大受歡迎，東洲齋寫樂、葛飾北齋、歌川廣重等都是風靡當世的明星。

出門旅遊觀光成爲庶民的新流行，他們會集體參拜伊勢神宮，也去四國行腳巡禮。

知識大躍進與寺子屋

知識領域也有突破性進展，吉宗放寬了進口洋書漢文譯本的限制，並命青木昆陽等人學荷蘭文，在蘭學方面亦大有斬獲。隨後出版問世的《解體新書》讓醫學知識有了劃時代的進展，在自然科學領域裡蘭學有了更深入的發展。

此外，人們體會到教育對幕臣等人的必要性，因而在各地廣設藩學與私塾等學校機構。西元19世紀初期，寺子屋數量出現爆炸性成長，女子教育也相當盛行。那時候，讀本故事擁有相當廣泛的讀者群，從這點不難看出，當時日本識字率相當地高，以一個身分制度嚴謹的封建社會而言，是全世界極爲罕有的例子。

從年表掌握歷史變遷

■西元1797年
昌平坂學問所（聖堂）成為官校

■西元1798年
《古事記傳》（本居宣長）成書

■西元1802年
《東海道中膝栗毛》（十返捨一九）
此時開始流行滑稽本

■西元1809年
間宮林藏發現間宮海峽

■西元1814年
《南總里見八犬傳》（瀧澤馬琴）
此時開始流行讀本

■西元1815年
《蘭學事始》（杉田玄白）

化政文化

化政文化的代表性作品

領域	作品（作家）
繪畫	浮世繪
	〈彈琴美人〉（鈴木春信）
	〈高名三美人〉（喜多川歌麻呂）
	〈市川鰕藏〉（東洲齋寫樂）
	〈東海道五十三次〉（歌川廣重）
	〈富嶽三十六景〉（葛飾北齋）
	文人畫
	〈十便十宜圖〉（池大雅、與謝蕪村）
	〈鷹見泉石像〉（渡邊崋山）
	洋風畫
	〈西洋婦人圖〉（平賀源內）
	〈淺間山圖屏風〉（亞歐堂田善）
	〈不忍池圖〉（司馬江漢）
	寫生畫
	〈雪松圖屏風〉（圓山應拳）
文學	讀本
	《雨月物語》（上田秋成）
	《南總里見八犬傳》、《椿說弓張月》（瀧澤馬琴）
	滑稽本
	《東海道中膝栗毛》（十返舍一九）
	《浮世風呂》、《浮世床》（式亭三馬）
	俳諧
	《蕪村七部集》（與謝蕪村）
	《我春集》（小林一茶）
	劇作
	《假名手本忠臣藏》（竹田出雲）
	《東海道四谷怪談》（鶴屋南北）

江戶時代設立的主要學校

主要藩學			
場所	校名	設立年	設立者
岡山	花畠教場	1641	池田光政
萩	明倫館	1719	毛利吉元
熊本	時習館	1755	細川重賢
鹿兒島	造士館	1773	島津重豪
會津	日新館	1803	松平容頌
水戶	弘道館	1841	德川齊昭
主要私塾			
場所	校名	設立年	設立者
大坂	洗心洞	1830年左右	大鹽平八郎
大坂	適塾	1838	緒方洪庵
長崎	鳴瀧塾	1824	西博爾德
萩	松下村塾	1842	吉田松陰的叔叔
京都	古義堂	1662	伊藤仁齋
近江小川	藤樹書院	1634	中江藤樹

■西元1821年
伊能忠敬完成《大日本沿海輿地全圖》

■西元1823年
德國人西博爾德抵達日本

■西元1825年
《東海道四谷怪談》（鶴屋南北）

■西元1829年
〈富嶽三十六景〉（葛飾北齋）

■西元1833年
〈東海道五十三次〉（歌川廣重）

Column

江戶是環保生活典範？

這幾年來，環境問題愈發惡化，而環境保護與回收再利用亦成爲人們日常生活中最重要的一項議題。在這波環保意識高漲的潮流下，「江戶」逐漸成爲世人的關注焦點。這是因爲有一個看法引起大衆關注，說江戶時代的生活方式，其實是很理想的環保典範。

事實上，江戶時代的生活幾乎沒有任何東西是「沒用處」的，人們能妥善運用僅有的些許資源過活。用我們這個年代口號來說，那時的生活簡直就是「愛護地球」的完美典範。

由幕府推動的環保政策，大約成形於江戶時代開始後50年左右。西元１６５５年，幕府禁止隨意丟棄垃圾，指定永代島作爲垃圾集中地，並展開與今日「夢之島」同樣的塡海政策。西元１６６６年時，幕府頒布「山川管理條例」，禁止更進一步開墾山林。當時人們早已明白毫無規劃地胡亂開墾，只會讓土地更加荒蕪而已。

雖然新田的開墾在江戶時代中期以後十分盛行，但從整體來看，開墾的比率僅只是一小部分。幕府長期投注心力推動農業技術發展，小心翼翼地避免破壞自然環境。

而這種態度跟想法，也自然而然根植於庶民心中。雖然幕府不准隨意丟棄垃圾，也規定了指定垃圾場，但其實那時候有各種各樣的「回收業者」存在，好比說舊衣商、集紙業者、廚具修繕業者等等，所以實質上的垃圾量根本趨近於零。

其中最具象徵性的，莫過於水肥回收業者，這是一種收集大衆排泄物，然後賣給農人當肥料的生意。據說，一個人一年份製造的排泄物，差不多跟一斗（約14公斤）米等值，人的糞便屎尿是相當貴重的商品。

江戶雖然沒有下水道系統，但隅田川出海口的水質清澈到可以捕捉銀魚。相形之下，當時的巴黎與倫敦的河川即便有完善的下水道系統卻仍然汙濁。

當時還有「灰燼商」這種行業。灰燼可以拿來當製肥或染色時的觸媒，或者釀造清酒的化學藥品。除此之外，當時還有修繕陶器的「燒補職人」，蒐集河底廢鐵的「篩洗商」等各種行業，生活中幾乎沒有任何無用之物。

時至今日，一般認爲保護環境永續發展的資源循環系統中，必須要有二次利用、再造、租借等幾項要素，而這些在江戶時代一應俱全。生活在江戶的人們，他們具備徹底的回收與環保意識，水準之高堪稱世上數一數二。

第 5 章

朝現代化國家邁進

幕府末期～明治

第5章

躋身歐美列強行列，突飛猛進的明治時代

歷史變遷過程

幕府末期→明治

打開國門，締結不平等條約

←幕府滅亡，明治政府誕生

←產業與文化極速邁向現代化

←政府內部分裂

幕府滅亡，明治新政府誕生

在動盪的幕府末期，不論是幕府派也好，反幕府派也好，領著日本走上變革的志士，都不過是一群年約20歲到30歲不等的下級武士。尤其是來自薩摩、長州、土佐、肥前（薩長土肥）的志士，他們時而對立、時而互助，正面迎戰劇烈變動的時代浪潮。在亞洲諸國悉數淪為列強殖民地之際，日本卻沒有走上同樣的路。從結果上而言，日本憑一己之力完成社會體制改革，外國勢力終究未得直接介入。

途中雖然打過一場戊辰戰爭，但總的來講，明治新政府沒有引發什麼大規模內亂，雷厲風行地完成國內改革。其中，不流一滴血和平解散武士特權階級，更堪稱是一場奇蹟。可惜的是，以薩長土肥出身者為中樞組織的新政府，沒過幾年便傳出內鬨。使得一派人馬遠離中央，發動武力抗爭，另一派人馬則投入自由民權運動，高聲反對派閥政治，要

積怨叛亂的士族與自由民權運動

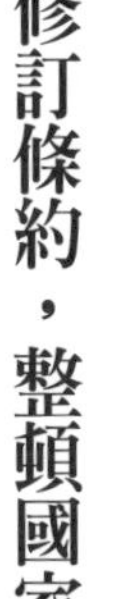

修訂條約，整頓國家體制

甲午戰爭與日俄戰爭

前進大陸

求全民參政。

修訂不平等條約，厲行富國強兵

培里的船隊來到日本，使江戶幕府放棄鎖國政策，打開國家大門，並在此時，和許多國家簽下不平等條約。此後，想辦法修改這時簽下的不平等條約，便成為明治新政府的頭號外交功課。

從明治初年開始著手進行的修約協商，要一直到明治時代的最後一年，才徹底解決完畢。這段期間裡，種種國內制度改革與對外戰爭，亦都與協商過程密切攸關。

明治新政府投注全副心力於富國強兵政策。扶植現代化產業、強化軍備，以擴充經濟、軍事雙方面實力，是執政當局心中最優先的要務。

到明治時代中期，面對朝鮮、清朝與俄國問題，國內輿論漸往鷹派傾斜。但直到此時，對日本國力心知肚明的政府主流派，大致上仍抱持著迴避戰事的想法。

尤其是對手俄國實力相當雄厚，戰事最好是能免則免。雖然在輿論與軍部施壓下，最後雙方仍走上開戰的局面，但府方對這一仗其實相當不看好，甚至一開戰就立刻找美國商量談和的餘地。然而，在各式各樣的條件加持下，日本打贏了這場日俄戰爭。這場勝利替日本贏來列強的認可，另一方面，也將日本的國運引導上一條不幸的不歸路。

幕府早有線報，卻……!?

培里率黑船到來——毫無外交作為的幕府遭到致命打擊

Point

- 列強發動鴉片戰爭，劇烈震撼東亞
- 幕府打算堅守鎖國體制
- 事前即知培里將至，卻無計可施

要求開國的聲浪漸強

歐美列強船隻頻繁造訪日本，就在此時，鄰國清朝爆發一起震撼東亞的事件：鴉片戰爭。爲了避免與列強開戰，幕府不得不放寬異國船驅逐令的規定，但仍繼續拒絕列強的開國與通商要求，對美國東印度艦隊將領詹姆斯·貝特爾（James Biddle）的要求也不例外。

與此同時，幕府強化關東一帶與全國海防要地的防備能力。只不過這些應變策略，都在僅4艘的黑船威脅下，輕而易舉地遭到瓦解。

培里送來國書

當時，美國西部發展與北太平洋捕鯨活動漸入佳境，因而把日本視爲關鍵的要衝之地。培里來訪的目的，就是不惜動用武力，也要逼使日本打開國門。也因爲如此，培里身上攜有美國總統捎來的國書。

幕府收下國書，保證會於隔年回應，暫時送走了培里。老中阿部正弘向朝廷報告此事，並向諸國大名徵詢意見，這個舉動成爲日後幕府威信滑落的源頭。

更重要的，幕府早在一年前就掌握消息，知道培里即將到來，但卻沒有採取任何行動，這點徹底暴露出幕府有多無能。培里的到來，就像是壓垮江戶幕府命運的最後一根稻草。

荷蘭的善意付諸東流

荷蘭一直替日本帶來各種海外情報，第一個把鴉片戰爭的消息帶來日本的是荷蘭，向日本通風報信英美軍艦將至的也是荷蘭。幕府收到消息後，強化了江戶與大坂的警備。然而，荷蘭也曾建議日本開國，以免重蹈清廷在鴉片戰爭的覆轍，只可惜幕府並沒有採納。

西元19世紀中葉，列強侵略亞洲

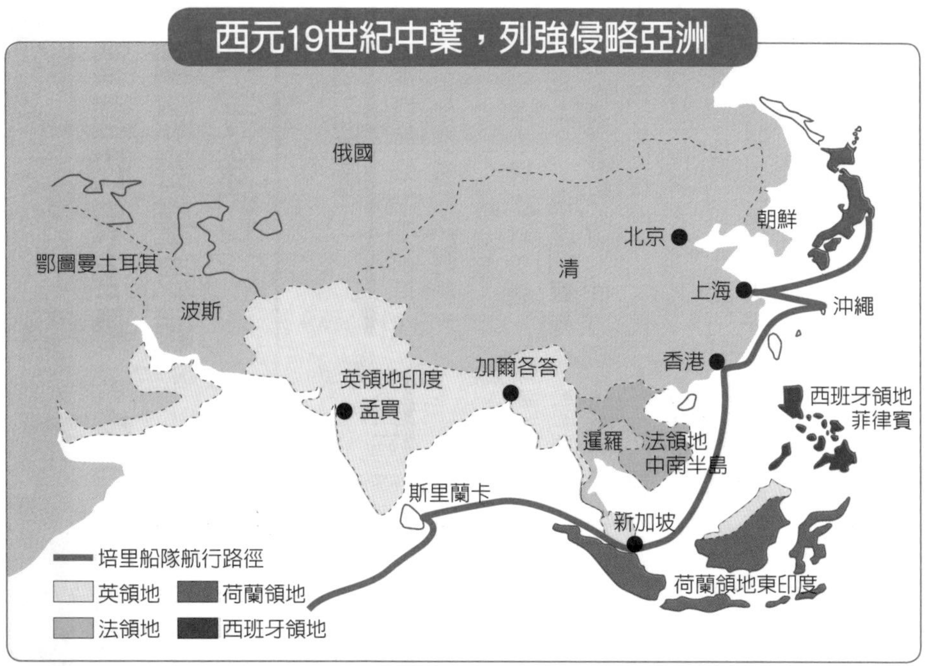

年	月日	主要大事
1840		鴉片戰爭（～西元1842年）
1844	7	荷蘭使節送來荷蘭國王建議開國的書信（幕府於隔年回絕）
1845	5	英國船艦抵達琉球、長崎
1846	閏5	英法列強船隻抵達琉球 美國東印度艦隊將領貝特爾抵達浦賀，要求通商
1847	2	幕府強化關東沿岸警備
1849	12	幕府下令全國強化海防
1852	8	荷蘭商務會館長官，通知幕府培里即將抵日
1853	6.3 6.22 7 9	美國東印度艦隊將領培里抵達浦賀。幕府收下美國總統的國書，並承諾於明年回覆 將軍家慶去世（13代家定） 老中阿部正弘詢問各大名對美國國書的看法 俄國遠東艦隊將領普提雅廷抵達長崎（後於12月二度入港） 幕府解除大船營造禁令
1854	1 3 閏7 12	培里再次赴日 締結《日美和親條約》 英國軍艦抵達長崎，締結《日英和親條約》 締結《日俄和親條約》
1855	7 10 12	幕府於長崎設置海軍傳習所 發生安政大地震，堀田正睦成為老中之首 締結《日荷和親條約》
1856	2 4 8 	設置蕃書調所 設置講武所 哈里斯至下田，赴任初代美國總領事 英法聯軍之役（日稱亞羅號戰爭，至西元1860年止）
1857	10	哈里斯晉見將軍，要求簽訂通商條約
1858	4 6 7 9	井伊直弼成為大老 簽訂《日美修好通商條約》，選定紀州藩主德川慶福（家茂）為將軍後繼者 簽訂《日荷、日俄、日英修好通商條約》，將軍家定去世 簽訂《日法修好通商條約》，發動安政大獄

鎖國政策落幕，轉眼間置身國際舞臺浪頭——開國與不平等條約

Point

- 屈服於培里，簽訂《日美和親條約》
- 井伊直弼未經許可，擅自簽訂通商條約
- 直到明治時代末，仍在協商修改不平等條約

因脅迫而開國

當培里於半年後再次赴日，他測量江戶灣的尺寸，以武力對幕府施壓，率領的船隊也增加到7艘。幕府簽下了《日美和親條約》，並接著和英國、俄國等列強締結同樣的條約，鎖國體制宣告落幕。

在這段時間裡，幕府推動安政改革，攝取西方學問，厲行軍事教育。荷蘭國王餽贈軍艦給日本，幕府在長崎建置海軍傳習所，勝海舟就是在這裡受教育的學生之一。

《日美修好通商條約》

美國初代駐日總領事哈里斯（Townsend Harris）來到下田，打算按照《日美和親條約》的條文赴任領事，結果幕府卻慌了手腳，因爲幕府方面以爲是在兩國都需要的情況下，才會派任領事駐守。後來證明，這是幕府方面誤譯條文導致的誤解。

哈里斯費盡辛苦在下田展開外交活動，可是在下田沒辦法解決事情，他遂前往晉見將軍，強烈要求締結通商條約。幕府覺得締約已勢在必行，但朝廷方面卻不同意。於是，就任爲大老的井伊直弼，在未獲得朝廷許可之下，擅自簽署了通商條約。條約中承認對方的領事裁判權，並剝奪日本的關稅自主權，內容並不平等。幕府接著又和荷蘭、俄國、英國、法國等陸續簽訂同樣條約，史稱《安政五國條款》。我們可以說，後來的明治政府幾乎把全副心力，都花費在改正這些不平等條約上。

不平等條約的主要內容

阿部正弘

《日美和親條約》（西元1854年簽署）
〈老中　阿部正弘〉

◎同意下田、箱館開港
◎同意領事常駐
◎提供所需燃料與糧食給美國船隻
◎給美國最惠國待遇

井伊直弼

《日美修好通商條約》（西元1858年簽署）
〈大老　井伊直弼〉

◎同意神奈川、長崎、新潟、兵庫開港
◎承認領事裁判權（各國國民交由各國領事審理）
◎日本不得對進口產品課稅

安政改革

在江戶灣建造砲臺（台場）
解除建造大船的禁令→　鬆綁武家諸法度中的禁令，不再管制各藩興建大船
於長崎設置海軍傳習所→傳授如何操作西式軍艦（荷蘭餽贈）
建置蕃書調所→　教授、翻譯西學
建置講武所→　對幕臣與其子弟行軍事教育

歷史Close Up

安政大地震

西元1855年10月，安政大地震直擊關東，據悉地震規模達7級，震源就在關東正下方。水戶藩中心人物，尊王攘夷派的藤田東湖在震災中殞命。此後，水戶藩不斷上演內部鬥爭，一步步走向悲劇。

從年表掌握歷史變遷

■西元1853年
培里抵達浦賀，普提雅廷抵達長崎

■西元1854年
培里二度赴日，締結《日美和親條約》。隨後又與英、俄等國簽訂和親條約

■西元1855年
於長崎設置海軍傳習所
發生安政大地震
締結《日荷和親條約》

■西元1856年
哈里斯抵達下田，赴任初代美國總領事

■西元1858年
井伊直弼成為大老，簽署《日美修好通商條約》。隨後又和荷、俄、英、法等國簽訂修好通商條約（《安政五國條款》）。紀州藩主德川慶福成為將軍（改名家茂）

不只外交棘手，內政同樣一團亂

本是遺世之人的井伊直弼橫行於混亂局勢——安政大獄

Point

- 南紀派與一橋派因將軍繼承問題鬧翻
- 大老井伊直弼強硬的內政與外交政策
- 直弼遇害，水戶藩遭打壓，幕府更加衰弱

將軍繼承問題浮上檯面

培里船隊到來，迫使幕府打開國門。在此當口，其實幕府在內政方面，也有不小的問題。由於13代將軍家定膝下無子，導致兩派勢力為了繼承人問題互不退讓。主張維持幕府專制政治的南紀派，推舉德川慶福（即後之家茂）接班；想跟雄藩建立合作體制的一橋派，則擁立（德川）慶喜上位。

這時候，為了解決內政與外交雙方面的難題，彥根藩主井伊直弼出面接下大老之職。

井伊直弼獨斷為政

彥根藩是家康當政時，功勳耀眼的譜代大名，不用說當然屬於南紀派。井伊直弼身為第14子，按理來說應該無緣繼承井伊家才是。他本人也深諳自己的立場，因此把自己住的屋子命名為「埋木舍」，鎮日埋首於茶道與武道之中。然而，疾病帶走他兄長的子嗣，親手足又被過繼到別戶人家，到最後直弼竟然在不知不覺間，當上了一藩之主。

井伊直弼執政的方式近乎獨裁。在外交上，他未經敕許（朝廷許可）擅自簽署《日美修好通商條約》；在內政方面，則決定立德川慶福為後繼人選。同時，因為有風聲指稱水戶藩與朝廷勾結，企圖倒幕，他便大舉查緝水戶藩等一橋派勢力，並懲處許多反幕府派人士，史稱安政大獄。想當然爾，井伊直弼的作為引發強烈反彈，最後在櫻田門外遭到暗殺。至此，幕府獨裁體制的崩盤，已成定局。

安政大獄

引爆安政大獄的導火線，可說是朝廷埋下的。朝廷送了一封詔書給尊王攘夷派的核心水戶藩，信中痛斥井伊直弼未獲敕許擅自簽約一事。據說，水戶藩跟朝廷勾結，共謀倒幕的謠言，就是從這裡傳開來的。

事實上，這封詔書也讓水戶藩吃了一驚，因為他們雖屬尊王攘夷派，卻從沒想過要打倒幕府。水戶藩遂立刻聯繫幕府，告知這封詔書的存在。

只不過水戶藩傾向朝廷，又在一橋慶喜將軍後嗣問題上處處作對，井伊直弼

將軍後繼問題

13代將軍家定無子嗣

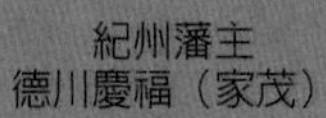

紀州藩主
德川慶福（家茂）

年幼但血緣近

支持

井伊直弼

南紀派 ⇒ 譜代大名
想維持幕府專制政治

14代
將軍候選人

互相對立

德川齊昭
（水戶藩）之子
一橋慶喜

年長英明

支持

一橋派 ⇒ 雄藩藩主
松平慶永（越前）
島津齊彬（薩摩）
山內豐信（土佐）

安政大獄主要懲處名單

安政大獄是西元1858年到1859年間，由井伊直弼主導的政治迫害行動。一共超過100人受到牽連，懲處名單包括反幕傾向的雄藩大名、公卿、幕臣、各藩藩士等。

	姓名	隸屬	處分
諸侯（大名）	德川齊昭	前水戶藩主	於水戶無期蟄居
	德川慶篤	水戶藩主	禁止進城
	德川慶喜	一橋家當家	退位閉關
	德川慶勝	尾張藩主	退位閉關
	松平慶永	越前藩主	退位閉關
	山內豐信	土佐藩主	退位閉關
幕臣	岩瀨忠震	作事奉行	退位閉關
	川路聖謨	勘定奉行	退位閉關
公卿	近衛忠熙	左大臣	辭官
	大原重德	宮廷貴族	自宅閉關
藩士	梅田雲濱	前小濱藩	死於獄中
	橋本左內	越前藩	死刑
	吉田松陰	長州藩	死刑
其他	賴三樹三郎	國學者賴山陽之子	死刑
	浮田一蕙	畫家	投獄

心中早已生出嫌隙。他索性趁此機會，一舉掃蕩反幕府勢力，就連與水戶藩無關的人物也一併懲處，吉田松陰就是其中代表性的犧牲者。

歷史Close Up

連雪都討厭井伊直弼

農曆3月3日，櫻田門外事變當日，天空下起大雪。若以現在的曆法換算那天該是國曆3月24日，這場雪來得不符時節。當天一起進城的井伊家衛士全都穿著厚重裝備，也因此當17名水戶藩士襲來時，錯失了應變時機，就這樣讓刺客輕鬆取走井伊直弼的首級。

波及庶民生活的貿易問題是？

開國後的社會變動——物價高漲是反幕府排外運動成因之一

Point

- 貿易急速成長，物價猛烈上漲
- 貿易壓迫到武士與庶民的生活，引起民怨
- 排外事件、一揆與暴動事件頻傳

江戶經濟崩壞

開了幾座港口展開對外貿易後，日本國內的產業與物流機制出現巨大轉變。出口產品中一度有8成全是生絲，不久後，又因為製造速度趕不上出口速度，導致物價大幅飆漲。原本以江戶中盤商為中心的物流機制開始失能，幕府遂頒布五品江戶迴送令，要求雜糧與生絲等5項產品，需透過江戶中盤商經手始能出口。不過這道命令受到產地業者與外國商人反對，而幾乎沒有實效。廉價的棉織品大量進口，壓迫到種棉農家的生計。除此之外，當時國外的金銀兌換率為1比15，但日本只有1比5，因而導致黃金大量流出海外。幕府鑄造了有史以來最小的小判「萬延小判」應對，但此舉卻使貨幣價值滑落，反替高漲的物價推波助瀾。

武士與農民躁動不安

開港與貿易塗炭民生，引發民怨並不意外，在這樣的時局底下，大眾對外國人的憤怒也更加升溫。開國後不久，多起一揆事件與外國人襲擊案件旋即爆發，肇事者為藩士或離開藩籍的浪人的案件愈來愈多。長州的高杉晉作就曾在品川，對建設中的英國公使館發動攻擊。但從另一個角度來看，有時候外國勢力的協助對幕府卻又不可或缺。好比說，俄國軍艦占領對馬時幕府拿俄方毫無辦法，最後委請英國軍艦施加威脅，才得以平息事態。

眼看著幕府末期的動盪日漸擴大，百姓高舉著導正世道大旗，紛紛群起暴動或發動一揆。在動盪局勢接近最高潮時，高唱著「怎樣都好」，手舞足蹈、胡作非為之舉一時蔚為風潮。江戶時代，就在這樣的時局之下，悄然落幕。

開國後的社會脈動

年	月	事件
1859	6	神奈川（實為橫濱）、長崎、箱館開始貿易
	10	安政大獄變本加厲
1860	3	櫻田門外事變
	閏3	五品江戶迴送令
	12	薩摩藩士率衆殺害美國翻譯官休斯克
		農民一揆與外國人襲擊案頻傳
1861	2	對馬占領事件－俄國軍艦入港要求租借地
	5	東禪寺事件－水戶浪士率衆襲擊東禪寺臨時英國公使館
	8	英國逼退對馬的俄國軍艦
	10	和宮下嫁給幕府，成為家茂夫人
1862	1	坂下門外之變
	4	寺田屋事變
	8	生麥事件－英國人橫越島津久光出巡行列而遭砍殺
	12	火燒英國公使館事件－高杉晉作與久坂玄瑞率衆襲擊興建中的公使館
1863	5	長州藩於下關砲擊美、法、荷軍艦，遭受報復性回擊
	8	8月18日政變
1864	7	禁門之變－長州藩於京都和幕府軍交戰。第1次長州征伐
1865	4	第2次長州征伐
1866		訴求導正世道的一揆與暴動頻傳
	12	德川慶喜當上將軍
1867	8～	亂唱亂跳的「怎樣都好」大流行，風潮擴及東海、近畿、關東等地
	10	大政奉還

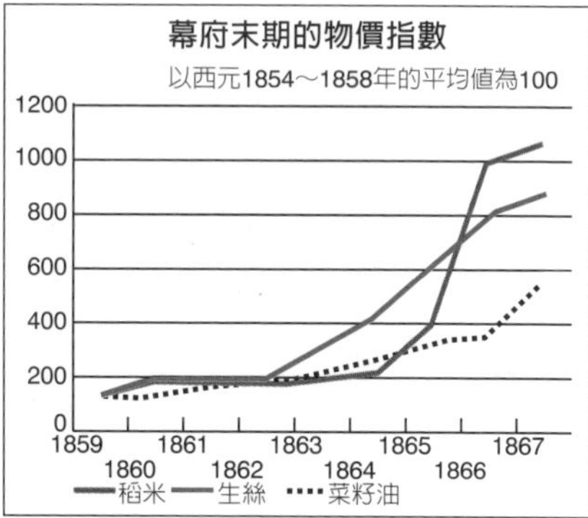

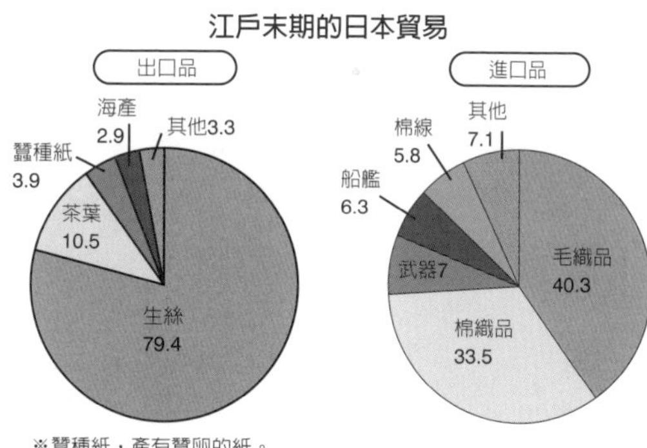

※蠶種紙，產有蠶卵的紙。

害怕波及百姓

美國曾向幕府抗議，指責神奈川沒有依條約記載開港，而幕府則以橫濱港環境較好為理由，強行把開港地點換到橫濱去。事實上，據說這件事的原因在於神奈川是旅舍林立的宿場町，幕府擔心開港會給當地居民不好的影響，而出此下策。

天皇胞妹經政治聯姻成爲將軍夫人!?

幕府試圖向朝廷靠攏——公武合體政策

Point

- 幕府採取與朝廷攜手的方針
- 把有婚約在身的天皇胞妹嫁到將軍家
- 與朝廷和幕府皆有深交的島津氏插手政事

改善與朝廷的關係

櫻田門外事變後，幕府致力改善與朝廷的關係，這項朝廷與幕府互相親近的動作，稱爲公武合體政策。爲了顯示雙方互動良好，老中安藤信正成功推動聯姻，讓孝明天皇之妹和宮下嫁給將軍家茂。然而，當時和宮已有婚約在身，強硬的政治聯姻遭到尊王攘夷派非難。安藤信正在坂下門外之變負傷，旋即失勢。

薩摩島津出馬

縱然和宮與家茂的婚禮儀式如期舉辦，但幕府的公武合體政策卻陷入泥淖。此時，出面採取行動的，就是與朝廷和幕府雙方都有深遠淵源的薩摩藩島津久光。

島津久光趕赴京都，建議朝廷應與幕府配合，但市井間卻謠傳久光正暗自謀劃推翻幕府。於是，久光透過寺田屋騷動等事件，先壓制自己藩內的尊王攘夷勢力，再和朝廷敕使一起動身前往江戶，要求幕府改革政治。幕府接納他的建言，將松平慶永任命爲政事總裁職，命德川慶喜擔任將軍後見職，再派會津藩主松平容保就任新設的京都守護職。除此之外，幕府也把參勤交代制放寬爲3年一次，導入西式軍隊制度，赦免安政大獄受刑人等等，厲行文久改革。

幕府失去主導權

這個時代裡，聚集於京都的各藩志士插手干政，形成被稱為「文久大勢一變」的現象。其中，薩摩藩的島津久光，更是讓這種現象進一步成為定局的人物。久光上京後，先是推動朝政，後再挾朝廷命令與幕府對話，和敕使大原重德一起前往江戶，遞交要求幕府改革的敕書。換言之，從形式上看來，要求改革的人不是久光，而是朝廷。

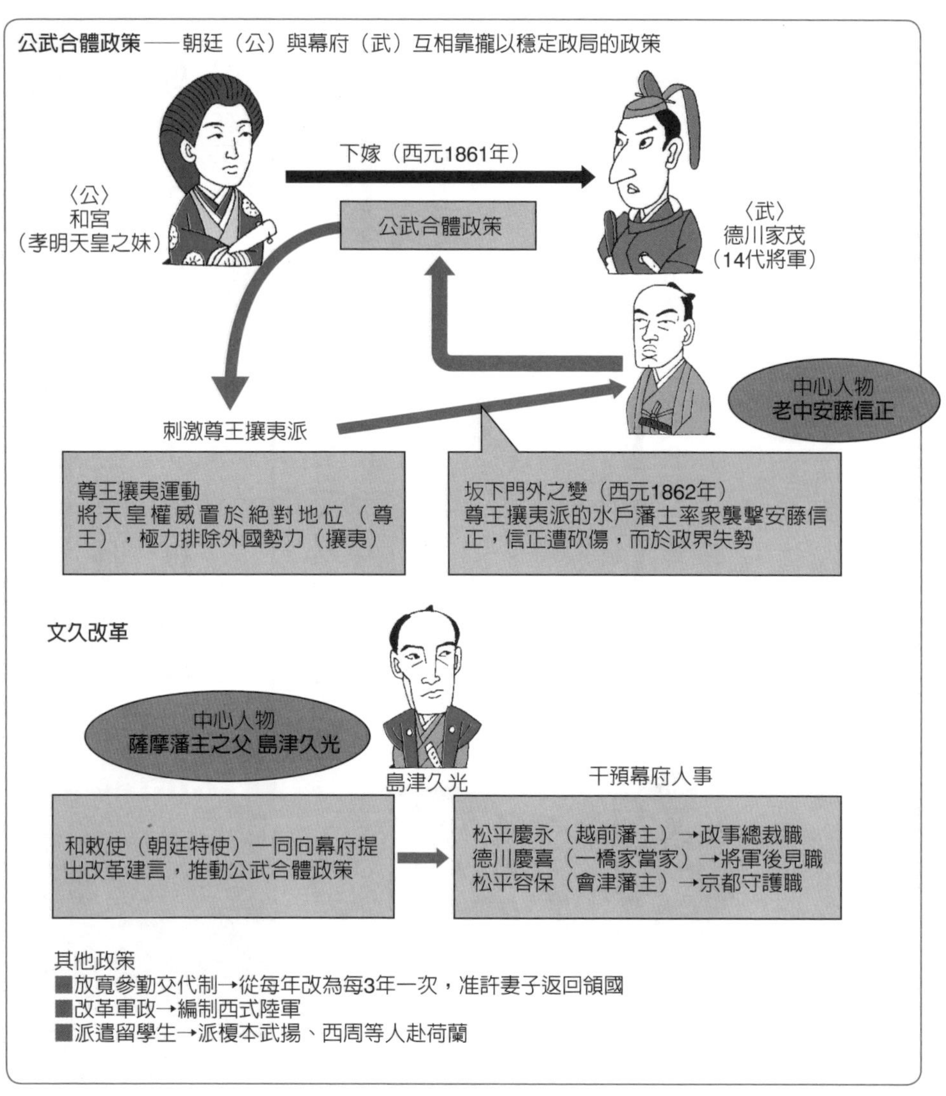

從年表掌握歷史變遷

■西元1860年
3月　櫻田門外事變
11月　老中安藤信正公告將軍家茂將迎娶孝明天皇之妹和宮為妻
■西元1861年
10月　和宮赴江戶
■西元1862年
1月　坂下門外之變
2月　家茂與和宮成婚
4月　島津久光向朝廷建言公武合體。寺田屋騷動
5月　朝廷敕使與久光同赴江戶，要求幕府改革政治

尊王攘夷派對公武合體派——執掌牛耳的長州，力挽狂瀾的薩摩、會津

Point

- 以尊王攘夷為藩論的長州派勢力坐大
- 主張公武合體的薩摩與會津逆轉頹勢
- 長州在奪回京都失地一役中挫敗

8月18日政變

當薩摩藩的島津久光忙著推動公武合體政策時，長州藩則以尊王攘夷爲藩論，和朝中的尊王攘夷勢力（尊攘派）攜手，掌握了京都主導權。

西元1863年3月，家茂進京，是德川將軍睽違230年來首度上京，顯示出幕府實力的衰退。當時朝中以尊攘派占優勢，面對朝廷詢問何時攘夷的幕府，遂選定5月10日這個日子。長州藩在那天依約執行，對當天行經下關海峽的外國船隻發動砲擊。

這段期間裡，薩摩與會津逐步做好反攻的準備，並於8月18日將長州勢力盡數驅逐。

禁門（蛤御門）之變

公武合體派掌握主導權後，松平慶永、島津久光、德川慶喜等人結成參預會議，向朝廷鼓吹開港的必要性。然而，這時候二度上京的將軍家茂，卻出言屏棄開港之說，大力主張鎖國。

擔任後見職的慶喜雖然滿腹狐疑，最後仍轉而附和幕府一方的看法。結果，對這件事的看法難以統整，參預會

尊攘派舉兵

西元1863年8月17日
天誅組之變
孝明天皇行幸大和時，尊攘派為組織討幕軍而趁機興兵起事。由於隔天爆發8月18日政變，天皇中止行幸，天誅組遂陷入孤立。

西元1863年10月12～14日
生野之變
藩士平野國臣等人脫離福岡藩，推舉公家的澤宣嘉，響應天誅組之變。

西元1864年3月
天狗黨之亂
水戶藩尊攘派的藤田小四郎等人於筑波山舉兵。

議也就此瓦解。

薩摩與會津掌握京都，而京都的警備工作則由新撰組負責。當尊攘派志士在旅店池田屋遭新撰組攻擊，長州藩勃然大怒，揮軍發動禁門（蛤御門）之變，卻落得戰敗撤軍的結尾。另一方面，幕府獲得朝廷敕許，著手準備征討長州。

歷史 Close Up

將軍一傳即至

家茂的上京，其實有點像被朝廷傳來問話，打算聽將軍親口說明幕政情況。定下攘夷的日程後，家茂到大坂灣視察軍艦，那裡是外國船隻可能的接近地點。當時指揮軍艦的人就是勝海舟，他趁機親自與家茂談判，令家茂答應建設神戶海軍操練所。

從年表掌握歷史變遷

■西元1863年

3月 將軍家茂上京

4月 朝廷周知各藩，幕府將於5月10日實施攘夷

家茂赴大坂城（後轉往江戶）

5月 長州藩於下關砲擊美、法、荷軍艦

6月 美、法軍艦對長州藩行報復性攻擊。高杉晉作等人編組奇兵隊

7月 薩英戰爭

8月17日 天誅組之變

8月18日 8月18日政變

松平慶永、島津久光、德川慶喜等人組成參預會議

10月 生野之變

■西元1864年

3月 天狗黨之亂

6月 池田屋事件

7月19日 禁門（蛤御門）之變

7月24日 幕府下達征討長州之命

坂本龍馬立下大功

大舉推動幕府末期歷史的薩摩與長州密約——薩長同盟

Point

- 體認到攘夷困難的薩摩藩與長州藩
- 長州內亂後高杉晉作掌權，發動討伐幕府
- 第2次長州征討失利後，慶喜成為將軍

從攘夷到開國

在幕府軍隊壓境下，長州藩選擇低頭，藩政高層釋出恭順之意。另一方面，1年前遭長州藩砲擊的外國艦隊，也動手展開報復性攻擊，占領下關砲臺等處。高杉晉作等人深刻體會到攘夷已不可行，並對歸順幕府的高層感到不滿，因而舉兵奪取藩政主導權。此後，長州藩藩論即轉向反幕府論調。與此同時，薩摩藩經歷生麥事件後，亦遭到英軍報復性攻擊，西鄉隆盛與大久保利通等人便著手改革藩政，藩論亦從攘夷轉爲開國。

如此一來，原爲尊王攘夷派的長州，與原爲公武合體派的薩摩，雙雙於同時期目睹外國的軍事實力，進而抱有同樣的想法。坂本龍馬便在這當口介入其中，替一、兩年前還互相敵視的兩藩牽線。他說服了同樣轉思討伐幕府的西鄉隆盛與木戶孝允，促成薩長同盟密約，這件事決定了幕府的走向。

第二次長州征討

高杉晉作等人掌握長州藩後顯現出反抗態度，於是幕府便二度揮軍攻打長州。然而這一次，薩摩藩因爲薩長密約而拒絕出兵協助，長州討伐軍打不下長州藩，反讓戰況愈顯困頓。當此之際，將軍家茂猝逝，幕府便停止進軍，遣勝海舟出馬，承諾改革幕政以換取長州同意停戰。成爲15代將軍的慶喜雖然有意改革政治，但公武合體派的孝明天皇猝逝，對幕府造成嚴峻的打擊。

從年表掌握歷史變遷

■西元1863年

5月 長州藩於下關砲擊美、法、荷軍艦

7月 薩英戰爭

■西元1864年

7月 禁門（蛤御門）之變。幕府下令征討長州

8月 四國（英、美、荷、法）聯合艦隊砲擊下關

11月 長州藩歸順幕府

12月 高杉晉作率領奇兵隊起事

■西元1865年

2月 高杉晉作掌握長州藩主導權

藩論轉為反幕府論調

西鄉隆盛與坂本龍馬會面，約定以薩摩名義替長州購買武器

從尊王攘夷運動到推翻幕府的軌跡

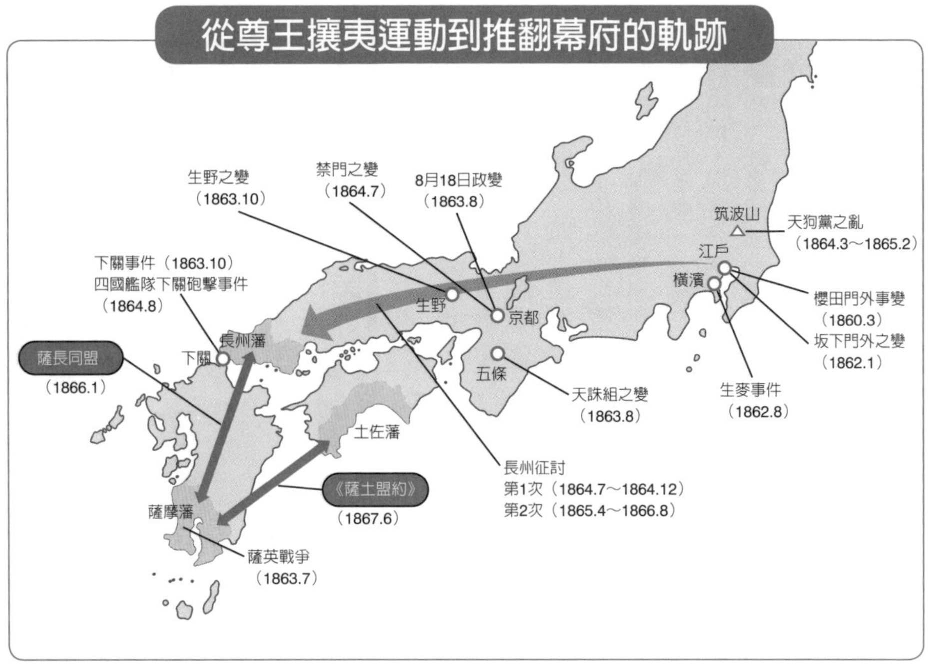

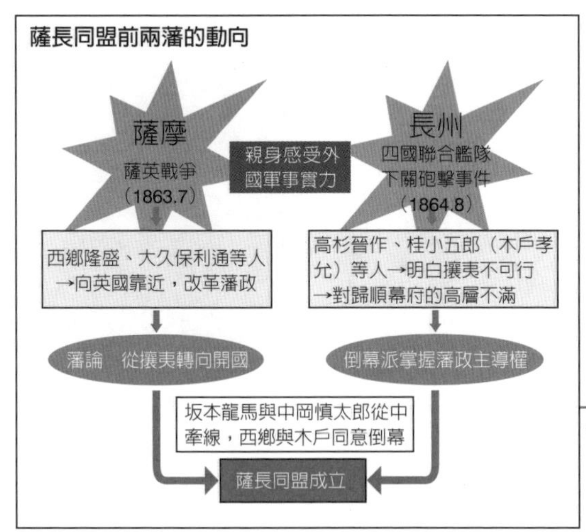

4月　幕府取得第2次長州征討的敕許

■西元1866年

1月　在坂本龍馬的牽線下，薩長同盟締結討幕密約

7月　家茂猝逝。隔月中止長州征伐

12月　慶喜成為15代將軍，孝明天皇猝逝

坂本龍馬推出讓政權順暢移交的大戲——大政奉還與王政復古

龍馬腦中的新政權藍圖

德川慶喜用盡心力重建幕府，但薩摩與長州一派武力討伐幕府的聲勢日漸壯大。當此之際，坂本龍馬與後藤象二郎出面，透過公武合體派的土佐藩山內豐信（容堂），對慶喜提出建言，要他還政於朝。龍馬在船中八策裡，抱著公議政體論的夢想，計畫建立一個奉朝廷在上，聯合慶喜與其餘諸藩共組的政權。慶喜採納山內的建言，執行大政奉還，因爲他認爲就算把政權歸還朝廷，德川家還是能繼續掌握主導權。然而，就在大政奉還的同一時刻，檯面下還有別的動作正悄悄進行。

王政復古大號令

對主張武力討伐幕府的薩長而言，大政奉還並不討喜，因爲他們不能接受德川家繼續留在政權裡。與薩長結盟的激進派公家岩倉具視，在慶喜承諾大政奉還當天，悄悄發布了討幕密詔。朝廷受理大政奉還的1個月後，龍馬便遭到暗殺，當時還有耳語猜測是西鄉隆盛等人策劃的行動。畢竟薩長有理由殺害促成大政奉還的龍馬。

薩長兩藩掌握主導權，發布王政復古大號令，排除德川家建立新政權。新政於天皇底下設置總裁、議定、參與3職銜，於是，延續260年的江戶幕府就此滅亡。當天夜裡，3職聚集於京都御所小御所處開會，席間武力討伐幕府派力壓公議政體派，決定了對慶喜的懲處。

Point

- ●大政奉還諮問與討幕密詔同日發動
- ●薩長認為大政奉還方案很礙事
- ●武力討幕派決議制裁德川家

從年表掌握歷史變遷

■西元1867年大事記

6月 薩摩與土佐締結討伐幕府之約。坂本龍馬向土佐藩後藤象二郎提出船中八策（公議政體樹立之策）

8月 「怎樣都好」群起亂舞（～10月）

10月3日 山內豐信（土佐）向幕府建言大政奉還

10月13日 德川慶喜召來諸藩重臣，諮議大政奉還

岩倉具視對薩摩與長州發布討幕密詔

10月14日 慶喜向朝廷提交大政奉還上意書

10月15日 朝廷受理大政奉還

11月15日 坂本龍馬與中岡慎太郎於京都近江屋遭暗殺

12月9日 王政復古大號令。當夜，小御所會議決定命慶喜辭官納地

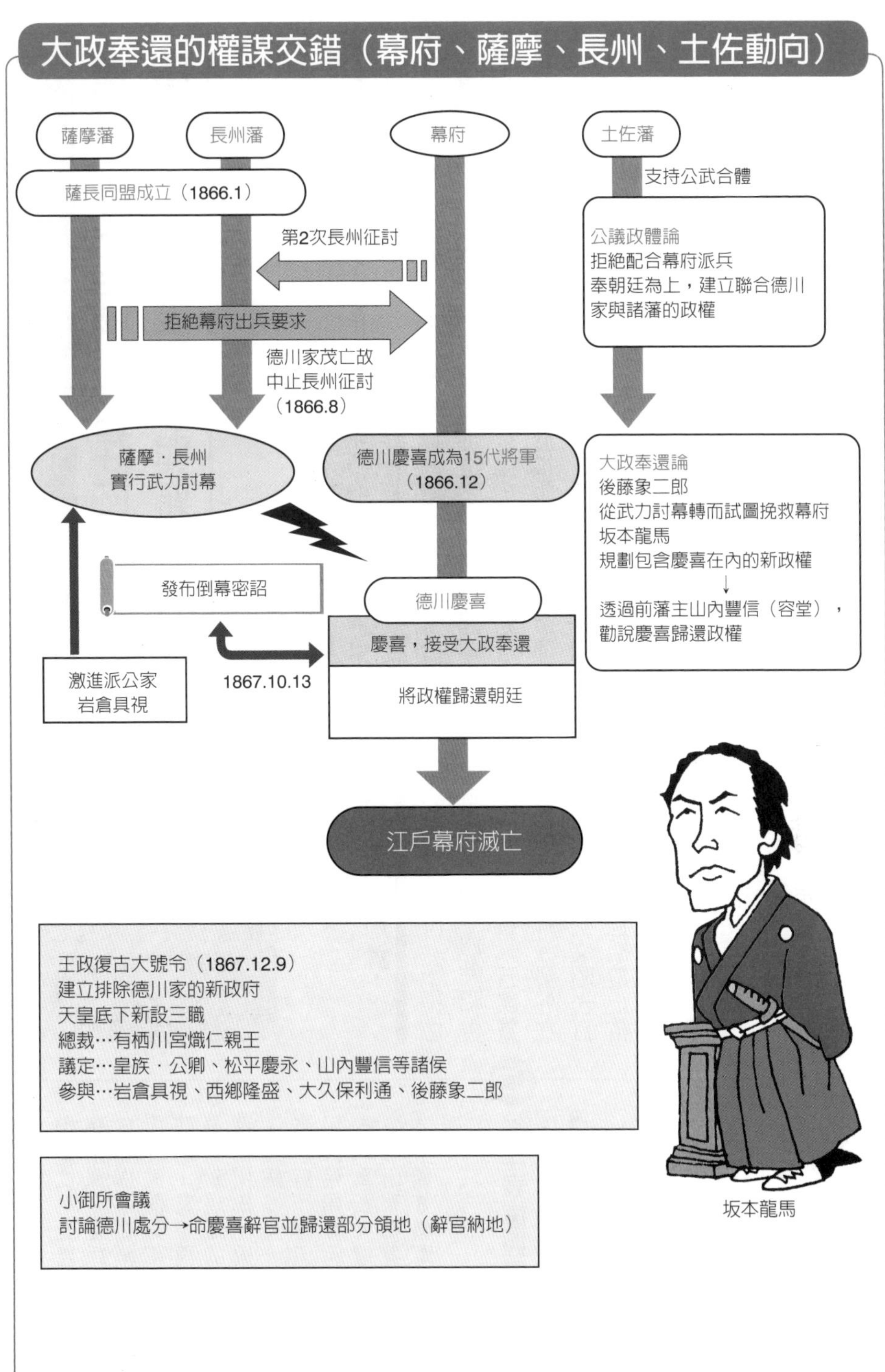
大政奉還的權謀交錯（幕府、薩摩、長州、土佐動向）
薩摩藩
長州藩
幕府
土佐藩
薩長同盟成立（1866.1）
支持公武合體
第2次長州征討
公議政體論
拒絕配合幕府派兵
奉朝廷為上，建立聯合德川家與諸藩的政權
拒絕幕府出兵要求
德川家茂亡故
中止長州征討
（1866.8）
薩摩・長州
實行武力討幕
德川慶喜成為15代將軍
（1866.12）
大政奉還論
後藤象二郎
從武力討幕轉而試圖挽救幕府
坂本龍馬
規劃包含慶喜在內的新政權
↓
透過前藩主山內豐信（容堂），勸說慶喜歸還政權
發布倒幕密詔
德川慶喜
慶喜，接受大政奉還
將政權歸還朝廷
激進派公家
岩倉具視
1867.10.13
江戶幕府滅亡
王政復古大號令（1867.12.9）
建立排除德川家的新政府
天皇底下新設三職
總裁…有栖川宮熾仁親王
議定…皇族・公卿、松平慶永、山內豐信等諸侯
參與…岩倉具視、西鄉隆盛、大久保利通、後藤象二郎
小御所會議
討論德川處分→命慶喜辭官並歸還部分領地（辭官納地）
坂本龍馬

幕府末期→明治

奇蹟般的江戶城無流血開城

舊幕臣賭上德川家存亡的最後戰役——戊辰戰爭與新政府

Point

- 德川諸藩的抵抗與追擊的新政府軍
- 內戰不斷的同時，新政策接連頒布
- 遷都東京以示推動新政的決心

舊幕府對新政府

待王政復古大號令一下，德川慶喜淪爲政治肅清中的懲處對象，於是他先回到大坂城，然後轉進京都舉兵抗爭。新政府軍規模只有舊幕府軍的三分之一左右，然而，在鳥羽．伏見嚴陣以待的新政府軍，卻輕而易舉地擊敗敵手。這是因爲雄藩的軍隊有新式兵器相助所致。

慶喜悄悄撤退，搭乘停靠在大坂灣的軍艦開陽丸退守江戶，釋出歸順之意默默蟄居。打算一掃德川勢力的新政府軍，繼續揮軍東進。眼看著江戶總攻擊幾乎已難以迴避，就在這當口，雙方促成了勝海舟與西鄉隆盛的會談，在最後一刻讓江戶免於被戰火吞噬的命運。最後，江戶城在不流一滴血的情況下和平移交。

嚥不下這口氣的彰義隊於上野堅決抗戰，但短短一天即遭到鎭壓，會津與東北諸藩發起的抗爭也於隨後陸續平定。榎本武陽等人雖移師五稜郭駐守，但亦於半年後歸降，一連串的戊辰戰爭至此終結。

新政府的政治方針

戊辰戰爭白熱化之際，新政府爲向內外昭告新政權成立，頒布《五條誓文》作爲執政方針。另外在五榜揭示中，則明文昭告百姓該有的態度，包括禁止結黨作亂、破壞規矩等等。

同時，新政府把江戶改稱爲東京，訂定年號爲明治，樹立一世一元制，規定一代天皇擁一年號。會津戰爭即將落幕時，天皇行幸東京。當時對首都仍有諸多議

榎本武陽與德川海軍

榎本武陽是舊幕府海軍的總指揮，江戶開城之際，曾有提案要幕府一口氣把所有武器與軍艦移交給新政府，之後再把一部分還原到新規定的石高裡，歸還德川氏。榎本武陽拒絕了這個提案。然而，彰義隊只撐了一天即敗退，德川氏移居駿府，石高銳減爲70萬石。榎本武陽在看到德川家安身於駿府後，才率領8艘軍艦前往北海道。

從年表掌握歷史變遷

戊辰戰爭與新政府動向

■西元1868年

1月3日　鳥羽．伏見之戰

1月6日　德川慶喜私下搭乘軍艦開陽丸逃出大坂。官軍往東推進

3月13日　勝海舟與西鄉隆盛會談，新政府軍延後進攻江戶

3月14日　頒布五條誓文

4月11日　移交江戶城

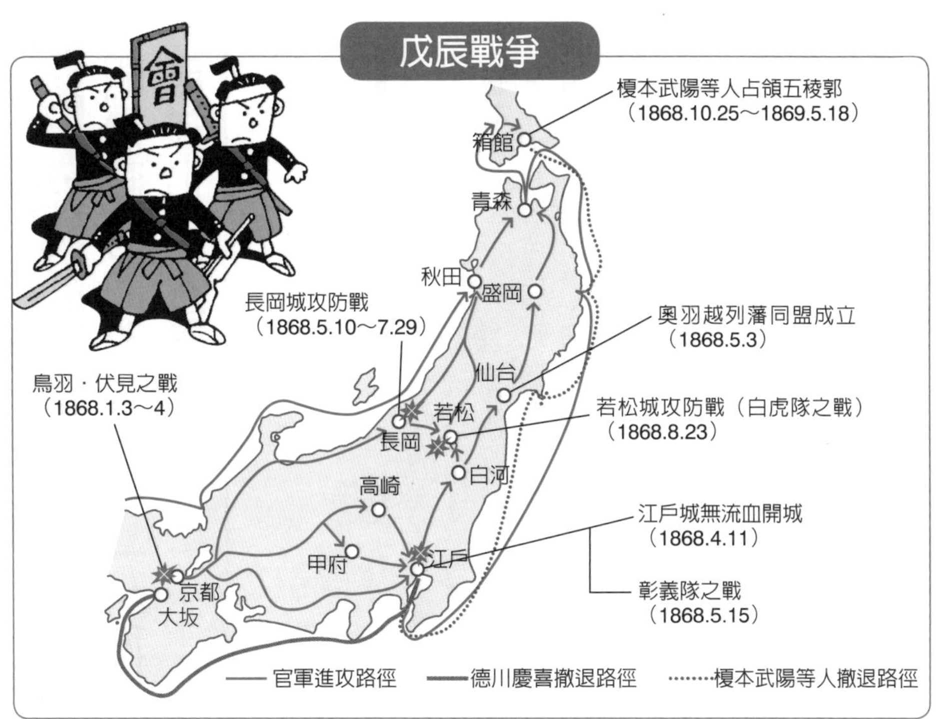

論聲浪，但天皇於半年後再度行幸東京，就這樣不回京都，直接遷都東京。這個舉動正如《五條誓文》所示，意在表明新政府掃除舊習，推動政事的決心。

五條誓文細項

一應廣開會議，讓眾人決定天下政事
一執政講求同心，與身分階級無關
一不論身分高下皆應貫徹其志，不使人心疲弊
一昨日之惡習止於昨日，此後應循天理行事
一應攝取外國新知，振興天皇治國基礎

閏4月27日　公布政體書
5月15日　彰義隊之戰
5月　東北戰爭（～9月）
7月17日　江戶改名東京
8月23日～9月22日　會津戰爭（若松城攻防戰）
9月8日　明治改元，定一世一元制
9月20日　明治天皇行幸東京
10月25日　榎本武陽等人占領箱館五稜郭
■西元1869年
1月20日　薩長土肥四藩主，上奏歸還版籍
3月28日　明治天皇再次行幸東京。設公議所，遷都東京
5月18日　榎本歸降，戊辰戰爭結束

維新過程沒有遭遇太大抵抗

明治政府的改革——一鼓作氣強化中央集權制

● 戊辰戰爭後，對新政府積怨更深
● 廢藩置縣算是一種政治肅清
● 諸藩心裡不滿，卻也無力反抗

從版籍奉還到廢藩置縣

明治政府首先著手的要務，是鞏固以天皇爲中心的政權體制。

首先，政府命諸藩把領地與領民歸還給天皇，即所謂「版籍奉還」，由薩長土肥帶頭示範，其餘諸藩從善如流。明治初期政府雖設有二官六省，但實質上執政的參議幾乎全是薩長土肥出身的人。

奉還版籍施行後，藩政仍由舊藩主負責掌理，故此舉幾乎無助於新政府強化體制，各藩的反彈也甚爲強烈。於是，參議們私下密謀，要強行「廢藩置縣」，並以西鄉隆盛爲中心，從薩長等地召集1萬名士兵編爲政府直屬軍團，備妥執行計畫時不可或缺的軍事武力。廢藩置縣奪去藩主的權限，可說近似於一種政治肅清。

諸藩沒有引起太大規模的反叛，堪稱奇蹟一件。因爲當時幾乎所有藩國都處於財政赤字，僅存的抵抗之力幾近於零。而且，當時諸藩都心知肚明，要與外國勢力對抗，中央集權體制是不可或缺的。

改正地租以確保財源

土地制度也有更動，土地私有制度正式確立。政府規定了地價，並據此修訂地租。原本財政不穩定的中央政府，總算是保住了安定的財源收入。

除此之外，新政府還修改了官制與身分制度等等，其中最大改變就是武士不再擁有特權，不但俸祿沒了，也不能再攜帶刀械。這個改變，讓士族階級萌生相當大的不滿。

主要改革

奉還版籍
把版＝領地（版圖）與籍＝領民（戶籍）奉還天皇。由薩長土肥率先示範，他藩接著仿效。
政府→任命藩主為知藩事，將十分之一石高授薪為家祿。

廢藩置縣
廢除藩國，另設縣制。免除知藩事職位，改命政府官吏出任府知事與縣令。

改革官制（參照左上圖）
太政大臣——三條實美（至西元1885年制定內閣制為止）
參議——由薩長土肥（尤以薩長為主）瓜分→藩閥政府。

身分制度改革
廢除身分制度，追求萬民平等。
●四等平民
大名．上層公家→華族
一般武士→士族　庶民→平民　廢除穢多、非人等稱呼

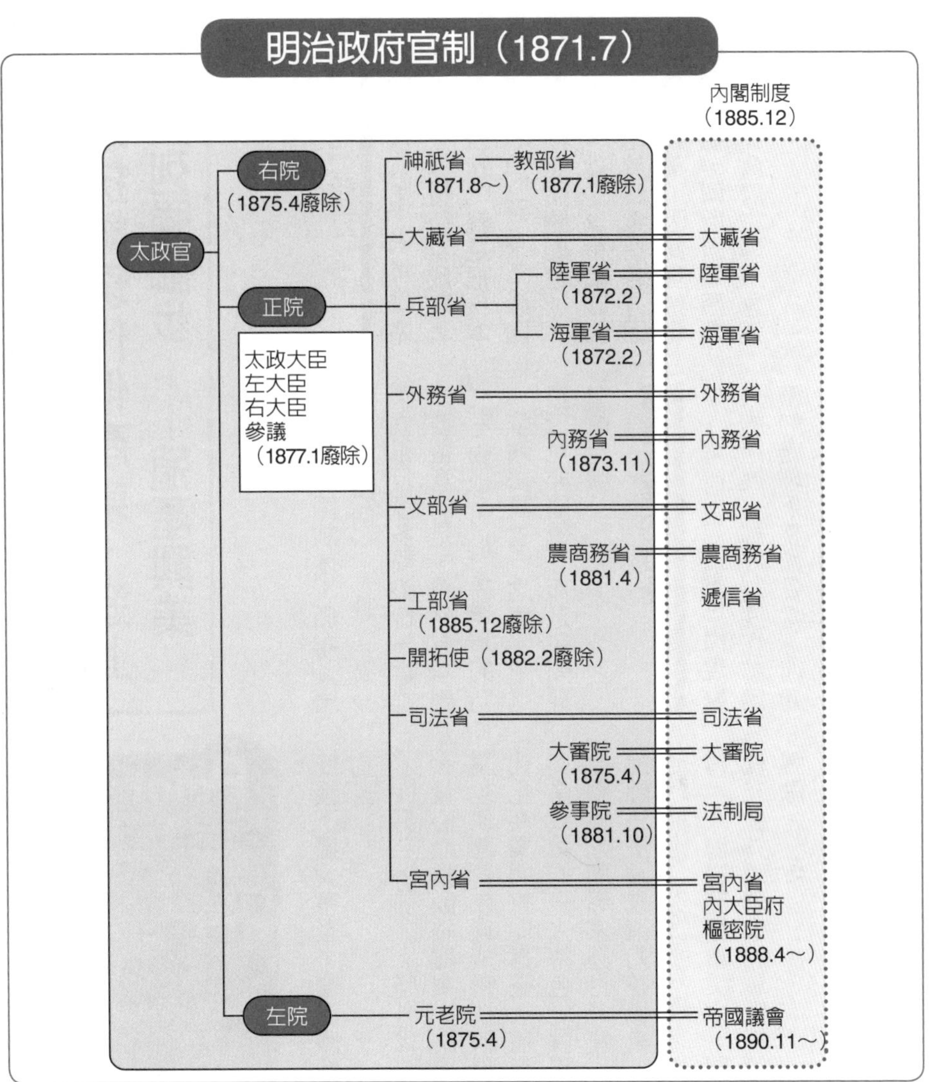

●秩祿處分
停止支付舊武士階級的俸祿（薪資）。

秩祿奉還法——讓士族等奉還秩祿，並給予現金補償。

●金祿公債證書發行條例（1876）
全面廢除秩祿制度。

●廢刀令（1876.3）
禁止攜帶刀械。

地租改正
為確保穩定的財政收入，而廢除永久性買賣耕地的禁令，制定地價→確立土地私有制。

●課稅對象由收穫額改為地價

●稅率為地價的3%

●納稅人從耕作者改為地主

●納稅方法由實物改為貨幣

大力扶植現代化產業，追上歐美列強腳步——殖產興業

貨幣與銀行設立

除了建設中央集權體制外，另一個留待新政府著手的重要任務，就是把日本打造成強大的資本主義國家，躋身歐美諸國的行列。簡單來講，就是厲行富國強兵政策。由於日本在各方面都落後於歐美，因此現代化產業的扶植，即所謂殖產興業政策，在政府主導下急速進展。

金融方面，新政府訂出新式的貨幣制度，採用圓、錢、厘三種單位，同時也仿效美國制度，頒布《國立銀行條例》，設立第一國立銀行等多間銀行。這裡需要留意的是，雖然有「國立」兩字，但這邊指的乃「依國法設立」之意，上述銀行並非國營，而是民間經營的行號。

電信交通的發達

電信交通業也出現驚人的進展。郵政制度在前島密的處理下整備妥當，西元1889年東海道本線鋪設完畢，擴大鐵路網；海運業方面，岩崎彌太郎在政府的庇護下擴大事業，開通國外航線。

另一方面，政府投注大量心血推動絲織業、紡織業，使國營工廠成爲扶植現代化產業的重點舞臺。殖產興業政策的一大特色，就是從國外延聘專家赴日，好比說師法法國技術的絲織業，便特地從當地請來專家指導；北海道開拓事業中，同樣有從外國聘來的專家率領團隊。

Point

- 為推動資本主義，打造金融．貨幣制度
- 電信交通制度急速發展、建設
- 以國營事業為核心，政府主導推動現代化政策

從年表掌握歷史變遷

■西元1869年
8月　蝦夷地改名為北海道
12月　東京與橫濱間的電信纜線鋪設完成

■西元1870年
10月　岩崎彌太郎設立九十九商會（後之三菱商會）

■西元1871年
1月　郵政規定改制（3月起跑）
5月　新貨條例

■西元1872年
9月　開通新橋與橫濱間的鐵路
10月　國營富岡製絲廠開始運作
11月　國立銀行條例

■西元1873年
6月　設立第一國立銀行

■西元1874年
6月　建立北海道屯田兵制度

■西元1876年
8月　修訂《國立銀行條例》
9月　札幌農學校創校

明治初期的主要國營事業

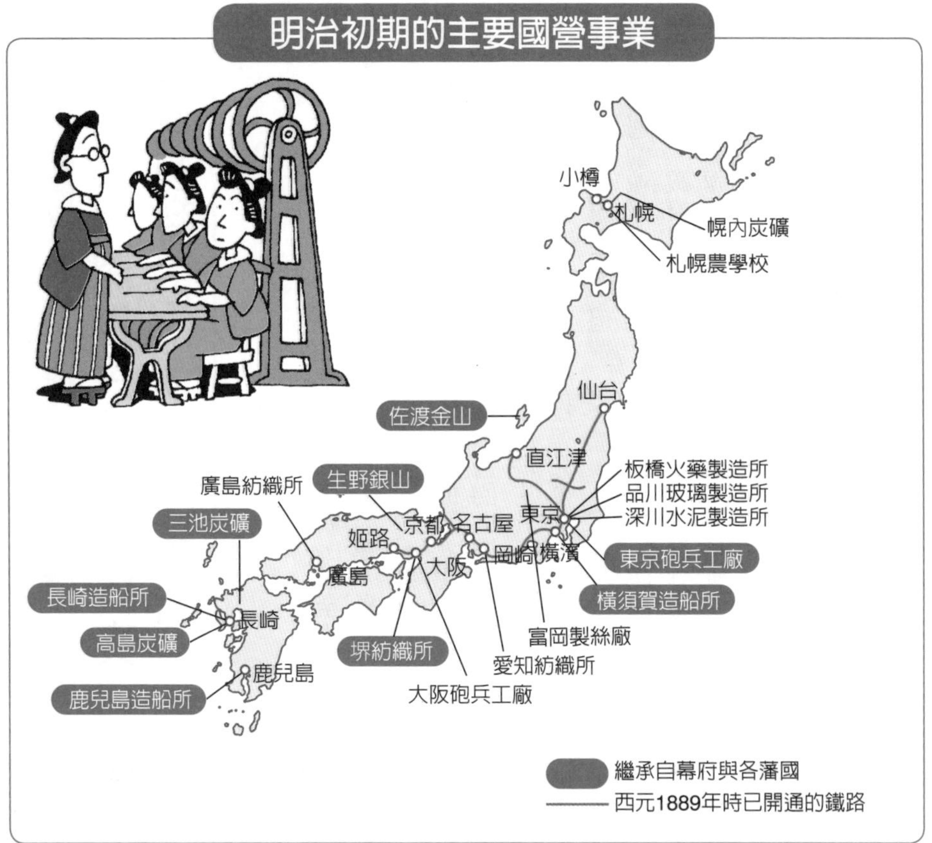

人名	職場	月薪
來自美國		
沃貝克（Verbeck）	大學南校	600日圓
摩斯（Morse）	東京大學	350日圓
克拉克（Clark）	札幌農學校	600日圓
格里菲斯（Griffis）	福井藩校	300日圓
來自英國		
康德（Conder）	工部省	330日圓
莫瑞爾（Morel）	工部省	700日圓
金達（Kinder）	造幣寮	1045日圓
來自法國		
布魯納（Brunat）	富岡製絲廠	600日圓
杜·布斯凱（Du Bousquet）	左院	600日圓
來自德國		
貝茲（Bälz）	東京醫學校	338日圓
羅斯勒（Roesler）	外務省	600日圓

●御雇外國人

明治政府為了邁向現代化，從歐美諸國聘請專家、學者與教師等人士赴日。這些人稱為御雇外國人，薪資十分優渥，不少人的月薪甚至比日本政府官階最高的太政大臣（800日圓）與參議（500日圓）更高。即便是等級最低的外國技工，都能拿到日本技工10到15倍的酬勞。其中，主要幾位御雇外國人，在赴任之初支領的月薪大致如附表（以1美元＝1日圓換算）。

克拉克

喜新厭舊是老毛病？

西洋文明深入民間，傳統文化遭到到淡忘——文明開化

以神道教化國民

明治政府宣揚天皇是日本自古以來的統治者，逐步把天皇神格化。神道受到重視，廢佛毀釋運動在神佛分離令之下逐步擴大，一時之間佛教遭受沉重打擊，但這波排佛運動並沒有深入一般國民之中。政府以神道教育國民的企圖固然未取得顯著成效，不過，透過假日節慶的制定以及學校教育的輔助，把天皇神格化的動作仍持續推行。

當時，日本仿效歐美制度規劃學制，在全國開設超過2萬所小學。高等教育機構建置完成，東京大學以國立大學的形式正式創校，福澤諭吉的慶應義塾，或新島襄的同志社等多間私校也緊接著先後創校。

福澤諭吉著書無數，暢銷書《勸學》深深影響青年學子。當年從外國引進的啟蒙書籍汗牛充棟，此時仿效西方學術團體的組織「明六社」結成，並發行了自己的雜誌，可惜隨後便因《新聞紙條例》被迫停刊。隨著西方思想一天天普及開來，政府對言論的箝制也一天天強化。

都會生活出現劇變

電信、鐵路、煤氣燈等等，產業技術不斷演進，大幅扭轉人們的生活。民風習俗與日常習慣大改，人們開始吃肉食，剃髮去髻，穿著西服，種種改變愈發普及。只不過，這些進步多半只能在大都會中享受，鄉村還要再一陣子才會開始接觸新式的生活習慣。

人們絞盡腦汁試圖取得最新潮的西方流行，而在

Point

- 推崇神道，把天皇神格化
- 整頓教育制度，普及學校教育
- 從都會開始，生活方式逐漸西化

西元1870年代的主要新式風俗

〔食衣住〕

衣：穿著洋裝，製作鞋子，盛行戴帽。

食：牛肉鋪、西式餐廳、啤酒、香菸。

住：椅子、餐桌、煤氣燈、電燈。

〔交通‧電信〕

共乘馬車、人力車、自行車、鐵路、電信、電話。

〔其他〕

曆法採用陽曆、棒球、導入週日公休制度。

這同一刻，日本傳統文化則像是個失寵的棄子一般。這樣的年代中，看出日本文化價值的人反而是那些外國人。

文明開化的過程

〔　〕中為政治、經濟事項

年	主要大事
1868	神佛分離令（造成廢佛毀釋）。牛肉鍋店於東京開業〔戊辰戰爭，五條誓文〕
1869	興建招魂社（合祀戊辰戰爭戰死者）。電信業創業
1870	准許平民擁姓。橫濱《每日新聞》創刊（第一部日報）。洋裝風氣普及
1871	開始郵政事業。發行郵票〔廢藩置縣〕
1872	頒布學制。福澤諭吉《勸學》問世 鐵路開通（新橋．橫濱）。改採陽曆。煤氣燈
1873	明六社開始運作。棒球傳入日本。准許與外國人通婚〔改正地租〕
1874	銀座煉瓦街〔提出民撰議院設立建白書〕
1875	福澤諭吉《文明論之概略》。制定《新聞紙條例》
1876	創立開智學校，採用週日公休制度。〔廢刀令〕
1877	東京大學創校。博愛社（後之日本紅十字會）成立。第1屆內國勸業博覽會。摩斯開挖大森貝塚〔西南戰爭〕
1879	公告教育令，招魂社更名為靖國神社（合祀西南戰爭戰死者）
1881	〔國會開設之詔〕
1882	上野公園開幕。鐵軌馬車開始於東京運行
1883	鹿鳴館落成
1884	發現彌生陶器〔秩父事件〕
1885	西式編髮盛行。坪內逍遙《小說神髓》〔制定內閣制度〕
1887	東京開始點電燈
1889	開通東海道本線〔頒布《大日本帝國憲法》〕
1890	教育敕語。電話線開通（東京．橫濱之間）〔第1屆帝國議會〕

福澤諭吉

明治初期主要啓蒙書籍

●福澤諭吉
《西洋事情》（1866）、《勸學》（1872）、《文明論之概略》（1875）

●中村正直
《西國立志編》（譯自塞繆爾．史邁爾斯《Self-Help》，1871。臺譯：《夢想沒實現？因為你不懂老派熱血的祕密》）、《自由之理》（譯自約翰．斯圖爾特．彌爾《論自由》，1872）

●田口卯吉
《日本開化小史》（1877）

●中江兆民
《民約譯解》（節譯自盧梭《社會契約論》，1882）

●植木枝盛
《民權自由論》（1879）

岩倉使節團反對西鄉派征韓論，策動明治6年政變

Point

- 西鄉隆盛征韓論的背後真意眾說紛紜
- 征韓派與反對派鬩牆，新政府首次分裂
- 西鄉等人下野，大久保崛起

征韓論高漲

朝鮮約莫從日本幕府末期時起，就採取鎖國政策。又加上明治維新後，新政府曾表露與中國並駕對等的態度，朝鮮遂持續拒絕與日本建立邦交。同時，日本國內也試圖往國外尋求宣洩士族積怨的窗口，而使得征韓論調高漲，認爲政府應對朝鮮採取強硬手腕。

西鄉隆盛便是征韓論的代表人物。閣議決定派遣西鄉前往朝鮮，但天皇指示先等赴歐美視察的岩倉具視回國，再從長計議。雖然西鄉心裡似乎認爲戰爭乃必要之物，如此才能讓士族保有用武之地，但根據勝海舟的說法，西鄉是爲了和平協商赴朝。

新政府首次大分裂

視察過歐美諸國後，岩倉一行人認爲建設國內才是當務之急，而反對征韓論。不過，派遣西鄉赴朝一事，已經閣議決定通過，反對派遂提出辭呈表達抗議，這時候就換太政大臣三條實美頭疼了。面對西鄉等人的進逼，吵著要上奏天皇的三條，最後病倒床榻。在這一刻，岩倉等人使出強硬手腕，以太政大臣代理的身分向天皇呈報，說已經否決西鄉的派遣案。怒不可遏的西鄉等人拂袖辭官，這是明治新政府面臨的第一場大分裂，史稱明治6年政變。

明治6年政變後

明治6年政變後，明治政府的模樣出現巨大轉變。其中，司法省受到的影響特別大。由於指揮司法省的江藤新平下野，各種運作中的工作只得戛然而止。那時候警察權原本歸司法省管轄，後來則納入大久保利通新置的內務省轄內。

征韓論與明治6年（西元1873年）政變

年	月	事件
1871	7	廢藩置縣。《日清修好條約》
	11	特命全權大使岩倉具視等人前往歐美
1873	1	公告徵兵令
	6	征韓論高漲
	8	決議派西鄉隆盛（征韓派）赴朝鮮，然天皇命令先等岩倉等人返國
	9	岩倉具視等人返國，認為國內政治優先，故反對西鄉赴朝
	10	雖有岩倉一派反對，但閣議再次通過，決議派遣西鄉前往朝鮮 明治6年政變 新政府首次大分裂 **反對派** 岩倉、大久保利通、木戶孝允、大隈重信等人辭職抗議 **贊成派** 西鄉、板垣退助等人施壓敦促天皇表態 太政大臣三條實美病倒 岩倉與大久保等人，讓天皇命岩倉暫時代理太政大臣，上奏與閣議相反的結果 ↓ 後藤象二郎、江藤新平、副島種臣等人辭職
	11	新設置內務省→大久保掌握警察與地方行政全權 此後開始為大久保的專政體制

岩倉具視

西鄉隆盛

大久保利通

幕府末期→明治

在亞洲強勢，對歐美弱勢？

日本艦隊逼朝鮮開國，行徑無異於培里——明治初期的國際關係

Point

- 岩倉使節團修約失敗
- 逼使朝鮮開國，締結不平等條約
- 和俄、美協商劃定領土

岩倉使節團

修改幕府末期時與歐美各國締結的不平等條約，是明治政府的首要外交課題。政府因此而派遣岩倉具視、木戶孝允、大久保利通、伊藤博文等人前往歐美協商修約，但歐美各國卻沒把使節團當一回事。即便如此，實際視察當地仍有其意義存在。尤其是在普魯士聽到俾斯麥說「對等外交只能靠國力贏取」，一席話深深打動使節團眾人。與日本同為新興國家的普魯士，此後帶給日本相當大的影響。

攻打臺灣與江華島事件

至於在亞洲，新政府必須重建與清朝和朝鮮的邦交。雖然新政府後來順利和清廷締結對等條約，但此時卻爆出臺灣居民殺害琉球人的事件。清廷表示此事不在權責之內，後續處理因而觸礁難行，最後日本決定出兵，且清廷需支付賠款，才了卻這一起事件。在此同時，木戶孝允因反對攻打臺灣而辭職下野。

在朝鮮方面，雖然征韓派眾人已去職，但政府內部仍有主張要朝鮮開國的聲浪存在。某一次，日方軍艦在未知會的情況下，於江華島一帶執行測量任務，結果遭到朝鮮砲擊。日軍遂趁此機會出兵占領江華島，行徑與培里如出一轍。日本對朝鮮複製曾發生在自己身上的事，如願讓朝鮮開國，

岩倉使節團的疏失

岩倉使節團赴美之初，並未攜帶天皇的全權委任書，大久保利通與伊藤博文只好暫時返國，半年後再次折回華盛頓。使節團原本並不知道，國與國交涉時需要有統治者的委任書才行，只不過，他們的修約要求是碰了一鼻子灰。

日本往海外發展

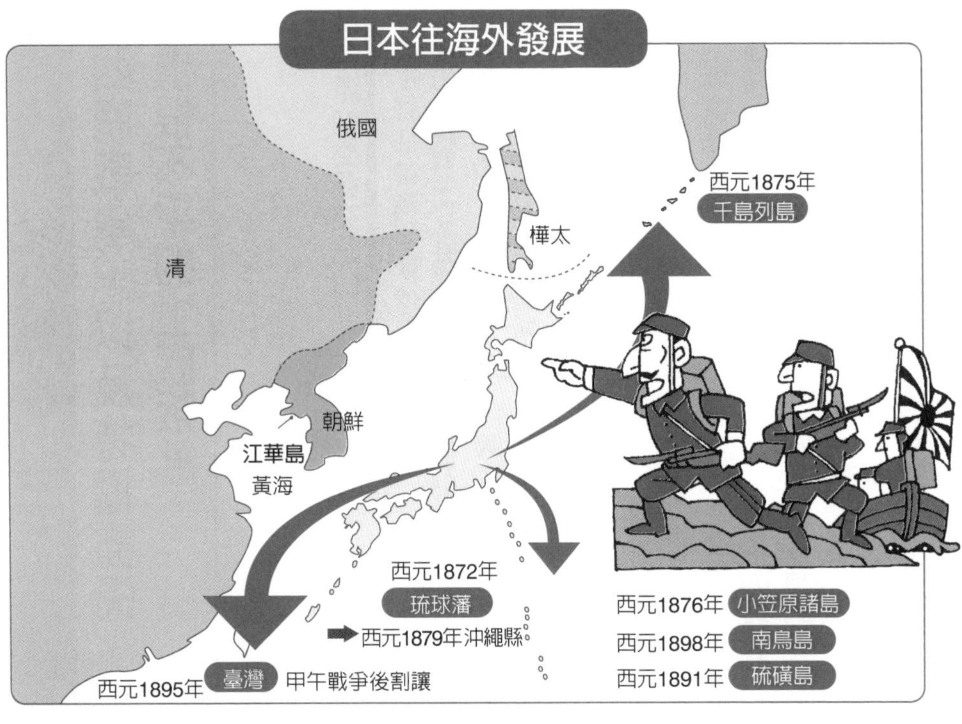

締結不平等的《日朝修好條約》，西鄉隆盛曾挺身抨擊此舉十分卑鄙。除此之外，政府與俄國簽下《樺太・千島交換條約》，並讓美國承認日本對小笠原諸島的所有權，劃定領土範圍。

歷史Close Up 琉球王國後話

從西元15世紀初開始，琉球就是一座獨立王國。西元16世紀初，尚真在首里建立中央集權體制，統一琉球群島。西元17世紀時，琉球王國屈服於薩摩藩之下，從此在形式上臣屬於日本與清廷兩國，但尚氏的王國仍在實質上繼續存在。歸順日本，列名為琉球藩以後，尚氏也與其他大名同樣，列席為華族一員。

從年表掌握歷史變遷

■西元1871年
7月 《日清修好條約》—第1道對等條約
10月 岩倉使節團前往歐美
11月 漂流到臺灣的琉球人遭殺害

■西元1873年
9月 岩倉等人返國
10月 征韓論失敗

■西元1874年
5月 攻打臺灣
6月 北海道實施屯田兵制度

■西元1875年
5月 簽訂《樺太・千島交換條約》
9月 江華島事件

■西元1876年
2月 《日朝修好條約》（《江華條約》）
10月 小笠原諸島持有宣言

■西元1879年
4月 琉球處置—廢琉球藩，置沖繩縣

失去薪水與武士該何去何從？

西南戰爭，以及特權盡失、憤恨不平的士族叛亂

Point

- 征韓派分裂成兩派，武裝暴動與民權運動
- 士族處置與言論箝制
- 西南戰爭顯示出政府軍的實力

征韓派的命運交岔口

主張征韓論而後敗陣下場的參議們，在辭職後分裂為兩派人馬，一派訴諸言論，一派訴諸武力。無論是哪一派，毫無疑問都會讓反政府活動擴大，政府遂新設置內務省與警視廳兩機構，以防備事態生變。

板垣退助等人成為民權運動的領袖（參照206頁），而第一個發起武裝暴動的人，則是江藤新平。他在故鄉佐賀率領士族起事，只不過這場亂事只花了2個月就平定，江藤也於隨後遭到處決。

最後的叛亂：西南戰爭

廢刀令與秩祿處分是最後一根稻草，實施四民平等政策，給特權陸續被剝奪的士族送上致命一擊。與此同時，政府對言論活動也是動作頻頻，除了《新聞紙條例》外還頒布「《讒謗律》」，禁止人民批判官吏。於是，政府與民間的對立顯得更深了。

自從敬神黨之亂開了第一槍後，各地士族接連掀起暴動，農民受地租所苦而發起的一揆事件不斷傳出。最後，西鄉隆盛舉兵起事，發動政府軍自戊辰戰爭後面對的最大規模內亂。只不過這場亂事只持續短短半年便遭鎮壓，證明新政府軍堅強的實力。從此以後，雖然還有竹橋騷動等零星亂事傳出，但由士族因積怨而發動的叛亂，則以西南戰爭為最後，從此徹底落幕。反政府活動主戰場，轉移到言論的場子裡。

西南戰爭

西元1877年（明治10年）

2月15日 西鄉軍從鹿兒島出發。

2月22日 西鄉軍包圍熊本城。熊本鎮台頑強抵擋，戰況膠著。政府軍登陸博多，開始南下。

3月4日～3月20日 田原坂攻防戰。政府軍逐漸壓制西鄉軍，最後勝出。西鄉軍退守熊本。

3月8日 政府軍奇襲登陸鹿兒島。

3月19日 政府軍奇襲登陸熊本日奈久一帶。

4月15日 黑田清隆率領政府軍進攻，突破包圍熊本城的西鄉軍入城。西鄉軍開始節節敗退。

6月25日 西鄉軍於宮崎發行「西鄉票」。

征韓派敗陣後的動向

年	月日	事件
1873	10	征韓派落敗 西鄉隆盛、江藤新平→武裝暴動　板垣退助、副島種臣→辭去參議
1874	1	板垣等人籌組愛國公黨。副島、板垣等人向左院提出民撰議院設立建白書
	2	佐賀之亂（江藤新平）
	4	板垣等人於高知創建立志社，木戶孝允反對出兵臺灣而辭職
1875	2	大阪會議—大久保說服板垣與木戶重返參議
	3	愛國社於大阪籌組
1876	10.24	敬神黨（神風連）之亂（熊本）
	10.27	秋月之亂（福岡）
	10.28	萩之亂（山口）
1877	2.15	西南戰爭開始—西鄉於鹿兒島舉兵，包圍熊本城
	6	立志社提出國會開設建白書
	9.24	西鄉於鹿兒島城山舉刀自盡，西南戰爭終結
1878	5	大久保利通遭暗殺（紀尾井坂之變）
	8	竹橋騷動—近衛砲兵隊叛變

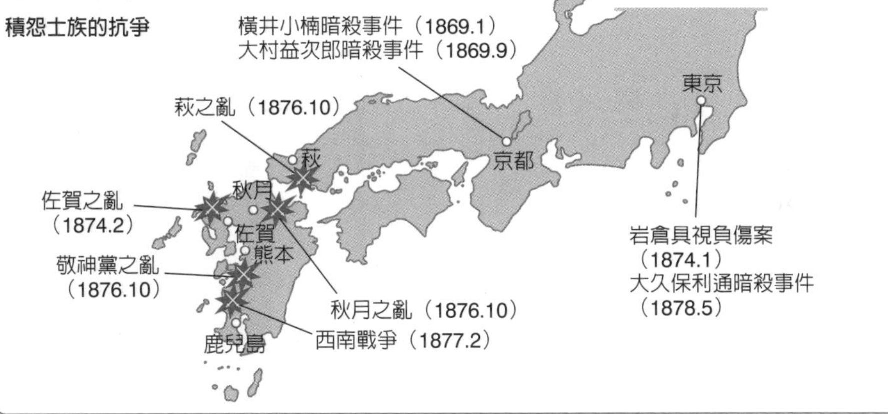

歷史Close Up　木戶孝允的最後一句話

木戶孝允反對攻打臺灣而辭官下野，後來在大久保利通的遊說下重返參議。5月26日，他在西南戰爭戰火正熾時因病辭世，據說「差不多該停手了吧，西鄉」是他死前最後一句話。

9月24日　西鄉自盡於鹿兒島城山。西南戰爭終結。

制定憲法與開設國會是政府先提出想法？自由民權運動的開端

Point
- 少數藩閣瓜分官場與對專制的反動，催生出民權運動
- 政府的目標是掌握立憲政治主導權
- 政府核心換血，從大久保到伊藤博文

民撰議院設立建白書

在征韓論上敗陣去職的板垣退助等人，後來籌組了愛國公黨，向政府提出民撰議院設立建白書。建白書中大力抨擊由少數官僚把持的政治體制，主張全民參政，成爲日後自由民權運動普及的契機。與此同時，其實日本政府也認同民撰議院，換言之即所謂「國會」的必要性，並正在規劃一個具備憲法與國會的立憲政治體制。只不過，府方認爲這一切必須由政府主導，愼重推動，因而更加強化對激進民間運動的高壓查緝。

另一方面，政府承諾會設置立法諮問機構「元老院」與司法機構「大審院」，逐步整頓好立憲體制的要素。在三新法頒布，府縣會成立後，地方行政體制步上軌道，而各地對政治投注的關心亦更加升溫，富有農家與地主們開始參與運動，民權運動不再只是士族階級之間的事。

大隈重信對伊藤博文

全國民權派分子集結組成的愛國社，後來改稱爲國會期成同盟，訴求創立國會，但遭到府方拒絕。事實上，當時也有參議挺身出面，要求儘早建立國會，那個人就是大隈重信。大久保利通遭暗殺後，政權主要把持在由大隈重信領軍的大藏省一派，以及主掌內務省一派的伊藤博文兩人手中，他們在開設國會的議題上，態度南轅北轍。

主要的私擬憲法案

國會開設運動正盛時，自由民權派等各方民間人士也都草擬了他們心目中的理想憲法案。這些憲法草案稱為「私擬憲法」，其中幾道主要草案名稱與起草人分列如下。

西元1881年起草．公開

《國憲意見》　福地源一郎

《私擬憲法案》　交詢社

《東洋大日本國國憲按》　植木枝盛

《日本憲法見込案》　立志社

就在這個當口，開拓使爆出弊案，被指控把國營事業賤賣給具藩閥背景的商業公司，政府的批評聲浪喧騰一時。最後政府中止拋售案，並向大眾保證會於明治23年創設國會，而大隈也在這波浪潮中遭到免職。這一連串動作史稱明治14年政變，從此之後，立憲政治的主導權交付到政府手中，其中心人物，便是伊藤博文。

西元1882年起草・公開
《憲法草案》 井上毅
《憲法草案》 西周

初期的自由民權運動

年	月	民權運動相關動向	政府動向
1873（明治6年）	10	征韓派落敗	
	11		新設置內務省，大久保利通「關於立憲政體的意見書」
1874	1	板垣等人組成愛國公黨，副島與板垣等人向左院提出民撰議院設立建白書	
	4	板垣等人在高知組織立志社	
1875	2	愛國社於大阪成立	
	3		大阪會議：板垣與木戶重回參議（後板垣再次辭職）
	4		創置元老院，公告「漸次樹立立憲政體之詔」
	6		第1屆地方官會議，《讒謗律》，《新聞紙條例制定》
1876	9		元老院起草憲法
1877	6	立志社提交《國會開設建白書》	
1878	5		大久保利通遭暗殺，此後，政權掌握在伊藤博文與大隈重信手中
	7		制定三新法（《郡區町村編制法》、《府縣會規則》、《地方稅制規則》）
1879	3		開設府縣會
1880	3	愛國社改稱為國會期成同盟	
	4		《制定集會條例》。國會期成同盟請求開設國會（不受理）
	11		開始拋售國營工廠
1881（明治14年）	3		大隈重信建議盡速建立國會
	7	北海道開拓使國有物拋售案	明治14年政變—大隈丟官，明治23年國會開設之詔，政府中樞由伊藤、岩倉等人把持。松方正義出任大藏卿
	10	自由黨創黨（板垣為黨魁）	

大隈與伊藤之爭

對立

伊藤博文
漸進開設國會
抨擊大隈的提案，指其「把君權拋棄丟給大眾」

大隈重信
上奏訴請盡快開設國會

政府既打壓又籠絡，運動走向崩解——民權運動的激進化與分裂

Point

- 板垣赴歐後，自由民權運動愈發激烈
- 運動吸納破敗的農村，失去方向性
- 政府穩健地逐步整頓國家體制

民權派＝激進派？

提起自由民權運動的刻板印象，大多會想起追求自由的平民，或是在政府打壓下艱困維繫的模樣。但事實上，不能否認其實民權運動本身，也曾一度陷入迷航之中。

國會的開設獲得政府背書後，板垣退助與大隈重信分別籌組了自由黨與立憲改進黨。自由黨成員大多是舊士族出身，傾向激進；改進黨則以知識階級居多，相形之下步調較穩健。除此之外，有政府作後盾的立憲帝政黨，也於此時開始起步。

板垣退助

板垣在組織政黨1年後遇襲，不過幸運地保住一命。後來，政府為了削弱自由黨勢力，而安排板垣遠赴歐洲。失去領導者之後，自由黨黨員行動漸轉激進，後來自由黨發動的事件中，有的與連年欠收、民怨已深的農民聯手，還有不少則已脫離純粹的民權運動精神。於是，不消多少時間，大隈重信等改進黨幹部紛紛離黨，民權運動一步步走向崩解。

憲法即將頒布

伊藤博文遠渡歐洲向普魯士憲法學習，開始著手擬定一套正宗憲法。內閣制度亦於此時整備完成，交由伊藤博文接下第一任首相之位。

在民權運動方面，各派系攜手合作，提出「三大事件建白書」，展開大同團結運動。雖然反政府派的氣

板垣退助的國外視察

井上馨是安排板垣遠赴歐洲的幕後主使。政府讓板垣出國視察的主要目的，固然是為了削弱自由黨勢力，但也打算趁機讓板垣觀察歐洲的現況。事實上，看見自由民權運動發祥國法國政治不成氣候的模樣，的確令板垣大為失望。於是，板垣轉而將希望寄託給英國，把英國當範本效法。一如政府料想，板垣的旅外視察之行，不但改變了他本人的想法，還成為讓自由黨，甚至是整個自由民權運動步步崩解的要因。

勢漸強，但政府隨即頒布維安條例，並於當日施行，把將近600人趕出東京。

與此同時政府也使出籠絡手法，讓民權派的大限重信與後藤象二郎入閣。憲法最後送入天皇的諮問機構樞密院審議，接著正式頒布。

從激進化的自由民權運動，到國會開設之路

年	月	主要大事
1881	10	明治23年國會開設之詔，自由黨創黨（黨魁板垣）
1882	3	伊藤等人赴歐觀摩憲法（～1883.8），立憲改進黨創黨（黨魁大隈重信），立憲帝政黨創黨（黨魁福地源一郎）
	4	岐阜發生暗殺板垣未遂案
	11	板垣等人赴歐（～1883.6），福島事件－會津自由黨黨員與警察爆發衝突
1883	3	高田事件－自由黨黨員因密謀內亂罪嫌遭到逮補
1884	5	群馬事件－自由黨黨員暴動
	9	加波山事件－自由黨黨員暴動
	10	自由黨解散，秩父事件－貧農在自由黨唆使下攻擊高利貸、役所等各處
	12	飯田事件－自由黨員企圖舉兵起事。大隈離開立憲改進黨
1885	11	大阪事件－自由黨員企圖發動朝鮮政變
	12	制定內閣制度（第1次伊藤內閣成立）
1886	5	井上馨對外協商修約事宜
1887	6	伊藤著手審議《憲法草案》
	10	後藤象二郎等人發起大同團結運動 提出三大事件建白書（言論集會自由、停止修約動作、減免地租） 公布並實施維安條例
1888	2	大隈入閣，出任外相
	4	建置樞密院，伊藤成為議長
	6	樞密院開始審議《憲法草案》
	11	大隈對外協商修約事宜
1889	1	修改徵兵令（廢除緩徵制度）
	2	頒布《大日本帝國憲法》。黑田首相發表超然主義宣言
1890	5	頒布府縣制、郡制（確立地方自治制度）
	7	第1屆眾議院議員總選舉
	9	立憲自由黨創黨（黨魁板垣退助）
	11	召開第1屆帝國議會

被天皇討厭的首相

西元1889年2月11日這天，舉行了憲法頒布儀式。儀式中，天皇把憲法交到首相黑田清隆手上，但其實心中對這位酒品差勁的首相很是嫌惡。另一方面，黑田本是反憲法制定派的人士，如今卻以首相身分，從天皇手中接過憲法，真可說是一場歷史開的玩笑。

躋身列強行列的第一步!?

成為第一個亞洲立憲國——頒布憲法與開設議會

Point

- 效法普魯士制定欽定憲法
- 確立天皇制度，杜絕濫用統治權
- 帝國議會難以落實超然主義

整頓國家體制

內閣制度確立後，天皇被從政府中劃分出來，並另設內大臣與宮內大臣，主掌宮中事務。《大日本帝國憲法》是以普魯士憲法爲範本，由天皇審定、頒布的《欽定憲法》，規定天皇神聖不可侵犯，但並未享有毫無限制的統治權，必須依循憲法條文規範行事。天皇是陸海軍統帥，擁有指揮軍隊的權限，但實質上仍需透過陸海軍統帥單位發號施令，政府與議會無法介入其中。這份統帥權後來被軍部擴大解釋，遭到軍方濫用。

在頒布憲法與開設議會前，政府先一步整頓好地方制度以及各項法律。在民法方面，由於法規內容一開始承襲法國自由主義精神，因而遭到保守勢力反對，不得不暫緩執行，並經過一波修正才正式頒布。

政黨向政府靠攏

帝國議會召開之初，政府原本宣言謹守超然主義，不傾向任一政黨，但後來民權派政黨席次過半與政府作對，這項中立原則便也隨之破滅。另一方面，民黨人士爲求參政，步調也必須向政府靠攏，自由黨人士則是從第2次伊藤內閣時，開始與府方愈走愈近。

初期的議會中，審議焦點放在政府預算案與修正條約案上，曾數度導致衆議院被迫解散。政府只好與自由黨妥協，或動用天皇詔書等等，用上各種手段以維持

《大日本帝國憲法》與《日本國憲法》比較

《大日本帝國憲法》		《日本國憲法》
主權在君	主權	主權在民
神聖不可侵犯的國家元首	天皇	整合國民的象徵
由天皇任命，輔佐天皇	內閣	議院內閣制
天皇的立法權協贊機構 衆議院、貴族院二院制	國會	國權最高機構 衆議院、參議院二院制
衆議院為民選（有條件）	選舉	普通民選

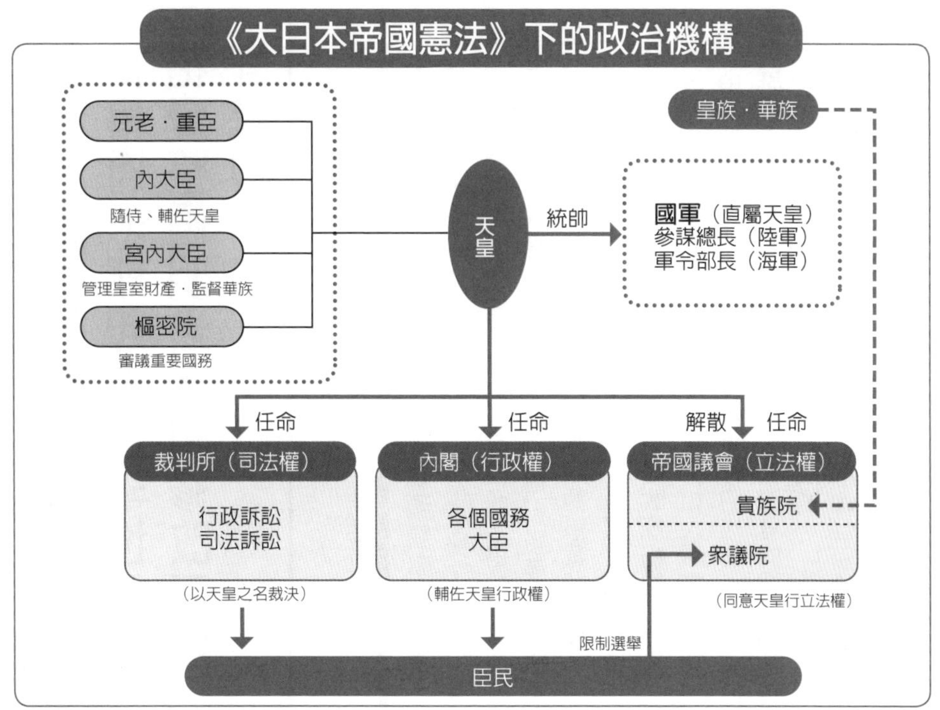

不見廬山真面目的憲法

國民樂見憲法頒布，然而，卻沒有任何人確實知道憲法內容。中江兆民曾感嘆地說：「御賜之憲法，究竟是玉是瓦，縱未一探虛實，已醉於其名。吾人國民愚鈍且狂，何以如斯也？」

議會運作。中日之間會爆發甲午戰爭固然有其他主要因素存在，但有一部分的開戰意圖，其實是想藉此壓制反政府派勢力。

政黨變遷圖（至日俄戰爭前）

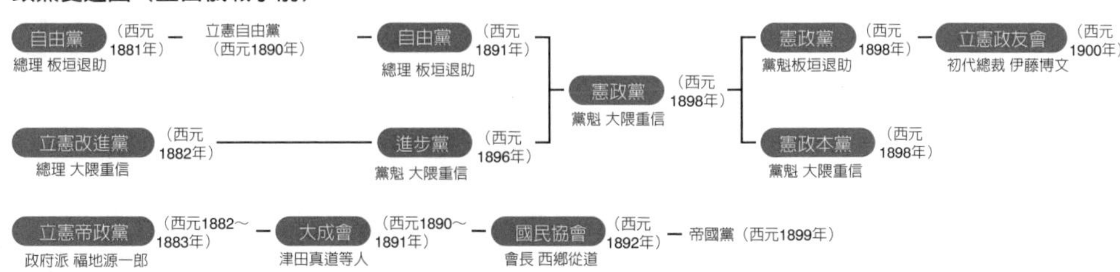

從幕府末期起走過半世紀，花費整個明治年間修改不平等條約

Point

- 明治政府的頭號外交難題，修約之路困難重重
- 整頓國內政治體制乃修正條約的基本要件
- 戰勝俄國後，地位終於獲得承認

一把辛酸淚的鹿鳴館？

國內政治環境逐漸步上軌道，但修改不平等條約這項頭號外交難題，卻遲遲難有進展。要修改條約，首先必須整頓國內政治環境，完成富國強兵大業才行。換言之，日本必須贏回列強的承認，才能締結平等的條約。由井上馨推動的歐化政策就是爭取列強認同的一環，然而所謂的鹿鳴館外交只是一味媚外而空有其形，引來政府內外各方批判。

協商過程挫折不斷

諾曼頓號事件（Normanton）重挫了井上主導的外交協商。由於英方擁有治外法權，諾曼頓號船長僅在英國領事裁判所輕判了事，這件事讓日本國民重新體悟到修改條約的必要性。下一任外相大隈重信雖然與墨西哥修約成功，但後來他起用外籍法官的消息卻被英國報紙洩密。

頒布憲法後，青木周藏推動的對外協商眼看著即將成功，卻在大津事件後功敗垂成。要一直到陸奧宗光主事時，日方才終於如願廢除列強的治外法權。至於關稅自主權則要等到西元1911年，日方在甲午戰爭與日俄戰爭勝出後方始恢復。同時，就在那隔年，時代走入大正之世。日本名符其實地耗費了明治一整個時代的時間在協商修約。

鹿鳴館

日本推動歐化政策以吸引歐美諸國關注，鹿鳴館就是這項政策的象徵。鹿鳴館落成於西元1883年，由英國建築師康德（Josiah Conder）設計，座落在現今日比谷公園附近，當年是政府高官與外國要人的社交場所，亦是許多政治會議的會場。鹿鳴館在檯面上展現出奢華景象，但另一方面，卻遭受在重稅下困苦求生的一般百姓嚴厲抨擊。除此之外，歐化政策中也不乏違背國民意向的主張，舉例來說，文部大臣森有禮曾倡議「廢除日語，以英文為母

協商修訂不平等條約的歷程

年	負責人	過程	結果
1854	阿部正弘（老中）	締結《日美和親條約》（並與英、俄、荷簽訂同樣條約）	片面最惠國待遇
1858	井伊直弼（大老）	締結《日美修好通商條約》（並與英、俄、荷、法簽訂同樣條約）	承認治外法權，喪失關稅自主權
1872	岩倉具視（右大臣）	遣歐美使節團，首度嘗試與美方交涉	協商未果
1878	寺島宗則（外務卿）	與美國協商，希望恢復關稅自主權，雙方簽訂條約改定書	改定書在英德反對下作廢
1879～1887	井上馨（外務卿、外務大臣）	歐化政策（鹿鳴館外交）	
		蓋鹿鳴館（1883）	
		諾曼頓號事件（1886）	廢除治外法權的輿論高漲
		舉辦條約改正會議（1886）透過起用外籍法官、內地混居、採行西歐主義法典等方式，試圖完成修正不平等條約的目的	提出三大事件建白書（言論集會自由、挽救外交失誤、壓低地租），相關運動轉趨激烈
1888～1889	大隈重信（外務大臣）	在修約案裡添加任用外籍法官的條目，試圖與各國分別協商。	國內外掀起反對聲浪 大隈在右翼恐怖攻擊中負傷 協商中斷
1889～1891	青木周藏（外務大臣）	旨在廢除治外法權。一度取得英國同意，但因大津事件功敗垂成	協商中斷
1894	陸奧宗光（外務大臣）	締結《日英通商航海條約》→廢除治外法權	廢除領事裁判權 恢復部分關稅自主權
1894	甲午戰爭		
1902	日英同盟		
1904	日俄戰爭		
1911	小林壽太郎	《日美通商航海條約》到期，簽署修正條約	完全恢復關稅自主權

岩倉具視

大隈重信

語」，福澤諭吉也曾說要「以基督教為國教」。

諾曼頓號事件

西元1886年10月，英國貨船諾曼頓號在紀伊半島海域遭遇船難。包括船長在內的船員平安逃出，但23名日本乘客卻全數溺斃。經過領事裁判後，船長獲判無罪，後在日方上訴下判處3個月刑期。

大津事件

西元1891年，俄國皇太子（後之尼古拉二世）造訪日本，但在行經滋賀縣大津時，遭其護衛津田三藏巡查以西洋劍砍傷，身負重傷。日本政府擔憂俄國報復，本打算判處津田死刑，但大審院長兒島惟謙決議依法行事，最後判處無期徒刑，保住了司法的獨立性。

昭告世界清廷不過是「紙老虎」

朝鮮半島引爆明治政府首場對外戰爭——甲午戰爭

Point

- ●日本為朝鮮問題與清廷對立
- ●對俄國的畏懼是事件背景因素
- ●三國干涉導致日人反俄情緒高漲

朝鮮半島的動向

締結《日朝修好條約》（詳見203頁）後，朝鮮仍在日本政府的亞洲外交中占據重要的地位。尤其是對日本來說，萬一朝鮮半島被納入俄國勢力底下，可是會衍變成攸關生死存亡的大問題。是故，日方很想把朝鮮納入掌控，然而清廷卻又將朝鮮視爲自己的藩屬國。

西元1880年代，朝鮮從日本聘請軍事顧問來推動國內改革，但保守派卻出手攻擊日本公使館，發動政變（壬午軍亂），亂事後來被清軍平定。接下來，清廷接連在法國手上吞下敗仗，於是這回換成改革派在日本公使的支持下群起抗爭（甲申事變），但最後失敗收場。雙方締結《天津條約》，收拾後續事態，而朝鮮則納入清廷的勢力範圍內。自由民權派大力抨擊政府，指責這種外交毫無骨氣。

贏得戰爭與三國干涉

主張民族主義的東學黨在朝鮮起事，日清兩國雙雙出兵平亂。日本向清廷提議，不妨兩國共同推動朝鮮改革，卻遭斷然回絕。那時候，英國正對日本釋出善意，還同意要廢除治外法權，日本政府遂決意開戰。

開戰後，日軍保持優勢不斷推進，約莫8個月時間便凱旋勝出。雙方在下關舉行談和會議，日本就此踏出往亞洲大陸發展的第一步，但後來俄國對日本生

從年表掌握歷史變遷

■西元1875年
9月 江華島事件

■西元1876年
2月 《日朝修好條規》（《江華條約》）

■西元1882年
7月 壬午軍亂

■西元1884年
12月 甲申事變

■西元1894年
3月 東學黨於朝鮮起事（甲午農民戰爭）
6月 日清兩國雙雙出兵協助平亂，日方於當地設置據點
7月 日本艦隊對清廷海軍發動砲擊（甲午戰爭爆發）

■西元1895年
3月 李鴻章赴日，舉辦談和會議
4月 簽署《日清和平條約》（《馬關條約》），俄、法、德三國干涉還遼

起戒心，遂聯合法國與德國出言干涉，要日方把遼東半島歸還給清廷，史稱三國干涉還遼。日本無力與列強抗爭，終究在壓力下退讓。列強干涉一事引發日本國內強烈反彈，其中對俄國的反感尤其強烈。日俄戰爭的種子，可說已於此時種下。

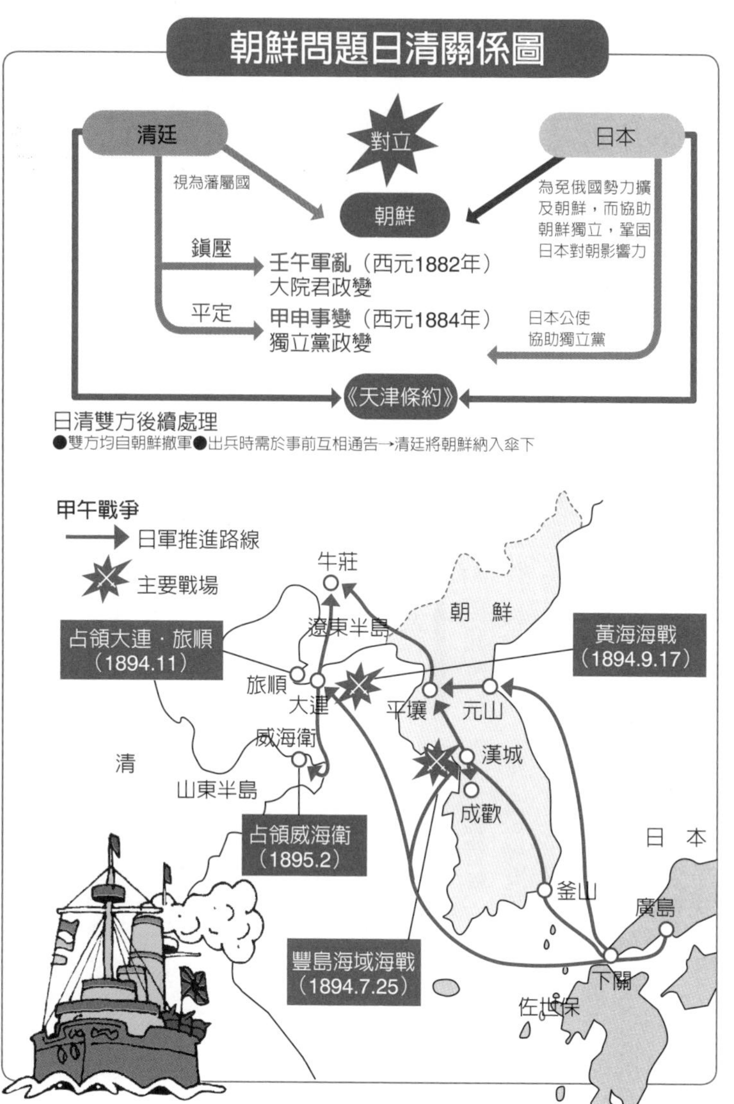

歷史 Close Up

砲擊後的宣戰布告

當時，日本政府先對朝鮮半島海域的清國海軍發動砲擊，而後才發出宣戰布告，這在當年是沒有問題的。一直到西元1907年，第2屆萬國和平會議於荷蘭海牙召開後，才決議要先有宣戰布告才能開戰。

成串奇蹟結出勝利果實?

賭上國家與國民命運，如箭在弦上的一戰——日俄戰爭

Point
- ●列強割據中國，俄國占領滿洲
- ●政府訴求外交管道解決，民間主倡開戰的論調
- ●奇蹟般的勝利，決定日本命運

甲午戰爭後的狀況

清廷輸給了小國日本，暴露出自身的不堪一擊。此後，列強對清廷群起而至，爭先恐後地搶占殖民地。日本雖然如願將朝鮮置於掌中，但朝鮮誕生親俄派政權，使日本與俄國持續陷入緊張關係。

另一方面，俄國與清廷簽訂密約，要求大幅擴大俄國在清國境內的權利，以作爲三國干涉還遼時，替清廷跟日本要回領土的回報。同時，俄國還在本該歸還清廷的遼東半島劃界租地，對租借區行實質統治。

政府與民間的落差

主張排外的義和團在清國內部起義時，各國列強組成聯軍攻打北京，鎮壓了這場暴動。然而，俄國卻在暴動平息後持續滯留滿洲，並透露南進意圖，日本政府遂締結日英同盟，以牽制俄國。這是日本與列強簽署的第一個對等條約。

日方持續透過外交管道處理滿洲問題，因爲政府認爲應盡可能避免與俄國開戰。不過，開戰論調在民間與媒體不斷升溫，外交手段失利的政府，迫不得已決議對俄宣戰。

儘管雙方國力差距懸殊，這場歷時1年8個月的戰爭中，日本力挽狂瀾贏得奇蹟似的勝利。然而，由於日本已耗盡餘力，政府遂在美國總統的斡旋下，與俄國締結《朴茨茅斯條約》。豈料，原本期待能獲得鉅額賠款的大眾對條約內容極爲不滿，進而引發日比谷暴動事件，報章雜誌也大力抨擊政府作爲。日本政府選擇不公

一開始就請人斡旋

日本政府在開戰的同時找上美國總統羅斯福，請他協助居中談和。換言之，日方一開始並不認為能打贏俄國，而想盡快結束戰事。後來日本聯合艦隊在日本海海戰中，擊破俄國波羅的海艦隊，日方便抓緊機會，請美方居中牽線簽署條約。

從年表掌握歷史變遷

■西元1895年
4月 《馬關條約》。
三國干涉還遼
7月 朝鮮由親俄派掌政
10月 朝鮮由親日派掌政

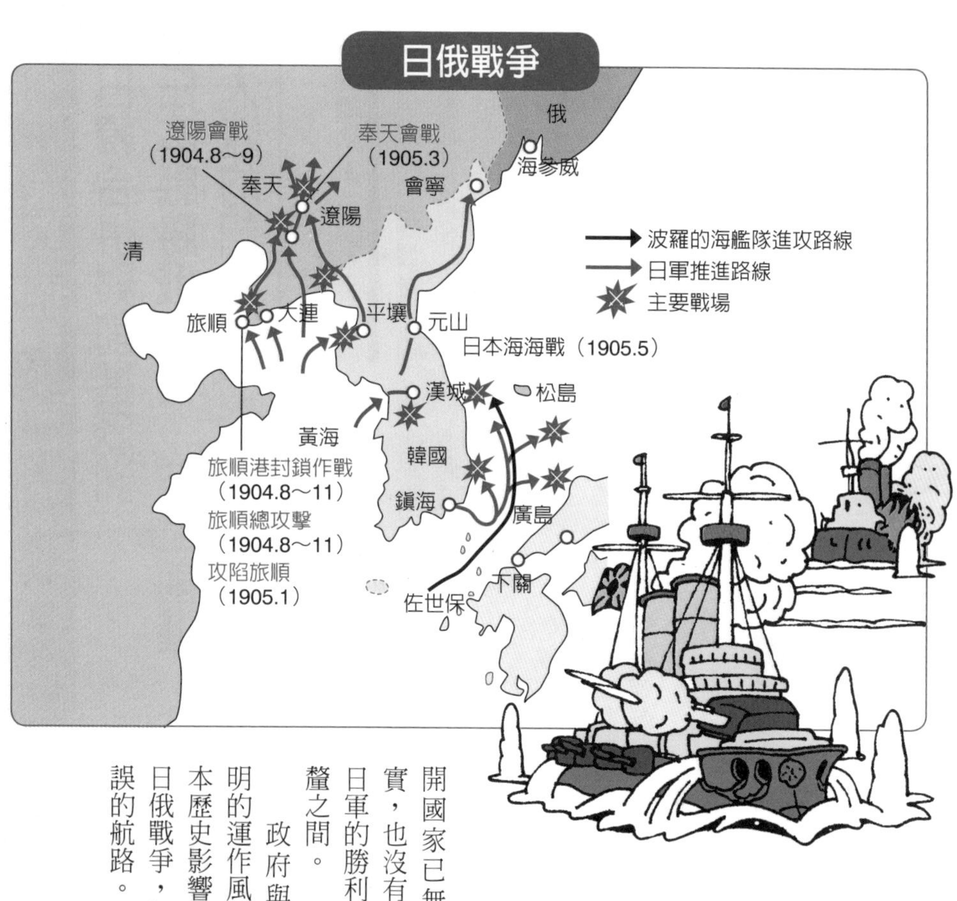

開國家已無餘力繼戰的事實，也沒有告訴國民，其實日軍的勝利只贏在驚險的毫釐之間。

政府與軍方這樣不透明的運作風格，對往後的日本歷史影響甚巨。贏得這場日俄戰爭，把日本推向了錯誤的航路。

■西元1896年

2月　朝鮮再次由親俄派掌政

■西元1900年

6月　庚子事變，日本趁義和團事件出兵

■西元1902年

1月　簽訂《日英同盟協約》

■西元1903年

6月　知識階級對俄論調轉趨強硬

9月　日俄雙方針對滿洲、韓國問題協商觸礁

■西元1904年

2月8日　日方攻擊旅順港外的俄國艦隊

2月10日　宣戰布告，日俄戰爭爆發

■西元1905

5月　日本海海戰

9月　簽署《朴茨茅斯條約》，日比谷暴動事件

日韓合併與前進滿洲——日本戰勝俄國後，站上前進大陸的起點

把韓國納入支配中

日俄戰爭爆發後，由於日軍需要借道朝鮮半島移動，日韓遂簽下《日韓議定書》，保障日軍行動。日本政府展開進一步行動，著手把韓國納入屬國。當日方戰勝俄國後，日本就動手設置韓國統監府，並開始策劃往滿洲前進。

韓國派出密使，赴海牙萬國和平會議抨擊日方政策，但卻未遭理會，反而因爲密使一事曝光，導致韓國皇帝在日本政府的逼迫下退位，拱手將內政大權讓與日方。韓國的反日運動漸轉激烈，最後，時任統監府統監的伊藤博文在哈爾濱車站，遭韓國民族運動分子刺殺身亡。

隔年，日本政府強行推動日韓合併，改名稱爲朝鮮，新置直屬於天皇的朝鮮總督府。

伊藤博文

Point

- 日俄戰爭爆發，日本開始全面吞併朝鮮
- 日本贏得戰爭，掌控朝鮮，前進滿洲
- 日本與美國開始因滿洲問題對立

日美關係惡化

日俄戰爭後，俄國放棄入亞發展，日俄關係轉趨平穩。相反的，美國對日漸強大、前進滿洲的日本燃起戒心，日美關係急轉直下。

美國向日本提議共同經營滿洲鐵路，但遭日方回絕。當時，美加各國盛行黃禍論，認爲應多加警戒黃種人，讓美加地區對日本移民的排擠更加嚴峻。

日本人從明治初年開始赴美定居，西元20世紀之後，移民人口以每年1萬人

從年表掌握歷史變遷

■西元1897年

10月 建立大韓帝國

■西元1904年

2月 日俄戰爭爆發

4月 簽訂《日韓議定書》（保障日本軍在韓國國內來去自如）

8月 簽訂《第一次日韓協約》（將韓國屬國化，干涉韓國財政與外交事務）

■西元1905年

7月 桂・塔夫脫（William Howard Taft）協定（確認日本之於韓國，美國之於菲律賓的領導權）

8月 簽署《第二次日英同盟協約》

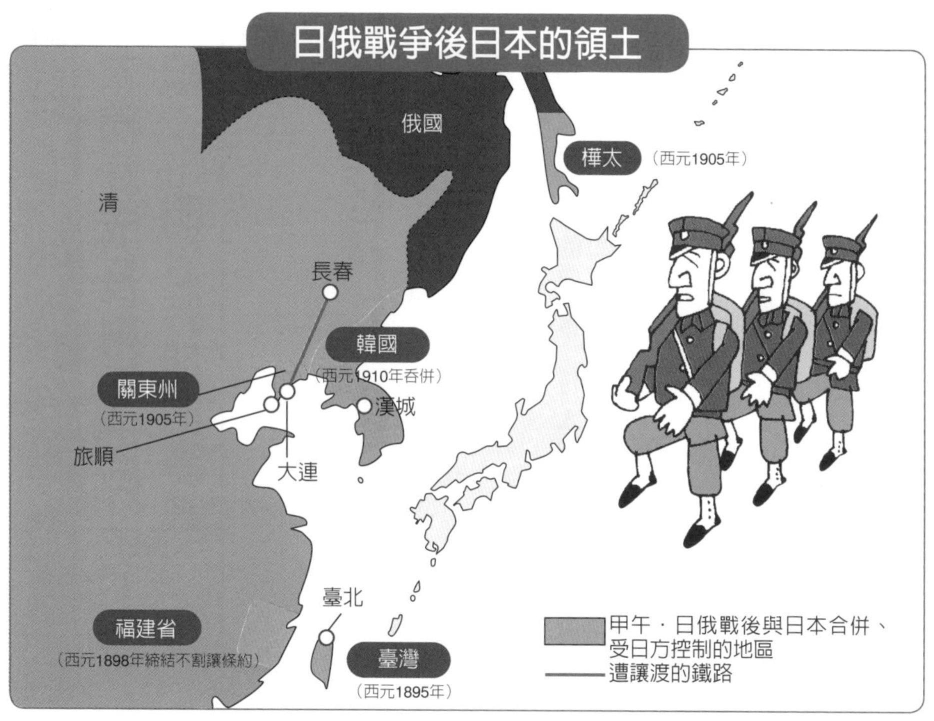

上下的幅度成長，大舉流入的移民人口讓北美倍感威脅。簡單來說，政治因素並非引發雙方摩擦的唯一因子。日美在文化上有著根本性差異，從中衍生出的種種不愉快，亦是衝突的背景因素之一。就這樣，日本與美國互相懷抱著一份緊繃，邁入國與國關係的下一階段。

11月　《第二次日韓協約》（掌握韓國外交權，設韓國統監府，伊藤博文出任初代統監）

■西元1906年
11月　設立南滿洲鐵路公司

■西元1907年
6月　海牙密使事件（韓國皇帝遣密使赴海牙萬國和平會議）
7月　《第三次日韓協約》（解散韓國國軍，掌握內政大權）

■西元1909年
10月　伊藤博文於哈爾濱遇刺身亡

■西元1910年
8月　《韓國併合條約》。設朝鮮總督府（初代總督寺內正毅）

■西元1911年
2月　恢復關稅自主權

花半個世紀超英趕美?

大幅度成長創下世界史上奇蹟——明治時期的產業

Point

- 把先進國家技術全套引進，推動發展
- 以輕工業核心產業，扶植重心放在纖維產業上
- 各財閥以獨占資本逐步征服產業界

花半世紀超英趕美

一般認爲，歐美國家花兩、三百年光陰，孕育出成熟的資本主義。然而，日本只大概花費半世紀左右達到同樣高度。日本的產業革命始自紡織業與製絲業等纖維產業，並在甲午戰爭後有了突飛猛進的發展。

交通運輸網路的進展也十分亮眼，特別是在鐵路建設方面，私營鐵路公司如雨後春筍般設立，甲午戰爭後鐵路網把青森到下關之間串連在一起，而這些私鐵後來又被政府收購，使得主要線路幾乎全數收歸國有。

至於重工業的躍進，則要等到日俄戰爭之後。當時，特別重視造船技術的研發，以至於在戰後數年內，日本國內自給率甚至高達6成。不用多說，這一切都是爲了強化軍事實力。此時此刻，製鐵工廠等生產工業也開始全面推動，但整個明治時代的工業重心，仍非纖維工業莫屬。

日本的資本主義

資本主義以纖維產業爲中心愈發成熟，經歷過幾番經濟恐慌洗禮後，三井、三菱等大財閥逐步吞併各個虛弱的小企業，規模愈來愈龐大，並開始多管齊下經營事業。

從江戶時代開始，這些政商名流就與政府密切掛鉤，並在未來的日子裡，透過銀行、礦業等事業步步稱霸整個產業界。

從年表掌握歷史變遷

■西元1880年
2月 開始拋售國營工廠

■西元1886~1889年
股份有限公司創業熱潮（鐵路、紡織為主）

■西元1889年
7月 東海道本線全線通車

■西元1890年
棉絲生產額超過進口額

■西元1893年
9月 富岡製絲廠易主三井

■西元1896年
3月 日本郵輪開通歐洲定期航班

■西元1897年
7月 日本史上首個工會創立。棉線出口額超過進口額

明治中後期日本的國力與軍事實力

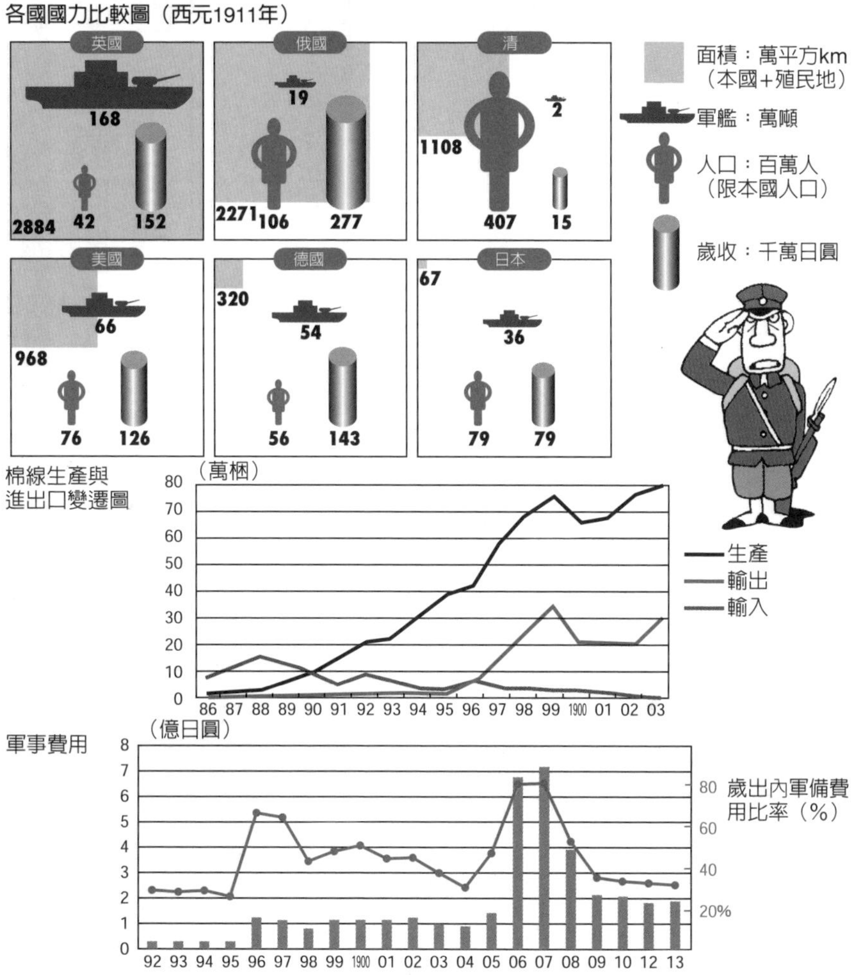

各國國力比較圖（西元1911年）

	英國	俄國	清	美國	德國	日本
面積：萬平方km（本國+殖民地）	2884	2271	1108	968	320	67
軍艦：萬噸	168	19	2	66	54	36
人口：百萬人（限本國人口）	42	106	407	76	56	79
歲收：千萬日圓	152	277	15	126	143	79

棉線生產與進出口變遷圖

（萬梱）

生產
輸出
輸入

86 87 88 89 90 91 92 93 94 95 96 97 98 99 1900 01 02 03

軍事費用

（億日圓）

歲出內軍備費用比率（%）

92 93 94 95 96 97 98 99 1900 01 02 03 04 05 06 07 08 09 10 12 13

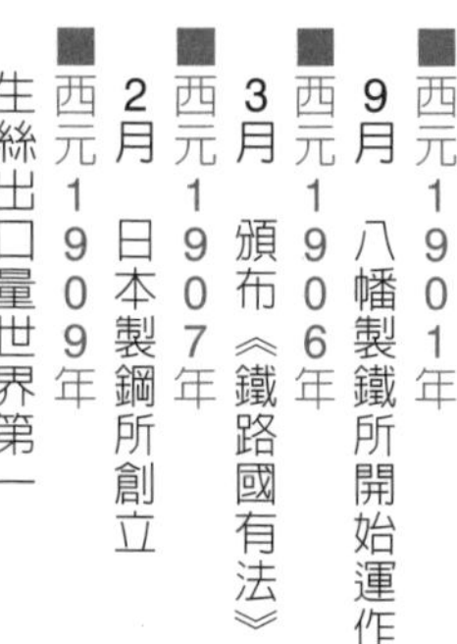

■西元1901年 9月 八幡製鐵所開始運作

■西元1906年 3月 頒布《鐵路國有法》

■西元1907年 2月 日本製鋼所創立

■西元1909年 生絲出口量世界第一

資本主義暗影下生出的「異形」——各種新興社會問題

Point

- 勞動環境嚴苛惡劣
- 勞工運動的黎明，社會主義思想萌芽
- 大逆事件重挫社會主義運動

勞工團結一致

突飛猛進的資本主義，是踐踏許多勞工換來的成果。尤其是紡織工廠裡的女工，她們在惡劣的工作條件下，付出勞動換取微薄薪資，支撐著整個纖維產業。勞工意識興起，勞動階級團結以圖改善勞動環境等動作，都是甲午戰爭後才發生的事。

勞工開始組織工會、從事運動後，跟社會主義思想深深結合，最後創立出社會主義團體。與此同時，政府則頒布《治安警察法》來對抗這些活動。日本第一個社會主義政黨「社會民主黨」，僅成立兩天便遭政府查禁。

大逆事件

日俄戰爭後，勞工抗爭轉趨激烈。日本社會黨創黨後不久即爆出內鬨，後來在政府命令下解散。但這時開始，政府對社會主義的查緝愈發嚴厲，後來大逆事件爆發，成爲促使政府強力鎮壓社會主義分子的轉捩點。大逆事件中，幸德秋水等人被指控意圖暗殺天皇，最後遭到處決，但一般認爲這批懲處名單裡有不少人是無辜的。這件事之後，政府在警視廳內新設置「特別高等課」，而社會主義運動則暫時退燒。

在另一方面，急速的產業化引發許多公害問題，足尾礦毒問題更是特別嚴重的一起案件。

女工小調

在《女工哀史》（細井和喜藏著）及《日本之下層社會》（橫山源之助著）等書中，詳實調查了當時女工等勞工的生活實態，用文字清楚勾勒出她們的生活慘況。紡織工廠行晝夜輪替制，女工們輪值日班與晚班，工時12小時。在部分中小工廠，工時甚至長達16、17小時之久。薪資一天約為7到25錢，而當年買一升米要花15錢左右。女工們把自己的處境編成各種曲子哼唱，下面這首歌便是一例。

籠中之鳥，或監獄生活，
都不比員工宿舍難耐；
工廠是地獄，主任若厲鬼；
　轉啊轉不休，
　地獄烈火行；
　你剪線啊，我纏絲；
部長大人負責橫眉怒視。
（出自《女工哀史》）

明治中後期的社會問題與社會主義運動相關事件

年	主要大事
1886	甲府紡織所女工發動罷工
1888	高島炭礦事件—礦工虐待案
1890	第1屆帝國議會
1891	田中正造於議會提出足尾礦毒問題
1894	大阪紡織所爆發罷工 甲午戰爭
1897	日本第1個工會「勞動組合期成會」創立
1898	社會主義研究會創立
1900	社會主義協會開始運作，政府頒布《治安警察法》
1901	社會民主黨創黨（兩天後遭禁）。田中正造針對足尾礦毒事件向天皇告御狀，惜遭收押未果
1903	幸德秋水等人創立平民社，《平民新聞》創刊—從社會主義角度出發反戰運動開始
1904	日俄戰爭
1906	日本社會黨創黨（隔年解散），東京爆發抗議電車車資漲價的暴動事件
1907	戰後經濟恐慌。足尾、別子銅山（愛媛縣）出現暴動
1908	赤旗事件—社會主義分子迎接同志出獄時和警方爆發衝突。加強查禁社會主義運動
1910	大逆事件—依密謀暗殺天皇罪嫌逮捕幸德秋水等人
1911	幸德秋水等12人遭處死刑，頒布《工廠法》 新置特別高等警察（特高）

田中正造

幸德秋水

足尾銅山礦毒事件

櫪木縣足尾町的銅礦山開挖於江戶時代初期，銅礦產量在進入明治時代後更形增加。然而，新技術帶動增產的同時，流入河水中的礦毒含量也跟著大增，不但導致魚群死絕，洪水時還會傷害田地。於是，櫪木縣的代議士田中正造便在衆議院中發言，要求政府採取行動。這起礦毒案掀起世人強烈關注，進而演變為社會事件。政府應要求實地探勘現場，並要求業者去除礦毒，但情況卻毫無改善。於是，田中正造辭去議員職位，決心向天皇親告御狀。

輿論握有的影響力逐漸增加

西洋現代文化成為新興國民文化——明治時期的文化與學問

西洋主義與其反動

西洋文化在文明開化後大舉流入日本，成爲創造日本獨有新文化的基石。然而，毫無反思一味模仿西歐的作法，也開始招來反彈聲浪。

約莫從這段時期起，各種對於國家的想法紛紛出爐。「民權論」主張以國民爲主體，「國權論」則主張由政府主導，實踐富國強兵。兩套論點彼此互斥，雙方圍繞「國族主義」爭鋒相對，一直要到甲午戰爭與日俄戰爭後，思想上的主流概念，才以相對於歐美列強的「國家主義」達成一致。

報章雜誌與大衆輿論

在思想界、教育界以及文學界之中，所謂「國語」是一道大難題。

此前，日本會按場合分別使用「書面語」以及「口語」。進入明治時代後，作家二葉亭四迷等人費盡心力樹立言文一致體，用以表記「口語」，經過一番迂迴曲折後，總算確立起文學所用的語言。

附帶一提，把東京人講的話訂爲標準語，是甲午戰爭後出現的建議。

另一方面，報紙等報章雜誌媒體，從明治時代開始擁有巨大的影響力。透過報紙，民衆對政治的關注遠遠超出過往，有時也會掀起龐大的輿論壓力。

Point

- 國民自發性的努力帶動文化成長
- 國家主義式思想與教育蔚為主流
- 創造「國語」，報章雜誌發達

明治時代的文化成就

醫學　北里柴三郎
發現破傷風血清療法
醫學　志賀潔
發現赤痢菌
藥學　高峰讓吉
發現腎上腺素
藥學　鈴木梅太郎
淬煉出Oryzanin（維他命B1）
物理學　長岡半太郎
研究原子構造
地震學　大森房吉
發明大森式地震計
建築
東京復活大聖堂（西元1891年）
日本銀行本店（西元1896年）
赤坂離宮（今之迎賓館）（西元1909年）

近代文學的演進

創刊的主要報章雜誌
《橫濱每日新聞》（西元1870年）
《東京日日新聞》（西元1872年）
《讀賣新聞》（西元1874年）
《朝日新聞》（西元1879年）
《時事新報》（西元1882年）
《國民之友》（西元1887年）
《大阪每日新聞》（西元1888年）
《太陽》（西元1895年）
《杜鵑》（西元1897年）
《中央公論》（西元1899年）
《明星》（西元1900年）

1870　1880　1890　1900　1910

戲作文學

- 假名垣魯文《安愚樂鍋》（西元1871年）

寫實主義（如實描寫社會現實）

- 坪內逍遙《小說神髓》（西元1885年）
- 二葉亭四迷《浮雲》（西元1887年）
- 幸田露伴《五重塔》（西元1891年）
- 尾崎紅葉《金色夜叉》（西元1897年）

自然主義（客觀記述人的生活）

- 國木田獨步《武藏野》（西元1901年）
- 島崎藤村《破戒》（西元1906年）
- 田山花袋《棉被》（西元1907年）

浪漫主義（尊重特性，充滿奇想）

- 森鷗外《舞姬》（西元1890年）
- 樋口一葉《比肩》（西元1895年）
- 德富蘆花《不如歸》（西元1898年）
- 泉鏡花《高野聖》（西元1900年）
- 與謝野晶子《亂髮》（西元1901年）

反自然主義

- 夏目漱石《少爺》（西元1906年）
- 森鷗外《阿部一族》（西元1913年）

夏目漱石 　樋口一葉 　森鷗外

國家主義流變圖

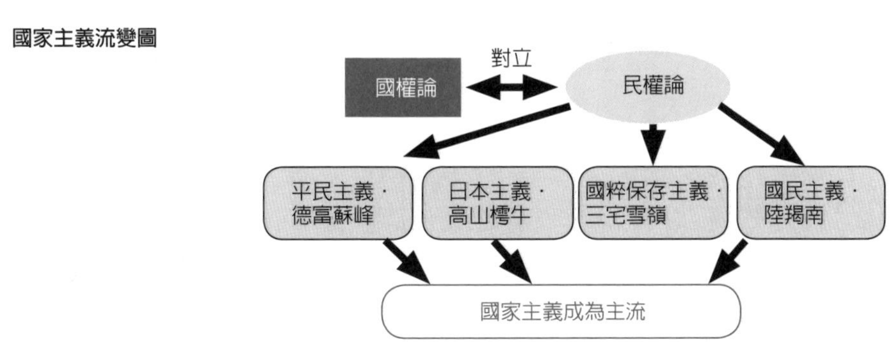

Column

幕府末期、京都的花街

動盪的幕府末期，幕府派與倒幕派紛紛集結於京都，各自策謀籌劃大計。新撰組和會津藩站在幕府那方，圖謀討幕的則有長州與薩摩藩。桂小五郎（木戶孝允）、高杉晉作、伊藤俊輔（博文）、井上聞多（馨）、大久保利通、坂本龍馬等等，這些改變日本的人們在此連番密會，而地點就選在祇園等處，換言之即所謂的花街柳巷。

各個藩國各有固定消費的茶屋，能由藩國出錢替志士們買單玩樂。志士們將茶屋稱爲「御宿坊」，約莫等同於現今的高檔會員制俱樂部。長州、薩摩、土佐等雄藩在祇園都擁有自己的御宿坊。

另一方面，新撰組則常到屯所附近的花街「島原」消費。他們很少聚集在特定的茶屋，而會選在幹部的情人居住聚會，並稱之爲「休憩所」。

不論是新撰組還是各大雄藩，當時主力成員幾乎全是20幾歲到30出頭的年輕人。想當然的，志士們會與舞妓、藝妓陷入戀愛，桃色糾葛多有耳聞。其中最有名的，莫過於桂小五郎與幾松。幾松曾協助他逃亡，從旁支持著小五郎，除此之外還有不少志士都曾受舞妓與藝妓所救。

俗話說「英雄難過美人關」，新撰組局長近藤勇與伊藤俊輔都是有名的風流種子，伊藤還被同志調侃是愛女色的「狒狒侯」。近藤勇在好幾個地方都有「休憩所」，據說不光是島原，他也在其他各處花街大方取樂。

當時，新撰組從幕府與幕後贊助的富商手上，拿到相當優渥的金援。近藤的月薪是50兩，換算後約莫是現今的１２０萬日圓，一般隊士也有23萬日圓（10兩）的薪水。在那個年代裡只要有1兩錢，便足夠一個家庭生活一整月而綽綽有餘，由此可見新撰組的薪資有多破天荒。

幕府派與討幕派青年，在京都花街裡大肆遊樂，想來，那樣的花街中，必定滿溢著那個時代獨特的亢奮與緊張氛圍。這些青年當年都是京都城中的要角，不久後搖身一變爲新生日本的主角，花街女子的身影則默默隱身於其後。

禁門之變使京都蒙受莫大的損害，時代迅速轉變，從薩長聯合、大政奉還，走到明治維新。歷史已然道盡這些新撰組與雄藩青年的命運。

第 6 章

世界大戰與日本

大正～昭和（至戰敗為止）

第6章

魯莽衝向戰爭的日本

歷史變遷過程

大正→昭和（戰前）

民衆對政治的熱情高漲

第一次世界大戰爆發

前進大陸，與列強並駕齊驅

協調外交當道

政黨政治養出金權政治

日俄戰爭後爆發的日比谷暴動事件，宣告輿論威力已足以撼動政府。社會大衆愈來愈關心政治，這波氣運銜接成後日的大正民主運動，進一步促成普通選舉落實。

然而，普通選舉帶來的政黨政治，一開始便是一塊腐木。政黨為了獲得資金，以維持規模坐大的競選活動，大多與各大企業緊密掛鉤。這種金權政治的性質，更是導致日後國家主義分子與軍部崛起的重要因素。

從協調外交到孤立無援

日本趁著第一次世界大戰，成功晉升列強行列，獲得出任國際聯盟常任理事國的地位。第一次世界大戰後全球普遍重視協調外交、縮減軍備，日本政府也認可這股潮流的重要性。另一方面，軍部對政府的不滿卻開始升溫。這並不單是因為政府大砍軍備預算而懷恨在心，經濟恐慌加上連連歉收，導致百姓長期生活在水

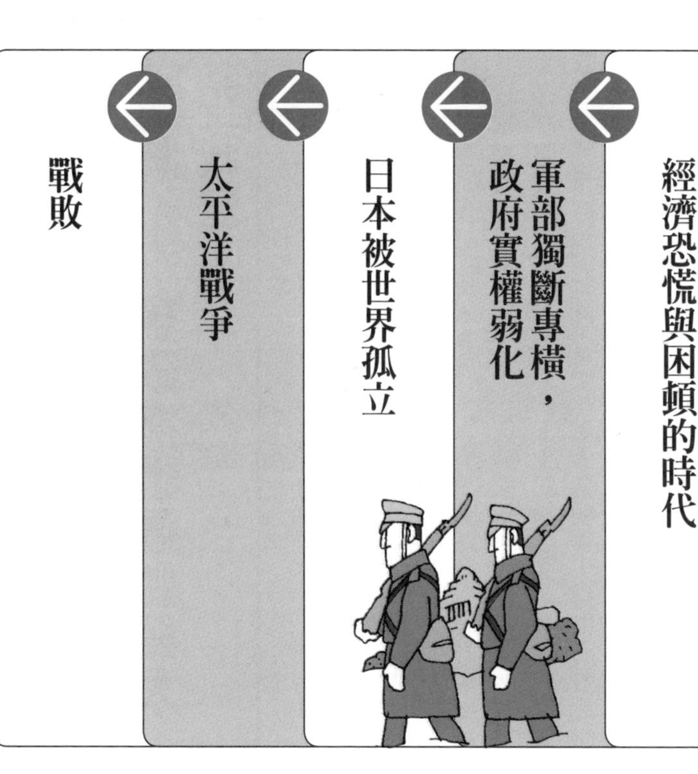

深火熱中，也是讓軍部大感不悅的因素之一。九一八事變時，對於身為肇事者的軍部，世間輿論並不全然是抨擊聲浪。這個情況在試圖顛覆政府，衝破僵局的五一五事件與二二六事件中也一樣，就算首謀將官遭到懲處，仍有不少人對他們表示同情。到最後，日本為了扭轉現狀，走上一條被世界孤立的道路。

近衛文麿對上東條英機

軍部，特別是陸軍的發言力愈來愈強，關東軍等陸軍系統獨斷妄為，對中央政府頤指氣使。然而，府方也並不是毫無作為地袖手旁觀，其中當然有人挺身而出，試圖阻止日本往戰爭之道沉淪。時任首相的近衛文麿便是一位代表性人物。

近衛試圖平息愈發不可收拾的中日戰爭，並想盡辦法避免與美國開戰。

只可惜，與陸軍大臣東條英機處處作對的近衛內閣，後來卻在他眼前分崩離析了。近衛失勢的直接原因，是傳聞近衛的智囊涉入一場國際間諜案，即所謂佐爾格案。就在這一切爆出的一個半月後，太平洋戰爭正式爆發。

明治結束，邁向新時代

民衆高度關注政治迫使內閣總辭──憲政擁護運動與大正政變

Point

- 陸軍大臣抗議日俄戰爭後的軍縮政策
- 挾軍方與藩閣為後盾的第3次桂內閣誕生
- 擊敗桂內閣的政黨，國民護憲運動

民衆之力撼動政治

日俄戰爭後，負擔鉅額戰爭支出的日本陷入財政困境，政府不得不持續實施財政緊縮措施。然而，陸軍卻在這樣的局勢下，要求於朝鮮增設兩個師團。第2次西園寺內閣拒絕陸軍的要求後，元老山縣有朋與陸軍大臣上原勇作與內閣陷入僵持。上原陸相未經閣議許可逕行上訴天皇，並辭去官職。當時只有現役軍人能出任陸海軍大臣（軍部大臣現役武官制），無法獲得陸軍配合的內閣遂走上總辭職一途。

第3次桂太郎內閣緊接著走馬上任，然而，以陸軍與藩閣爲後盾的內閣招致輿論抨擊，政治家與財金界人士紛紛出面，以尾崎行雄與犬養毅等人爲核心發起打倒內閣的運動，史稱護憲運動，集會時的群衆人數多達2萬人。護憲運動最後帶來的成果稱爲「大正政變」，桂內閣在短短50天左右隨即總辭下臺。

大正政變之後

大正政變中，民衆之力成功影響內閣，堪稱爲劃時代的事件。海軍出身的山本權兵衛在桂內閣之後接任首相，他修正了軍部大臣現役武官制，著手推動改革官僚機構。不過，山本擴充海軍的計畫遭到攔阻，再加上海軍高官買軍艦時收回扣的弊案「西門子事件」曝光，而使得內閣不得不引咎總辭。

接下來，退出政界後仍深受國民歡迎的大隈重信

軍部的不滿與財政困境

日俄戰爭後，陸海軍雙方都渴望進一步擴充軍備，但卻因府方財政困境而難以如願落實。即便如此，陸軍仍強烈要求於朝鮮增設師團的理由，乃是受中國爆發辛亥革命的刺激所致。

從年表掌握歷史變遷

■西元1906年
11月　南滿洲鐵路株式會社成立

■西元1907年
7月　海牙密使事件，韓國皇帝退位

■西元1910年
1月　大逆事件發生，併吞韓國

■西元1911年
簽訂《日美新通商航海條約》，恢復關稅自主權

■西元1912年
7月　明治天皇駕崩，時序走入大正時代

粉墨登場。雖然他仍舊必須面對艱難的政治情勢，但大限的運氣十分好，第一次世界大戰於此時爆發。藉著高舉參戰的大旗，懸而未解的兩師團增設案與海軍擴充計畫紛紛成真，遠離戰爭前線的日本，則因戰爭需求而景氣沸騰。

護憲運動前後經過

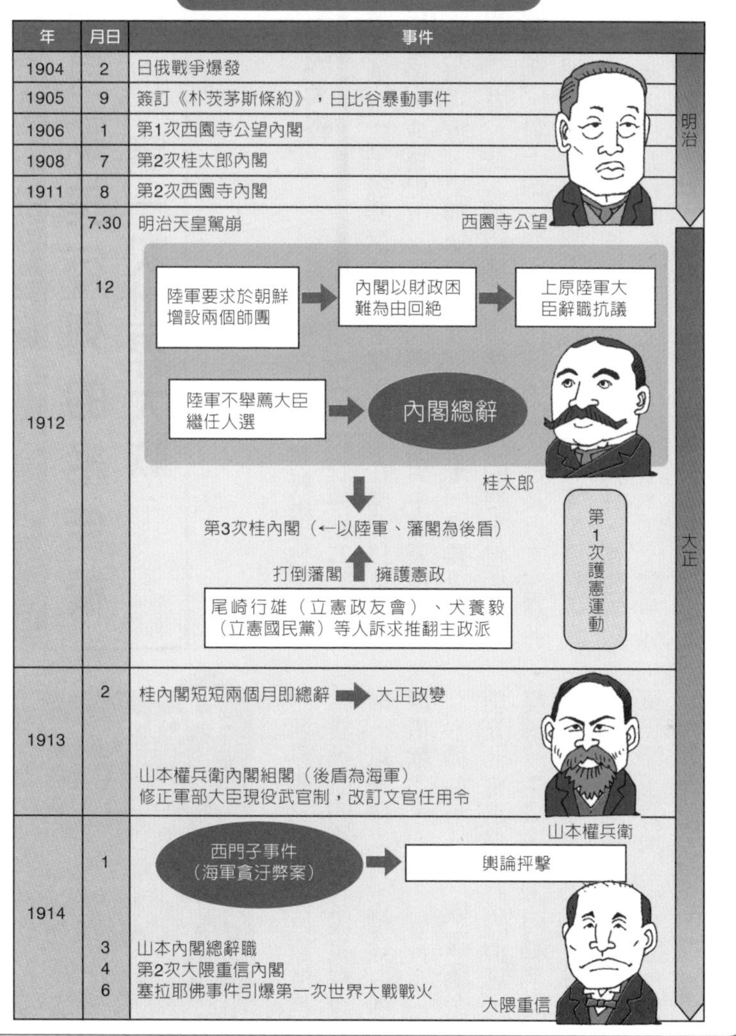

年	月日	事件
1904	2	日俄戰爭爆發
1905	9	簽訂《朴茨茅斯條約》，日比谷暴動事件
1906	1	第1次西園寺公望內閣
1908	7	第2次桂太郎內閣
1911	8	第2次西園寺內閣
1912	7.30	明治天皇駕崩
	12	陸軍要求於朝鮮增設兩個師團 → 內閣以財政困難為由回絕 → 上原陸軍大臣辭職抗議 陸軍不舉薦大臣繼任人選 → 內閣總辭 ↓ 第3次桂內閣（←以陸軍、藩閣為後盾） 打倒藩閣 ↑ 擁護憲政 尾崎行雄（立憲政友會）、犬養毅（立憲國民黨）等人訴求推翻主政派
1913	2	桂內閣短短兩個月即總辭 → 大正政變
		山本權兵衛內閣組閣（後盾為海軍） 修正軍部大臣現役武官制，改訂文官任用令
1914	1	西門子事件（海軍貪汙弊案） → 輿論抨擊
	3	山本內閣總辭職
	4	第2次大隈重信內閣
	6	塞拉耶佛事件引爆第一次世界大戰戰火

一個時代的終結

西元1912年7月20日，宮內省發布了明治天皇因尿毒症病情瀕危的消息。同月30日，國民的祈禱未能成真，明治天皇病逝，享年59歲。後來乃木大將追著天皇腳步殉死，此事眾人皆知。江戶幕府末代將軍德川慶喜，則於隔年（西元1913年）與世長辭，享年76歲。

藉著遠方戰火得漁翁之利

躋身歐美行列的絕佳機會——第一次世界大戰

Point

- 大戰成為解決財政、軍事、滿洲經營問題的萬靈丹
- 以日英同盟為依據對德宣戰，進占德領地區
- 出兵西伯利亞幾乎毫無戰果

加入世界大戰

奧利地皇太子被賽爾維亞青年暗殺，成爲史上首次世界大戰導火線，史稱塞拉耶佛事件。英、法、俄組成的三國協約，對上德、義、奧三國同盟，在歐洲展開大規模戰事。英國以日英同盟爲依據，要求日方攻擊在東海上的德國船艦。日本政府認爲，眼下正是提升本國在亞洲地位的佳機，遂對德國宣戰，進占德國領有地區。

前進大陸區域

贏得日俄戰爭後換來的滿洲等諸般權益即將到期，日本政府轉換方針，決定擴大日本在滿洲以及中國的勢力，而對中國袁世凱政權提出《二十一條要求》。這些屈辱性的要求包括繼承德國權限、延長日本在滿洲的諸般權益等等，雖然中方接納了這些條件，卻也導致反日運動高漲，並使歐美列強開始提防日本。然而，大限的對中政策欠缺整合性，而遭到主張強硬對中的分子襲擊，也失去了政府內部的支持，黯然失勢。寺內正毅接著繼任首相，他差遣心腹西原龜三，放了巨額債款給袁世凱的後繼者段祺瑞政權，以圖擴大日本權益（西原借款）。

另一方面，俄國革命創立社會主義政府的消息，震撼英美法等國，而聯手出兵西伯利亞。日本也應聲派出軍隊，但待列強撤兵後日軍仍滯留當地，引來國內外的抨擊聲浪。後來因爲日軍士兵在尼港事件中打輸當地勢力，才終於撤兵，然而與偌大的犧牲相較，本次行動並沒有換得任何成果。

巨額不良債權

據說西原借款的總金額高達1億8千萬日圓。這筆債款並非透過正規外交管道放款，而且也沒有取得擔保，因此絕大多數淪為呆帳。

第一次世界大戰與日本

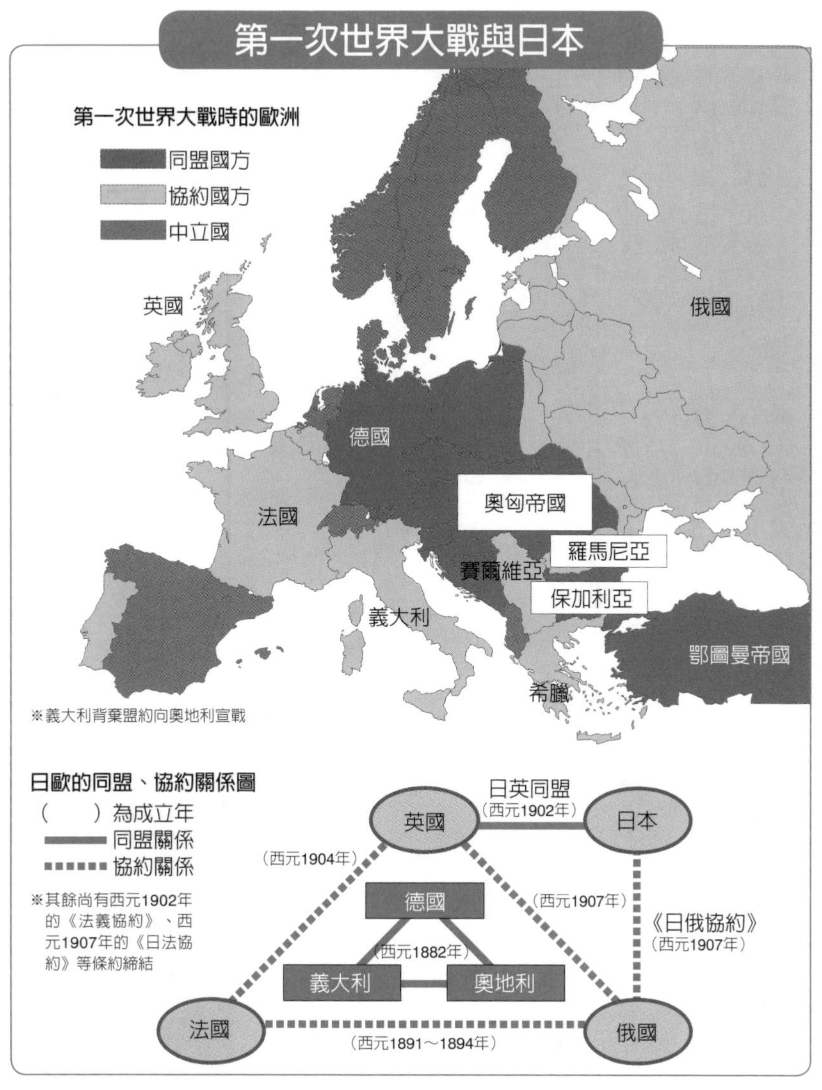

從年表掌握歷史變遷

■西元1912年
1月　中華民國建國

■西元1914年
6月　塞拉耶佛事件，第一次世界大戰爆發
8月　日本對德國宣戰，投身第一次世界大戰，進占山東省、青島等德國地盤

■西元1915年
對中國提出《二十一條要求》

■西元1916年
1月　大隈首相遇襲
10月　寺內正毅內閣組閣

■西元1917年
俄國革命（3月、11月）
11月《藍辛．石井協定》（日美對中國的協約）

■西元1918年
8月　宣告進軍西伯利亞
米價暴漲，富山縣爆發米騷動，風波擴散至全日本
9月　寺內內閣總辭職，原敬內閣接手上位
11月　德國戰敗，第一次世界大戰結束

這個年代的「民本主義」是指?

受國民愛戴的「平民宰相」為何遇害——大正民主運動與原內閣

Point

- 「Democracy」被譯為民本主義，而非民主主義
- 首位平民出身的宰相原敬，與他的正宗政黨內閣
- 貪汙弊案頻傳與反對普通選舉引來殺機

民主主義與米騷動

第一次世界大戰，可以說是場民主主義（Democracy）與專制政治（Autocracy）之戰。後世稱之爲大正民主運動的風潮，也趁著大戰之機於日本擴散開來，其中最具代表性的，便是吉野作造提倡的民本主義。民本主義認爲政治決策應以民意爲根本，要求落實以議會爲中心的政治及推動普選。

另一方面，戰爭帶動景氣養出暴發戶，但工業勞動人口增加、都市人口集中、軍糧變多等現象導致稻米嚴重短缺，日本各地接連出現「米騷動」（即搶米暴動）。後來，政府進口國外米來平息這場風波，但寺內內閣也跟著下臺一鞠躬。

原內閣與政友會

接著站上舞臺的，不是舊有的藩閣，而是首位沒有爵位的平民宰相原敬。原內閣是正宗的政黨內閣，除陸軍、海軍與外務大臣外，全由政友會會員出任，不但受民衆歡迎，也肩負著國民的期待。

原首相積極執政，著手擴大選舉資格，推動產業復甦，然而第一次大戰結束後的金融危機卻在此時找上日本。政黨惡鬥加劇，並傳出爭權奪利的貪汙弊案。

勞工發起的社會運動相當旺盛，但原內閣的態度卻顯得十分保守，並認爲時機未至，而對敦促落實普選的運動不屑一顧，導致首相的民意支持度直往下墜。

而後，這位一度深受國民愛戴的平民宰相遇刺身亡，死在被他本人及政友會

民本主義與天皇機關說

吉野作造在雜誌《中央公論》發表論說文，題名為「談憲政本義——論如何成就其有終之美」，成為隨後的大正民主運動理論根基。吉野在這篇論說文裡，對天皇制持肯定態度。天皇在當年的地位並非絕對的掌權者，而被視為依循憲法，行使統治權的國家最高機構。這樣的看法源自美濃部達吉提出的「天皇機關說」。

大正民主運動前後歷程

年	月	主要大事
1914	8	第一次大戰參戰
1915	1	對中國提出《二十一條要求》
1916	1	吉野作造鼓吹民本主義
	10	寺內正毅內閣成立
1917		米價開始飆漲
1918	8	宣布出兵西伯利亞。富山縣爆發米騷動，風波擴大至全國規模
	9	寺內內閣總辭職，原敬領軍的政友會內閣組閣
	11	第一次世界大戰結束
1919	5	修訂選舉法─改小選區制，資格擴大改為納稅額3日圓以上
1920	1	加入國際聯盟
	2	各地示威抗議頻傳，要求實施普選
	3	股票市場暴跌，進入戰後金融恐慌
	5	首場五一勞動遊行（上野公園）
1921	7	派軍隊鎮壓三菱、川崎造船所罷工運動
	11	原敬於東京車站遇刺身亡。高橋是清成為立憲政友會總裁

激怒的年輕人手上。後來，當上立憲政友會總裁的高橋是清接任首相，又因閣員內鬨而總辭下臺。接下來好一陣子，政權都由非政黨內閣延續主持。

歷史Close Up

米騷動始自婦女之議

米價市場在西元1916年到1918年的兩年內，翻漲將近3倍，嚴重壓迫到百姓生活。某次，富山縣魚津町的婦女聽見謠言說要把米運往縣外，遂聚眾商討而後決議出面阻止。她們的行動延燒到其他城鎮，在新聞報導的助燃下，衍變為全國規模的米騷動。

米價變動表

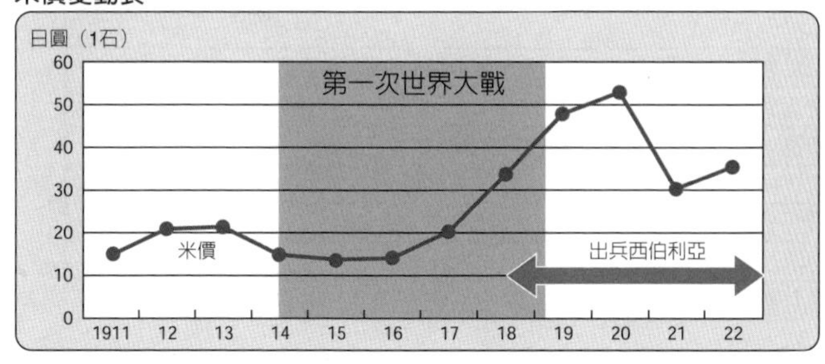

被大戰榨乾的世界，走上軍縮之路——協調外交年代

Point

- 歐洲初次經歷世界大戰，困頓已極下的選擇
- 政府深知配合世界步調的必要性
- 協調外交底下，國內外瀰漫著一絲動盪氣息

國際協調的趨勢

第一次世界大戰後，歐洲各國受到的創傷之深，沒有過往任何戰事可以比擬。各國在這次體驗後，開始轉往縮減軍備的方向前進。

各國在巴黎和會中討論戰後事宜，簽訂《凡爾賽條約》，戰敗國德國被迫吞下甚爲嚴苛的條款。此外，各國爲了促進國際和平創立國際聯盟，日本出任常任理事國，國際地位進一步提升。美國雖未加盟國際聯盟，但已逐漸占有政治主導地位，帶頭舉辦華盛頓會議。席間締結了數宗條約，日本在中國問題上讓步，並承諾配合主力艦艇的數量限制。日本政府推動的協調外交，後來被稱爲幣原外交，名稱取自本次會議全權使節團成員幣原喜重郎。一直到西元1930年代爲止，縮減軍備的趨勢蔚爲主流。

軍部反彈

協調外交逐步推動的同時，反對這種外交態度的聲浪，卻也開始在國內外緩緩發酵。反日運動在朝鮮與中國不斷擴大，日方選擇以寬大的政策處理，沒有背離協調外交的原則。然而，縮減軍備引起軍部反彈，軍方對協調外交的不滿逐漸升高。到最後，這份不滿化爲軍部在中國專斷獨行的引子。第一次世界大戰戰敗國內部，馬上出現法西斯化的動向。換言之，在協調外交的年代之中，引爆第二次世界大戰的引信早已悄悄點燃。

內容等
處理戰後事宜，國際聯盟成立
內容與太平洋和平相關（日英同盟作廢）
內容與中國問題有關（尊重中國主權）
限制主力船艦數量，10年內禁止建造新主力船艦
《二十一條要求》中，日本接收德國在山東半島的權益，需於本次條約歸還
試圖管制支援艦艇→未成立
放棄以戰爭作為國家政策工具
限制主力艦艇持有數量，延長主力艦營造禁令，限制美英日擁有的支援艦艇數量

第一次世界大戰後，日本與全球主要大事

年	月日	主要大事
1919	1	舉行巴黎和平會議
	3.1	朝鮮三一獨立運動
	5.4	中國五四運動—要求歸還青島
	6	簽署《凡爾賽條約》
1920	1	加盟國際聯盟，德國納粹黨創黨
	3	戰後金融恐慌爆發
1921	7	中國共產黨創黨
	11	原敬遇刺，華盛頓會議召開，高橋是清組閣
1922	6	宣布撤兵西伯利亞，加藤友三郎組閣
	7	日本共產黨創黨（非法）
	10	義大利建立法西斯政權
	12	蘇維埃社會主義共和國聯邦成立
1923	3	中國反日運動規模坐大
	9	關東大地震，成立第2次山本權兵衛內閣
1924	1	清浦奎吾組閣（第2次護憲運動開始）
	6	加藤高明組閣
1925	1	簽署《日蘇基本條約》，恢復邦交
	4	頒布《治安維持法》
	5	頒布《普通選舉法》
1926	1	成立第1次若槻禮次郎內閣
	12.25	大正天皇駕崩，昭和天皇登基
1927	3	金融恐慌爆發，蔣介石在中國發動內戰
	4	田中義一組閣，中國的國民政府成立
	5	第1次進軍山東
	6	日內瓦海軍軍縮會議召開
1928	4	第2次進軍山東
	6	張作霖爆炸命案
	8	簽署《巴黎非戰公約》
1929	7	濱口雄幸組閣，世界經濟恐慌爆發（10月）
1930	4	簽訂《倫敦海軍軍縮條約》
1931	9	九一八事變

第一次世界大戰後的主要國際條約

會議暨條約名（簽訂年月）	參加國
《凡爾賽條約》（1919.6）	27國
華盛頓會議《四國公約》（1921.12）	英美日法
《九國公約》（1922.2）	英美日法義荷中比葡
《海軍軍縮條約》（1922.2）	英美日法義
《解決山東懸案條約》（1922.2）	日中
日內瓦海軍軍縮會議（1927.6）	英美日
《巴黎非戰公約》（1928.8）	15國
《倫敦海軍軍縮條約》（1930.4）	英美日法義

漸趨活躍的社會運動與社會主義運動，被關東大地震毀於一旦？

Point

- 民主主義風潮帶動社會運動
- 勞工運動、農民運動與婦女運動逐漸壯大
- 打壓死灰復燃的社會主義運動

勞資糾紛頻傳

民主主義風潮在大正民主運動的推波助瀾下延燒，促使勞工與農民更加積極爭取自身的權益。包括日本勞動總同盟在內，各種工會開始用更強悍的態度與資方鬥爭，勞動議題顯得愈發炙手可熱，並啟發各種罷工運動，甚至還促成了日本史上第1場五一勞動遊行。然而，工會內部漸漸生出嫌隙，導致日後好幾次的分裂與重新整合。至於農村方面則是佃農糾紛頻傳，佃農們自成組織向地主提出要求的運動持續擴大。

隨著勞工意識逐漸覺醒，提高女性地位的運動也跟著興盛起來。

創立青鞜社的平塚雷鳥，召集市川房枝等人共同籌組新婦人協會，她們推動婦人參政權運動，撼動政府的決策。

社會主義運動與震災

這一波改革運動中，亦不乏國家主義運動。尤其是猶存社的北一輝，他祕密出版書籍，鼓吹建立以天皇為中心的國家社會主義式國家，逐漸對不滿政府的年輕將官產生巨大影響。

另一方面，在社會主義運動領域，運動主軸從無政府主義，切換為受俄國革命啟發的馬克思主義，並有大杉榮等人創立日本社會主義同盟，日本共產黨亦於此時祕密結成。只不過，關東大地震爆發後流言四起，謠傳社會主義者與朝鮮人正密謀暴動，使得大杉榮等人慘遭殺害，共產黨也在混亂的局勢中因內鬨而解散。

關東大地震

這場芮氏規模7.9的大地震，發生於中午11點58分，正是忙著準備午餐的時刻，因而引發大規模火災，死者與失蹤人數多達14萬人。當時流言四起，甚至還發布了戒嚴令。追殺社會主義者的行為，就在這樣的情況下發生。然而，最讓社會主義者訝異的，是本該跟他們站在一起的「大眾」竟組織起「自警團」屠殺朝鮮人這件事。慘遭虐殺的朝鮮人相傳有3000多人，甚至有更多倍之說。普通的老百姓聽信謠言，以為朝鮮人將發起暴動，遂叫住

社會運動演變

■社會主義運動　●勞工運動　◆農民運動　♀女性解放運動

年	月日	主要大事
1911	6	平塚雷鳥創立青鞜社♀
1912	8	創立友愛會●
1919	8	友愛會改稱為大日本勞動總同盟友愛會● 這一年勞資糾紛頻傳●
1920	3	平塚雷鳥等人組織新婦人協會♀
	5.2	上野公園召開日本第1場五一勞動遊行●
	12	大杉榮等人組織日本社會主義同盟（隔年解散）■
1921	7	軍隊出動鎮壓三菱、川崎造船所罷工運動●
	10	大日本勞動總同盟友愛會改稱為日本勞動總同盟●
	11	原敬於東京車站遇襲身亡，高橋是清組閣
1922	3	創立全國水平社（部落解放運動）
	4	創立日本農民工會◆
	7	日本共產黨創黨（非法）■
1923	9	關東大地震—東京發布戒嚴令，虐殺朝鮮人事件、龜戶事件（軍方殺害勞工運動人士）、甘粕事件（甘粕上尉殺害大杉榮等人）發生
	12	虎之門事件—無政府主義者暗殺攝政（後之昭和天皇）未遂
1924	1	清浦奎吾組閣，第2次護憲運動開始
1925	4	頒布《治安維持法》，總同盟分裂，日本勞動組合評議會創立●
	5	頒布《普通選舉法》
	12	農民勞動黨創黨（當日遭禁）●◆
1926	1	京都學連事件（首次援用治安維持法）
	3	勞動農民黨創立（於10月分裂）●◆
	12	日本共產黨重建■
	12.25	大正天皇駕崩，昭和天皇登基 這一年勞資糾紛頻傳

大杉榮

路邊行人確認有無朝鮮腔，或要他們唱「君之代」，說出歷代天皇名諱等等。

關東大地震災情

死者、失蹤者	142807人
傷者	103733人
受災戶	約340萬人
房屋燒毀、全倒	575394戶
災情損失	55至100億日圓

《普通選舉法》與《治安維持法》——鞭子與糖果並進，打擊社會主義運動!?

第2次護憲運動

以貴族院爲中心的特權階級，是構成清浦內閣的主體，而清浦內閣則在所謂護憲三派的3政黨聯手攻擊下，被迫總辭下臺。護憲三派攜手共組聯合內閣，使《普通選舉法》與《治安維持法》雙雙落實。加藤首相決定推行普通選舉的理由，並不是受普通選舉運動影響，而是想藉這個辦法迴避社會革命的風險。

同時，府方也預期，社會主義運動會受日蘇恢復建交影響更加活絡，遂連帶頒布《治安維持法》。《治安維持法》旨在禁止所有跟社會主義思想有關的結社與行動，日後還把死刑納入最高刑度內。

加藤內閣上臺後過了8年，由議會最大黨組閣的「憲政常道」成爲慣例。接下來，時代進入昭和年間，帶著火藥氣息的事件接踵而來，政黨政治在五一五事件後徹底葬送。

Point

- 護憲三派發起第2次護憲運動
- 以普通選舉與《治安維持法》壓制社會運動
- 普通選舉使政黨政治腐壞

普通選舉與金權政治

說到頭來，即便在「憲政常道」的年代，政黨組織的問題也從沒有少過。落實普通選舉後，政黨必須籌募更高額的政治資金，因而與財金界深深掛鉤起來。全盛時期的政黨政治，無庸置疑地也是金權政治。正宗民主主義時代的政黨政治，眼看著好不容易就要成真，最後卻諷刺地成爲軍部崛起的理由。

各國普通選舉實施年

和世界各國相較，日本男性取得普選權力的腳步較慢，女性則算快。

國家	男性	女性
法國	西元1848年	西元1945年
美國	西元1870年	西元1920年
德國	西元1871年	西元1919年
英國	西元1918年	西元1928年
日本	西元1925年	西元1945年
蘇聯	西元1936年	西元1936年
中國	西元1953年	西元1953年

第2次護憲運動

清浦奎吾內閣上臺（1924.1）　（以貴族院為根基）

無視政黨組閣

批判、推翻運動

第2次護憲運動

護憲三派
憲政會（加藤高明）、立憲政友會（高橋是清）、革新俱樂部（犬養毅）

解散議會

壓倒性勝選

護憲三派共組聯合內閣（首相加藤高明）（1924.6）

加藤高明

犬養毅

「憲政常道」—8年來皆由議會最大黨組閣

年	月	首相（勢力基礎）	主要大事
1924	6	加藤高明（護憲三派）	頒布《治安維持法》與《普通選舉法》
1926	1	第1次若槻禮次郎（憲政會）	昭和天皇登基，金融風暴
1927	4	田中義一（立憲政友會）	實施延期履行（暫緩清償）
1929	7	濱口雄幸（立憲民政黨）	簽署《倫敦海軍軍縮條約》
1931	4	第2次若槻禮次郎（立憲民政黨）	九一八事變
1931	12	犬養毅（立憲政友會）	血盟團事件、滿洲國建國宣言
1932	5	五一五事件（首相犬養遭槍擊）憲政常道的終結	

政黨變遷

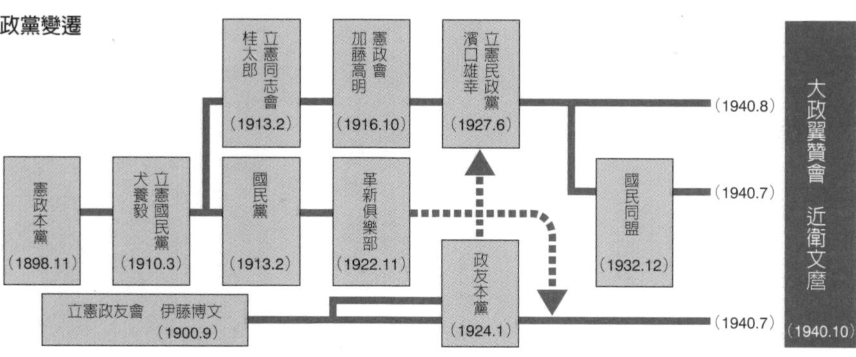

選舉法的主要修正表（眾議院）

頒布年	內閣	實施年	被選舉人 納稅額	被選舉人 性別・年齡	被選舉人 名額	選舉人 納稅額	選舉人 性別・年齡	選舉人 總數	選舉人 人口比率
1889	黑田	1890	15圓以上	男・30歲以上	300	15圓以上	男・25歲以上	45萬人	1.1%
1900	山縣	1902	無限制	同上	369	10圓以上	同上	98萬人	2.2%
1919	原	1920	同上	同上	464	3圓以上	同上	307萬人	5.5%
1925	加藤（高）	1928	同上	同上	466	無限制	同上	1241萬人	20.8%
1945	幣原	1946	同上	男女・25歲以上	468	無限制	男女・20歲以上	3688萬人	50.4%

跟現在沒有兩樣？

都市化程度加劇，大衆文化開始茁壯——第一次世界大戰後的社會

江戶風情不再

進入大正時代後，都市人口成長加劇，大城市中開始蓋起磚瓦建築與水泥大樓。有一定程度資產的階級，住在西式的文化住宅裡，電燈也成爲農村中平凡可見的風景。時代愈來愈便利，與此同時，江戶風情也一點一滴地隨風消逝。接著，關東大地震襲來，舊時東京的殘影便幾乎一掃而空。

大正中期前後，東京等地路面電車盛行，地下鐵與公車開始運轉。百貨公司開張，商品數量大幅度增加。坐辦公桌的上班族開始出現，女性也緊接著投入職場。

陽光的憂患年代

與現代相去不遠的消費社會，約莫始於大正時代。此時大衆文化急速茁壯，綜合性雜誌就是項代表性產物，而收音機文化的地位更是重要。電影與唱片成爲一般大衆的娛樂享受，不光受都市歡迎，在各地鄉間亦十分普及。

在文學與藝術領域裡，變得更多采多姿。文學圈子裡出現「圓本」與「文庫本」，大衆小說則擄獲許多民衆的心。不論在哪一個面向，人們的選項大幅增加，根植於大衆階層的文化，一口氣綻放出精彩的成果。

Point

- 都會開始出現上班族的身影
- 收音機、雜誌、電影等充實了大衆文化
- 文學與藝術孕育出各種潮流

理化學研究所

理化學研究所由高峰讓吉發起，於西元1917年設立，是日本史上第一座綜合科學研究所。這裡培育出好幾位代表日本的科學家，諸如諾貝爾獎得主湯川秀樹、朝永振一郎，以及鈴木梅太郎、長岡半太郎等人。

大正時代世間動靜

年	生活、文化動靜	文學界主要動態	主要大事
1912	首間電影公司（日活）成立 首次參加奧運		
1913	藝術座劇團成立	森鷗外《阿部一族》	大正政變
1914	寶塚歌劇團首次演出	夏目漱石《心》	第一次世界大戰
1915	第1屆全國中等學校優勝棒球大會（高中棒球大會前身）	芥川龍之介《羅生門》	
1916	女人開始燙頭髮 吉野作造提出民本主義	芥川等人創雜誌《新思潮》（第4次） 夏目漱石去世	芥川龍之介
1917	理化學研究所成立	菊池寬《歸來的父親》	
1918		鈴木三重吉等人創雜誌《赤鳥》	米騷動
1919	設立帝國美術院 汽車開始在東京街頭上跑 野口英世著手研究黃熱病	《電影旬報》創刊	巴黎和平會議 板垣退助、前島密去世
1920	第1屆五一勞動遊行 第1次國勢調查（總人口7700萬人）	菊池寬《珍珠夫人》	
1921		志賀直哉《暗夜行路》	華盛頓會議
1922	愛因斯坦訪日	《週刊朝日》、《Sunday每日》創刊 森鷗外去世	大隈重信、山縣有朋去世
1923		《文藝春秋》創刊 有島武郎殉情而亡	關東大地震
1924	築地小劇場開幕 甲子園球場落成 大阪《每日新聞》賣破100萬份		第2次護憲運動
1925	開始播放收音機節目 第1條地下鐵（上野～淺草）動土	《King》創刊	頒布《普通選舉法》
1926	設立NHK	邁入「圓本」時代 川端康成《伊豆的舞孃》	進入昭和年代

剛起步時的收音機通訊契約

收音機播放剛推出時，必須收取通訊契約費用，金額是月額2日圓。那個年代的物價沐浴收5錢，剪髮大概80錢，粗略換算下月費差不多等於今之1萬日圓。這樣的定價實在太貴，故沒過多久便立刻調降為1日圓。

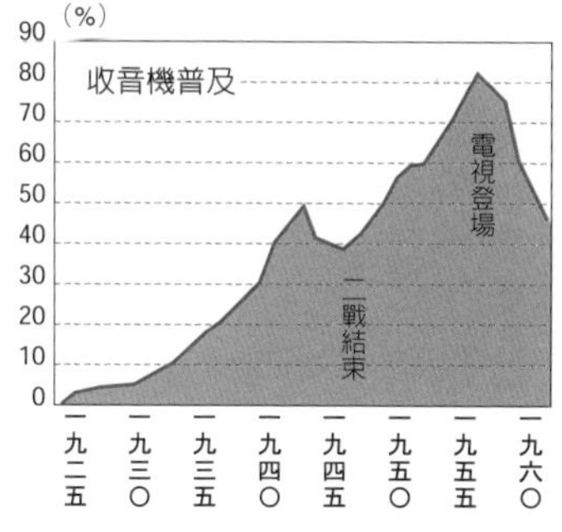

後泡沫經濟舉世皆同？

轉瞬即逝的一戰泡沫經濟——走入大蕭條年代

Point

- 空前的金融恐慌揭開昭和史序幕
- 世界經濟蕭條重挫日本，陷入昭和經濟大恐慌
- 財閥吸收中小規模銀行，掌控財經界

戰後恐慌與經濟大蕭條

第一次世界大戰替日本帶來美好的景氣，然而戰事終結後，列強生產力復甦導致出口下降，股票市場暴跌，景氣一口氣墜入深谷。

在此等時局下爆發的關東大地震，讓事態雪上加霜。政府針對無法執行的震災票據特別放款融資，繼續想方設法處理其餘未執行的票據。然而，銀行經營惡化的狀態，已是紙包不住火，導致民眾爭相擠兌。這就是昭和金融恐慌的開端。政府下令放寬3週的支付期限，命全國銀行臨時停業，並讓日本銀行發動緊急融資。

各個中小規模銀行，紛紛在這波金融風暴中破產。擁有大型銀行的財閥吸收這些中小銀行，擴大對財經界的掌控，同時三井、三菱等企業也開始與政黨連結，取得發言聲量。

開放黃金出口與世界經濟大恐慌

第一次世界大戰中，日本政府禁止黃金出口，後來爲求穩定匯率與活絡出口，轉而決議解除禁令，開放黃金出口。可是，眼看著事前準備將要就緒，紐約股票市場卻一夕崩盤，後續影響不斷延燒，進而發展爲世界經濟大恐慌。換言之，日本不幸在最糟糕的時間點，開放黃金出口禁令。後來，日本跟著英國等國的腳步，再度下令禁止黃金出口時，經濟恐慌早已經深入國內，不但拖垮物價與股票市場，還造成薪資滑落，四處都是遭裁員失業的民眾。至於在農村方面，農家的貧困雪上加霜，致使婦女走上賣身一途。

財閥

各個財閥中，三井與立憲政友會，以及三菱和憲政會（後之立憲民政黨）的連結尤其深入。其中，三井透過購買美元獲得暴利，備受世間抨擊。附帶一提當年的4大財閥、5大銀行分別如下：

4大財閥
三井、三菱、安田、住友

5大銀行
三井、三菱、住友、安田、第一

恐慌時代裡的經濟動向

年	月	主要大事
1914	6	第一次世界大戰爆發，日本參戰
1915	12	戰爭帶動景氣
1917	9	禁止黃金出口
1918	8	米騷動。第一次世界大戰結束
1920	3	股票市場暴跌，進入戰後經濟恐慌
1923	9	關東大地震。頒布震災票據損失補償令
1927	3 4	金融恐慌，銀行接連倒閉 下達緊急敕令，實施3週的延期履行（暫緩清償令）
1928	6	張作霖遭炸死案
1929	10 11	紐約股票市場大崩盤，世界經濟大恐慌開始 頒布黃金出口解禁令
1930	1	落實黃金出口解禁 這一年，農產價格暴跌使農村陷入危機
1931	4 9 12	頒布重要產業管制法—促進卡特爾企業結盟 九一八事變爆發 再度禁止黃金出口。軍需產業呈現榮景 這一年，全國失業人口推估為170萬人
1932	3	滿洲國建國宣言 建構日本．滿洲集團經濟圈
1933	3	美國羅斯福新政

當此之際，許多青年將官挺身而出，大力推動國家改造運動。那些向政治家靠攏，與政黨勾結牟利的財閥，遂成為輿論非難的標靶。

歷史 Close Up

大臣的失言不分時代

這個年頭，大臣因言論惹議的事例並不罕見，而在西元1927年，時任大藏省大臣的片岡直溫，就曾因發言掀起軒然大波。他在眾議院預算委員會上，不慎指稱處境危急的渡邊銀行「已破產」。隔天，全日本爆出擠兌人潮，導致多間銀行不得不關門停業。

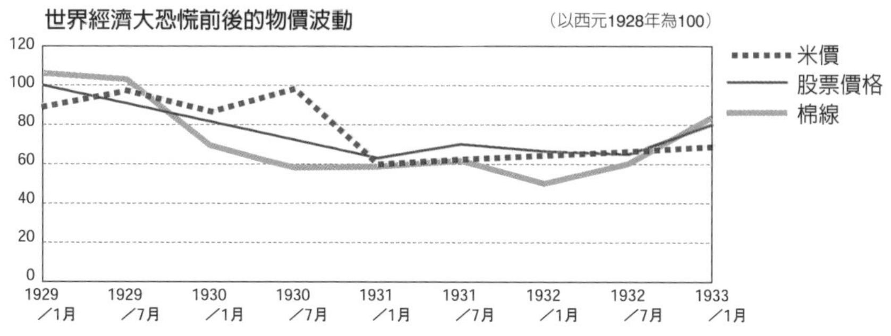

協調外交的盡頭，軍部的暴衝——九一八事變與退出國際聯盟

Point

- 勢力更盛的中國國民政府，及與之對抗的軍部
- 九一八事變導致日本漸漸被世界孤立
- 透過停戰協定，九一八事變暫時收場

張作霖被炸死案

針對日本政府的協調外交路線，軍部批判力道漸強。日方固然對中國貫徹同樣的態度，但當國民政府開始北伐，日方便以保護日本滯留居民的名義，派兵至山東。日本政府原打算利用親日的滿洲有力人士張作霖，來維護並擴大日本在滿洲的權益，後來由於張作霖不肯合作，駐守滿洲的日本關東軍遂發動機密行動，炸掉張作霖搭乘的火車，使其死於非命。針對這起事件，當時的日本首相田中義一本打算召開軍法會議咎責，卻在軍部反對下無疾而終，眞相就此石沉大海。

另一方面，由於張作霖之子張學良轉投國民政府，滿洲也跟著納入國民政府管轄內。日本政府不改協調外交的姿勢，透過應允關稅自主權等方式與中方交涉。然而，日方無視軍部意見，逕行簽訂《倫敦海軍軍縮條約》，引來軍部強烈反彈，認爲此舉已侵犯統帥權。協調外交在軍部的妄爲專斷下逐漸破裂。

關東軍的暴衝

此時，正逢國民政府崛起，殺害日軍上尉等事件陸續發生，使滿洲的氣氛相當緊繃。當此之際，滿洲鐵路在柳條湖的鐵軌驚傳爆炸，關東軍斷定此乃中方所爲，遂發動武力鎭壓南滿洲的都市（九一八事變）。雖然日本政府與部分軍方參謀定調不擴大戰線，但關東軍充耳不聞。隔年，關東軍擁立清朝末代皇帝溥儀，發表滿洲國建國宣言。日本政府於事後才認可這件事，而當

九一八事變

關東軍發動柳條湖事件的主因，是要推動滿洲國建國計畫，但其實滿洲鐵路的經營問題也是整件事的背景因素之一。

部分關東軍參謀如板垣征四郎上校等人，密謀參與策劃柳條湖事件，至於主事者則是中校石原莞爾。但另一方面，石原也反對在還沒做好滿洲建設前，逕自擴大中國戰線。

時輿論普遍支持關東軍的行動。國際社會對滿洲國進行調查，國際聯盟通過表決命日方撤兵。日本不服此項決議，遂退出國際聯盟。

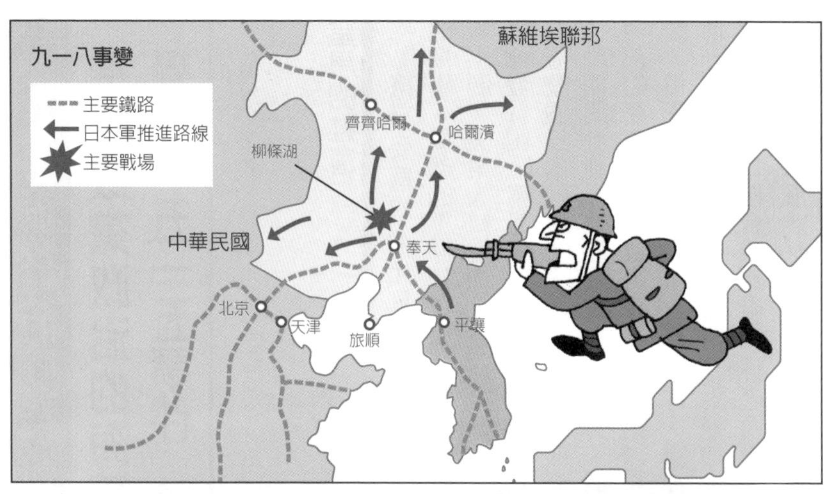

軍部在中國與日本國內的動作

年	月日	主要大事
1926		蔣介石開始北伐
1927	5	第1次**出兵山東**
	6	召開東方會議
1928	4	第2次出兵山東
	5	濟南事件－日本軍與國民政府軍爆發衝突
	6	張作霖遭炸死案（滿洲某重大事件）
	7	國民政府通告，將中止《日華通商條約》
	8	簽訂《巴黎非戰條約》
	12	張學良（張作霖之子）轉投國民政府。滿洲納入國民政府管轄內
1929	7	在軍部反對下，無法釐清張作霖遭炸死案真相，使田中內閣總辭職
1930	4	簽署《倫敦海軍軍縮條約》。掀起逾越統帥權爭議
	5	簽訂《日華關稅協定》－有條件承認中國關稅自主權
1931	3	三月事件－軍部政變計畫曝光
	6	中村上尉事件－上尉視察北滿洲途中被中國士兵殺害
	7	方寶山事件－中國農民與朝鮮農民爆發衝突
	9.18	九一八事變－柳條湖爆發滿洲鐵路爆炸案
	10	十月事件－軍部政變計畫曝光 國際聯盟通過表決，對日勸告撤兵滿洲。政府提議派遣調查團
	11	關東軍進占齊齊哈爾，不擴大戰線的方針破裂
1932	1 1.28	關東軍占領錦州 第1次上海事變－海軍於上海和中國軍方開戰
	2	血盟團事件－井上前大藏相、三井理事長團琢磨（3月）遭到暗殺 李頓調查團赴日
	3	《滿洲國建國宣言》
	5.15	五一五事件－海軍將官結夥暗殺首相犬養毅
	9	簽署《日滿議定書》－政府承認滿洲國
	10	《李頓調查報告》公開
1933	2	國際聯盟以42比1，表決通過勸告日本撤兵滿洲案
	3	日本退出國際聯盟
	5	簽署《塘沽停戰協定》－滿洲事變落幕，確定滿洲脫離中國

溥儀

摧毀政黨政治的海軍將官政變——五一五事件

Point

- 走投無路的社會，恐攻政變頻傳
- 國家主義改革勢力成為軍部後盾
- 軍部政治發言力逐步壯大

窒息的社會

擅自妄為的不光只有關東軍，軍部的不滿如今已難壓制。失業人口增加，農村愈發貧困，窒息的感受充斥著整個日本社會。軍部在這段期間發動好幾波政變，內部的祕密結社櫻會密謀政變，引起三月事件等案，更前一年爆發的濱口首相遇襲案主嫌，亦是櫻會成員率領的右翼組織成員。

九一八事變爆發時，國民對軍部寄與深厚的期待。再加上有國家主義改革派做軍方後盾，恐怖組織血盟團發動暗殺行動，前大藏相井上準之助與三井理事長團琢磨雙雙身亡。

政黨內閣告終

西元1932年5月15日，海軍青年將官槍擊首相犬養毅，史稱五一五事件。事件爆發後，軍部反對繼續維持政黨內閣，元老西園寺公望安排妥協性人事，推舉海軍上將出身的穩健派齋藤實出任首相。齋藤內閣之後，岡田內閣接著上任，軍系人馬繼續接任，逐步提升軍部擁有的發言力。

後來，陸軍推出一本小手冊，題為「強化與提倡國防本義」，內容不光指涉軍事領域，還訴諸改革政治、思想，以及國民生活。軍部權力超越政黨，已是遲早的事。

「談一談就會懂」

五一五事件當天是星期日，將官們闖入首相官邸後槍殺了一名警衛。別的警衛趕忙大喊，要犬養毅快逃，但犬養卻說：「我不會逃跑，讓我會會這群人。只要彼此談一談就會懂的。」說完，就命人領這些將官進房。槍聲立刻響起，起事的將官們當場作鳥獸散。有人說當時犬養毅太陽穴中槍，但也有人描述，中槍後的犬養保持坐姿，請侍女替他點菸，說：「把他們再叫來一次，我要好好跟他們談談。」事件發生6小時後，犬養毅才嚥下最後一口氣。

往戰爭推進的日本國內政治情勢

年	月日	主要大事
1928	6	張作霖遭炸死案
1929	7	田中內閣總辭職，濱口雄幸組閣
1930	4	簽署《倫敦海軍軍縮條約》，掀起逾越統帥權爭議
	11	濱口首相遭槍擊（隔年過世）
1931	3	三月事件—軍部政變計畫曝光
	4	成立第2次若槻禮次郎內閣
	9	九一八事變—柳條湖滿洲鐵路爆炸案
	10	十月事件—軍部政變計畫曝光
	11	關東軍進占齊齊哈爾，不擴大戰線的方針破裂
	12	犬養毅組閣
1932	2～3	血盟團事件—井上前大藏相、三井理事長團琢磨（3月）遭到暗殺
	3	《滿洲國建國宣言》
	5.15	五一五事件—海軍將官結夥暗殺首相犬養毅
	5	齋藤實（海軍上將出身）組閣
	9	簽署日滿議定書—政府承認滿洲國
1933	3	日本退出國際聯盟
	4	瀧川事件—鳩山文科相要求京大瀧川教授辭職
	5	簽署《塘沽協定》—九一八事變落幕，確定滿洲脫離中國
	6	共產黨幹部於獄中發表轉向聲明
1934	7	岡田啓介（海軍上將）組閣
	10	頒布陸軍手冊—陸軍鼓吹政治、經濟、思想上的諸改革
	12	背棄《華盛頓條約》
1935	2	貴族院抨擊美濃部達吉的天皇機關說
	8	政府發表「國體明徵聲明」
1936	1	通告將脫離倫敦海軍軍縮會議
	2.26	二二六事件—陸軍皇道派將官結夥反叛（29日降伏）
	3	廣田弘毅（前外相）組閣
	5	重啓軍部大臣現役武官制
	11	日德防共協定成立

犬養毅

五一五事件流程

下午5點過後
- 政友會本部遭手榴彈攻擊
- 內大臣牧野伸顯官邸遭槍擊
- 警視廳、日本銀行、三菱銀行遭手榴彈與手槍攻擊

5點半左右
- 由三上、山岸兩位海軍中尉領頭，9位將官闖入首相官邸

7點左右
- 尾久等數座電廠遇襲，受輕微損害

更加強化陸軍發言力——二二六事件

Point

- 對思想言論的管制變本加厲
- 陸軍內部皇道派與統制派激烈交鋒
- 皇道派遭斥，軍隊受新統制派把持愈發妄為

否認天皇機關說

國家主義的色彩漸強，連帶影響了共產主義與社會主義，許多共產黨分子陸續轉投國家主義的懷抱。當思想與言論管制愈管愈嚴格，美濃部達吉提出的天皇機關說便成爲一道政治議題。過去受大眾普遍認同的天皇機關說，認爲應把天皇分開來看，區隔出身爲人類的天皇以及作爲國家機關的天皇，並主張天皇僅只是依憲法行使統治權，純屬一種國家最高機構。當時局至此，軍部等單位對這個說法大力抨擊，認爲它極其不敬，最後政府發表「《國體明徵聲明》」否定了天皇機關說。只不過，此舉已形同否定了《明治憲法》的理念。

皇道派發動政變

《國體明徵聲明》發表隔年，二二六事件爆發，這是由正規軍發起的歷來最大規模叛變。那天早晨，天空下著50年不見的大雪，陸軍皇道派的青年將官們，率領超過1400名士兵，對首相與大臣官邸、新聞機構等發動突擊。皇道派受北一輝思想影響，主張推動以天皇爲主的改革。同時，與皇道派對立的勢力則爲統制派，訴求強化陸軍實質統制能力並改革政府。

陸軍當局一開始很苦惱該如何收拾善後，後來在天皇的強烈堅持背書下，決議動用武力鎮壓平亂。整場叛變本就未經周密計畫，反叛軍在3天後便舉手投降。召開軍法會議後，北一輝等17人被判處死刑，同年7月時幾乎已全數執行完畢。據

26日早晨的襲擊、占領狀況

- 5點左右 陸相官邸
- 同時間 警視廳
- 5點5分 藏相私邸
  殺害高橋藏相
- 5點5分左右 內大臣私邸
  槍殺齋藤內大臣
- 5點10分 侍從長官邸
- 5點10分左右 首相官邸
  高田首相避難
  槍殺松尾上校
- 5點40分左右 伊藤屋旅館
  牧野伸顯避難
- 6點左右 教育總監私邸
  刺殺渡邊教育總監
- 6點35分左右 內相官邸
  後藤內相不在居處

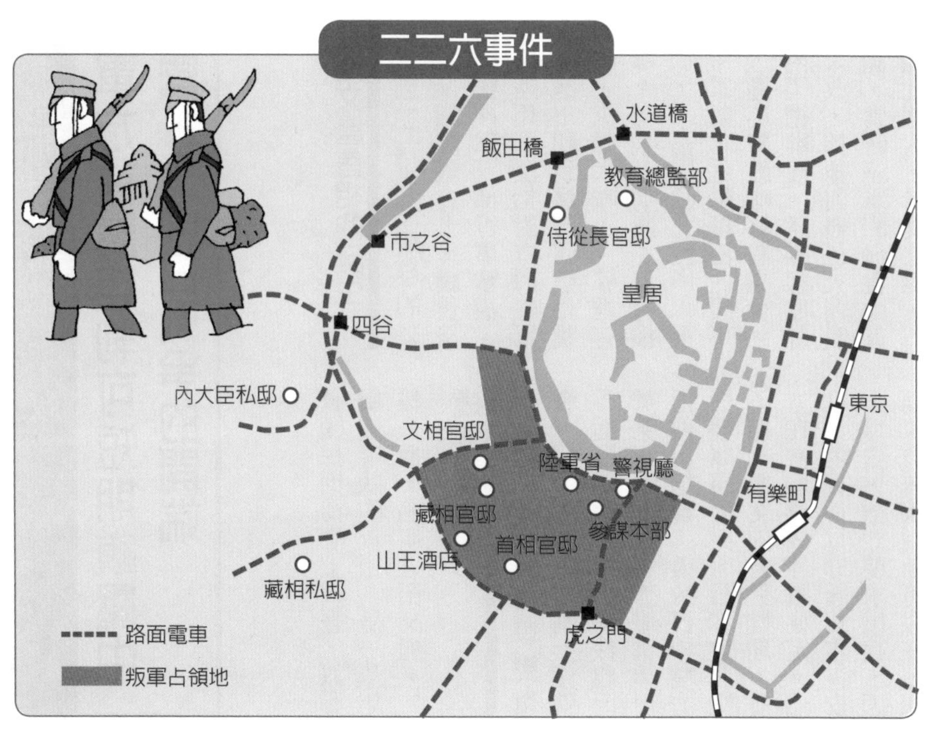

說收押期間，部分將官對天皇的執政無方大有怨言。

陸軍完成內部肅清後，九一八事變主事者石原莞爾等人，成爲新統制派的核心，發言聲量進一步增強。

歷史Close up

主事者的心聲？

北一輝是日本法西斯理論指導者，在與皇道派將官同赴刑場的途中，一位隨從對他提議：「我們也來高喊3次『天皇陛下萬歲』吧？」北一輝則回答：「我先免了吧。」換言之，事件主謀，並不一定就是天皇崇拜者。

8點55分左右《朝日新聞》
同時間《電報通信》
9點30分《報知新聞》
同時間 陸軍省
同時間 參謀本部
9點35分左右《日日新聞》
9點40分《國民新聞》
9點50分左右《時事新報》

軍方首腦誤判可短期鎮壓中國——中日戰爭的開端

Point

●陸軍發言力甚至可介入組閣

●本已落幕的盧溝橋事變的事後處理

●近衛文麿親手斬斷和平協商的機會

近衛文麿首相的誕生

二二六事件爆發的隔年，眾議院議會上，議員濱田國松抨擊軍部行事蠻橫，寺田陸相則反指對方侮辱軍人。濱田聽到這句回應暴跳如雷，揚聲大喊：「哪裡有侮辱？有我就切腹！沒有換你切！」議會霎時陷入混亂。軍部本就對廣田內閣不滿，遂趁勢鼓吹解散議會。待內閣總辭後，陸軍態度絲毫未改，持續對繼任人選唱反調，當時陸軍的發言力就是如此強大。於此之際，肩負國民期待登上舞臺，以圖衝破現狀的首相，是一位年輕公爵，名叫近衛文麿。

盧溝橋事變

由於盧溝橋事變爆發，使近衛首相才剛上任就得面臨棘手情況。事件起因於某天，北京郊外盧溝橋附近傳出槍響，導致日中雙方爆發軍事衝突。日本政府採不擴大衝突的方針處理，雙方在當地達成停戰協定。然而，陸相卻以守護日本人安全為由，強烈要求出兵，因為軍方首腦判斷可以在短期內徹底壓制中國。

最後，事件發生4天後，政府派出軍隊，決議改採強硬手腕。這件原已經落幕的事件，就此成為開啓日中戰爭的象徵性事件。

其後日本軍不斷推進。雙方原本還透過德國大使試圖講和，但近衛首相把蔣介石逃出南京的舉動看作敗色已現，遂發表「國民政府非我交涉對象」的聲明，親手斬斷和平機會。當年的外相雖肩負談和之責，但因為日本軍部的不滿等因素，後來仍以失敗告終。

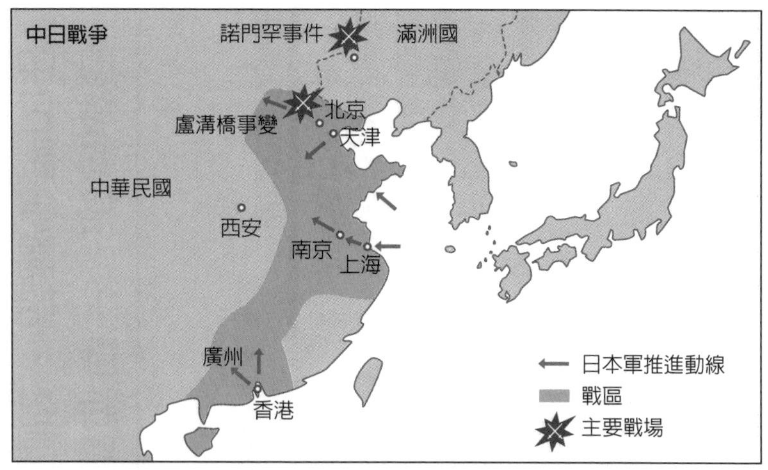

軍部在中國與日本國內的動作

年	月	主要大事
1931	9	九一八事變
1932	3	滿洲國建國宣言
	5	五一五事件
1933	3	日本脫離國際聯盟
1936	2	二二六事件
	11	日德防共協定生效
1937	1	抨擊軍部的濱田衆議員與寺田陸相爆發切腹論辯。陸、海相要求解散，廣田內閣總辭。宇垣一成奉命接班，但遭到陸軍反對
	2	林銑十郎組閣
	6	第1次近衛文麿內閣成立
	7.7	盧溝橋事變（開啓中日戰爭）
	8	中日雙方於上海爆發衝突，進入全面戰爭
	11	日德義防共協定生效
	12	日軍占領南京，引發南京事件，居民遭虐殺
1938	1	政府聲明停止與中方交涉談和
	4	頒布《國家總動員法》
	6	宇垣外相與中方交涉講和機會（～9月）
	7	張鼓峰事件－日蘇軍事衝突
	11	政府聲明建設東亞新秩序
1939	1	平沼騏一郎組閣
	5	諾門罕事件－日蘇軍事衝突（9月達成停戰協定）
	7	美告知將中止《日美通商航海條約》
	8	德蘇簽訂互不侵犯條約，平沼內閣引咎總辭，阿部信行接班組閣
	9.1	第二次世界大戰爆發
1940	1	米內光政組閣
	3	汪兆銘於南京建立國民政府
	6	近衛文麿表明將推動新體制
	7	第2次近衛內閣成立

戰事漫漫，生活受到管束

中日戰爭開始，對國民的管制愈發嚴格——戰時體制成立

Point

●目標是納粹式極權主義國民組織
●政黨與工會全部合併為一支
●對思想、言論的管制與檢閱增強

國家總動員體制

由於中日戰爭呈現長期化的態勢，日本政府必須建構國家總動員體制，才能掌控經濟等各方事務。

近衛首相頒布「《國家總動員法》」，承諾「不會在支那事變（中日戰爭）期間實施」，卻在1個月後立即宣布施行。此法一出，政府便得以不經議會表決，直接對各項領域加諸管制。

待第二次世界大戰爆發後，透過《國民徵用令》等條例，一般國民被迫投入軍需產業勞動，各大企業亦須爲戰時經濟體制出一分力。對國民生活的管束愈發嚴苛，世間吹起一股反奢風氣。

大政翼贊會

西元1940年，本已讓出首相大位的近衛文麿發表聲明，主張推行新體制運動，並第2次組閣上臺。近衛的如意算盤是想打壓軍部，奪回政治權力，但結果他的計畫只剩一副空殼，最後創造出叫「大政翼贊會」的指導組織。

「大政翼贊會」集眾多勢力於一體，而不是德國納粹那種，標榜一國一黨的極權主義式國民組織，故首相空爲總裁，手中卻沒有強勢的領導實權。即便如此，大政翼贊會仍在動員全體國民投入戰事這點，發揮了莫大功效。於是就這樣，認可在野政黨存在的議會制度消失無蹤，反戰意見此後再也未能浮出水面。

太平洋戰爭開打後，經濟管制與出版審查變得更加嚴峻，隨著戰事陷入泥淖，國民的負荷也愈發沉重。

戰時標語

年份	標語
1931	滿蒙是日本的生命線
1932	國防從廚房做起
1937	突破生死線（音同四錢）
1939	生育！繁殖！報效家國！（生養報國）
1940	奢侈乃大敵 建立大東亞共榮圈
1941	衝啊！全民化作一億火球！ 月月火水木金金

戰時對生活的管制

年	戰時的管制動作
1937	中日戰爭爆發
1938	《國家總動員法》 禁止五一勞動遊行、電力國家管理法、石油票券制
1939	第二次世界大戰爆發 薪資管制令、禁止燙髮、霓虹燈禁令、國民徵召令、電影劇本審查制
1940	大政翼贊會 大日本產業報國會創立、砂糖．火柴票券制、訂定國民服、查封舞廳、東京立起「奢侈乃大敵」的牌子、限制奢侈品等的製造與販賣（七七禁令）
1941	太平洋戰爭爆發 國民學校令、言論出版等臨時取締法、白米配給制、木炭配給帳戶制、禁止氣象預報
1942	味噌．醬油票券制 全出版品許可制、食鹽配給帳戶制、衣物票券制
1943	擬定戰時動員學徒體制確立綱要、徵兵年齡調降1年（19歲）、學徒上戰場、禁止英文
1944	開始全面空襲東京 決定集體疏散學童、停止配給家用砂糖、學徒勤勞令、香菸配給制、關閉歌舞伎座等設施、廢除晚報、下令《中央公論》等雜誌停刊
1945	戰敗 決議學校停止授課一整年

歷史 Close up

厭世氛圍中良俗敗壞

約莫從西元1930年代前半起，社會動盪不安，都會進入一種頹廢而充滿情色、異樣、荒唐的年代，咖啡館與舞廳深受大眾歡迎。然而，中日戰爭展開後，政府加強管制社會秩序。舞廳自1940年10月起全面關閉，最後1天湧進滿滿的狂歡人潮。

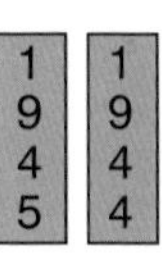

1942 獲勝之前，什麼都不想！

1944 美英皆鬼畜

1945 一億全玉碎

醇風美俗

政府對國民的管束愈發嚴苛。人民被要求生活簡樸，「奢侈乃大敵」漸漸成真。當時，政府強制國民必須保持「醇風美俗」，意思是充滿人情味的美好良俗。

戰爭時的服裝

男人穿著卡其色的國防服，女人則以寬口褲最普遍。

著迷於德國的「帥勁」？

日美開戰關鍵？日德義三國結盟——第二次世界大戰的開端

Point

- 德蘇簽下互不侵犯條約，令日方難以理解
- 德軍銳不可擋，扭轉原本不參戰的立場
- 三國同盟導致日美關係惡化

歐洲世界太過複雜離奇

中日戰爭打得如火如荼之際，歐洲情勢也走入緊繃局面。德國接連併吞奧地利與捷克等國，與英法的對立日益加深。於是，德國開始拉攏日本，試圖把原本以蘇聯為假想敵簽訂的《日德義防共協定》，擴大為與英法為敵的軍事同盟。

這時候，日本才剛因諾門罕事件與蘇聯爆發過武力衝突，且付出慘痛的代價，所以陸軍大力贊成與德國聯手。但另一方面，海軍與外務省則反對與英美為敵。

這個議題，在當時主政的平沼內閣內部也掀起對立看法，而《德蘇簽署互不侵犯條約》的消息，就在此時傳來。德國和原本的共通「敵對國」蘇聯攜手合作，這則消息讓日本政府失去了外交方向，「歐洲世界太過複雜離奇」，平沼首相留下這麼一句話後，總辭下臺。

北守南進與日美交涉

第二次世界大戰爆發後，政府秉持不介入的初衷，對德國提議的軍事同盟態度消極。然而，看見德國連戰連勝的攻勢，陸軍開始對內閣施壓，強烈要求接受結盟。

辭去樞密院議長的近衛文麿，找來下任陸相候選東條英機等人商量，接著2度組閣上臺。於是，日德義三國結為同盟，大政翼贊會也跟著起跑。政府採取北守南進策略，左手侵略法屬中南半島，右手締結《日蘇中立條約》。同時，近衛內閣也著手與美交涉，試圖挽回惡化的日美關係。只可惜事

齋藤隆夫的演講

中日戰爭陷入僵局時，曾有一位議員挺身而出，痛斥這種狀況。他就是自由主義的民政黨黨員，齋藤隆夫。西元1940年2月，齋藤連番提出幾道敏銳的問題，問著尊重中國獨立性與建立東亞新秩序，此兩者何以並存？而中日戰爭又要到何時、以何種形式終結？據說長達2小時的議會演說結束後，掌聲響徹全場。齋藤在演說中，針對不必要的戰爭提出質疑，這並不是出於理想論，而是因著他貼合現實的政治感覺，有此發言。

然而，這番演說被斥為對中日戰爭「聖戰」的褻瀆，使齋藤遭到衆議院除名。

第二次世界大戰前的國際關係

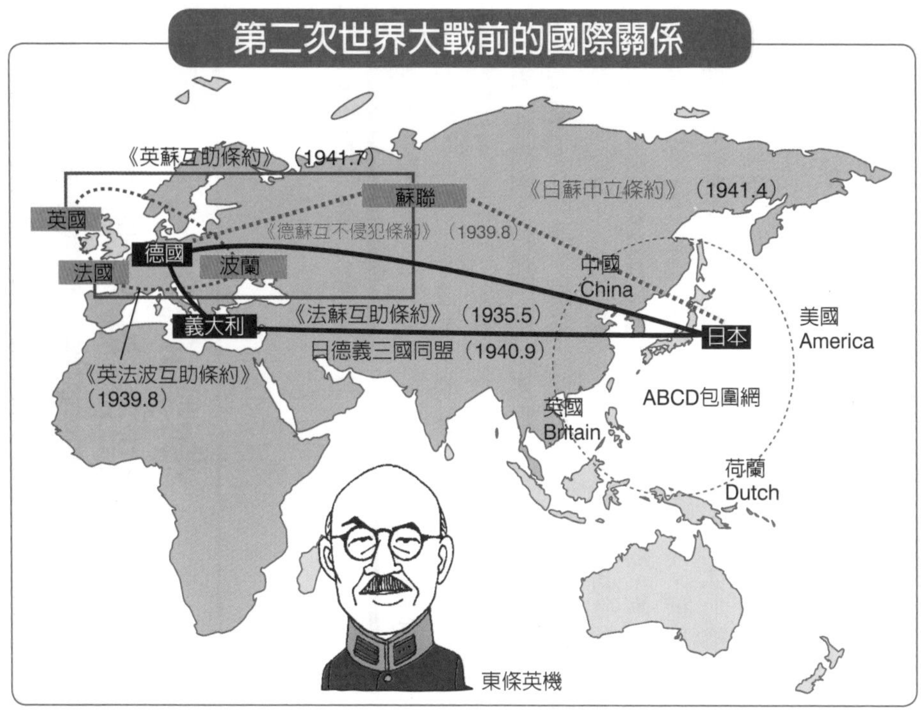

態已經很明顯，若日本不做出相當程度的退讓，美國的對日情感不可能好轉。

歷史 Close Up

正確預言大戰的結果？

第二次世界大戰剛開戰時，德軍持續保持軍事上的領先，日本國內普遍認為大戰將以德軍勝出、英國落敗收場。另一方面，元老西園寺公望則認為：「英國最後還是會贏。」只不過當時「德國熱潮」延燒，沒有人理會他的發言。

從年表掌握歷史變遷

■西元1939年
5月　諾門罕事件，第二次世界大戰爆發

■西元1940年
7月　第2次近衛內閣成立
10月　大政翼贊會起跑

■西元1941年
10月　佐爾格事件
東條英機（陸軍）組閣
12月　太平洋戰爭爆發

■西元1944年
7月　駐塞班島日軍全滅
東條內閣總辭職

■西元1945年
3月　東京大空襲
4月　美軍登陸沖繩本島
鈴木貫太郎（海軍）組閣
8月　原子彈轟炸廣島、長崎兩地
日本接受《波茨坦宣言》

擋不住的時代潮流

寄望日美交涉，卻筆直衝往開戰——太平洋戰爭

Point

- 決定日本命運的ABCD包圍網
- 近衛全力迴避日美開戰，東條與之作對
- 開戰的契機：佐爾格事件與赫爾備忘錄

窮途末路的日本

即便日美持續進行交涉，美國的姿態仍十分強硬，對日本下達石油禁輸令等。美、英兩國，再加上中國與荷蘭，四國聯手對日本實施經濟制裁，把日本逼入絕路，稱為ABCD包圍網。其中石油尤其重要，沒有石油，軍艦跟飛機都發動不了。日本採取南進政策的理由，除了建立大東亞共榮圈這個名目外，最關鍵的理由是為了確保石油資源。

日美開戰

近衛首相排除主戰派的前外相松岡洋右，3度編組內閣，然而軍部的態度，卻因ABCD包圍網而大勢已定。陸相東條英機與近衛首相爭鋒相對，近衛研判要讓美國軟化態度，唯有自中國境內撤軍一途，他向近衛提出要求，不意外地遭到回絕。就在此時，一起事件爆出拉垮整個內閣，即佐爾格事件。

昭和研究會成員尾崎秀實是近衛的智囊，同時，也是蘇聯間諜佐爾格的線報來源。事後，近衛內閣總辭下臺，東條內閣接著上位。決議開戰的最後一根稻草，是日美交涉的對手，美國國務卿赫爾的備忘錄。備忘錄中全面否定日方自九一八事變以降的種種行為，被日本政府視為最後通牒。就這樣，日本在最後關頭決定要與美國一戰。

赫爾備忘錄的內容

國務卿赫爾對日本政府提出的要求如下：

- 日軍需撤離中國與印度支那
- 否認滿洲國
- 退出三國同盟

這些要求日方不可能允諾，日美交涉終究破裂。也有看法認為，美國就是為了中止交涉，才如此刁難日本政府。

歷史 Close Up

日本最著名的間諜案

尾崎在上海與佐爾格結識，後來，佐爾格以報社記者身分赴日，再度與尾崎見面。他發電報告知蘇聯近衛內閣的消息，目的是探查日本對蘇聯開戰的機率。最後事跡敗露，尾崎與佐爾格雙雙被處死刑。

魯莽的戰爭帶來殘酷的結果!?

旗開得勝後戰局急轉直下，付出龐大犧牲換來敗戰結局

Point

- 開戰後捷報連連的榮景，只持續在頭半年
- 開戰的這3年，日軍在各地吞下許多場敗仗
- 蘇聯參戰，讓日本決定終結戰事

陶醉於勝利美夢的日子

珍珠港事變後，日軍進一步擴大勢力，落實南進政策，勢力遍及馬尼拉、新加坡、緬甸等地。這波凌厲攻勢令日本國內歡欣鼓舞，政府的民意支持不斷高漲。此時，東條內閣實施翼贊選舉，其中八成的勝選者均來自親政府組織的推薦。

此外，日本政府為建立大東亞共榮圈，召集日本掌控範圍內的各大代表到東京來，舉辦大東亞會議。與會國包括中國南京政府、滿洲國、泰國、緬甸、菲律賓，自由印度臨時政府。然而，這場會議沒有催生出具體議論，因為列席國家也都醞釀著抗日氣氛。

魯莽地決意續戰

日本國民仍舊沉浸在日軍連戰皆捷的喜訊之中，然而在事實上，戰況短短半年便已急轉直下。日本國民沒機會得知事實，對日軍打輸中途島海戰、瓜達康納爾島戰役毫不知情。

第一則傳開來的敗仗，是日軍在阿圖島全軍覆沒的消息。西元1944年，日本發動學徒上戰場與居民疏散，並在約莫同一時間失守塞班島。東條內閣下臺，小磯內閣取而代之。接下來，日軍的敗勢依舊不見起色，美軍終於開始對日本本土發動全面空襲。即便大本營政府聯絡會議的地位，已遭最高戰爭指導會議取代，日本仍舊決定發動「本土決戰」。美軍登陸沖繩後，再度改換鈴木內閣上任。《波茨坦宣言》接著公告出爐，但日本政府內閣卻毫不理會，直到後來蘇聯宣布參戰，日方才決定接受波茨坦宣言。然而，即便事態已演變至此，陸相仍堅持繼續鏖戰。最後日方以天皇裁決的形式，迎接「終戰」的到來。這段期間犧牲的日軍與國民據推測不少於250萬人。

空襲導致的罹難情況

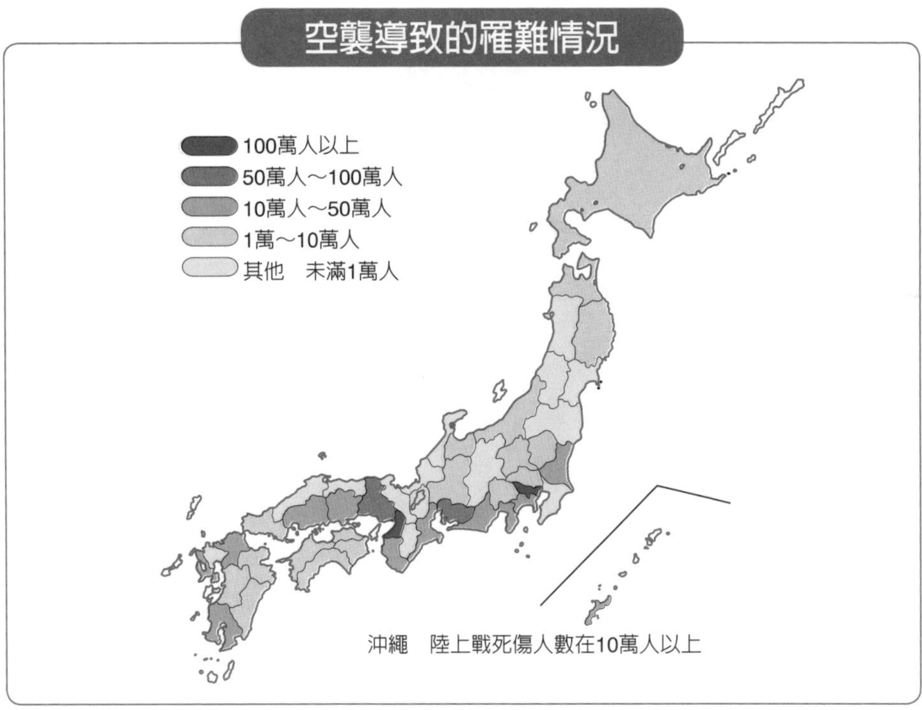

歷史 Close Up

終戰當天的政變未遂案

西元1945年8月15日，透過收音機，天皇應允接受《波茨坦宣言》的聲明「玉音放送」傳遍全日本。然而，當天其實爆發一起政變未遂案，因為有陸軍將官試圖阻止這段播音。所幸播放錄音的唱片沒有受損，但若當時政變成功，或許歷史又會有不同的發展。

聯合國的對日首腦會談

年月	會談、與會者	內容
1943.11	開羅會議 羅斯福、邱吉爾、蔣介石	日本無條件投降、劃定領土等
1945.2	雅爾達會議 羅斯福、邱吉爾、史達林	蘇聯參戰抗日、恢復俄國舊有領土並取得千島
1945.7	波茨坦會議 杜魯門、邱吉爾（後艾德禮接手）、史達林	日本無條件投降與基本條件

Column

何謂統帥權？

回溯這段魯莽開戰的昭和年代，司馬遼太郎特別看重「統帥權」這件事。統帥權簡單來說，就是軍隊指揮權。明治22年制定的《大日本帝國憲法》第11條中明文規定「天皇爲陸海軍統帥」，統帥權的確立則更要早個11年，出自山縣有朋之手。司馬遼太郎在《這個國家的模樣》書中，記述了統帥權成立的過程。

山縣把參謀本部從陸軍省中劃分出來，並規定由參謀本部專事軍事行動，後者則主掌軍事行政。此後，參謀本部被視爲天皇直屬單位，內閣無法居中干預。換言之，參謀本部（＝統帥權）與國務大臣（＝內閣）位階相當，只有天皇的地位高於此兩者。然而，天皇地位不過徒具形式，事態遂演變爲由參謀本部首腦（總長）直接上奏天皇，然後發動軍事行動。

至此，統帥權的獨立性已然確立，但在明治開國元勳們一息尚存時，軍方的放肆妄爲尚受到控制。大正時代以後，統帥權開始淪爲軍方的棋子，進入昭和年代後，更是木已成舟，再難挽回。西元1930年（昭和5年），日本政府簽署《倫敦海軍軍縮條約》，軍部大力抨擊政府，說此舉踰越統帥權，首相濱口雄幸甚至引來殺機上身。

那時候，縮減軍備與協調外交仍是主流，然而軍部全面崛起亦始於此時，隔年，明治31年九一八事變爆發後，輿論風向一夕變天。事變首謀石原莞爾固然深知自己踰越統帥權，但他非但沒有被怪罪，反而就此平步青雲。統帥權獨立出來後，政府無法理所當然地以政治力量管束軍人，而國內輿論對軍部的支持，再也無法收束。

最後一個接下統帥權的人是東條英機。他一直在政府與統帥間的矛盾，以及陸軍與海軍的對立之間掙扎，最後決定自行獨攬首相、陸相與參謀總長三職，站上近似於天皇的地位，而得以同步插手內閣與統帥事務。然而，周遭對此極爲反彈，並要他爲軍事行動的失敗負責，東條最後黯然下臺。

在統帥權的概念裡，執行戰爭的單位不是「國家」，而是「軍隊」。當年，山縣暨立統帥權的獨立性，這份權力開始橫衝直撞，最後失去控制。不消說，當東條英機接下統帥權時，日本早已墜入無可挽回的狀態。

東條在東京大審中被列爲A級戰犯，判處死刑。他在行刑前一刻留下字條，最後一段寫著「統帥權，錯」。

第 7 章

現代的日本

昭和（戰後）～現代

第7章 以日美關係為基礎，推動社會與經濟發展

歷史變遷過程

昭和（戰後）→現代

戰敗後邁向民主

從占領狀態獨立

建立安保體制

五五年體制

日美關係

戰爭結束後，都市中出現擁有各式物資的黑市。那段日子裡，百姓連吃一口飯都很艱苦，但人們不屈不撓地過活，努力重建家園。

占領軍GHQ用從旁「指導」的型式，推動日本的民主化改革。與麥克阿瑟共同推動改革的日方要角是吉田茂，他看透GHQ（美國）下的政策指導棋幕後真意，發揮技巧性的交涉能力與行動力，用盡全力從占領軍手中取回日本的獨立性。

標榜「和平憲法」訂定的日本國憲法，在日美關係中，打從頭起便爭議重重。一開始GHQ提出的草案裡，全面禁止日本擁有軍事武力，後來正式訂定的條文，則把詮釋的權限放給日本政府。韓戰爆發後，美國與日本有志一同，決定重新武裝日本。此外，國會強行通過旨在強化軍備的日美安全保障新約，引發數十萬反對民眾挺身抗議，即所謂「安保鬥爭」。

《新安保條約》，日本納入美國保護傘

歷經高度成長期，步向經濟強國

冷戰結束，五五年體制落幕

從泡沫經濟，到經濟衰退

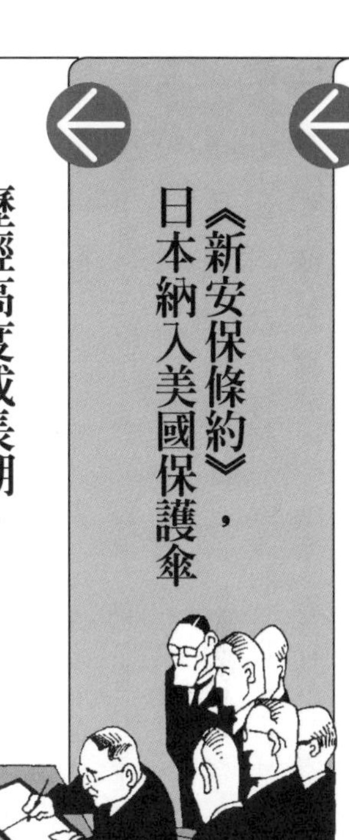

驚奇的經濟復甦

日本戰後重建的速度相當驚人。雖說有韓戰帶來的特殊需求（特需）加持，但放眼全世界，像日本這樣突飛猛進的經濟成長，仍是相當罕見的例子。發展過程中也曾遇過石油危機等狀況，但經過昭和40年代的高度成長期，日本已然穩坐世界第二大經濟強國之位。只不過，許多社會問題在經濟發展的闇影處滋生，環境問題尤其險惡。

石油危機後，世界經濟低迷不振，率先重振旗鼓的日本經濟，在廣場協議後一腳跨進日圓升值的新世代。然而新時代其實是不具實體的泡沫經濟，度過幾年為泡沫起舞、隨泡沫擺布的日子後，海市蜃樓便毫不留情地破滅。

戰後過了半個世紀，日本成為國內外公認的經濟大國，日本內部的政治體制也在持續改變。放眼世界，冷戰已經落幕，時代重新擁抱協調外交，日本必須在往後的年代裡，好好思索自己在國際社會扮演的角色才是。

按著美國藍圖走的改革!?

開始戰後處理——在GHQ的間接統治下推動民主化政策

初期的五大改革

盟軍總司令麥克阿瑟抵達日本後，日本的戰後處理事宜，便在GHQ（駐日盟軍總司令部）的主導下倉促起跑。GHQ要求政治、經濟全面開放自由，東久邇宮內閣無法按班處置，而解散下臺，轉由推動協調外交的幣原喜重郎重任首相。麥克阿瑟指示幣原首相實施五大改革，要求解放女性、鼓勵籌組工會、改革教育制度、廢除祕密警察、經濟民主化。GHQ採用間接統治的方式，由日本政府主持改革施行。與此同時，需為戰爭負責的戰犯被捕入獄，公職系統的軍國主義分子被拔官，天皇也否認了自己的神格。

對日政策轉向

解除日本軍備的工作告一段落後，GHQ改變政策方向，著手重建日本經濟。美方的目的，是慢慢把占領軍的權限移交給日本政府，將日本打造成親美國家。GHQ公告9項穩定經濟的原則，包括均衡預算、促進徵稅計畫、管制物稅與匯率等等，由財政顧問道奇（Dodge Line）提出細部政策。匯率市場遂正式建立，定調1美元兌換360日圓，並由財政專家肖普（Carl Sumner Shoup）彙整一份稅制報告書。

Point

- 占領期美國掌握實質主導權
- GHQ帶頭執行各項改革
- 後期改革重心由去軍事化，轉為經濟重建

從年表掌握歷史變遷

■西元1945年

- 8月15日　播放天皇「終戰」御詔
- 8月30日　麥克阿瑟抵達日本
- 9月　於密蘇里號簽署受降文件
- 10月　麥克阿瑟指示幣原首相推動5大改革

■西元1946年

- 1月1日　天皇否認自身神格
- 5月3日　遠東國際軍事法庭（東京大審）開庭

■西元1947年

- 1月31日　麥克阿瑟下令杜絕大規模罷工運動

■西元1948年

- 11月　東京大審宣判
- 12月　頒布穩定經濟的9項原則

■西元1949年

- 4月　設定單一外幣匯率
- 8月　提出改革稅制建議

戰後改革

5大改革

解放女性→保障婦女參政權
・修改《衆議院議員選舉法》（1945.12）

鼓勵籌組工會→提升勞工地位
・訂定勞動三法
《勞動組合法》（1945.12）、《勞動關係調整法》（1946.9）
《勞動基準法》（1947.4）

改革教育制度→教育邁向自由主義
・剷除教育機構裡的軍國主義分子（1945.10）
・《教育基本法》、《學校教育法》（1947.3）
・教育敕語失效（1948.6）

撤除政治壓迫→保障自由政治
・廢除治安維持法與特別高等警察（特高）（1945.10）
釋放政治犯（1945.10）
・剷除公職裡的軍國主義分子（1946.1）

經濟民主化→從獨占性經濟支配中解放
・財閥解體（1945.11）
・第1次農地改革（1946.2）
・獨占禁止法（1947.4）

政治改革
修訂憲法
・修訂《大日本帝國憲法》
・《日本國憲法》
（1946.11.3頒布　1947.5.3實施）

天皇「人間宣言」
・否定自身神格（1946.1.1）
・（日本憲法公布後）成為象徵天皇

歷史Close Up

大戰甫過的離奇懸案

西元1949年7月，日本國鐵公告大規模人事重整，之後1個月內接連爆發3起大事。一是下山事件，當時的國鐵總裁被發現遭列車輾斃身亡；二是三鷹事件，一輛無人列車突然爆衝導致6人死亡；三為松川事件，列車駛過被動手腳的鐵軌而出軌翻覆，造成3人死亡。每一起事件都仍是懸案。

存在國內版本的改革案細項是？

GHQ幕後操盤，制定《大日本帝國憲法》

憲法問題調查委員會

大戰結束後，政府相關人士與外交、法務官員，立刻察覺修憲的必要性。近衛文麿向麥克阿瑟徵詢，同時自行著手草擬修改案。府方設置了憲法問題調查委員會，由國務大臣松本烝治出任委員長，草擬修改案，但此事被《每日新聞》以獨家形式爆料，草案裡的保守傾向遭到大力抨擊。趁此機會，麥克阿瑟指示GHQ動手擬定修憲草案，並拒絕日方提出的草案，把這份由GHQ擬定的「麥克阿瑟草案」交給日本政府。從這一天起，制定憲法的過程有了巨大轉變。

帝國議會的審議

修憲案進行地如火如荼，匆匆送進議會審查並作出數點修正，包括把一院制的國會改為兩院制等等。麥克阿瑟提出的草案，甚至不允許日本保有自衛用的軍事能力。

第9條憲法開宗明義寫道：「日本國民（中略）衷心期許國際社會和平，永久放棄以戰爭及（中略）行使武力手段，解決國際糾紛。」緊接在後的第2項條目則明文表述「放棄擁有陸海空軍等各項戰力」。議會審查時，這兩項條文又分別在開頭處添上「為達成前項之目的」這段句子。這幾段話，直至今日仍因為自衛隊合法與否的問題，時時引發議論。

Point

- 日本草擬的修憲案原本比較保守
- 麥克阿瑟的修憲草案否決自主防衛權
- 主軸是主權在民、和平主義、尊重人權

從年表掌握歷史變遷

■西元1945年

8月15日　播放天皇「終戰」御詔

9月2日　於密蘇里號簽署受降文件

10月9日　幣原內閣上臺

10月25日　設置憲法問題調查委員會

11月22日　近衛將帝國憲法改正綱要上呈給天皇

12月26日　憲法研究會公布憲法草案綱要

■西元1946年

2月1日　《每日新聞》獨家揭露憲法問題調查委員會試案

2月3日　麥克阿瑟指示GHQ編擬憲法草案

2月8日　日本政府向GHQ報告憲法改正綱要

2月13日　GHQ否決府方綱要，把GHQ版草案交給日本政府

3月6日　政府公告修憲草案綱要，內容已事先與GHQ協商

6月20日　向帝國議會呈報《大日本帝國憲法

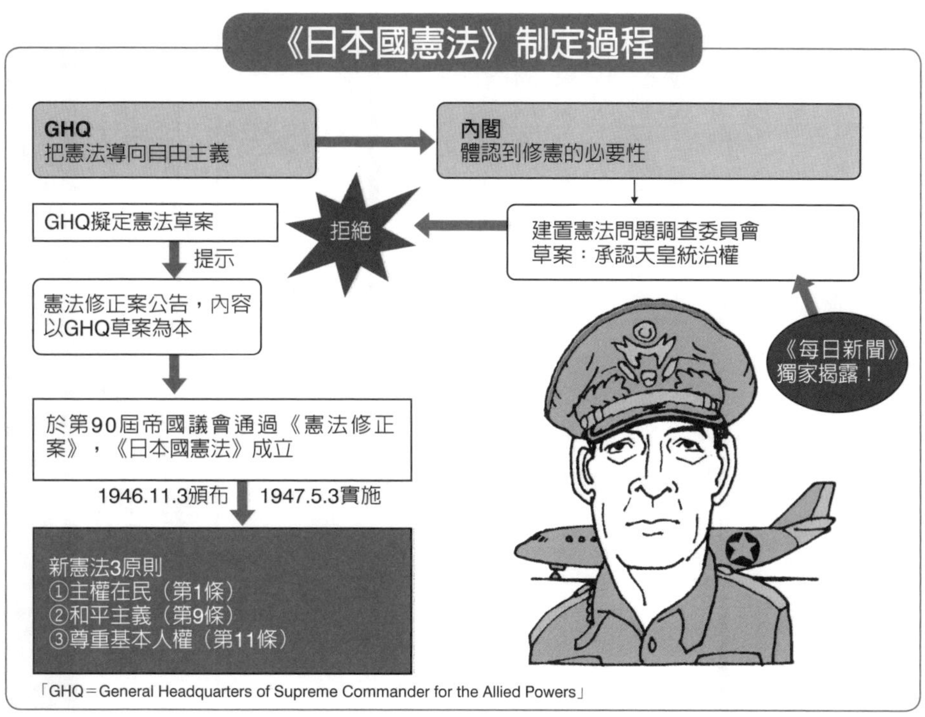

歷史Close Up

從「朕」到「我」

天皇在新憲法實施後的第1場國會開幕儀式中，發表如下敕語：「本日，得與代表全國國民的諸君齊聚於一堂，恭逢首屆國會開幕儀式，我心深感喜悅。」他用「我」稱呼自己，而不是以往慣用的「朕」，對發表「人間宣言」的天皇來說，這段插曲極具象徵意義。

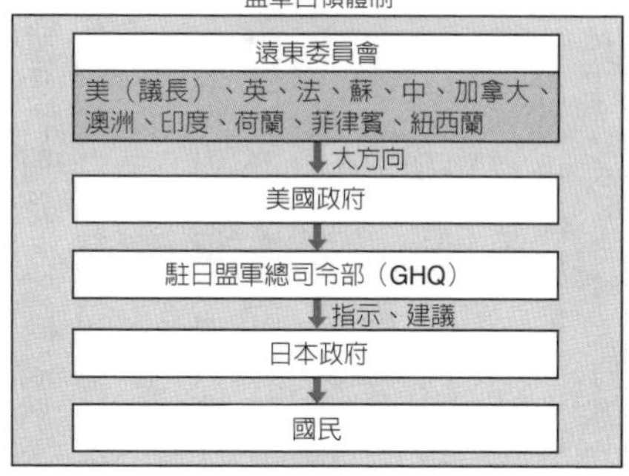

修正案》
11月3日　頒布《日本國憲法》

■西元1947年
5月3日　《日本國憲法》正式施行
6月23日　第1屆國會開幕儀式

韓戰爆發，改變美方占領方針

歷時7年的盟軍占領時代落幕——和平條約與日美安保

Point

- 韓戰替日本帶來戰爭需求下的好景氣
- 日本政府簽署和平條約時，只看重美方一國
- 設警察預備隊與破防法，為「獨立」後作準備

韓戰爆發

西元1950年，麥克阿瑟在新年致詞中，表達出承認日本擁有自衛權之意，因為當時朝鮮半島局勢相當緊張。美蘇雙方正處於冷戰時期，北韓選在此刻對南韓發動攻擊，一舉點燃韓戰的戰火。美軍以日本為基地，舉著聯合國的大旗登上朝鮮半島。為了籌措韓戰的作戰物資，當時出現所謂的戰爭景氣，幫助日本擺脫低迷的經濟情勢。除此之外，為了彌補美軍離開後的空缺，麥克阿瑟指示日方成立警察預備隊。在韓戰爆發前後，驅除共黨分子的清共運動（red purge）在日本大舉執行。後來，聯合國軍的統帥麥克阿瑟，因為堅持空襲中途參戰的中國本土，而與杜魯門總統爆發衝突，繼而遭到解職。

決定讓美軍留駐

日本政府渴望簽寫和平條約，取回獨立性，美國也認為繼續長期占領日本，並非良策。由此一來，美軍基地便成為剩下的唯一問題，日本政府遂採取希望美軍留守的立場，以此形式允諾美軍基地的存續。雖然日本需與複數國家簽訂和平條約，但條約內容草案全由美國獨自擬定。當時固然不乏其他聲音，有人認為日本應簽訂納入共產圈的全面和平條約才對，但政府只關注該如何簽下美方提出的和平條款一事。就這樣，《舊金山和平條約》順利簽訂，GHQ的日本占領時代下臺一鞠躬。

占領時代落幕後，日本政府《送審破壞活動防止法》，試圖強化警察權限，這條法案受五一勞動遊行事件影響，並在議會審理、討論後順利通過公告。隨著韓戰爆發與占領期落幕，日本與美軍已談妥合作體制，也奠定了成立自衛隊的基礎。

《舊金山和平條約》（1951.9.8）

條約簽約國（共48國）	〈歐美〉美國、英國、法國、荷蘭、澳洲、紐西蘭等 〈亞洲〉伊朗、伊拉克、沙烏地阿拉伯、土耳其等 〈中南美〉阿根廷、巴西、墨西哥等 〈非洲〉埃及、衣索比亞、南非等
拒簽條約國（共3國）	蘇聯、波蘭、捷克斯洛伐克
未出席國（共3國）	印度、緬甸、南斯拉夫
未獲邀列席國	中華民國、 中華人民共和國

※名稱為當時國名

韓戰與占領方針

韓戰爆發後，日本在美國眼中，成為一道攔阻共產主義擴大的堤防。美方一邊執行清共運動，趕走共產主義分子，同時收回禁任公職的成命，使3250位戰後失去公職的退役軍人解禁。這樣一來，他們便能應徵投入警察預備隊。

戰後日本的領土

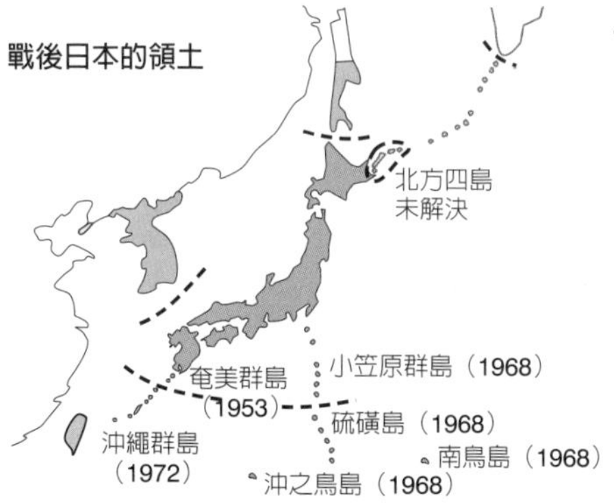

太平洋戰爭前的日本領地

《舊金山和平條約》劃定的日本領土後來回歸的地區與年分

保守派與革新派長年的對立局面

推動軍備的修憲派與反對派勢力維持均衡狀態——建立五五年體制

防衛廳與自衛隊

如願「獨立」的日本一手高舉和平憲法，一手則開始著手重拾軍備。這一切的幕後推手就是美國。韓戰停戰後，美國政府仍提及重新武裝日本的必要性，並與日方簽署「MSA協定」（Mutual Security Act，相互防衛援助協定），約定日美雙方需在軍事、經濟等層面互相保障。日本政府設置防衛廳，陸海空的自衛隊也正式起步。

保守勢力聲明要再度武裝日本，開始推動修憲。與此同時，分裂為左右兩派的社會黨勢力再度合而為一，保守派的日本民主黨則與自由黨合作，共組自由民主黨。這時候的政界，保守勢力占三分之二，其餘則屬革新勢力，逐步構成所謂的五五年體制。

戰後已成往事

隔年，日本與蘇聯簽署共同宣言。宣言中寫明結束戰爭狀態、恢復邦交等各項內容，對於締結和平條約一事卻僅註明將持續協商。

雙方同意將在締結和平條約後著手解決領土爭議，但這道難題至今仍舊懸而未解。不過，即便只是一份共同宣言，但日蘇雙方確已達成和解，日本終於如願成為聯合國的一分子。

西元1955年起的2年間，日本景氣奇佳，稱為「神武景氣」。西元1956年的《經濟白皮書》裡，留下一句註腳稱：「戰後已成往事」。日本正逐步朝向一波空前的高度經濟成長邁進，但另一方面，政治局勢的混亂，卻因日美關係等問題而與日俱增。

Point

- 在美方鼓勵下，保守勢力傾向重拾軍備
- 分裂為左右兩派的社會黨，為與保守勢力抗衡再度整合
- 日蘇共同宣言後，日本加入聯合國

從年表掌握歷史變遷

■西元1953年

3月 吉田內閣爆粗口惹議解散

5月 第5次吉田內閣成立

11月 美尼克森副總統訪日，提及日本應重啟軍備

■西元1954年

3月 簽署《日美相互防衛援助》（MSA）協定

7月 防衛廳與自衛隊起跑

11月 日本民主黨創黨（總裁鳩山一郎）

12月 第一次鳩山內閣成立

■西元1955年

10月 社會黨統一

11月 自由民主黨創黨

■西元1956年

10月 簽署《日蘇共同宣言》

12月 日本加盟聯合國

石橋湛山組閣

本年度《經濟白皮書》記載「戰後已成往事」

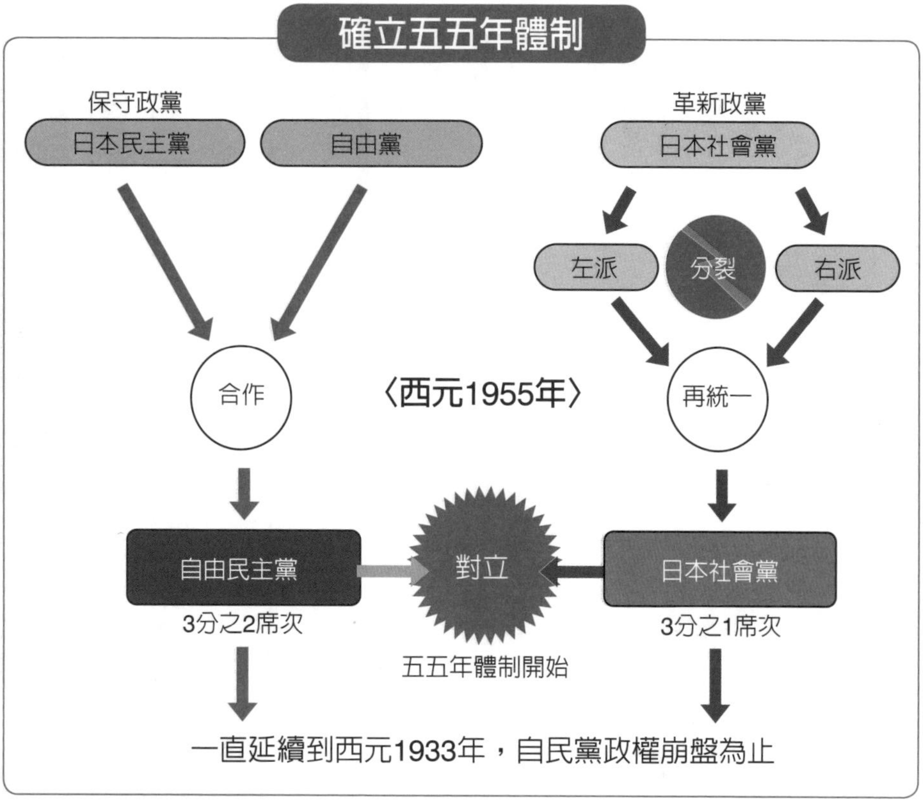

確立五五年體制
保守政黨
日本民主黨
自由黨
革新政黨
日本社會黨
左派
分裂
右派
合作
〈西元1955年〉
再統一
自由民主黨
對立
日本社會黨
3分之2席次
五五年體制開始
3分之1席次
一直延續到西元1933年，自民黨政權崩盤為止

日本與蘇聯的關係圖
聯合國
常任理事國
中蘇法英美
國聯國國國
×
日本
申請入會
行使否決權
日蘇共同宣言（1956.10）
．結束戰爭狀態
．恢復外交、領事關係
．同意日本加入聯合國
．持續協商和平條約，並於締
結條約後歸還齒舞、色丹島
蘇聯同意日本
加入聯合國

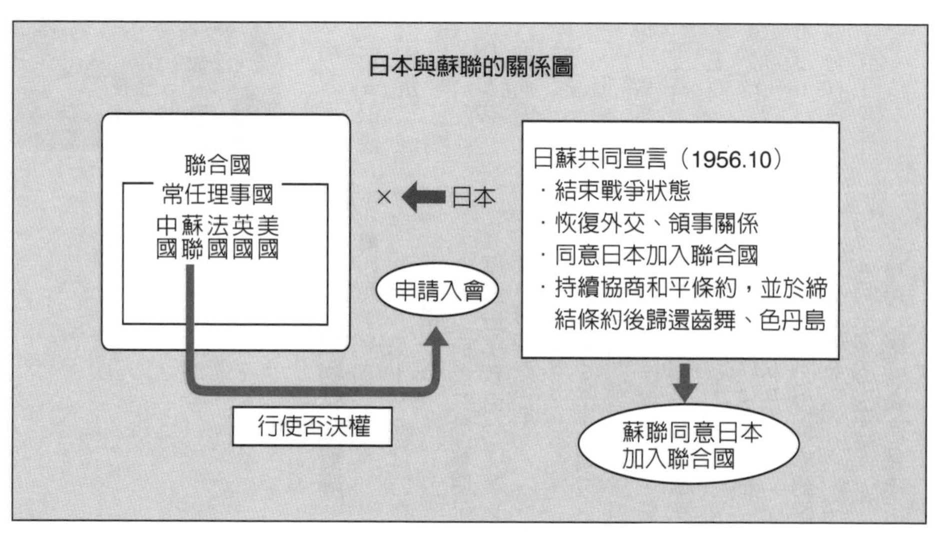

法案強渡關山，推動警察部隊的岸內閣——《新安保條約》簽定

Point
- ●解決《舊安保條約》爭議，日美邁向新時代
- ●日本被納入美方安全保障體制中
- ●輿論譁然之下，條約仍自動通過、生效

安保協商與皇太子大婚

石橋湛山病倒後，岸信介接任首相，他矢志解決安保條約爭議點，建構新的日美時代。這邊說的爭議點，乃指條約中未明記美國對日本具防衛義務，以及條款期限等事宜。岸信介造訪美國，說服美國政府一同協商，訂定改善上述問題的《新安保條約》。

這時候，日本國內正因當局要求落實教職員考績評鑑制，而引發反對派教職員的抗議，且事態有升溫趨勢。岸內閣遂向國會提出警職法，打算強化警察權限。後來警職法並未通過，但岸信介的強硬態度，讓保守與革新的爭鋒相對更顯鮮明。同時，反對修改安保條約的運動愈演愈烈，國內呈現一片動盪氣息。皇太子（今之天皇明仁）（譯者註：考量現任天皇將於西元2019年4月退位，故添上名諱）大婚的喜訊，亦發表於此般時局下。

無聲的民意支持

西元1960年是二戰後最關鍵的政治大年。自民黨逕自護送《新安保條約》與《日美地位協定》強硬闖關，隔天更爆出消息，直指條約將於1個月後，不經參議院審核自動通過，引發反對勢力一片譁然。示威抗議延續好幾日，但岸首相仍不改強硬態度，聲稱：「擁有無聲的民意支持，只盼《新安保條約》生效。」大規模抗議運動爆發，甚至造成人民死傷，但最後《新安保條約》仍在6月19日正式成立，持續至今的日美關係亦於此刻確定。

從年表掌握歷史變遷

■西元1957年
- 2月　第1次岸信介內閣上臺
- 6月　日美共同聲明，確認日美新時代、重新武裝日本等事項

■西元1958年
- 6月　第2次岸內閣成立
- 10月　開始協商修訂《日美安保條約》，警察官職務執行法修改案遭否決
- 11月　皇太子公布喜訊

■西元1959年
- 3月　阻止安保修約國民會議結黨
- 4月　皇太子婚禮
- 11月　反安保示威隊伍

《新安保條約》成立過程

年	月	事項
1957	2	第1次岸信介內閣上臺
	6	日美共同聲明—確認日美新時代、重新武裝日本等事項
1958	6	第2次岸內閣成立
	10	開始協商修訂《日美安保條約》 《舊安保條約》爭議處 美國沒有保衛日本的義務 條約期限未明 日方強化國防能力的義務 美軍可派兵鎮壓日本國內叛亂 贊成派：與美國結盟可防止他國對日本動武／能壓低軍事預算同時保障安全 反對派：會被捲入美國軍事布局／動用集體自衛權將違反憲法第9條
1959	3	阻止安保修約國民會議結黨
	11	反安保示威隊伍闖入國會設施
1960	1	岸首相等人赴美之際，爆發全學連羽田抗議事件
	1.19	簽署《美日相互合作與安全保障條約》（《新安保條約》）、《日美地位協定》 《新安保條約》內容 美國有防衛日本之義務 有效期限10年，自動延長 日美雙方經濟互助、強化國防 刪除美方可出兵鎮壓日本國內動亂之條款 在日美軍行動時需經過事前協商 岸信介
	5.19	眾議院導入警察隊編制，會期延長，自民黨擅自讓《新安保條約》強行闖關
	5.20	「承認條約之特例」曝光，國民得知即便未經參議院審查、表決通過，條約仍會在1個月後自動通過、生效
	5.21	社會黨與各大報社紛紛要求岸內閣總辭職 國會周邊示威抗議不斷
	6.15	東大學生樺美智子遭壓死，全國有580萬人參與示威、罷工
	6.19	《新安保條約》自動成立
	7.15	岸內閣總辭職

全民參與鬥爭
抗議示威極盛

闖入國會設施

■西元1960年

4月 沖繩縣回歸祖國協議會結黨

5月21日 社會黨與各大報社發動國會請願遊行，要求岸內閣總辭職

6月15日 東大學生樺美智子遭壓死

6月19日 《新安保條約》自動通過

7月15日 岸內閣總辭下臺

10月 社會黨委員長淺沼稻次郎於演說中遇襲

所得倍增計畫釀出消費革命與環境公害——驚人的高度經濟成長

Point

- 池田內閣執政強調經濟掛帥
- 日本經濟獲得扎實穩固的國際競爭力
- 驚人經濟發展背後欠下的「債款」——環境公害

經濟政策掛帥

岸內閣下臺後，由池田勇人首相組閣，以充實經濟政策為主軸，推出「所得倍增計畫」，揚言要花10年讓國民所得翻倍。從當年驚人的經濟成長率來看，這份計畫並非無的放矢，事實上，後來的成長數字還超越了當初目標。

外交方面的經濟政策亦有斬獲，除美國外還和中國簽訂《LT貿易協定》（L與T為交涉人名字縮寫）。日本經濟已然具備充足的國際競爭力，GATT（關稅暨貿易總協定）或IMF（國際貨幣基金）都對日本更加另眼相待，認為日方應扛起更多責任，同時日本也加盟了OECD（經濟合作暨發展組織）。接著，日本透過新幹線開通與東京奧運的舉辦，向海內外昭告了自身的茁壯發展與繁榮。

公害產生

然而，急速的經濟成長，埋下環境公害的種子。水俣病、痛痛病、四日市哮喘等問題接連引爆，日本儼然成為全球數一數二的公害大國。

池田內閣的下一棒，佐藤榮作內閣繼續推動同樣的經濟政策，但基於公害問題嚴重，頒布《公害對策基本法》，環境廳則在4年後的西元1971年成立。

從年表掌握歷史變遷

■西元1960年

6月 《日美新安保條約》成立

7月 岸內閣總辭，第1次池田勇人內閣上臺

12月 第2次池田內閣成立

■西元1961年

6月 《農業基本法》定案

■西元1962年

2月 簽署《日美關稅調降協定》

11月 《日中LT貿易協定》（準政府間貿易備忘錄）

主要公害

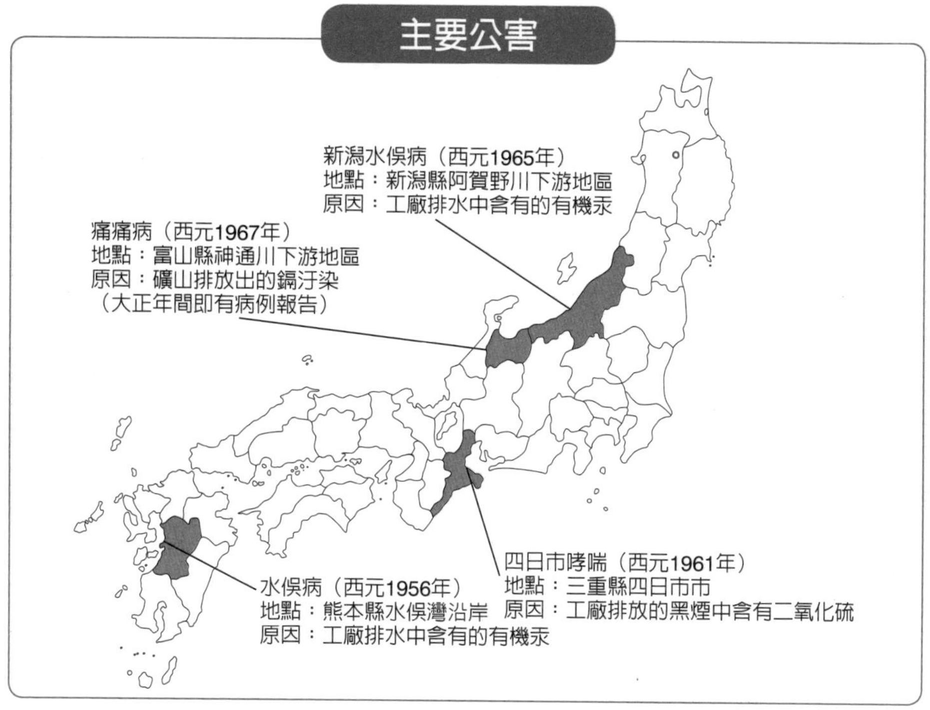

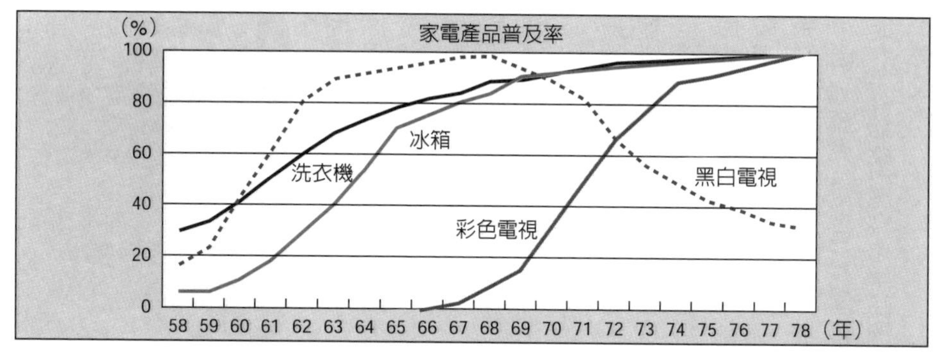

■西元1963年
2月 日本成為適用GATT第11條條款國

■西元1964年
4月 成為適用IMF第8條條款國，加盟經濟合作暨發展組織（OECD）
10月 東海道新幹線開通，舉辦東京奧運
11月 第1次佐藤榮作內閣上臺

■西元1965年
6月 新潟水俁病問題浮上檯面。簽署《日韓基本條約》

■西元1967年
4月 富山縣痛痛病爭議擴大
8月 頒布《公害對策基本法》
9月 第1場空氣汙染公害官司（四日市哮喘）

終結因戰爭導致的「不正常狀態」——歸還沖繩與中日共同聲明

Point

- 學生運動與反安保運動擴散至全日本
- 未處理基地爭議，便歸還日本的沖繩
- 匯率市場與對中政策上的「尼克森震撼」

除此之外，西元1960年代中期左右，學費等爭議引發私立大學的抗爭潮，接著，當東大醫學部改革問題引爆東大鬥爭後，學生運動遂成全國性規模，不斷擴大升溫。西元1970年代安保條約自動延長之際，反安保運動亦隨之擴大。

日美共同聲明

西元1969年，佐藤首相拜訪美國，發表《日美共同聲明》，表明謹守安保條約，並取得歸還沖繩的承諾。在歸還沖繩的議題上，日本很重視沖繩不存在美軍核武一事，佐藤首相在兩年前便表明堅守要「非核三原則」，「不擁有、不製造、不引進」核武。最後，沖繩以「非核」狀態回歸日本，但殘留的基地爭議，直到今日都找不著根本性的解藥。

尼克森震撼

就在歸還沖繩前後，美國採取的政策直接波及日本。那時，美國經濟情況低迷，另一方面，日本卻善用固定匯率制度，藉由低廉的日圓大幅爭取出口額，讓美方頗覺不滿。美國遂向日本與西德提出要求，要這些國際收支黑字的國家調升幣值。

不僅如此，尼克森總統還訪問中國，宣布將改善雙方關係。使已和中華民國（臺灣）締結媾和條約的日本大受震撼，此兩件大事即所謂「尼克森震撼」。田中角榮當上首相後，立即拜訪中國，發表《中日共同聲明》，就此斷絕與中華民國的邦交。

從年表掌握歷史變遷

■西元1968年

4月 小笠原返還協定（6月歸還）

這一年，日本名列GNP資本主義國第二，學生運動活躍化

■西元1969年

1月 東大安田講堂解除封鎖

11月 佐藤首相訪美，日美共同聲明確認於1972年歸還沖繩

■西元1970年

2月 簽訂《核擴散防止條約》

3月 日本萬國博覽會舉行

沖繩本島的主要美軍基地

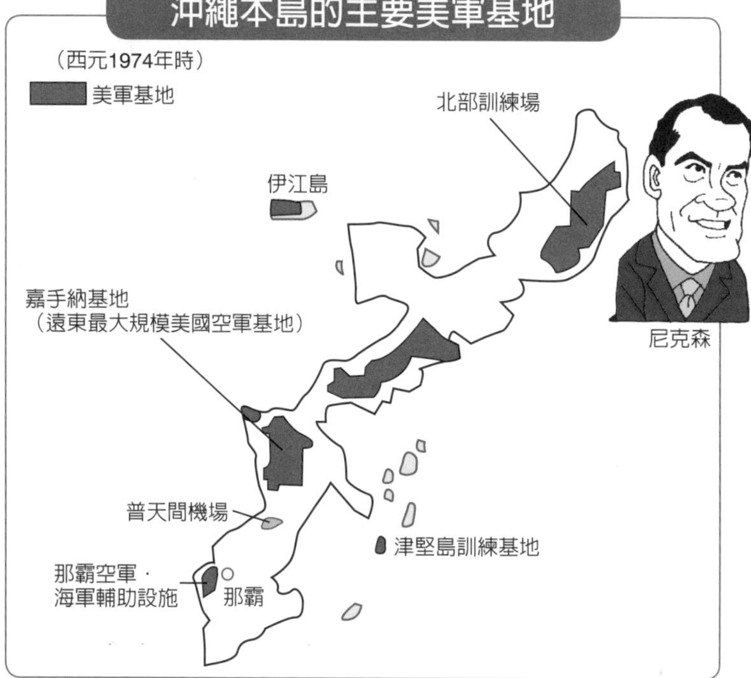

基於戰時日本的交戰對手乃中華民國政府，故這份聲明未使用「戰爭狀態」一詞，而描述雙方處於「不正常狀態」。《中日和平友好條約》，則簽訂於6年之後。

歷史 Close Up

沖繩基地「非核，且同於本土」？

歸還沖繩時，《日美共同宣言》明文記載「不損及包含日本在內的遠東地區安全」，很明顯地意指基地將繼續留存。日本政府對「非核」態度明確，對「同於本土」則語帶曖昧。這樣的態度當然令沖繩縣民不滿。

6月　《日美安保條約》自動延長，全國爆發反安保運動

■西元1971年

6月　簽訂《沖繩返還協定》

12月　調整匯率為1美元對308日圓

■西元1972年

2月　連合赤軍淺間山莊事件

2月　美國總統尼克森訪中

5月　歸還沖繩，重立沖繩縣

7月　第1次田中角榮內閣上臺

9月　田中首相訪中，發表中日共同聲明，中日恢復邦交

撼動日本的戰後最大貪汙案——洛克希德案

Point

- 美國上議院的小委員會爆出這起大弊案
- 政界與財界都被洛克希德公司牽連
- 田中角榮被捕後仍能影響政壇

田中首相的金脈爭議

從各種層面來看，田中角榮都是位奇特的政治家。從新潟的某高等小學畢業後，他進入工業高中夜校就讀、畢業。後來，他周旋於多位東大精英之間，最後爬上頂點，這樣的田中令許多國民拍手叫好。他突出而強烈的性格與特立獨行的說話方式深受歡迎，擁有獨樹一格的存在感。

另一方面，田中首相的資金來源與人脈，向來有源源不絕的負面傳聞。西元1974年10月發售的《文藝春秋》裡，刊登有立花隆的文章〈田中角榮研究——關於其金脈與人脈〉，內文爆料支持田中的核心勢力越山會的實態，迫使田中內閣不得不總辭下臺。

逮捕前首相田中角榮

田中下臺兩年後，美國上議院揭露一起震撼日本的事件，此即「洛克希德案」。這間公司的副董事可查恩（Kotchian）出面作證，指出他爲了重振公司事業，而私下與日本政界打好關係，於是日方也跟進展開調查。

洛克希德公司支付起碼30億日圓給日方，其中21億進了幕後黑手兒玉譽士夫的口袋。調查更進一步揭露，此事牽連甚廣，不只有受洛克希德公司委託，負責空中巴士銷售業務的丸紅公司，以及決定採用這款飛機的全日空等大企業皆牽連其中，還有政治家在幕後深深勾結。事態最後愈演愈烈，田中角榮被捕入獄。

由於前首相被捕，當時的首相三木武夫便開始動

田中政權的「金權」體質

立花隆透過詳實的調查與檢驗，把關於田中種種質疑，諸如資產、政治資金流向等等，彙整為1篇詳細的報告書。這篇報導被國會提出，就連自民黨也不得不對田中首相提出要求，請他闡明真相。最後，田中在大約1個月後表態辭職。後來洛克希德案接著爆出，田中的政治生命眼看即將結束，但就算他在官司中被判有罪，仍不影響他對政界的影響力。

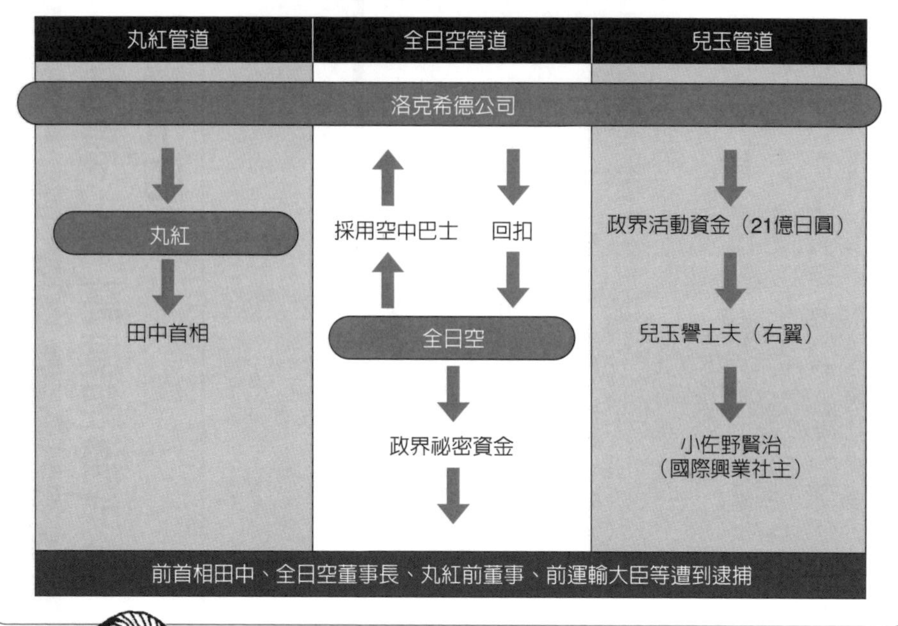

作，試圖徹底釐清始末。然而，此舉引發自民黨內部反彈，反而導致三木首相被迫下臺。自民黨的這種政黨性格招致抨擊，甚至有議員因此而離開自民黨。然而，即便經過洛克希德案，田中角榮的影響力仍不見減弱。

田中角榮

弊案當事人各自的行動

■洛克希德
重建快要破產的事業
→可查恩副董事，私下行賄日本、荷蘭

■全日空社長若狹
試圖發展國際航線
→策動橋本運輸大臣，推動有利全日空的航空政策

■丸紅社長檜山
受洛克希德委託，負責空中巴士L-1011的銷售業務，找田中首相商量
→田中首相會晤尼克森總統，談好要緊急引進空中巴士客機

■田中首相
指示通產大臣中曾根，改變原本政策方針
→準備引進洛克希德公司的空中巴士

廁所衛生紙大恐慌！

石油危機——高度經濟成長終於慢下腳步！

世界經濟大洗牌

　財經首長會議在美國的安排下召開，席間敲定日圓升值，改為1美元對308日圓，只可惜此舉依然未能挽救美國經濟。後來日本在兩年後切換為浮動匯率制，日圓對美元的匯率，從此浮動於1美元對257至264日圓之間。同時，日本政府為降低影響，實施了金融寬鬆政策，卻引來一發不可收拾的局面，導致土地價格飆漲。與前一年相比，東京地價漲幅將近4成，通貨膨脹愈演愈烈。

大眾陷入恐慌

　當此之際，第4次中東戰爭爆發，石油價格急速攀升，連帶引爆石油危機。民眾搶著囤購廁所衛生紙與清潔劑，全日本陷入一片恐慌。

　堪稱異常的通膨狀態一直延續到隔年，亦即西元1974年1月為止。這一年，日本經歷了戰後首次的負成長，宣告這波世界罕見的高度經濟成長時代，將就此落幕。

　美國、英國、法國、西德、義大利與日本等6國元首齊聚一堂，舉行六國首腦高峰會議（G6高峰會），以應對全球性的經濟不景氣。後來，與會成員又多了加拿大一國，這場會議遂成為每年慣例。

Point

- 切換為浮動匯率制，通膨隨之而來
- 戰後首度出現負成長，高度成長期落幕
- 召開首腦高峰會議，應付全球性經濟蕭條

石油調漲引起的反應

起初日本通產省發布聲明，表示石油存量充足，不需控制消費。然而1個月後，府方卻臨時決定限縮石油大戶獲得的供給量，並改變中東外交方針以確保石油資源。田中首相還特別公開發言，表示將放慢列島改造計畫的步調。一直要到12月中旬以後，日本政府才終於發表聲明，承認「石油緊急事態」。

從年表掌握歷史變遷

■西元1971年
8月　美元衝擊（美元與黃金脫鉤）

■西元1972年
6月　田中角榮公告「日本列島改造論」
7月　第1次田中角榮內閣上臺
9月　發表中日共同聲明

■西元1973年
2月　切換為浮動匯率制度
8月　金大中綁票案

高度成長期落幕

兩枚震撼彈與國內的錯誤施政

美元衝擊
（尼克森震撼）

為重振美國經濟的經濟政策
- 終止黃金與美元的兌換（1971.8.15）
- 改變匯率（1971.12.18）
- 切換為浮動匯率制（1973.2.14）
  →日圓急速升值，重挫出口產業

石油危機

oil

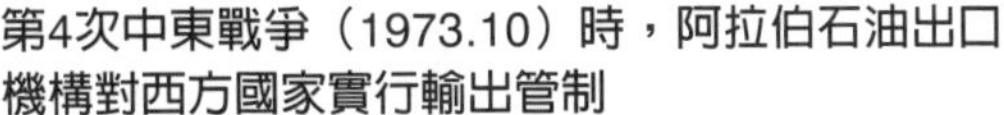

第4次中東戰爭（1973.10）時，阿拉伯石油出口機構對西方國家實行輸出管制
- 日本的石油資源幾乎全仰賴中東進口
- 石油價格劇烈飆漲（汽油、柴油大漲）
- 物資匱乏與媒體煽動報導
  →民眾恐慌（囤購廁所衛生紙與清潔劑），物價紊亂

●國內政策
- 日本列島改造論（1972.6）
  →推動大型公共事業計畫，以提振衰弱的內需市場
  →開始收購土地，導致地價攀升

經濟成長率急速滑落，出現首次負成長

10月　第4次中東戰爭爆發
引起第1次石油危機，物價混亂，出現異常通膨

■西元1974年
10月　田中首相資金爭議浮上檯面
11月　田中內閣表態總辭
12月　三木武夫內閣上臺

■西元1975年
11月　第1屆各國首腦會議（朗布耶高峰會），三木首相列席

■西元1976年
2月　洛克希德案浮上檯面
7月　前首相田中角榮因洛克希德案被捕

率先擺脫停滯的世界經濟僵局，踏上經濟強國之路

Point

- 聲勢衰微的勞工運動，反而替經濟帶來好處
- 廣場協議後日圓價值戲劇性攀升
- 大幅偏離實態的泡沫經濟，其瘋狂與破滅

高科技領域日漸茁壯

西元1970年代的前半，第1次石油危機爆發，到後半段又有第2次石油危機接踵到來。此刻，全球籠罩在低迷的經濟情勢底下，唯有日本藉著貨幣緊縮政策與企業的緊縮戰略，成功熬過這波難關，搶先世界一步突破低迷困境。歐美各國的第一要務就是談妥勞工薪資，但由於勞工運動在日本勢單力薄，故資方能把薪資成長率壓得比歐美更低，這點被視為日本得以擺脫不景氣的關鍵要素。此外，汽車、電器產品，還有半導體與IC等高科技產業急速發展、出口，也替景氣恢復貢獻一分心力。

日本經濟轉型期

進入西元1980年代後，日本面臨一大轉型期。召集美英法德日5國財務首長與央行總裁的會議於紐約廣場酒店舉行，會中決議調降美元，並讓馬克與日圓升值，史稱廣場協議。從此以後，進口物價下跌，國內需求帶動經濟成長。以往1美元能兌換約240日圓，到西元1987年時，匯率攀升到1美元對120日圓左右。日圓升值導致出口產業業績下滑，但整體經濟情勢仍超越美國。

內需擴大與寬鬆政策導致資金過剩，銀行便放款給各個企業，企業再把錢投資到土地與股票之中。於是，地價與股價在炒作下飆漲，帶領日本進入大幅偏離實情的泡沫經濟時代。

泡沫經濟之後

股票市場在西元1989年12月達至高峰，後開始下滑。走勢持續上升的地價也於稍晚之後，開始下降，所謂土地不會賠錢的「土地神話」就此破滅。

從年表掌握歷史變遷

■西元1983年
12月　第2次中曾根內閣上臺

■西元1985年
4月　NTT、JT起跑
9月　廣場協議，決議讓美元貶值，馬克與日圓升值

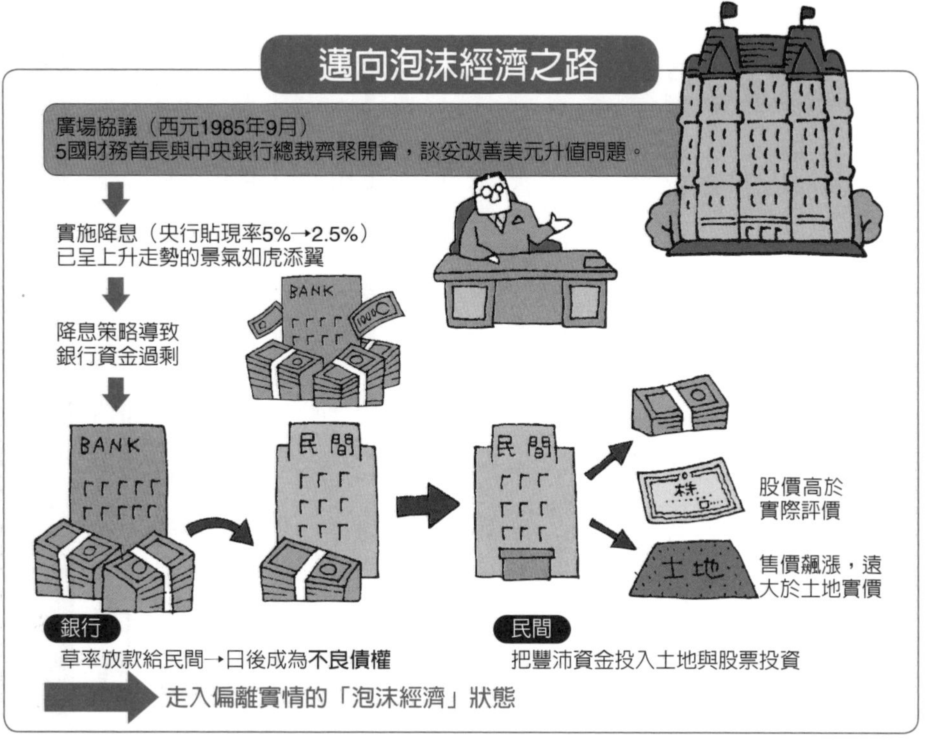

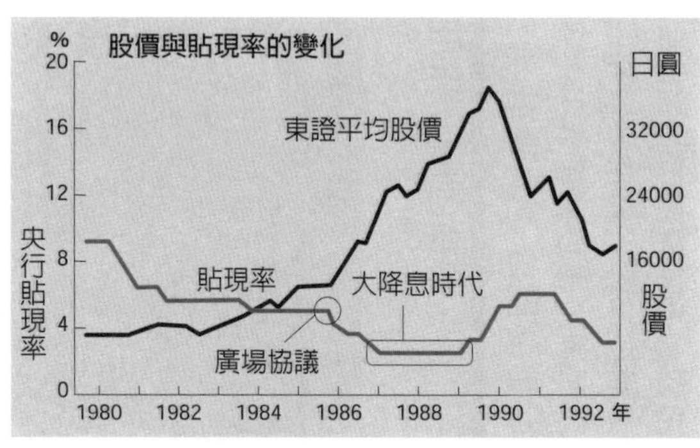

■西元1986年
7月 第3次中曾根內閣上任

■西元1987年
5月 戰後，國防費用首度突破對GNP比1%
11月 竹下登內閣上臺。這一年，地價與股票市場飆漲，站上泡沫經濟起點

■西元1988年
人均國民所得超越美國，成為世界首位

■西元1989年
1月 昭和天皇駕崩，進入平成年代
4月 消費稅等各項新稅制上路
12月 東證股價最高值寫下3萬8915日圓紀錄

世界情勢峰迴路轉，國內政治渾沌迷茫——冷戰與五五年體制的終結

Point

- 以美蘇為主軸的東西冷戰局面崩盤
- 延續38年的自民黨政權，由單獨轉向聯合
- 飽受期待的聯合政權陷入迷航

動盪的昭和時代告終

西元1989年1月7日，昭和天皇駕崩，又一個時代拉下了帷幕。同年年底，蘇聯總書記戈巴契夫，與美國總統老布希於馬爾他島會談，發表結束東西冷戰的宣言。無獨有偶地，日本和整個世界就這樣一起邁向新的時代。隔年，東西德統一，全球乍看步入一段和平年代，然而波斯灣戰爭於此時爆發，讓世人再次看見，世界各處潛藏的政治與經濟的衝突、糾紛。日本對進軍伊拉克的多國聯軍提供資金援助，但是否提供人力資源，則成為一道關鍵議題，PKO合作法案，就在正反雙方的辯證交鋒中通過。

國內方面，泡沫經濟破滅，景氣一口氣滑落谷底。再加上此時傳出佐川急便弊案，直指有議員收取巨額的非法政治獻金，國民對所謂「族議員」與自民黨政治的不信任達到頂點。於是，延續近40年的自民黨單獨政權與五五年體制，就這樣走向終局。

自民黨重回執政

宮澤喜一內閣總辭之後，日本新黨的細川護熙內閣緊接著登場。對這位飄然而至的非自民黨首相，國民寄與深厚期望。然而，這段政治新時代，卻因為細川首相的資金爭議，只維持短短8個月就下臺，接手的羽田孜內閣也在2個月後崩盤。後來，自民黨與社會黨共組聯合政權，由村山富市領頭的內閣領軍上陣。

後來聯合政權陷入迷航，此時爆發的阪神·淡路

從年表掌握歷史變遷

■西元1989年

11月　德國拆除柏林圍牆

12月　美蘇於馬爾他島會談

■西元1990年

2月　股票市場暴跌

6月　日美架構性協議最後定論

10月　東西德統一

■西元1991年

1月　波斯灣戰爭爆發，日本提供90億日圓援助多國聯軍

11月　宮澤喜一內閣上臺

12月　蘇聯解體

■西元1992年

6月　PKO（聯合國維和行動）合作法案成立

大地震與地下鐵沙林毒氣事件，更讓政權雪上加霜。不論是在政或社會情勢，日本都陷入一片混亂。

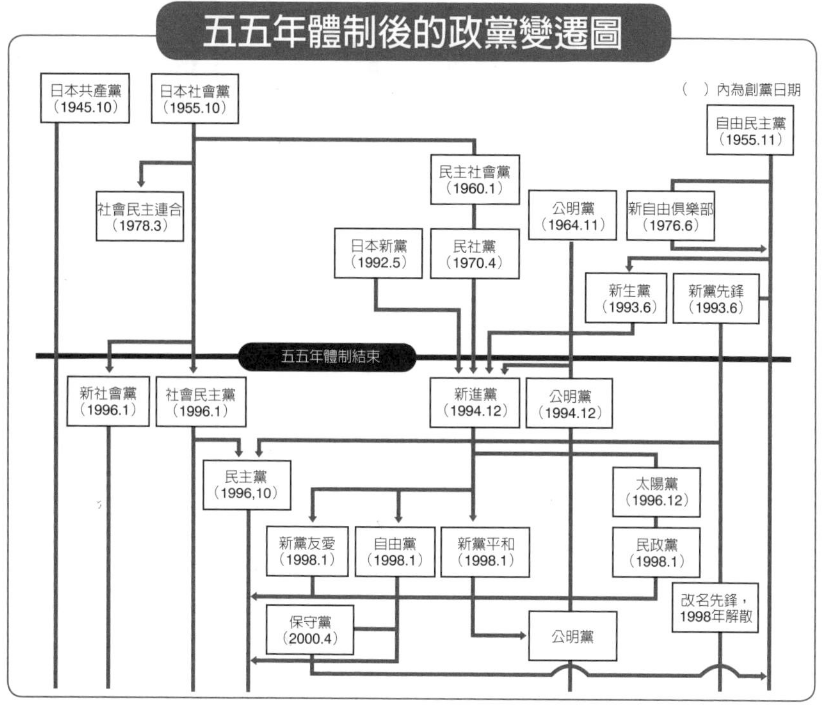

歷史Close Up

自民黨重拾政權後

西元1996年以後，以自民黨為核心籌組的聯合政權起跑，執政期間推動各項政策，諸如調漲消費稅率、放寬限制、改革行政等等。西元1999年時，通過許多重要法案，如日美防衛合作新指針相關法案（《日本安保相關法案》），以及《日電信監聽法》等。

昭和（戰後）→現代

■西元1993年
3月 佐川急便弊案
6月 自民黨分裂
8月 細川護熙組織連立內閣
■西元1994年
4月 羽田孜內閣上任
6月 村山富市內閣成立
■西元1995年
1月 阪神・淡路大地震
3月 東京地下鐵沙林毒氣事件

擁抱自由，邁向眩目多變的時代——文化從戰後走到現代

Point

- 二次大戰後，民衆馬上著手重建家園
- 物質文化隨著經濟發展愈發豐沛
- 五花八門的文化與流行會走向何方？

「蘋果之歌」

日本戰後最具代表性的歌曲，想必當屬「蘋果之歌」。戰敗讓一般大衆失落，或許也帶給他們喜悅。身邊環境固然悲慘，每天的日子還是得繼續過，就算生活充滿不安，黑市裡仍舊生機盎然。戰爭結束後，各種運動與彩券馬上重新復甦，英語課程大爲盛行，在在顯示出百姓強悍的生命力。

NHK的節目「素人歌唱大會」從西元1946年開始播放，一位當年曾上過節目的少女，後來用美空雲雀的名字出道。進入西元1950年代後，黑澤明與溝口健二在電影業界大顯身手，接連推出幾部獲得全世界肯定的作品。

從消費社會到資訊社會

西元1960年代裡，「所得翻倍」之言喧騰一時，所謂的「三種神器」迅速普及開來。奧運景氣接著伊奘諾景氣，日本就此進入正宗消費社會。與此同時，環境公害愈發嚴峻，經濟發展底下的犧牲者愈來愈多。另外，反安保運動與學生運動等，也在這段時期達到頂點，社會動盪不安。各種新產品陸續出爐，尤其在電器產品方面，日本製造的商品出口到世界各地。日本不但站穩經濟強國的地位，也在物質文化層面保持優勢，就這樣邁向資訊社會的年代。

三種神器與3C

戰後，人們的生活愈發富庶，家庭環境走向電氣化。其中，黑白電視、電冰箱與洗衣機，在西元1950年代被並稱為「三種神器」，是民生富庶的象徵。

洗衣機

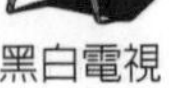

冰箱

戰後文化年表

年代	生活・家電	運動・活動・演藝	其他
40～50年代	開始播放民營收音機節目（51） NHK電視臺開始運作（52） 電晶體收音機發售（55） 關門海底隧道開通（58） 實施公制法（59）	相撲、職棒重新開賽（45） 古橋廣之進打破世界紀錄，於全美游泳選手權奪下4種項目優勝（49） 第1屆NHK紅白歌合戰（51） 黑澤明執導的電影〈羅生門〉榮獲威尼斯影展金獅獎（51） 力道山全盛期（54）	湯川秀樹獲得諾貝爾物理學獎（49） 皇太子（今之天皇明仁）大婚（59）
60年代	開始播放彩色電視節目（60） 核電廠開始運作（63） 解除海外旅遊限制（64） 東海道新幹線啓用（64） 家用電子微波爐發售（66） 東名高速公路全線開通（69）	舉行東京奧運（64） 披頭四日本公演（66）	朝永振一郎獲得諾貝爾物理學獎（65） 川端康成獲得諾貝爾文學獎（68）
70年代	麥當勞1號店開幕（71） 便利商店開始營業（74） 家庭用錄放影機發售（75） 八位元電腦發售（77） 隨身聽發售（79）	舉行大阪萬國博覽會（70） 舉辦札幌冬季奧運（72）	發現高松塚古墳壁畫（72） 江崎玲於奈獲得諾貝爾物理學獎（73） 佐藤榮作獲得諾貝爾和平獎（74）
80年代	東北上越新幹線啓用（82） 國鐵分割民營化（87） 青函隧道開通（88） 瀨戶大橋開通（88）	抵制莫斯科奧運（80） 日劇〈阿信〉空前熱門（83） 筑波科學博覽會（85）	福井謙一獲得諾貝爾化學獎（81） 利根川進獲得諾貝爾生理學・醫學獎（87） 發現吉野里遺跡（89）
90年代	DOS/V電腦發售（90）	J聯盟起跑（93） 野茂英雄前進大聯盟（95） 長野冬季奧運（98） 首次踢進世界盃足球賽（98）	日本首位太空人誕生（92） 大江健三郎獲得諾貝爾文學獎（94）

時序進入西元1960年代後半葉，「三種神器」在一般家庭的普及率超過7成。這時候，富庶的象徵則切換為「3C」（車「Car」、彩色電視「Color TV」、冷氣機「Cooler」）。

Column

吉田茂與麥克阿瑟

吉田茂出生於西元1878年（明治11年），麥克阿瑟晚他兩年誕生。這兩人雙雙走過動盪年代，並在二戰結束後，以接近70歲之齡，一肩扛起決定日本命運的重任。

吉田原是位外交官，歷任義大利與英國大使。不過，吉田茂並非等閒的精英公務員，他生性特立獨行，行事常與政府唱反調。

吉田在諾門罕事件爆發前夕去職，二次大戰時又因曾經手和平協商而遭到逮捕。乍看之下，吉田在公領域似乎已沒有容身之處。然而，終戰的日子轉眼即至，大環境已然替「特立獨行」的政治家吉田，備好了大顯身手的舞臺。

8月30日，大戰才剛落幕不久，麥克阿瑟飛抵厚木機場，那幅畫面舉世聞名。麥克阿瑟其實對日本這塊土地並不陌生，他曾在25歲那年跟著全家人來日本探親，因爲他的父親在日俄戰爭後，成爲美國大使館駐日武官。

吉田認爲戰敗「不見得是件壞事」，他當上首相時曾說：「過去也有過戰爭落敗，但外交獲勝的史實。」面對擁有絕對權威的盟軍最高統帥麥克阿瑟，吉田首相挺身而出，與之正面交鋒。後世對吉田採取的政策固然有褒有貶，但當時他心中最優先的任務，乃是思考「該如何結束美軍占領，讓日本獨立」。爲此，他需要一部新憲法，以及和平條約與安保條約。吉田首相和麥克阿瑟建立起密切的關係，藉此替日本披荊斬棘，開通邁向獨立的路。

另一方面，他與麥克阿瑟的關係總是充滿張力。吉田大膽地推動協商，有時與麥克阿瑟衝突對立，有時又會步步試探他的底線；面對盟軍總司令部提出的棘手要求，吉田首相沉著氣頑強抵抗，並想辦法爭取讓步。麥克阿瑟日後在回想中，肯定吉田是位「手腕高明」的總理。在這段決定日本命運的緊繃過渡期中，這兩人之間或許確有萌生出一份友誼。

西元1951年（昭和26年），麥克阿瑟與白宮在韓戰的作戰方針上意見不合，而遭到解職。在這件事之後，吉田茂出訪歐美時仍兩度拜訪麥克阿瑟。

西元1964年（昭和39年）4月，吉田茂再次訪美，只不過這一次的目的，是爲了出席麥克阿瑟的葬禮。同年10月，東京奧運開幕，昭告著日本已從戰後徹底復甦。吉田茂則在3年後與世長辭。

日本史年表

章	時代	年	政治・社會・經濟	年	文化	年	世界
第1章	舊石器		狩獵採集生活	約西元前一萬	開始製作陶器	西元前221	秦始皇統一中國
	繩文						
	彌生	約西元前500	稻作傳入日本（新見解認為約在西元前1000）				
		57	倭國遣使節赴後漢	約西元前100	鐵器普及化	約西元前2	佛教傳入中國
	古墳	239	邪馬臺國女王卑彌呼遣使節赴魏				
		約300	逐步統一國土（大和政權）	約300	出現前方後圓墳	約30	基督教成立
		391	倭攻打朝鮮			375	日耳曼民族大遷徙
		478	倭王武遣使節赴南朝宋，獲得稱號				
第2章	飛鳥	527	磐井反叛	538	佛教傳入（一說為552年）	589	隋朝統一中國
		593	聖德太子任攝政	593	建立四天王寺		
		600	第一次遣隋使	594	興隆佛教之詔		
		604	制定《憲法十七條》	607	聖德太子建法隆寺	約610	伊斯蘭教成立
		630	遣唐使起始			618	隋朝滅亡，唐興起

章	時代	年	政治·社會·經濟	年	文化	年	世界
第2章	飛鳥	645	大化革新				
		663	白村江之戰			663	唐與新羅聯手消滅百濟
		672	壬申之亂			676	新羅統一朝鮮半島
		694	遷都藤原京	698	建立藥師寺		
		701	制定大寶律令				
	奈良	710	遷都平城京				
		723	制定三世一身法	712	太安萬侶《古事記》撰畢上呈		
		743	頒布墾田永年私財法。大佛營造詔書	720	舍人親王等將《日本書紀》撰畢上呈	732	法蘭克人擊退伊斯蘭軍
				752	東大寺開光法會		
	平安	794	遷都平安京	754	鑑真抵達日本	800	查理曼成為神聖羅馬帝國皇帝
		810	藤原藥子之亂	805	最澄返國創天臺宗		
		866	藤原良房任攝政。應天門之變	806	空海返國創真言宗		
		887	藤原基經任關白	約870	平假名出現	907	唐滅亡
		894	廢除遣唐使	約935	紀貫之《土佐日記》成書	936	高麗統一朝鮮半島
		935	平將門起事，爆發承平·天慶之亂			979	宋統一中國
		1017	藤原道長成為太政大臣				

第2章

平安

1051	爆發前九年之役
1069	後三條天皇首次設置記錄莊園券契所（記錄所）
1083	爆發後三年之役
1086	白河上皇開始院政。武士崛起之始
1156	保元之亂
1159	平治之亂
1167	平清盛成為太政大臣。平氏全盛期
1185	壇之浦海戰，平氏滅門

1052	末法思想盛行
1053	建立平等院鳳凰堂
1124	建立中尊寺金色堂
1175	法然創淨土宗

1096	第一次十字軍
1115	金人於滿洲建國

第3章

鎌倉

1192	源賴朝任征夷大將軍
1219	源實朝被暗殺，源氏正統斷絕
1221	承久之亂。幕府設六波羅探題
1274	元寇．文永之役
1281	元寇．弘安之役
1297	幕府首次德政（永仁德政令）

1191	榮西發揚禪宗（臨濟宗）
1203	運慶、快慶完成東大寺南大門金剛力士像
約1224	親鸞發揚淨土真宗
1227	道元發揚曹洞宗
1253	日蓮發揚法華宗

1206	成吉思汗統一蒙古
1259	高麗臣服蒙古

章	時代	年	政治・社會・經濟	年	文化	年	世界
第3章	室町	1333	鎌倉幕府滅亡，建武新政開始	1274	一遍發揚時宗	1271	蒙古改國號為元
		1336	後醍醐天皇赴吉野（南北朝對立）	約1333	吉田兼好《徒然草》成書	1279	南宋滅亡
		1338	北朝封足利尊氏為征夷大將軍			1339	爆發英法百年戰爭
		1392	南北朝統一			1368	元滅亡，明興起
		1394	足利義滿成為太政大臣	1397	足利義滿於北山營建金閣寺	1392	高麗滅亡，李氏朝鮮建國
		1404	展開與明朝勘合貿易				
		1428	正長德政一揆				
		1467	爆發應仁之亂				
		1488	加賀一向一揆	1496	蓮如營建大坂石山別院（石山本願寺）	1479	西班牙王國成立
		1553	上杉謙信與武田信玄首度於川中島會戰			1492	哥倫布發現新大陸
				1543	槍砲傳入	1534	創立耶穌會
		1560	桶狹間之戰	1549	傳教士沙勿略抵達日本	1557	葡萄牙人建設澳門
	安土・桃山	1573	織田信長放逐將軍足利義昭。室町幕府滅亡	約1570	茶道、連歌盛行		
		1582	本能寺之變。山崎之戰	1582	大友等人派出天正少年使節團		

第3章 安土・桃山

1586	秀吉獲賜豐臣姓，成為太政大臣				
1590	秀吉統一全國				
1592	文祿之役，開始攻打朝鮮	約1595	活字印刷、陶瓷技術從朝鮮傳入		
1597	慶長之役，再度攻打朝鮮				

第4章 江戶

1600	關原之戰			1600	英國成立東印度公司
1603	德川家康成為征夷大將軍	1603	出雲的阿國開始跳歌舞伎舞蹈		
1615	大坂夏之陣，豐臣氏滅亡			1618	開始三十年戰爭
1637	島原之亂	1636	日光東照宮落成		
1639	禁止葡萄牙船隻接近。確立鎖國體制				
1651	由井正雪之亂（慶安之亂）				
1657	江戶明曆大火	1657	德川光圀開始編纂《大日本史》	1662	明滅亡，清統治中國全境
1685	頒布首道萬物憐憫令	1689	松尾芭蕉踏上《奧之細道》之旅	1688	英發動光榮革命
1709	廢止萬物憐憫令。正德之治	1703	近松門左衛門演出《曾根崎心中》	1701	西班牙繼承戰爭爆發

章	時代	年	政治·社會·經濟	年	文化	年	世界
第4章	江戶	1716	德川吉宗成為將軍。開始享保改革				
		1732	享保饑荒			約1764	英國工業革命
		1742	制定公事方御定書	1748	「假名手本忠臣藏」首演		
		1767	田沼意次成為側用人（後出任老中）	1774	杉田玄白等人出版《解體新書》	1775	美國獨立戰爭爆發
		1782	天明饑荒				
		1787	松平定信成為老中之首。開始寬政改革				
		1792	俄國使節拉克斯曼抵達蝦夷	1797	昌平館學問所（湯島）成為官方學校	1789	法國大革命爆發
		1808	菲頓號事件			1804	法國拿破崙稱帝
		1825	異國船驅逐令	1800	伊能忠敬著手測量蝦夷地	1814	拿破崙退位。維也納會議
		1828	西博爾德事件	1808	間宮林藏探勘樺太		
		1833	天保大饑荒	1821	伊能忠敬完成《大日本沿海輿地全圖》		
		1837	大鹽平八郎之亂。莫里森號事件	1832	葛飾北齋完成《富嶽三十六景》		
		1839	蠻社之獄			1840	清展開鴉片戰爭
		1841	老中水野忠邦推動天保改革			1848	馬克思發表「共產黨宣言」
		1844	荷蘭建議開國				

第5章

江戶 → 明治

年	日本	年	文化	年	世界
1853	培里率船抵達浦賀			1851	清爆發太平天國之亂
1854	培里再次赴日，簽訂《日美和親條約》	1856	洋學所更名蕃書調所	1856	清爆發第二次鴉片戰爭
1858	簽署《日美修好通商條約》。安政大獄	1858	福澤諭吉開設蘭學塾	1858	蒙兀兒帝國滅亡。英國殖民印度
1860	櫻田門外事變			1861	美國爆發南北戰爭
1863	薩英戰爭	1863	洋書調所改稱開成所		
1864	禁門之變，長州征伐				
1866	坂本龍馬促成薩長同盟密約				
1867	大政奉還。王政復古大號令				
1868	戊辰戰爭爆發。明治維新	1868	神佛分離令。廢佛毀釋運動興起		
1869	版籍奉還。遷都東京	1870	首部日報創刊	1870	普法戰爭爆發。義大利統一
1871	廢藩置縣。簽訂《日清修好條規》	1872	開通新橋到橫濱間鐵路。改採陽曆	1871	德國統一，建立德意志帝國
1873	修改地租。征韓派敗陣，辭去參議職				
1874	提出民撰議院設立建白書				
1876	簽署《日朝修好條規》。廢刀令。秩祿處分				

章	時代	年	政治·社會·經濟	年	文化	年	世界
第5章	明治	1877	西南戰爭	1877	摩斯找到大森貝塚	1877	英領地印度帝國成立
		1881	國會開設之詔	1883	鹿鳴館開張		
		1885	內閣制度開始	1889	東海道本線全線開通	1884	中法戰爭開始
		1889	頒布大日本帝國憲法	1890	頒布教育敕語		
		1890	召開第一屆帝國議會	1892	北里柴三郎成立傳染病研究所		
		1894	甲午戰爭				
		1895	簽署《日清講和條約》，三國干涉還遼	1897	志賀潔發現赤痢菌		
		1898	第一個政黨內閣上任			1899	海牙萬國和平會議
							清爆發義和團事變（庚子事變）
		1902	締結日英同盟				
		1904	日俄戰爭				
		1905	簽訂《朴茨茅斯條約》	1905	夏目漱石著《我是貓》		
		1906	成立南滿洲鐵路公司	1906	島崎藤村著《破戒》		
		1910	大逆事件爆發。併吞韓國條約				
		1911	恢復關稅自主權	1911	平塚雷鳥組織青韜社	1911	清爆發辛亥革命

第6章

大正 ← → 昭和

年	事件	年	事件	年	事件
1913	大正政變			1912	清滅亡，中華民國成立
1914	第一次世界大戰參戰（對德宣戰）			1914	第一次世界大戰爆發
1915	對中提出二十一條要求	1916	吉野作造鼓吹民本主義	1917	俄國三月革命、十一月革命。蘇聯成立
1918	米騷動。原敬成立正宗政黨內閣			1918	第一次世界大戰結束
1919	簽訂《凡爾賽條約》	1919	創建帝國美術院	1919	巴黎和會。中國五四運動
1923	關東大地震	1923	北一輝撰「日本改造法案大綱」	1921	中國共產黨創黨
1925	頒布《治安維持法》、《普通選舉法》	1925	試驗性首播收音機訊號	1926	中國蔣介石開始北伐
1927	金融恐慌	1926	日本放送協會（NHK）成立	1927	蔣介石發動內戰，南京國民政府成立
1928	張作霖被炸死				
1931	九一八事變	1931	第一部有聲國產電影首映	1929	世界經濟大恐慌
1932	滿洲國建國。五一五事件				
1933	退出國際聯盟				
1936	二二六事件	1935	湯川秀樹發表介子論		
1937	盧溝橋事變，中日戰爭爆發		美濃部達吉的天皇機關說遭到抨擊		
1939	諾門罕事件			1939	德蘇互不侵犯條約。德國對英法宣戰。第二次世界大戰爆發

章	時代	年	政治・社會・經濟	年	文化	年	世界
第6章	昭和	1940	日德義締結三國同盟。大政翼贊會起跑				
		1941	太平洋戰爭開始	1941	頒布國民學校令		
		1945	美軍登陸沖繩，於廣島、長崎投下原子彈。日本接受《波茨坦宣言》	1945	決定學校停課一年	1945	雅爾達會議。聯合國成立
第7章		1946	召開東京大審。頒布日本國憲法			1948	大韓民國、朝鮮民主主義人民共和國、以色列紛紛建國。第一次中東戰爭
		1950	設置警察預備隊	1949	湯川秀樹獲得諾貝爾物理學獎	1949	中華人民共和國建國
		1951	簽訂《舊金山合約》，《日美安全保障條約》			1950	韓戰開始
		1954	防衛廳、自衛隊起步	1953	NHK開始播放電視訊號		
		1956	簽訂《日蘇共同宣言》。加入聯合國	1957	日本首座核子反應爐。首座國產火箭升空	1966	中國爆發文化大革命
		1960	簽訂《新安保條約》			1968	蘇聯入侵捷克
		1965	簽訂《日韓基本條約》	1960	彩色電視開播		
		1967	頒布《公害對策基本法》	1964	東海道新幹線開張，舉辦東京奧運		
		1968	全國爆發大學紛爭				

昭和 → 平成

年	日本（政治）
1969	日美共同聲明，決定歸還沖繩
1972	沖繩回歸日本。日中共同聲明（恢復邦交）
1973	石油危機
1976	洛克希德案，田中首相被捕
1978	簽訂《中日和平友好條約》
1983	前首相田中被判有罪
1988	里庫路特弊案波及政壇
1989	引進消費稅等新稅制
1992	聯合國維和行動（PKO）合作法案確立
1993	非自民聯合內閣上任
1995	阪神・淡路大地震。地下鐵沙林毒氣事件
1999	日美防衛合作新指針相關法案（日本安保相關法案）成立

年	日本（文化）
1965	朝永振一郎獲得諾貝爾物理學獎
1968	川端康成獲得諾貝爾文學獎
1970	首座國產人造衛星升空，舉辦萬國博覽會
1972	舉辦札幌冬季奧運
1973	江崎玲於奈獲得諾貝爾物理學獎
1987	利根川進獲得諾貝爾醫學・生理學獎
1989	發現吉野里遺跡
1994	大江健三郎獲得諾貝爾文學獎
1998	舉辦長野冬季奧運

年	世界
1972	尼克森總統訪問中國
1975	第一屆高峰會議
1980	兩伊戰爭爆發
1986	蘇聯爆發車諾比核電廠事故
1989	中國天安門事件
1990	東西德統一，伊拉克入侵科威特
1991	波斯灣戰爭爆發。蘇聯解體
1992	歐盟成員國簽訂《歐洲聯合條約》
1997	香港回歸中國

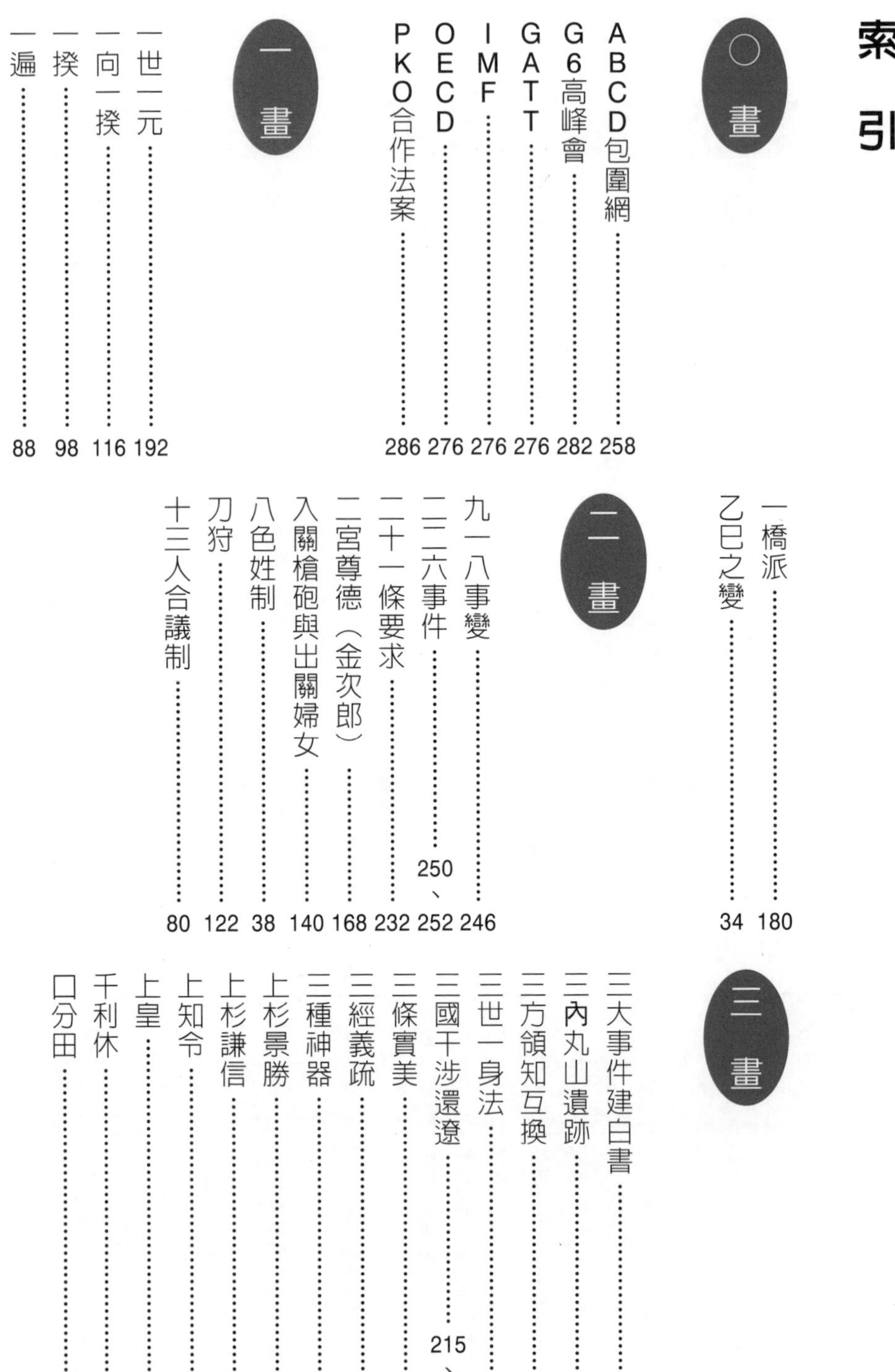

索引

○畫

一畫

二畫

三畫

四畫

五畫

索引

六畫

九畫

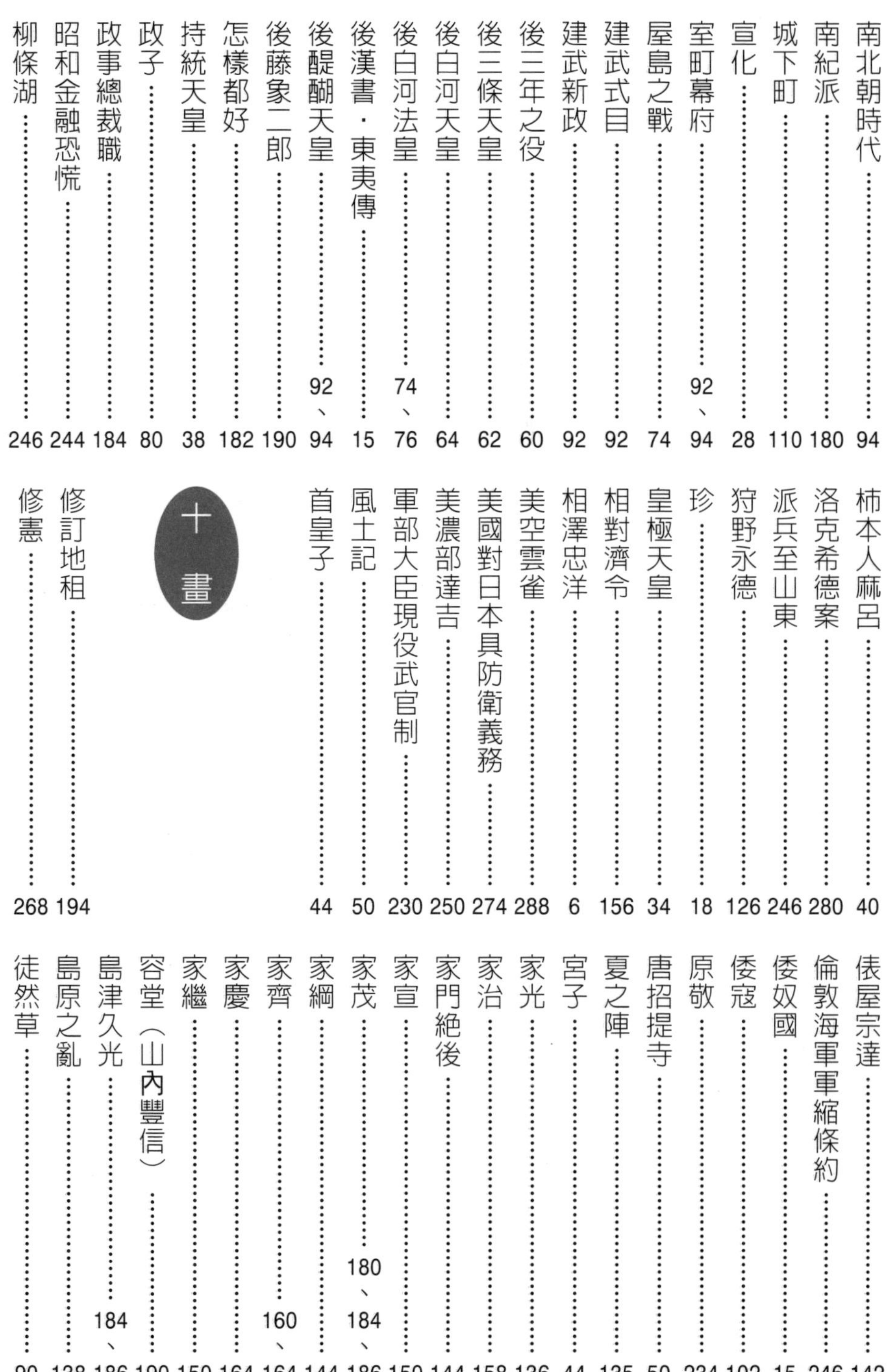

十畫

十一畫

十二畫

十三畫

十四畫

十五畫

十六畫

十七畫

十八畫

十九畫

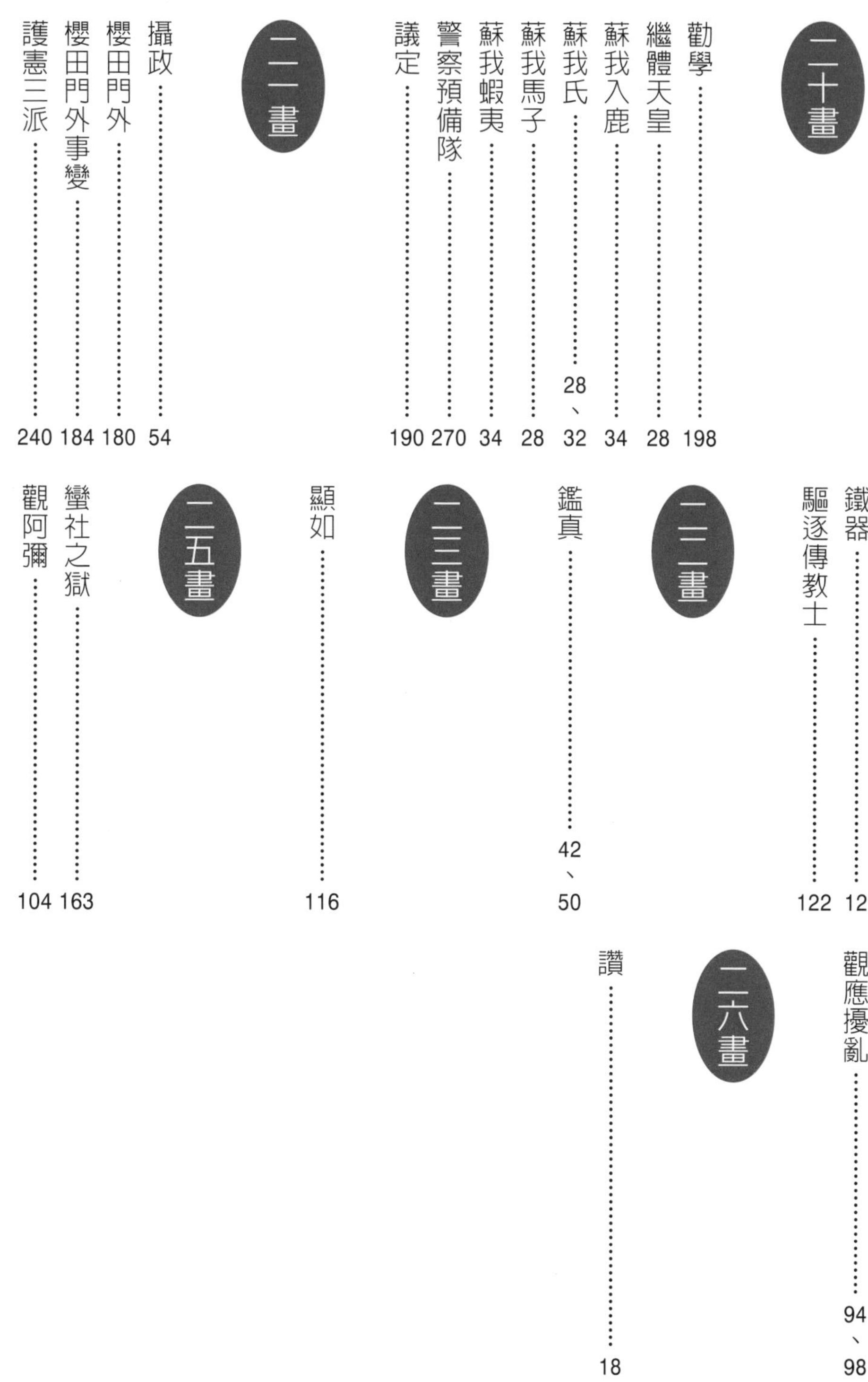

國家圖書館出版品預行編目資料

超圖解日本史／西東社編輯部編；羅小如譯.
——初版. ——臺北市：五南，2018.08
面；　公分
譯自：図解 日本史
ISBN 978-957-11-9816-3（平裝）

1.日本史

731.1　　　　107011538

1WM6

超圖解日本史

原書名 — 図解 日本史
編　者 — 西東社編輯部
插　圖 — 榊原唯幸
設　計 — 志岐設計事務所

譯　者 — 羅小如
發行人 — 楊榮川
總經理 — 楊士清
副總編輯 — 黃文瓊
主　編 — 朱曉蘋
責任編輯 — 吳雨潔、黃懷萱
封面設計 — 王麗娟
出版者 — 五南圖書出版股份有限公司
地　址：106台北市大安區和平東路二段339號4樓
電　話：(02)2705-5066　傳　真：(02)2706-6100
網　址：http://www.wunan.com.tw
電子郵件：wunan@wunan.com.tw
劃撥帳號：01068953
戶　名：五南圖書出版股份有限公司

法律顧問　林勝安律師事務所　林勝安律師

出版日期　2018年8月初版一刷
定　價　新臺幣450元

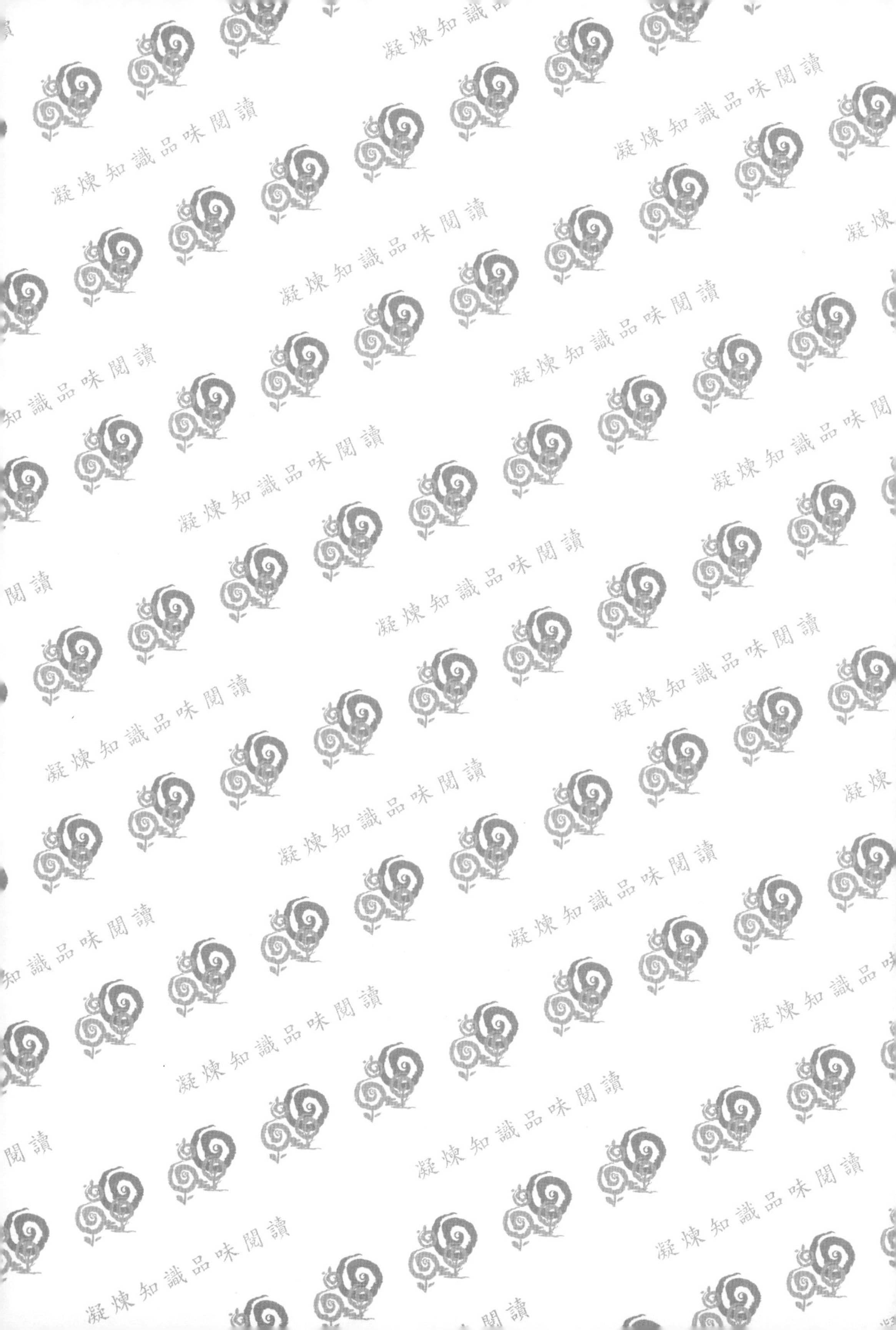

凝煉知識品味閱讀